Avant-propos

Cet ouvrage présente une centaine de sujets d'exposés en vue des oraux, destinés aux classes préparatoires commerciales, littéraires, à Sciences-Po., à Saint-Cyr, aux préparations aux concours administratifs.

L'ensemble est structuré selon un plan thématique, et le contenu est plus particulièrement articulé au programme d'histoire des idées des classes préparatoires commerciales en première année, qui comprend nécessairement les neuf points suivants : *L'héritage de la pensée grecque et latine ; les apports du judaïsme, du christianisme et de l'Islam à la pensée occidentale ; l'essor technologique et l'idée de progrès ; la société, le droit et l'État modernes ; les figures du moi et la question du sujet depuis la Renaissance ; les Lumières et leur destin ; quelques grands courants esthétiques et artistiques depuis la Renaissance ; les grands courants de pensée contemporains.*

Cet ouvrage peut être tout particulièrement utile aux étudiants des Prépas économiques et littéraires – pour les colles de philosophie – ainsi qu'à ceux du premier cycle de l'enseignement supérieur.

Les « *digests* » de culture générale sont certainement critiquables, mais comme il n'y a pas de méthode sans contenus et que ceux-ci s'avèrent souvent incomplètement maîtrisés à l'issue du second cycle du secondaire, l'objectif de la culture générale est d'intégrer des connaissances philosophiques, littéraires, esthétiques, celles concernant l'histoire des idées, sans oublier la sociologie et l'ethnologie contemporaines (étude des hommes dans des *structures*, parmi des *pouvoirs*) *dans une culture personnelle*. Penser par soi-même ne signifie nullement penser seul. Il y faut la maîtrise des débats nés de controverses parfois anciennes, dans leur émergence historique et leur évolution jusqu'à nos jours. C'est ce double souci, conceptuel et historique, qui nous a toujours animés.

Tous les exposés développent une problématique et se déclinent selon plusieurs formats, allant d'une à six pages, ces derniers confinant à la technique de la dissertation. Chaque exposé comprend des renvois aux problématiques voisines et s'achève par des propositions de lecture prolongeant la réflexion et vous permettant d'approfondir votre compréhension du débat. Deux index, l'un par thèmes, l'autre par auteurs, vous aideront à mieux vous repérer et à dominer l'ensemble. L'ouvrage s'ouvre sur une méthodologie complète des oraux de concours (« colle », exposé liminaire avant l'entretien, exercice de l'entretien lui-même, conseils pour la lecture des énoncés, présentation d'un livre et d'un film) et se referme sur une bibliographie généraliste.

Les auteurs.

Nos sincères remerciements vont à Didier Visbecq et à Bernard Cier, animateurs de la revue *Espace Prépas* qui nous a accordé la reprise d'une quinzaine de développements issus des *Annales des concours* publiées par *Espace Prépas*, et du magazine lui-même. *Espace Études* (*Espace Prépas*, guide *Réussir*, Éditions du *GO*) réalise un ensemble de publications spécialisées dans les filières de l'enseignement supérieur, les classes préparatoires, les métiers et fonctions de l'entreprise, la recherche d'emploi (Espace Prépas, 9 bis rue de Vézelay, 75008 Paris).

Méthodologie de la « colle »

Le rôle de la culture générale en Prépa commerciale est décisif et ce, tout au long des concours, en dissertation bien sûr, dans une perspective philosophique et d'histoire des idées, mais aussi en contraction et synthèse de textes. Irréductibles à une méthodologie formelle et mécaniste, ces épreuves requièrent la connaissance des débats intellectuels fondamentaux. Et comment réussir l'entretien individuel qui figure dans tous les concours commerciaux, entretien lui-même souvent précédé d'un exposé[1], si l'on méconnaît les enjeux et les débats contemporains ?

Dans une tradition plutôt académique, l'exposé de culture générale figure spécifiquement à l'oral d'HEC et un exposé littéraire hors programme est demandé dans certains concours littéraires. Les coefficients des oraux des concours commerciaux rejoignent en général ceux des écrits (ESSEC, EDHEC, ESCP) ; celui d'HEC atteint 36 (dont 6 ou 7 pour l'exposé liminaire, soit autant que les mathématiques, l'histoire-géographie ou les deux langues réunies) pour 30 à l'écrit. Dans la plupart des Écoles, le coefficient de l'entretien atteint ou dépasse 50 % de l'oral du concours, allant parfois jusqu'à 2/3 de l'oral.

Pour l'exposé de culture générale à HEC, la préparation dure 30 minutes, le passage 20 minutes (soit dix minutes d'exposé pendant lesquelles le candidat n'est pas interrompu par le jury et dix minutes d'entretien avec le jury). Plusieurs candidats « planchent » sur le même sujet, ce qui favorise, pour le jury, l'évaluation comparative. La notation, très ouverte, confère une valeur déterminante à cette épreuve. Elle est donc susceptible de vous faire gagner ou perdre de nombreuses places. L'épreuve est publique mais les présents, en nombre assez restreint, sont moins animés qu'en histoire-géographie économique.

Plusieurs types de sujets sont proposés[2] :

– le sujet-mot qui correspond à une notion (L'oubli ; La polémique ; La mondanité ; La gloire, La scène ; Le désert ; L'île, etc.) Une notion littéraire ou philosophique peut apparaître, ainsi qu'un concept esthétique ou politique (L'idéalisme ; Le scepticisme ; Le réalisme ; Le cynisme ; Le tragique, L'État ; Le citoyen, etc.) ;

– deux mots peuvent former un couple de notions (Consensus et consentement ; Le légal et le légitime ; Persuader et convaincre ; Le pardon et l'oubli ; Le cultivé et le culturel ; L'homme et le citoyen ; La tolérance et l'intolérable ; Éducation et instruction ; Parler et agir, etc.) ;

– un énoncé un peu plus long peut vous soumettre une formule consacrée ou issue de la vie quotidienne (La séparation des pouvoirs ; Prendre la parole ; Garder le silence ; Bien faire et laisser dire, etc.), un dicton, une citation (souvent sans le nom de l'auteur, un aphorisme, une sentence, une question (Le silence est d'or ; Le temps, c'est de l'argent ; Tout vient à point pour qui sait attendre ; L'esprit qui toujours nie ; Les sciences humaines sont-elles inhumaines ? ; Quel est l'homme des droits de l'homme ? L'historien fabrique-t-il l'événement ? « Nuire à la bêtise » ; « Nous avons l'art afin de ne pas périr de la vérité[3] ». Le sujet de « colle » se rapproche alors d'un sujet de dissertation. Les libellés sont

---

1. Voir la « Méthode de l'exposé liminaire ».
2. Se reporter à « Bien lire un énoncé ».
3. Ces deux dernières formules étant empruntées à Nietzsche.

fréquemment des slogans propres à une génération (L'imagination au pouvoir ; Du passé faisons table rase ; Tout est politique ; « La terre et les morts » ; « Mourir pour la patrie est le sort le plus beau » ; « Plutôt rouges que morts » (ou l'inverse !). Les slogans, les mythologies politiques ou sociales, les lieux de mémoire, les moments et les directions symboliques (Est et Ouest ; Le dialogue Nord/Sud ; Ici et maintenant ; Ailleurs et autrefois ; « Demain nous appartient », etc.) doivent être connus et situés précisément par rapport au débat et aux enjeux dans lesquels ils s'insèrent et prennent tout leur sens. La difficulté de ces sujets est qu'ils se situent à l'intersection exacte de l'histoire, des idéologies, des mythes et des sentiments collectifs.

On peut définir un certain nombre de domaines et de tendances quant au choix de ces sujets : il faut évoquer d'abord la mythologie gréco-latine, spécifique à HEC (même si la part de ces sujets tend à se restreindre : Orphée ; Icare ; Prométhée ; Dionysos ; Narcisse ; Œdipe, etc.). Sur ces sujets, un manuel est indispensable[1]. Sur ces sujets, il ne s'agit nullement de se contenter de raconter le mythe : il s'agit de montrer en quoi ces figures emblématiques de l'humanité font sens pour nous aujourd'hui, du point de vue psychologique, moral et politique, et quelle est leur pertinence en les mettant en résonance avec les problèmes qui traversent l'individu et les sociétés contemporaines. Appréhender les fondements gréco-latins de notre culture, c'est savoir se repérer dans des questions comme la naissance de la Cité, la démocratie athénienne, la naissance du *Logos* et le passage du *Mythos* au *Logos*, l'émergence de l'Histoire.

La littérature et les arts constituent un autre domaine de questionnement. La distinction entre les genres littéraires (épopée, tragédie, élégie, fable, conte, roman, etc.) et entre les mouvements esthétiques et littéraires (baroque et classicisme, romantisme comme art et idéologie du « moi », symbolisme, etc.) suppose à la fois un minimum de connaissance de la chronologie et des caractéristiques principales de ces différents courants. Les sources d'inspiration : la réhabilitation de l'Antiquité par le XVIe siècle et la Révolution, puis du Moyen Âge par les romantiques, ainsi que les expressions-clés (Ex. : « La comédie humaine ») méritent attention. Les grandes figures mythiques qui traversent les arts et les mouvements littéraires doivent être parfaitement connues (Faust, Don Juan, Casanova, le juif errant, Don Quichotte, etc.).

Il en va de même pour les perspectives philosophiques (pour une figure comme celle de Socrate par exemple), ou pour un mouvement défini (empirisme, rationalisme, idéalisme, matérialisme, le cynisme, le pragmatisme, etc. : de tels termes peuvent constituer à eux seuls un énoncé). En se gardant bien de « plaquer » sur le sujet un cours reçu pour la préparation à l'écrit, le candidat songera à situer le sujet dans les perspectives philosophiques qui lui sont familières et *à mobiliser l'ensemble de sa culture générale*, sans exclusive.

Face à un sujet comme « Les élites », « La communication », « Le déficit démocratique », le candidat ne peut faire l'impasse sur sa connaissance du monde contemporain : idées, organisation des sociétés, théories et structures du pouvoir, institutions, régimes politiques, doctrines économiques, ethnologie et sciences humaines[2]. Les jurys sont souvent frappés par l'ignorance des réalités contemporaines, qu'elles soient juridiques[3], politiques[4], sociologiques[5], syndicales ou médiatiques[6]. À cet égard, la lecture de manuels généralistes de

1. Voir en particulier R. Graves, *Les Mythes grecs* (Fayard) et se reporter à la bibliographie générale.
2. Voir C. Lévi-Strauss par exemple.
3. Ex. : débats autour du fonctionnement de la justice.
4. Lois, décrets, élections, problèmes constitutionnels.
5. Le fait oligarchique étudié par P. Bourdieu ou R. Debray.
6. Profils, orientations, origines, lectorats des journaux, empires de presse, etc.

culture, récents de préférence[1], de ceux d'histoire, d'économie et de sociologie, ainsi que celle, régulière, d'un quotidien d'information ne peuvent être que d'un grand profit pour le candidat. Il ne s'agit pas pour autant d'en rester à de simples constats : la connaissance de l'actualité dans ses différentes dimensions doit servir de matière à une réflexion fondamentale sur les pouvoirs, les relations sociales, l'information, les idéologies de la technique et du progrès, etc.

Dans les divers domaines que nous venons d'évoquer, la première exigence est celle d'une culture aussi complète que possible : littéraire, philosophique, historique et politique. Le candidat doit mobiliser toute la culture acquise au cours de ses deux années de Prépas, mais aussi durant son second cycle d'enseignement secondaire. La figure de Don Juan par exemple renvoie à l'ensemble des domaines que nous venons d'évoquer. Le candidat ne sera pas jugé sur un point de détail mais sur un savoir d'ensemble lui permettant de donner sens au traitement du sujet, et qu'il doit être capable de mobiliser au service d'une réflexion personnelle. La culture générale doit être approfondie dans des contenus précis pour ne pas donner lieu à des exposés formels où ne se perçoit qu'une simple préparation méthodologique, écueil opposé à celui d'une érudition encyclopédique qui ne serait pas mise à profit par une réflexion.

Pour comprendre une question et ses implications, la resituer dans une culture, pour *penser soi-même avec rigueur*, pour suivre l'entretien avec le jury de manière satisfaisante, la connaissance d'un lexique précis et soutenu s'impose[2], d'autant que *certains de ces mots parfois mal maîtrisés par les candidats peuvent constituer l'intitulé d'un sujet-mot* ! (Ex. L'avant-garde ; La post-modernité ; Le lieu commun ; Le poncif, etc.) Attention aux étymologies et aux glissements de sens (Ex. les mots vertu, démocratie, etc.). Il faut relever systématiquement ces glissements et nourrir votre exposé de distinctions claires, au lieu de les subir à votre insu. De même, l'existence de mots voisins[3] ne doit pas vous inciter à la facilité de glisser subrepticement d'un mot à l'autre, mais doit au contraire vous fournir l'occasion d'établir des distinctions d'autant plus précises que les sens de ces mots sont plus proches (Ex. pouvoir, puissance, force, violence, influence, etc.[4]). La maîtrise d'un lexique rigoureux vous permet de comprendre correctement le libellé d'un sujet, puis de soutenir la discussion avec le jury. *Ne soyez pas victime de l'ambiguïté de certains mots* (Ex. *sens*, pouvant désigner la *signification*, la *direction*, la *sensibilité*) *mais exploitez-la au contraire, en l'explicitant dès le départ*, pour enrichir et structurer votre exposé. Prenez le temps de vous interroger sur l'énoncé d'un sujet et sur sa syntaxe[5], apprenez à utiliser les distinctions philosophiques cardinales (Être / devenir ; Essence / existence ; Moyens / fins ; Légalité / légitimité ; Nature / artifice / surnaturel ; Universel / particulier ; Nécessaire / contingent, etc.).

Ceci nous amène à *l'analyse du sujet*, qui doit se faire rapidement mais efficacement, c'est-à-dire sans panique et une fois surmontée l'éventuelle surprise[6]. Il ne faut pas s'en tenir à l'impression première : un sujet s'*analyse* et

---

1. Voir la Bibliographie en fin d'ouvrage.
2. Vous ne pouvez faire un usage pertinent de termes comme contingent, aléatoire, arbitraire, urbanité, mondanité, ostentatoire, somptuaire, poncif, etc., que si le sens de ces mots est parfaitement clair dans votre esprit.
3. Tels que par exemple : totalitarisme / dictature ; humain / humaniste / humanitaire ; instruction / éducation / dressage ; consentement / consensus / convention ; compromis / compromission ; civil / civique ; culture / civilisation ; persuader / convaincre, etc.
4. Pour une distinction magistrale entre ces termes, se reporter aux travaux d'H. Arendt.
5. Ex. « Peut-on » : *possibilité physique* ou *autorisation morale* ? ; « L'amour de Dieu » : *de objectif* ou *de subjectif*, l'amour éprouvé par Dieu pour les hommes, ou l'amour éprouvé par les hommes pour Dieu ? ; ainsi, le libellé « Pouvoir, est-ce *bien* employer son temps ? » peut s'entendre de deux manières : est-ce en faire un *bon* usage ?, ou bien le pouvoir se réduit-il bien à un usage du temps ? Voir « Comment lire et exploiter un sujet ».
6. Ex. « Le monde est une table » ; « Monade et limonade » ; « Inviteriez-vous un anthropophage à votre table ? » ; « Les femmes sont des êtres aux cheveux longs et aux idées courtes. » (Schopenhauer) ; « Faut-il chercher midi à quatorze heures ? » De tels sujets sont faits pour vous déstabiliser, voire constituent une provocation pure et simple.

peut être pris de plusieurs manières. *Montrez que vous en avez conscience.* Il faut voir à quoi renvoie le sujet (quel débat idéologique, quel moment de l'histoire de l'art, quelle situation politique). L'analyse du libellé permet de dégager des directions qui vont structurer votre plan ; la polysémie des termes, clairement identifiée, va enrichir votre développement. Posez-vous les questions suivantes : qui pourrait penser ainsi ? Dans quel contexte ? À quelles autres thèses, à quelles autres approches des mêmes problèmes ce libellé s'oppose-t-il ? Quels sont les présupposés du sujet, quels sont les mythes, les illusions ou les leurres qui en constituent l'arrière-plan ? Montrez que vous avez conscience que *les idées et les problèmes ont une histoire qui s'enracine dans celle des hommes.* Explorez ou du moins évoquez toutes les possibilités ouvertes par le libellé. Pensez aux occurrences du mot dans des formules consacrées[1] ou des citations célèbres qui constituent, pour certains sujets, des passages quasi obligés attendus par le jury[2] (Ex. « L'argent est le nerf de la guerre » ; « Gouverner, c'est prévoir » ; « L'État c'est moi » ; « Tous les chemins mènent à Rome », etc.). Une notion peut soulever plusieurs questions ; la confrontation de deux questions appelle l'établissement de relations dialectiques entre elles (savoir et croire, savoir et pouvoir, etc.). Faites apparaître les connotations symboliques et mythiques associées à tel sujet, tel lieu, tel événement.

Il convient ensuite de construire une problématique en évitant l'accumulation d'exemples pris pour eux-mêmes, comme le catalogue de théories possibles simplement juxtaposées. Il faut toujours *montrer de quoi un exemple est exemplaire,* c'est-à-dire en quoi il éclaire ou enrichit effectivement votre réflexion sur le sujet. Le plan, qu'il soit analytique ou dialectique, doit comporter à la fois *unité* et *progression.* Il n'existe pas de modèle universel de plan que vous n'auriez plus qu'à « plaquer » sur n'importe quel sujet. Le plan n'est pas un carcan ou un cadre rigide dans lequel vous tenteriez de « caser » vos différentes idées. *Le plan est votre pensée elle-même en train de se structurer et de s'articuler par des enchaînements rationnels.* Pour la clarté de votre exposé, vous pouvez énoncer l'idée centrale de chaque partie sous la forme d'une « phrase-titre ». Le présent ouvrage vous propose un florilège de plans aussi divers que possible, *qui n'ont en commun que d'être tous strictement subordonnés au traitement du sujet proposé.*

L'introduction doit *se centrer* dès le départ *sur le sujet* tel qu'il est formulé. Il faut l'amener d'une phrase et épargner à vous-même et au jury les préalables verbeux et interminables. L'introduction doit poser une problématique claire centrée sur le sujet, elle doit approfondir la question en résistant à la tentation d'y répondre prématurément. À la fin de l'introduction, le débat doit être aussi *ouvert* que possible. Enfin, vous annoncez clairement la progression choisie et les étapes de votre développement. Annoncez ce que vous chercherez (l'ordre

---

Votre réaction de panique est donc normale : le jury entend apprécier votre capacité à la surmonter en parvenant à dire, malgré tout, sur le sujet, des choses intéressantes et personnelles. *Répondez à la provocation par l'humour*, en tentant, sans aucun racolage, de créer une véritable complicité entre vous et le jury. Ainsi, « Monade et limonade » peut vous amener à parler du *non-sens* comme forme d'humour, de l'importance des associations d'idées en psychanalyse, des jeux sur le langage dans le surréalisme, de l'écriture automatique. Vous pouvez également poser la question : qu'est-ce qui distingue la rime véritable du « vers de mirliton » ? « Les femmes sont des êtres… » : ce sujet peut vous amener à réfléchir sur la place et la force des préjugés. Si le philosophe (Schopenhauer) partage les préjugés de son temps, qui pourra mener à bien la critique des préjugés ? Qu'est-ce qui fait qu'une telle phrase nous apparaît aujourd'hui clairement comme l'expression d'un préjugé ? Quels rapports y a-t-il entre humour et préjugé ? Vous pouvez aussi prendre le libellé au pied de la lettre : Y a-t-il des idées *courtes* et des idées *longues* ? À quoi mesure-t-on une idée ? *Quel que soit le sujet, vous avez toujours quelque chose à dire si vous parvenez à surmonter votre appréhension première.*

1. Par exemple, à l'inscription de termes dans des expressions populaires, telles que « avoir fait son temps », « le bon vieux temps », « notre temps viendra », etc.

2. En tentant malgré tout d'avoir à chaque fois quelque chose de personnel et d'original à en dire. Une citation n'est jamais un but en soi et on n'attend pas de vous un simple étalage d'érudition. *Jouez habilement sur la dialectique attendu/inattendu.*

des questions) plutôt que ce que vous trouverez (les thèses soutenues) afin de soutenir l'attention de votre jury et de laisser effectivement le débat *ouvert*. Respectez, bien évidemment, au cours de votre développement, la progression annoncée en fin d'introduction.

La conclusion doit rappeler le contenu abordé, le sens de la démarche suivie, en soulignant l'unité d'une même réflexion. Elle doit ouvrir à l'entretien qui suit : ne masquez donc pas les questions qui restent en suspens ou les pistes qui s'offrent devant vous. Proposez au jury des prolongements sur lesquels vous aurez effectivement encore des choses intéressantes à dire. La conclusion est plus qu'un simple résumé de la colle : vous y justifiez vos propos, vous clarifiez les positions auxquelles vous êtes parvenu, vous esquissez les perspectives que vous n'avez pu approfondir faute de temps. La conclusion doit vous laisser disponible, prêt à défendre les thèses que vous avez avancées sans vous enfermer dans une répétition de votre exposé, prêt à saisir les « perches » que vous tend le jury, prêt à accepter d'envisager, à titre d'hypothèse, une tout autre perspective que celle que vous aviez défendue, sans renoncer pour autant à vous-même. Il faut alors que vous soyez capable d'expliciter à quel niveau, à partir de quels présupposés, on peut s'engager sur deux voies divergentes. L'entretien n'est pas là pour vous enfoncer mais pour vous fournir l'occasion de dire ce que vous n'aviez pas eu le temps ou l'idée de dire, et de montrer que vous êtes capable d'intégrer les objections formulées par le jury et d'en mesurer la portée. *Il est moins grave de ne pas savoir répondre à une objection que de donner l'impression qu'on est incapable de la comprendre ou de sortir de son propre discours pour prendre du recul.* L'aisance en entretien dépend largement du bagage culturel du candidat exploité à bon escient, et de sa maîtrise des débats essentiels, des concepts et de leur étymologie, des repères chronologiques.

Sur un plan pratique, comment se comporter durant l'exposé puis l'entretien ? *Toute lecture monocorde et ânonnante des notes est à proscrire.* Vos notes sont un simple support vous permettant de ne pas perdre le fil ou de surmonter un moment de panique. Les tout premiers instants sont déterminants pour l'impression que vous laisserez au jury. Il convient de démarrer assez vivement, avec assurance mais sans arrogance, de réagir personnellement, de vous autoriser à manifester un intérêt réel pour le sujet, malgré le contexte de concours et l'enjeu de la note. *Cette capacité de témoigner d'une réelle préoccupation culturelle ou intellectuelle dans un contexte défavorable est ce qui parlera le plus en votre faveur.* Tous les rapports de jury rappellent que les candidats doivent parler suffisamment fort, sans marmonner, avec une élocution claire, et en maîtrisant leur corps. Évitez les gestes qui trahissent votre nervosité : *concentrez toute l'attention du jury sur votre parole et sur elle seule, sur ce que vous avez à dire.* Adressez-vous clairement à tous les membres du jury, sans exclusive. Ne *cherchez* pas à « être convaincant », ne prenez pas à partie votre jury : investissez-vous tout simplement dans ce que vous dites. L'ironie, la sensibilité, la dramatisation ne sont pas à exclure si le sujet s'y prête, mais sont d'un maniement délicat : il faut se garder de tomber dans la théâtralité ou le cabotinage. Le candidat qui parvient à se détacher totalement de ses notes dans la discussion, sans se raccrocher à ce qu'il a déjà dit, peut être brillant. La suffisance, la mollesse, l'inculture arrogante, le maintien permanent dans l'approximation, ne peuvent que vous desservir auprès de votre jury. Au cours de la discussion, l'essentiel est de faire preuve de disponibilité, de savoir écouter et comprendre les questions, les relier rapidement au sujet et de faire des réponses nettes. Le jury ne cherche pas à vous « coincer ». Il n'y a rien de déshonorant à ne pas savoir répondre à une question. Votre franchise sur ce point sera bien plus appréciée qu'une réponse à côté de la question ou visant à « noyer le poisson ».

Au terme de cette méthode, nous devons rappeler des conseils essentiels pour la « colle » de culture générale : s'en tenir à des connaissances certaines et précises, penser le sujet qui vous est soumis dans toutes ses dimensions possibles, mettre en place des repères nets et progressifs pour la construction de votre plan, s'exprimer avec conviction, savoir communiquer avec le jury sans fuir le contact ou vous réfugier derrière une carapace, sentir ce qu'il attend de vous. Tout votre propos doit suivre un fil conducteur, révéler de la culture sans en faire un étalage stérile, manifester une capacité d'engagement et de la maturité. Abandonnez aux journalistes les banalités creuses, les généralités, les clichés médiatiques et les approches simplement bien-pensantes et moralisatrices. Fuyez les descriptions bavardes ou complaisantes et les aimables lieux commun[1]. Les amalgames, les simplifications outrancières, le conformisme intellectuel et les idées toutes faites doivent faire l'objet de votre réflexion critique et non pas être reprises à votre compte. Les publications destinées aux Prépas, les ouvrages généralistes figurant dans la bibliographie générale, la lecture régulière de quotidiens d'information, vous seront du plus grand secours si vous en faites la matière dont se nourrit votre réflexion personnelle. La culture générale joue un rôle tout au long des concours, et non pas seulement dans l'épreuve qui lui est explicitement dévolue. Il faut donc lui consacrer le temps qu'elle mérite, au-delà de la perspective utilitaire des concours, pour l'ouverture d'esprit et le recul critique qu'elle rend possibles.

Les auteurs.

1. Ex. : déplorer le manque d'objectivité des médias, dénoncer la corruption généralisée, etc.

Savoir lire et exploiter un sujet

Avec les données philosophiques, l'exposé doit prendre en compte l'histoire des doctrines, des valeurs et des mentalités, sans pour autant tomber dans l'encyclopédisme, dans les plans descriptifs, les tirades moralisatrices, par exemple si l'on traite : « l'éloquence, usage pervers de la parole ».

La mise en place d'un mouvement dialectique et l'analyse formelle des termes du sujet s'imposent absolument. Plusieurs catégories de libellés peuvent être distinguées.

Face à un sujet-mot, il faut penser aux corrélats : l'autorité peut être par exemple située entre domination et persuasion. L'étymologie aide à retrouver les connotations : crédit, charisme, prestige. Il faut interroger le concept, envisager un parcours intellectuel pour le plan : par exemple pour l'élite : définition, origine, devenir, finalités, donc « faire parler » le concept dans les définitions, applications et les jugements qu'il suscite. Ainsi « l'oubli » : faiblesse, force implications psychologiques et culturelles. La culture : ethnologique, intellectuelle (l'esprit cultivé et humaniste), la culture de masse enfin. De même pour la civilisation. Le peuple : réalité sociale, concept ou mythe, avec une majuscule cette fois, au sens du Peuple de Michelet. De même pour le système, l'œuvre et le travail, la crise, le citoyen, la modernité et l'avant-garde, envisagées dans leur lien au passé : « La modernité se soucie-t-elle du passé ? », ou bien : « Le souci du passé est-il moderne ? » La politique peut différer dans ses définitions : science idéale du bonheur dans une perspective platonicienne, art de l'action aventureuse pour Machiavel ou simple technique de gestion objective dans la perspective technocratique issue de Saint-Simon. L'opinion peut être l'opinion populaire, reléguée par les experts, philosophes ou technocrates ou bien l'opinion publique « éclairée » au sens des Lumières, qui entend donner le ton idéologique au XVIIIe siècle.

Un verbe peut constituer un sujet (« Lire », « Servir », d'où la servitude, mais aussi le service comme éthique. Pensons à Kipling : « À moins de servir, nul ne peut commander »). De même un seul adjectif : *juste* comme expression de la justice mais aussi de la justesse. Il existe des libellés *familiers* : « les historiens nous racontent-ils des histoires ? » ou *étonnants* : « Se peut-il que l'inattendu nous attende ? », « Peut-on prévoir ce qui paraîtra scandaleux dans deux siècles ? » Le domaine suggéré reste parfois à définir : comme le « plus qu'humain ».

La connaissance réelle du programme de l'histoire de la pensée, des valeurs et des mentalités s'impose, d'où l'intérêt des manuels généralistes[1], interdisciplinaires[2]. En effet, tel sujet est souvent éclairé par tel contexte idéologique : « Instruire le Peuple » avec Condorcet, « l'enracinement » avec M. Barrès ; ou par telle perspective morale : le scepticisme pour « la comédie humaine », le culte du moi, l'admiration, la polémique comme tradition culturelle au XIXe siècle ou bien « le devoir de colère » où l'on ne pouvait oublier les pamphlétaires... Un sujet comme « le pouvoir intellectuel » ne renvoie pas exactement au pouvoir de l'intelligence mais à l'autorité des intellectuels au sens de Régis Debray. L'esprit d'examen est quant à lui suggéré par ces mots : « notre tradition, une tradition qui ne satisfait pas de la tradition ». L'esprit d'une génération, les relations art-

---

1. Comme les *Cent fiches* de Bréal ou les ouvrages de F. Laupies aux PUF.
2. Philosophie, Lettres, Sciences humaines, histoire des idées.

société, la question de l'élitisme républicain sont des sujets apparentés à cette perspective ou le champ culturel est déterminant. Dans le champ socio-politique, les anachronismes et les amalgames doivent être absolument évités, par exemple entre forces ou systèmes politiques différents : monarchie, dictature, totalitarisme. La distinction démocratie-pouvoir autoritaire ne peut constituer un plan. Une connaissance fine des perspectives idéologiques permet de ne pas dévier le sens et la portée de telle expression. « Citoyen du monde » appelle une réflexion sur l'universalisme et le cosmopolitisme et non pas un exposé systématique sur la philosophie politique de Rousseau, à la faveur du concept de citoyen, qu'un autre sujet peut nous inviter d'ailleurs à distinguer de l'homme et de la personne au sens chrétien. Certaines formules sont datées d'un contexte aujourd'hui bien moins connu qu'autrefois : ainsi, « l'imagination au pouvoir », ou bien « tout est politique », issus de 68.

Il est essentiel de souligner que, dans un libellé, chaque mot compte. Dans tous les concours, en culture générale, l'attribution, la distribution des notes s'organisent selon des paliers indicatifs d'approfondissement de la réflexion sur les termes mêmes du sujet. Le libellé de ce sujet méritait examen : « Faut-il être compétent pour gouverner les hommes ? » Car gouverner n'est par gérer. Et ce sont les hommes que l'on gouverne. Autrefois éclairée par la connaissance des fins au sens platonicien, irréductible à une simple technique de gestion, le politique serait plutôt un art au sens machiavélien. Autres exemples de rigueur nécessaire : la morale du travail n'est pas la morale dans le travail, ce qui mènerait à se lamenter sur la corruption ; la « neutralité » de la technique, « l'intérêt des machines » invite non pas à déplorer seulement les « excès », les « dérapages » de la technique toujours posée comme évidente, donc neutre, mais au contraire à mettre en évidence même, à réfléchir au mot « neutre », et à faire référence à l'idéologie de la technique, au technicisme impliquant une posture d'affrontement entre l'homme et la nature.

L'attention aux adjectifs et aux verbes est souvent déterminante, par exemple enseigner : « L'art nous enseigne-t-il quelque chose ? » « L'art est-il une affaire publique, civique, politique ? » Ou bien « être », « exister », parfois avec « où » : « Où est le pouvoir ? » Ou encore : « savoir », « penser ». Très fréquent : « peut-on ? » désigne la capacité, mais aussi l'habilitation juridique ou morale. Ainsi : « L'opinion peut-elle faire la loi ? » C'est la question de la légitimité qui est alors posée « comment », « pourquoi ? », ou bien de l'obligation : « Faut-il », et au nom de quoi ?

Tout comme les modalisations, c'est-à-dire les marques de jugement explicites ou implicites dans le libellé, l'énonciation doit être remarquée avec la présence des pronoms « je », « nous », « on ». Il faut interroger le libellé. Qui parle dans ce sujet ? Du point de vue de qui ? Au nom de quelles valeurs ? Pourquoi poser cette question ? Dans le libellé suivant : « les jours s'en vont je demeure » il était décisif de réfléchir à l'identité du « je », au-delà de la réflexion sur l'homme dans le temps. Qui suis-je en effet ? « L'Histoire est-elle tragique ? » fait référence à la condition humaine tout comme : « Notre existence a-t-elle un sens si l'histoire n'en a pas ? » Attention enfin aux libellés métaphoriques, tel « le corps politique », « autre pays, autre nature ».

Très fréquents sont enfin les sujets corrélant deux termes, voire trois, beaucoup plus rarement « Marginalité, mondanité, conformisme ». Deux concepts peuvent être apposés : « Être homme de pensée, homme d'action », « Dire et faire », « Parler et agir ». Les concepts doivent être confrontés terme à terme, dans leurs multiples relations (idéologie et utopie ; loisir et temps libre ; l'intérêt, seul lien social). « Ignorance et naïveté » pose une corrélation réciproque, mais aussi la relativité de l'ignorance jugée telle par la culture intellectuelle humaniste et la naïveté comme point de vue (esprit d'enfance, de pauvreté, ingénuité comme regard). Les contradictions éventuelles doivent être expliquées et dépassées (« Avoir raison tout seul », ou bien « Fabriquer l'événement », en référence à l'Histoire et aux médias).

Une dialectique doit s'instaurer entre les concepts. Ainsi pour « savoir et pouvoir », et aussi pour « droit et pouvoir » : autonomie du droit puis critique de l'idéalisme juridique. Pour « Morale et politique », seraient successivement examinées : la morale juge de la politique, puis l'autonomie machiavélienne du politique, pour ne pas réduire la politique à la morale, la politique étant liée au réel historique et polémique.

« Égalité et justice » permet d'évoquer diverses formes d'égalité, spirituelle juridique ou sociale : quelle est celle qui serait la plus juste, qui permettrait la liberté ? (« la justice sociale, condition de la liberté ? »).

Les étapes de la réflexion théorique s'appuient généralement sur des « temps forts » de l'histoire des idées. « La nature, référence politique » évoque l'ordre naturel antique, le libéralisme appuyé sur le droit naturel au sens du XVIIIe siècle, enfin la politique comme artifice. « La justice est-elle d'ordre naturel ? » peut suivre un cheminement voisin. Certains sujets impliquent parfois un rapport du fait au droit, ainsi : « l'existence des sciences politiques nous conduit-elle à penser que la politique est devenue scientifique ? »

Mais pour la majorité, il s'agit souvent d'une opposition ou d'une proximité de concepts : « pouvoir et consentement ». Ici, on peut aller de l'idée de l'accord des volontés au consentement, voire au consensus, ce qui diffère, comme arme politique. « Politique et consensus », « fanatisme et rationalité » semblent s'exclure jusqu'au moment où, dépassant l'opposition, on définit le consensus comme ruse du politique, et pour l'autre sujet, les raisons du fanatisme, sa logique, et enfin le fanatisme de la Raison. On reporte alors un concept vers un autre. On peut intervertir les verbes pour : « L'art trouble, la science rassure ».

Enfin, le sujet doit être parfois explicité, révélé, par une réflexion sur ce qui le sous-tend, sur ses fondements théoriques. La question : « les droits de l'homme : évidence ou problème ? » est souvent réduite à un exposé factuel sur le déficit des droits de l'homme dans le monde. Or, le vrai débat oppose les droits de l'homme, expression de l'universalisme occidental, aux droits des peuples et des cultures, défendu d'abord par les positivistes puis par les sciences humaines, attachées aux identités culturelles. De même, les sujets sur la démocratie : « Pourquoi critiquer la démocratie ? » ou bien : « Est-ce le gouvernements des meilleurs ? », doivent mener le candidat à préciser, mais aussi à dépasser la question du déficit démocratique contemporain, du fait oligarchique dans nos sociétés (mal connu par ailleurs) pour réfléchir d'une manière plus théorique, sans tomber pour autant dans des généralités creuses et rassurantes.

G. G.

L'exposé liminaire avant l'entretien individuel

À l'oral de la plupart des ESC, l'entretien individuel est précédé d'un *exposé liminaire*, sur des sujets plus généraux moins « culturels » qu'à HEC. Il est donc nécessaire de se documenter rigoureusement sur les modalités des Oraux des écoles où l'on s'inscrit, sur leurs coefficients, *avant même l'admissibilité*.

Comme nous allons le voir, cet exposé n'est pas une « colle » de Philosophie mais requiert une solide culture générale. Un questionnaire personnel rempli sur place vient souvent à l'appui de l'entretien qui suit l'exposé, et parfois se substitue à cet exposé.

Ne pas rater son entrée

Préparé pendant environ 15 à 30 minutes, l'exposé dure en principe de cinq à dix minutes. N'est-il qu'un prétexte à amorcer la discussion avec le jury, donc un exercice purement formel ? S'il est vrai que ce n'est pas un exposé de spécialiste, et que *l'accent est mis sur la communication autant que sur les connaissances*, ce serait une erreur de négliger cette prestation. C'est la première prise de contact qui permet au jury de se faire une première idée du candidat. Il est *parfois noté* séparément et joue toujours un rôle, favorable ou défavorable, dans la délibération. De son côté, le jury a le temps de juger le contenu, d'observer l'expression et l'attitude ; les premières minutes de découverte du candidat peuvent être décisives. Pour sa part, ce dernier a la chance de pouvoir mener son exposé sans être interrompu, de se présenter sous un jour favorable, et, pourquoi pas, d'imposer un terrain de réflexion et de discussion utile à l'entretien qui suit immédiatement.

Contenus et libellés

L'exposé fait intervenir les sujets les plus divers. Il peut s'agir parfois d'un dessin, d'une photo, d'une publicité ou du commentaire d'un récent article de presse à caractère culturel. Quant aux sujets d'exposé proprement dit, ils peuvent concerner des questions d'actualité, des faits de société (l'illettrisme, la technocratie, l'immigration, l'urbanisme), une valeur ou un concept psychologique, moral, philosophique, politique (l'État, la Nation, l'identité, la région, l'idéologie) un problème social ou institutionnel, une réalité concrète et mythique à la fois, un espace, un lieu voire un objet (la rue, la mer, le fleuve, la ville, le désert, le château, la province, la main, le livre...). Le sujet peut renvoyer à un caractère, à une force, à une figure légendaire (le chef, le « bon sauvage », le « barbare », le complot) à un moment (le « grand soir » et le « petit matin », le dimanche en province) ou bien encore à une action (partir, voyager, danser, jouer, prendre la parole) ou bien enfin à une catégorie humaine (l'étranger, l'intellectuel, les notables, le traître...). Quant aux genres littéraires et à la mythologie gréco-latine, ils fournissent nombre de sujets spécifiques à l'oral d'HEC.

La formulation du sujet est variable. Un sujet-mot peut se présenter : l'ironie, la distinction, la mondanité. Ce peut être une citation : « Nous avons l'art pour ne pas mourir de la vérité » (Nietzsche) ou bien encore un proverbe ou une expression : « un sou est un sou », le mépris des pauvres, le désordre établi... Enfin, le sujet peut offrir une question ouverte : « Qu'est-ce qu'une crise ? » ou fermée : « la pensée du progrès est-elle un progrès de la pensée ? », « les historiens nous racontent-ils des histoires ? » L'énoncé est court le plus souvent, fait d'une question, d'un mot, d'une expression : « moi, je ne fais pas de politique ! », ou inversement : « tout est politique », « l'imagination au pouvoir », « sous les pavés, la plage ! » – issus de 68 – ou encore : « l'avenir est à nous ! », « Mourir pour des idées ».

Examen et compréhension du sujet

Une fois le sujet en main, il est nécessaire de faire l'examen systématique du champ culturel qui est le sien : idées, enjeux, références... Autant dire que la culture générale, l'ouverture au monde contemporain et à l'actualité sont indispensables, et qu'il faut absolument proscrire les banalités, les clichés, les lieux communs, les idées convenues.

La culture historique et littéraire, l'histoire des idées, des idéologies, des régimes et des institutions, la chronologie, les « lieux de mémoire », l'actualité politique, économique et sociale doivent être maîtrisés. On peut gagner à s'appuyer sur les sociologues et essayistes contemporains : Bourdieu, Baudrillard, Régis Debray... Car il faut pressentir les enjeux sociaux et idéologiques du sujet, cerner son intérêt, repérer les difficultés et les points de vue possibles. *Quels sont les présupposés et implications du libellé* ? S'il s'agit d'une citation, d'une expression : qui dit cela et que doit-on en penser ? Qu'en pensent l'opinion publique, les intellectuels ? Quelles positions prendre sur le sujet ? À quels niveaux se situer (politique, esthétique, moral) ? Il convient de noter tout ce qui vient à l'esprit, de voir ce qui manque, ce qui peut contredire ou élargir la question. Il faut lire et relire le libellé, discerner toutes les références implicites et les axes de réflexion possibles.

Le souci de la problématique doit se manifester dans la construction d'un plan, de type dialectique, analytique ou par éclairages et questionnements successifs, le plan constituant un critère déterminant d'évaluation. On peut faire référence d'abord à l'opinion commune, aux diverses thèses en présence, et pour cela, *il faut toujours préférer la confrontation et la distinction à la juxtaposition ou à l'amalgame*. Le plan annoncé doit être suivi et respecté. Les plans artificiels, d'une rhétorique sans contenu doivent être proscrits. Les références doivent être précises et les exemples choisis pertinents, assortis d'explication et sans encyclopédisme affiché pour lui-même.

Comment mener son exposé ?

Le candidat présente brièvement le sujet par une introduction précise, originale et « accrocheuse », dont on peut rédiger quelques phrases, et annonce toujours le plan en fin d'introduction, après avoir précisé l'intérêt du sujet. La rapidité, le suivi effectif du plan annoncé commandent le développement. Il faut veiller à la densité et à la clarté, sans s'enliser dans les détails. Soyez créatifs et personnels, impliquez vous dans le sujet, une fois toutes les positions possibles exposées et explicitées. La conclusion doit livrer nettement votre position personnelle, hors des clichés convenus. Tout au long du propos. il convient de savoir sortir de ses notes, en évitant leur récitation laborieuse, et en regardant tous les membres du jury. Les incorrections de langue comme la répétition mécanique de certains mots doivent être évités. L'art de la présentation, la maîtrise du temps, la conviction, la décontraction sans familiarité doivent permettre une bonne prestation.

L'exposé offre matière à question sur le plan culturel et personnel dès le début de l'entretien qui suit. Certaines précisions doivent être ensuite apportées : clarification de tel point de vue, invitation à assumer un engagement... La portée réelle des questions du jury doit être comprise, leur intérêt pressenti : ouverture et présence d'esprit sont de mise, sans omettre la culture où ces questions prennent leur sens.

Irréductible à un petit « échauffement » avant l'entretien, l'exposé possède donc bien sa spécificité. Certes, les sujets sont moins « pointus » que ceux de la « colle » de culture générale : ils concernent plutôt des faits de société, d'actualité, mais l'exposé préalable est déjà une prestation à part entière, où les qualités du candidat sont déjà évaluées : analyse, construction, engagement. Le jury y fait référence lors de la délibération. Devant le jury en éveil, il faut donc réussir cette « entrée en scène », être efficace et original même sur des questions parfois triviales.

G. G.

L'entretien : ouverture culturelle et personnalité

L'enseignement en prépas comprend tout un dispositif au-delà des cours : colles, éventuellement travaux encadrés et conférences, préparation aux exercices spécifiques, synthèse, contraction (Ecricome), entretiens et l'exposé d'un ensemble d'informations : sur les sujets des concours des années passées, les rapporte de jurys, les conférences extérieures, les bibliographies, le suivi de l'actualité politique, économique, nationale et internationales ; la connaissance des écoles (caractères spécifiques, cursus, formation, information sur l'environnement socio-économique) la connaissance des milieux socioprofessionnels.

L'entretien requiert en effet :

1 • la connaissance de l'école présentée (formation, région) et plus généralement celle de l'univers de l'entreprise et des fonctions tenues à l'issue de l'école (marketing, vente, audit, gestion des ressources humaines) dont on peut exiger une connaissance assez précise de la part des candidats sans y consacrer la totalité de l'entretien ;

2 • un intérêt au monde contemporain et à l'actualité. Ce n'est pas une épreuve de connaissances mais la culture générale y est décisive (idées, sociétés). Le candidat doit révéler ses qualités intellectuelles. Avec l'écrit (contraction et synthèse exigent autant de culture que de technique) la culture générale est la clé de l'intégration ;

3 • l'expression de la personnalité : motivations, dynamisme, capacité d'engagement, qualités relationnelles, aptitude à la communication.

Muni d'un éventuel questionnaire à remplir complètement, et à la suite d'un exposé de 5 ou 10 mn qui n'existe pas partout, le candidat mène un échange avec le jury, de 30 à 50 mn, et se présente : cursus, intérêts, motivations. La présentation matérielle doit être brève et efficace. Qui est-on ? Pourquoi est-on là ? Les expériences concrètes et leurs apports, la description brève des stages, avec leur vécu, leurs bénéfices et leurs conclusions doivent être nécessairement évoqués. On doit se garder des généralités vides, allusives, mais aussi des détails insignifiants. Préparez de petits « tiroirs » sur vos expériences et vos intérêts, exposés en quelques minutes mais sans vouloir à tout prix caser tel topo fastidieux. Il faut éviter de tout polariser autour d'un seul centre d'intérêt ou d'engager un exposé académique pesant. Choisissez quelques temps forts de vos activités ; soyez intéressé vraiment par certains sujets, évoquez des images, des expériences humaines retenues de tel ou tel voyage, confrontez l'imaginaire et le réel de tel ou tel pays. La totalité de la culture générale doit être convoquée : monde contemporain, actualité, idéologies (cf. la technocratie), régimes, partis et syndicats, institutions, chronologie, mythes et doctrines politiques et économiques (mercantilisme, colbertisme, physiocratie), formes juridiques de l'entreprise, faits de société, milieux (cadres, patronats, classe ouvrière), mentalités, traditions, débats (l'école et la vie ; les cultures et l'occidentalisme universaliste), générations intellectuelles, histoire des médias, modes, lieux de vie, de mémoire, caractères généraux du milieu d'origine (ville, département, région), géographie parisienne et régionale, quotidien, actualité économique, fiscalité, taux, salaires, pouvoir d'achat, TVA, chômage, CSG, ordres de grandeur, déficits), formules (l'exception française), slogans, devises, citations.

Il faut absolument proscrire les clichés et lieux communs médiatiques, tels : « l'obscurantisme » du passé, l'écologie comme folklore, la vertu du juste milieu, la rhétorique sur les « dérapages », l'art réduit à une évasion divertissante, l'image de l'Islam dans les médias, les vertus extraordinaires du libéralisme à l'Est, la confusion dictature-totalitarisme, les lamentations sur les historiens et journalistes subjectifs, le modèle américain, l'évidence du Progrès et de la technique « neutre », les Français paresseux, les Japonais actifs, les syndicats archaïques et superflus...

Quelques questions peuvent être posées sur vos études, sur les sujets, les textes qui vous ont intéressé, les films vus, vos lectures : toute la presse et des textes d'intérêt socio-politique ou culturel significatifs, de préférence...

Comment conduire l'entretien et s'y impliquer ?

Ne soyez ni passif ni désabusé, ni rigide ni conformiste. Il faut savoir intégrer les objections du jury, comprendre ses réactions et pressentir ses attentes. Dans cette optique, une solide culture générale s'impose puisqu'il faut maîtriser tous les arguments de tous les débats contemporains (ex : occidentalisme / autres cultures ; civilisation US / culture européenne ; les mythes dans la culture de masse ; Eurodisney ; le nouvel ordre mondial ; les limites de la démocratie ; la politique des transports ; l'aménagement du territoire...). Essayez de percevoir comment vous êtes perçu pour « corriger le tir » s'il le faut. Interrogez vous sur l'image que vous renvoyez au Jury. Ni passif ni toujours agressif, le jury n'apprécie guère les candidats trop « coincés », conformistes, sans ouverture ou sans motivation nette. Il faut soutenir l'intérêt, rythmer ses propos, créer et maintenir le contact, sans oublier ou trop privilégier un membre du jury : il faut les regarder tous (ne pas trop rester dans ses notes au cours de l'exposé). Il faut répondre efficacement et assez rapidement aux questions, déplacer ou élargir un peu le débat sans l'escamoter, surtout ne pas laisser le jury vous relancer sans cesse, donc ne pas subir. Il faut tenir 50 mn au plus, ne pas chercher immédiatement la prestation exceptionnelle (50 mn c'est long), s'adapter au rythme calme ou tendu, aux attitudes diverses du jury. Sachez distinguer les questions ouvertes ou fermées, ou « miroir ». Ne dites pas forcément ce que l'on veut vous faire dire, ceci pour éviter les contradictions, mais comprenez les idées avancées par le jury. Ne dites pas que vous aimez ou que vous détestez ce que vous ne connaissez pas (ex des doctrines caricaturées). Ne considérez pas qu'il existe une ligne imaginaire et idéale du parfait candidat (jeune cadre dynamique, marchés à l'Est, supermarché mondial) mais pensez quand même à un certain profil d'entreprise : dans le contexte actuel, les écoles veulent surtout des candidats bien orientés. Restez qui vous êtes, livrez votre personnalité, au-delà du cadre un peu rigide de l'entretien. Soyez naturel sans ton sentencieux ou familier. Évitez les lieux communs, le « juste milieu » et autres clichés. Évitez les attitudes physiques relâchées ou repliées et crispées. Maîtrisez votre nervosité et gardez pied face à des questions choquantes qui seront plus lancées que vraiment abordées profondément.

Pour s'impliquer, il faut avoir réfléchi sur soi-même, bien connaître certains sujets, être réellement motivé. N'oubliez pas de synthétiser les points forts de votre candidature.

G. G.

Quelques livres sur l'entretien

E. Carre, *Face au jury* (Ellipses).
Y. Stalloni, *L'oral de culture générale aux grandes écoles* (Ellipses).
S. Branglidor, *Le deuxième concours : l'épreuve d'entretien* (Ellipses).
Y. Quintin, *Les secrets des grandes prépas* (Ellipses) ; *Comment ils réussissent aux oraux* (Ellipses).

Questions usuelles de l'entretien

Auto présentation, personnalité.
Présentez-vous.
Qui êtes-vous ?
Qu'est ce qui vous amène ?
Si vous deviez vous définir en une phrase...
Donnez nous X adjectifs qui vous caractérisent le mieux...
Votre plus grand atout, votre plus grande faiblesse ?
Quelle est votre plus grande satisfaction ?
Quel a été le meilleur moment de votre vie ?
Vos qualités ? vos défauts ?
Êtes-vous curieux(se) ?
Êtes-vous honnête ? Pourrez-vous le rester ?
Comment sélectionnez-vous vos amis ?
Aimez-vous le travail en équipe ?
D'où venez-vous ?
Quels sont vos loisirs ?
Lecture ? Sport ? Cinéma ?
Engagement associatif ? Politique ?
Pourquoi une école de commerce ?
Objectifs et projets d'avenir ?
Qu'est-ce qui vous fait rire ou pleurer ?
Qui admirez-vous le plus ?
Que détestez-vous le plus ?
Votre meilleur souvenir ?
L'échec qui vous a le plus marqué ?
De quoi êtes vous fier ?
Avez-vous déjà travaillé en entreprise ?
Comment avez-vous trouvé ce job ?
Quelles leçons en avez-vous tirées ?
L'avenir : vie familiale et vie professionnelle.
Compatibilité vie professionnelle et vie familiale ?
Que voulez-vous faire plus tard ?
Quel est votre objectif de carrière ?
La profession de vos parents a-t-elle influencé votre choix ?
Comment vous voyez-vous dans cinq ou dix ans ?
Qu'est-ce que vous ne voudriez pas être dans dix ans ?
Envisagez-vous de créer une entreprise ?
Quel type de patron voudriez-vous être/avoir ?
Quelle différence faites-vous entre réussir sa vie et réussir dans la vie ?
Quelle différence faites-vous entre salaire brut et salaire net ?
Êtes-vous favorable à l'impôt sur les grandes fortunes ?
À combien est le SMIC en France ?
Seriez-vous un bon chef ?
Quelles sont vos limites ?
Préférez-vous que l'on dise de vous que vous êtes passionné(e) ou ambitieux(se) ?
Activités extra-scolaires.
À quoi passez-vous votre temps libre ?
Pour qui/quoi « craquez »-vous ?
Qu'avez-vous fait de vos dernières vacances ? Les prochaines ?
Que lisez-vous ? (livres, journaux, revues)
Quelles sont vos passions ?
Aimez-vous les voyages ? Avez-vous déjà voyagé ?
Qu'avez-vous réalisé d'exceptionnel ?

Dans quelles circonstances avez-vous prouvé que vous possédiez les qualités que vous venez de citer ?
Quelles responsabilités avez-vous déjà exercées ?
Pourquoi certaines écoles de commerce demandent-elles de faire un stage ouvrier ? Qu'en pensez-vous ?

Divers

Que faire de 50 000 francs ? Quel salaire est-il suffisant ?
Y a-t-il des métiers mal rémunérés ?
Que faites-vous pendant une semaine libre ? 6 mois libres ?
Quelle serait la maison de vos rêves ? Goûts, couleurs préférées ?
Livres emportés sur une île déserte ?
« Idoles » ou personnages préférés ?
Ce qui vous indigne, vous réjouit, vous enthousiasme aujourd'hui ?
Jugements sur les jeunes aujourd'hui.
Prises de risques. Satisfactions et difficultés ?
Quelles mesures à prendre si vous étiez au pouvoir ?
Votre caractère : individualiste ou sociable ?
Pour qui donneriez-vous votre chemise ?
Comment organisez-vous votre travail ?
Intervenez-vous dans tel débat sur la place publique, dans la rue ?
Comment gérez-vous un conflit avec un supérieur jugé borné, incompétent ?
Qu'est-ce qui vous est insupportable ?
Y a-t-il des sujets dont on ne rit pas ?
À partir de quel moment faut-il cesser de recevoir des conseils ?

Oraux : une session d'entretiens individuels

Depuis 1982, je participe aux jurys de concours des Écoles de commerce, à l'écrit et à l'oral. En cette année 1998, j'ai figuré dans un jury d'une « parisienne » sélective et bien connue dont les coefficients de l'oral égalent ceux de l'écrit. D'un coefficient du tiers de l'oral total, l'entretien individuel y rassemble autour de tables en carré un cadre d'entreprise, professeur à l'école, un étudiant de troisième année, parfois un professeur de classe préparatoire et le candidat. Aux conseils généraux pour l'entretien (« L'entretien : ouverture culturelle et personnalité »), nous ajoutons donc les observations de cette expérience de trois jours, bien évidemment utiles à tous les oraux du même type.

Ici, le candidat doit tenir la distance de cinquante minutes, ce qui est long, faire face aux questions du jury issues de l'observation rapide et préalable du questionnaire. Il n'y a pas d'exposé liminaire. Quelques rares questions sont déstabilisantes, visant à évaluer l'intelligence sociale (paramètre relatif) et certains candidats déconcertés font l'erreur de les prendre au premier degré. Il est plus difficile d'affronter parfois la multiplication des questions en tous sens, en conservant sa stabilité émotionnelle : sur la défensive, certains candidats réagissent avec une certaine désinvolture, s'étonnent des questions posées, ne s'efforcent pas de les comprendre, d'intégrer les objections du jury qu'il faut savoir écouter et dont il faut pressentir les attentes. La culture générale au sens de la connaissance des débats contemporains dans leurs multiples arguments, la familiarité avec l'actualité (les hausses du 1er Juillet, la politique des transports, l'aménagement du territoire, le fonctionnement de la justice, l'esthétique utilisée dans les campagnes de publicité de telle banque, de telle marque d'articles de sport) et le sens du concret devraient y aider. La culture dans le domaine des idées, sociétés, institutions, la connaissance des partis, syndicats, journaux, semblent bien inégales.

Il faut s'attendre à diverses attitudes du jury : harcèlement polémique ponctuel pour éprouver le candidat, ou bien silence parfois : le jury devient peu à peu muet, les questions se raréfient et c'est alors aux candidats de faire leurs preuves. Il est donc souhaitable de savoir présenter de manière conséquente un sujet d'intérêt économique : un patron, une entreprise, une stratégie commerciale, un marché, une situation de concurrence) motiver concrètement l'intérêt annoncé aux nouvelles technologies ; présenter expériences, stages et voyages en sachant les valoriser, en mettant l'accent sur le vécu, l'expérience humaine et sociale. il faut éviter de « bluffer » et s'en tenir strictement à ce que l'on sait, à ce que l'on a fait. D'autre part, le livre ou le film présenté à l'invitation du jury doivent être resitués dans leur contexte esthétique ou idéologique (comme nous l'avons fait pour les exemples qui suivent) : trop souvent, les œuvres apparaissent comme les « pièces détachées » d'une culture segmentée et non significative. Là aussi, une connaissance complète des siècles littéraires et esthétiques s'impose.

Inversement, si le jury est « mou », il faut alors absolument dynamiser l'entretien en proscrivant les banalités rassurantes : un entretien trop « confortable » n'est pas toujours bon signe. Là encore, il faut donc s'attendre à diverses postures du jury au cours du même entretien. Le jury n'est jamais réellement passif : il s'interroge en définitive sur le potentiel, la capacité du candidat à devenir un jeune cadre dans quelques années, tout en connaissant les limites qu'il peut manifester : manque de maturité ou manque d'ouverture, d'engagement ce qui est un peu plus gênant.

G. G.

Brève présentation d'un roman à l'oral d'entretien individuel

Exemple : *Voyage au bout de la nuit* de Louis-Ferdinand Céline

Texte picaresque, épopée dérisoire, le *Voyage au bout de la nuit* (1932) nous montre Bardamu, individu anonyme, errer de misère en misère, à travers une série d'expériences infortunées, depuis la guerre dans les Flandres jusqu'à la banlieue sordide, en passant par l'Amérique et l'Afrique.

Le *Voyage* est l'envers d'une quête initiatique, comme l'envers du roman d'apprentissage, où les personnages balzaciens manifestaient traditionnellement leur ambition.

Classé d'abord comme réaliste avec l'hommage rendu à Zola, Céline apparaît avec le *Voyage* comme un nihiliste radical, aux antipodes du messianisme révolutionnaire. Démythifiant le patriotisme cocardier et jacobin, il s'inscrit dans l'antimilitarisme de droite, dénonçant la guerre comme la colonisation, menées au nom de la civilisation et du progrès universel. L'Amérique matérialiste, le mythe optimiste et libéral du « nouveau monde », l'espoir prolétarien et le mythe du « bon peuple » sont également dénoncés implicitement. La banlieue (celle des années 30) est un monde de médiocrité et de haine ; la guerre nie toutes les valeurs humanistes ; la folie l'emporte sur la raison ; le chaos et le conflit, l'universelle décomposition sont un démenti à la paix et au progrès. « On était fait, comme des rats... ça venait des profondeurs et c'était arrivé » écrit Céline dès les premières pages du *Voyage*, lorsqu'il évoque la fureur de la Première Guerre mondiale.

Moderne par sa sensibilité à l'absurde existentiel, en marge des catégories politiques classiques, Céline n'a foi que dans le style, vecteur de l'émotion, style imité de l'oral, antithèse parfaite de la rhétorique classique et académique, qu'il tourne volontiers en dérision, tout comme la société sclérosée et conformiste de son temps dans *Mort à crédit*, son roman suivant (1936).

Tels sont les traits originaux du *Voyage* et ce qui explique que nous y avons porté intérêt.

G. G.

Brève présentation d'un film à l'oral d'entretien individuel

Exemple : *Titanic* (de James Cameron) et imaginaire collectif

Il est souvent demandé aux candidats, lors d'une épreuve orale d'entretien individuel, d'évoquer un de leurs films de prédilection. Voici un exemple de la façon dont une telle question peut être traitée a partir du film-événement de l'année, *Le Titanic.* Le film bat tous les records au box-office mondial et devient ainsi un véritable sujet d'actualité. Du naufrage mythique de 1912 au film lui-même en passe de devenir un mythe, le *Titanic* est toujours vivant dans l'imaginaire collectif.

Vers 1910, et en l'espace de vingt ans, les paquebots transatlantiques étaient devenus gigantesques. Avec la mise en service des super liners *Olympic,* et *Titanic,* la White Star, pièce de l'empire du financier américain Pierpont Morgan, espérait faire face à la concurrence des somptueux paquebots allemands et à ceux de la Cunard, encore plus rapides. Mais, derrière le mythe prométhéen de la puissance et malgré la campagne de marketing autour du navire « insubmersible », la technique n'était pas encore à la hauteur des défis lancés, même si les temps héroïques du XIXe siècle sur l'Atlantique s'achevaient. À vitesse un peu réduite en vue de l'obstacle, le gouvernail insuffisant ne permit pas à l'immense navire peu manœuvrant de virer à bâbord pour éviter l'iceberg. On ne connaissait pas encore le radar et la veille permanente jour et nuit en ces débuts de la TSF. Les compartiments étanches étaient insuffisants en hauteur. Une série de chocs latéraux – pire, a-t-on dit, qu'une collision frontale – fit exploser tôles et rivets. Malgré les pompes puissantes, des tonnes d'eau alourdirent l'avant où elles s'engouffrèrent. Très vite, le commandement sut le navire perdu. C'est une conjonction de défaillances et d'erreurs, étonnantes dans l'Angleterre de la sécurité et de l'intérêt, qui a mené au drame des 1 500 disparus. Quelques dizaines de radeaux en plus des canots auraient permis de sauver le plus grand nombre...

Une mythologie moderne et romantique

Le premier et le dernier voyage du *Titanic* va devenir mythique, alors que la paisible carrière de son sister-ship l'*Olympic* fera peu parler d'elle. Le sens du naufrage est profondément métaphorique. À la jointure d'un monde qui s'achève et d'un autre qui naît, avec le *Titanic* coule l'orgueil d'une époque. C'est le prologue de 1914, la fin proche de l'Europe dominante, de l'idéologie du progrès issue des Lumières et du XIXe siècle, la fin de l'idée de la domination absolue de l'homme sur la nature. Le siècle des crises et des conflits va commencer. On va faire le procès de l'industrie triomphante et d'un « fait divers » pathétique, les médias vont faire un mythe de la modernité. Des campagnes de presse vont nourrir tout un imaginaire collectif, alimenter rumeurs et fausses nouvelles, s'attacher au mystère de certains navires à proximité, récupérer le sujet au profit du courage des Anglo-Saxons, jugés supérieurs aux Latins.

Le film cultive la nostalgie d'un âge d'or défunt traversé par les grands paquebots de la Belle Époque, et brasse de grands mythes : le destin, l'amour, le pouvoir, l'argent, l'aventure... On gagne au poker son billet cinq minutes avant le départ et on s'élance vers l'Amérique avec dix dollars en poche. Bientôt les forces chthoniennes, souterraines, se mettent à l'œuvre dans les flancs du géant, lorsqu'apparaissent chaudières et machines à vapeur, dans les fonds rougeoyants et hallucinants, dignes de Zola. Le film est moins marqué par une lecture marxiste de la lutte des classes (les pauvres contre les riches) que par une mythologie puissamment romantique, inscrites sur les billets comme dans les codes sociaux et culturels, les classes sont bien présentes, mais le film est plutôt le récit d'un défi aux destins tout faits. À l'oligarchie indigne, suffisante, intéressée et hypocrite, s'oppose la troisième classe et ses vraies richesses : malgré quelques rats, on danse et on s'amuse mieux dans l'entrepont, au son de cette musique populaire celtique qui « prend aux tripes » dès le début du film. Aux adultes rabat-joie et aux convenances, Jack et Rose opposent le mouvement et la provocation, mettent en cause la morgue sociale et la suffisance technique. Les caractères des individus l'emportent sur ceux des classes et, avec l'aventure, la vie devient roman.

Espace de circulation mythologique entre Europe et Nouveau Monde, l'Irlande est implicitement présente tout au long du film. Construit à Belfast par 15 000 Irlandais, le *Titanic* quitte Southampton pour Cork (Queenstown) puis s'élance vers New York ; il passe non loin de Bantry (où Hoche et 15 000 soldats avaient tenté de débarquer en 1796 pour libérer l'Irlande) et de Tralee Bay (on pense à la tentative de Roger Casement en 1914). Bientôt le soulèvement nationaliste l'emportera sur l'impérialisme de la Grande-Bretagne, première puissance mondiale au XIXe siècle.

Un film culte

Issu de la matrice hollywoodienne classique, dont on connaît les monuments des années 50-60, *Le pont de la rivière Kwaï*, *Lawrence d'Arabie*, (film devenu mythique d'une durée de 3 h 15, pour le coût le plus élevé de l'histoire du cinéma) maîtrise et dépasse cette même machine hollywoodienne. « Nous sommes loin des machineries vouées à une gigantesque entreprise de régression infantile. » (S. July)

Le film appuie ses effets mais n'abuse pas des clichés mélodramatiques attendus. Comme la musique, il joue sur toutes les tonalités : épopée du départ, ironie des dialogues, pathétique de la fin. On nous en donne toujours plus, dans l'unité et la diversité des tons, et sans aucun ennui. Tout est joué dans l'émotion des premières secondes. Le pouvoir des premières images est très fort, avec le contraste saisissant et pathétique entre l'élan du départ (le mouvement du navire vu d'un plan fixe) et le vaisseau fantôme englouti dans l'ombre et le mystère des profondeurs. Et bientôt, sur une musique de joie, de triomphe et de gloire, les machines lancent les 50 000 tonnes du monstre vers l'Amérique. L'avenir est à nous ! « *Take her to sea, Mister Murdoch !* » Mais, dès le départ, nous étreint le pressentiment du destin tragique. Lorsqu'apparaît le vaisseau fantôme par quatre mille mètres de fond, le paquebot de tous les rêves, nous songeons au thème des ruines et nous comprenons que toute grandeur comprend sa fin comme revers nécessaire (O. Spengler, *Le Déclin de l'Occident*). Il faut alors laisser conclure Paul Valéry dans *La crise de l'esprit* (1919) : « Nous avions entendu parler de mondes disparus tout entiers, d'empires coulés à pic avec tous leurs hommes et tous leurs engins ; descendus au fond inexplorable des siècles avec leurs dieux et leurs lois, leurs académies... leurs grammaires, leurs dictionnaires, leurs classiques, leurs romantiques. Nous savions bien que toute la terre apparente est faite de cendres... Nous apercevions à travers l'épaisseur de l'Histoire, les fantômes d'immenses navires qui furent chargés de richesse et d'esprit. L'oscillation du navire a été si forte que les lampes les mieux suspendues se sont à la fin renversées. *Nous autres, civilisations, nous savons maintenant que nous sommes mortelles.* »

G. G.

Lectures conseillées

P. Masson, *Le Drame du Titanic* (Tallandier).
D. Brunat, *Tragic Atlantic, ou les métamorphoses du Titanic* (Flammarion), 1998.

I • L'homme – la condition humaine

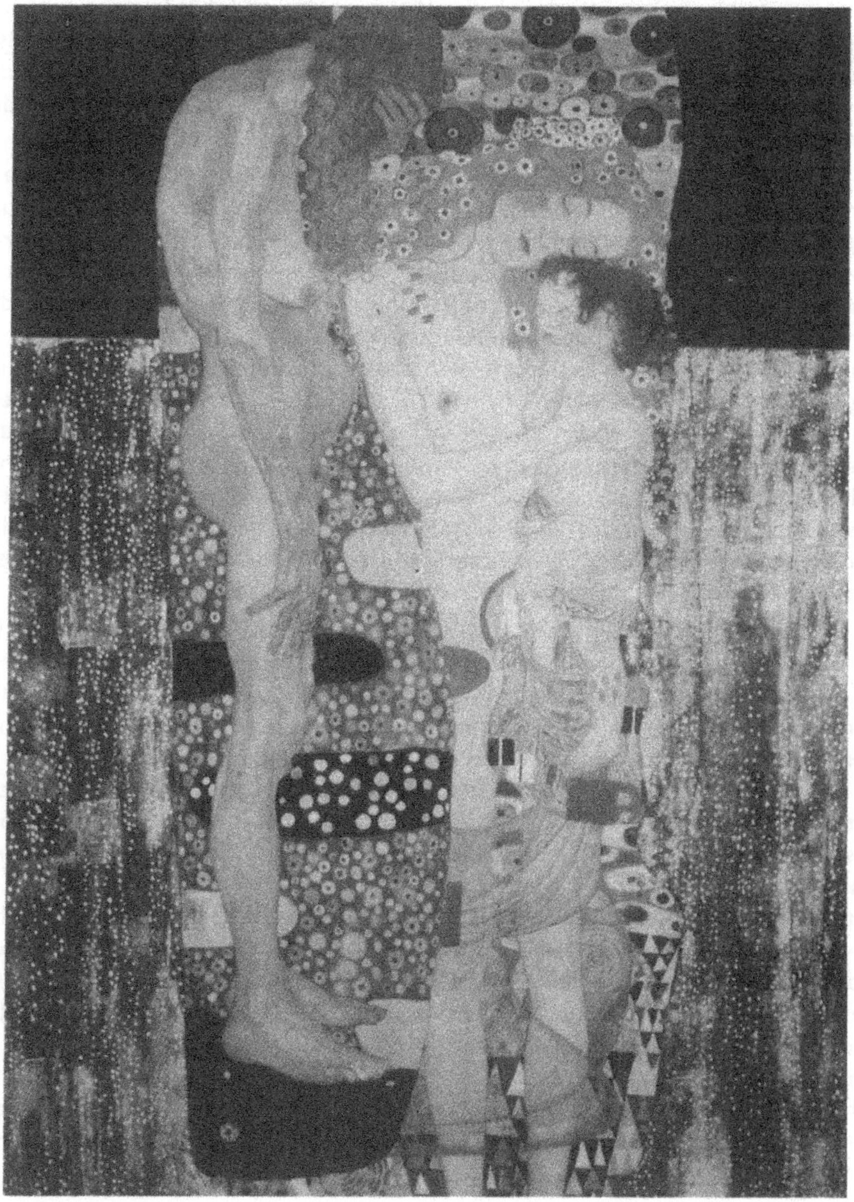

« Je suis homme et rien de ce qui est humain ne m'est étranger. » Térence

Dans sa comédie intitulée *Heautontimoroumenos*[1], l'auteur latin Térence fait répondre à l'un de ses personnages à qui l'on reproche de passer son temps à observer ce qui se passe dans le jardin de son voisin, et donc de s'occuper des affaires d'autrui : « Je suis homme, et rien de ce qui est humain ne m'est étranger[2]. » Sortie de son contexte qui en faisait la première affirmation du « droit d'ingérence », cette sentence devenue proverbiale a pu passer pour de nombreux siècles pour l'expression de la quintessence de l'*humanisme antique*.

La phrase de Térence reprend elle-même un fragment de Ménandre[3], affirmant que *la nature humaine est une* dans la mesure où elle est dans son état de pureté, et qu'un homme vertueux ne peut être un étranger pour un autre homme vertueux. L'affirmation porte donc initialement sur l'unité de la nature humaine en dépit de la diversité des hommes. Il n'y a pas de barrière ou de frontière entre deux hommes de bien, quand bien même ils appartiendraient à deux nations, à deux civilisations, à deux classes sociales, ou parleraient deux langues différentes. Deux hommes vertueux sont plus proches l'un de l'autre, en dépit de tout ce qui peut les séparer par ailleurs, qu'un homme de bien d'un homme dépravé de son propre pays, de sa propre ville, de sa propre famille ou parlant sa propre langue. La vraie proximité est celle de l'esprit et de la vertu, et non celle reposant sur les liens de sang ou d'intérêts. Il n'y a donc pas de barrière insurmontable entre les hommes, *à condition toutefois que les hommes restent fidèles à leur humanité*, à ce qui fait d'eux des hommes.

L'oubli de la condition ou de la restriction mise par Ménandre donne à la phrase une deuxième signification, celle qu'elle revêt chez Térence. Au lieu d'être subordonnée à une exigence, elle devient l'évidence d'un constat : tout homme est chez lui dans l'humanité, jamais en terre étrangère. L'homme appartient à l'humanité avant d'appartenir à son peuple, à sa classe sociale ou à sa religion. On ne peut donc définir l'homme par ces appartenances particulières, ni prétendre l'y enfermer, en faisant de sa culture, de sa langue ou de sa religion son horizon indépassable[4]. Les différentes cultures ou religions ne sont que des déclinaisons ou des modulations d'une même humanité. La tentation communautariste, qui promet à l'homme une identité collective forte par son enracinement dans un groupe ou une communauté dont il fait partie, oublie de dire que *la condition de cette promesse n'est rien de moins que la répudiation par l'individu de l'universel en l'homme, de l'universel qu'est l'homme*, de ce qui fait son humanité. Je ne peux me définir par mon appartenance à une minorité ou à un groupe ethnique qu'en renonçant à me définir en tant qu'homme. Au contraire, dire que « rien d'humain ne m'est étranger », c'est relativiser toutes les barrières linguistiques, nationales, religieuses, que l'histoire

1. Littéralement « *Le bourreau de soi-même* ».
2. Soit en latin : « *Homo sum : humani nihil a me alienum puto.* » Acte I, scène 1.
3. Fragment 602 (Koch). Ménandre, auteur de comédies, 342-291 avant J.-C.
4. Voir Alain Finkielkraut, *La Défaite de la pensée,* première et troisième parties.

peut ériger entre les hommes. La phrase témoigne d'un dépassement de tout nationalisme vers une posture de *citoyen du monde*[1], ou du moins de citoyen de l'humanité.

Mais dire que « rien d'humain ne m'est étranger », c'est dire qu'en dernier ressort je ne suis fondamentalement étranger à rien de ce que des hommes *comme moi* ont pu faire, c'est dire que je dois assumer la totalité de l'histoire et me sentir solidaire et co-responsable de l'aventure humaine tout entière. Or cette aventure comporte le meilleur et le pire, elle inclut l'inhumain et la barbarie. *Seul l'homme peut être inhumain*[2]. L'inhumain ne tombe pas en dehors de l'humanité mais en fait intégralement partie. *Assumer tout l'humain* comme ne m'étant pas fondamentalement étranger, *c'est aussi assumer l'inhumain*. Je ne peux rien rejeter hors de l'humanité, pas même un seul homme ni un seul acte, et force m'est d'admettre la présence de la même inhumanité en moi, c'est-à-dire de la voir comme *une possibilité de l'homme* en général. Il n'y a pas de barbare[3], mais la barbarie est une des possibilités de l'homme. Dire que rien d'humain ne m'est étranger, c'est décliner toute position d'arbitre ou de juge des affaires humaines.

Mais l'affirmation implique enfin qu'où que nous allions, nous sommes toujours en quelque manière dans l'humanité. Il n'y a pas d'étrangeté radicale, pas d'extériorité pure au sein de l'humanité. C'est toujours à partir de moi-même, de mes expériences et de mes possibilités, que je puis comprendre l'autre et sa culture, quelque différents qu'ils puissent être de moi par ailleurs[4]. Dès lors que rien ne m'est fondamentalement étranger, il n'est rien qui puisse me faire sortir de moi-même. Toute rencontre se fait sur fond d'humanité commune : si je peux comprendre l'autre, c'est toujours en dernière analyse parce qu'il est mon *semblable*, un homme *comme moi*. Dans cette perspective, je ne peux fraterniser avec autrui que parce qu'il est toujours, au fond, le même. C'est exclure d'avance la possibilité d'être authentiquement *surpris* par l'autre. On s'adonne à la quête de l'exotisme et du dépaysement avec d'autant plus d'insouciance qu'au fond on est assuré, d'avance, qu'ils ne sont que l'*apparence* d'une différence radicale. Une telle conception exclut l'ouverture à une altérité radicale *qui fonderait la possibilité de la rencontre en l'autre et non en moi*, et qui mettrait l'autre en posture de m'*enseigner* ce qui n'était préfiguré en aucune manière en moi, ne serait-ce qu'à titre d'une de mes possibilités.

J. B. de R.

Lectures conseillées

Térence, *Heautontimoroumenos* ou *Le bourreau de soi-même* (Acte I, scène 1).
Érasme, *Éloge de la folie*, XXX.
M. de Montaigne, *Les Essais* (Livre III, chap. 2).
J.-P. Sartre, *Les Mots* (Folio) et *L'existentialisme est un humanisme* (Nagel).
M. Heidegger, *Lettre sur l'humanisme* (Gallimard).

1. Voir l'exposé : « Qu'est-ce qu'être citoyen du monde ? »
2. Voir l'exposé : « L'inhumain ».
3. Cf. Montaigne : « Il n'y a rien de barbare et de sauvage en cette nation, *sinon que chacun appelle barbarie ce qui n'est pas de son usage.* » *Les Essais*, Livre I, chap. 31.
4. Voir l'exposé : « Autre pays, autre nature ? »

« L'enfer, c'est les autres. » Jean-Paul Sartre

L'enfer désigne, dans l'imagerie religieuse, le lieu où l'existence est révélée à ses contradictions sans appel. Vivre un enfer, ce n'est pas seulement souffrir, c'est prendre conscience qu'il n'existe pas de solution aux difficultés actuelles. Affirmer le caractère infernal de nos rapports à autrui, c'est les placer sous l'aspect du conflit, de la violence ou au moins de la difficulté à vivre en commun de façon harmonieuse. Dans sa pièce *Huis clos*, Sartre décrit un enfer dans la mesure où ce n'est pas la méchanceté ou l'ignorance qui empêche de vivre en commun, c'est la nature de notre subjectivité qui nous rend impuissants à toute communauté. Il trouve ici un nouveau ressort à la tragédie hors de la cruauté des décrets divins, du désordre des passions ou de la démesure humaine. Il y aurait donc, dans nos rapports avec autrui, une faille inévitable à cause de la contradiction à vouloir rester soi-même tout en existant pour l'autre.

Pascal imaginait, dans les *Pensées* (Br. § 323), un homme à la fenêtre qui me regarde parmi les passants : « Puis-je dire qu'il s'est mis là pour me voir ? Non ; car il ne pense pas à moi en particulier. » Sans doute décrit-il notre relation fondamentale avec autrui dont le regard me dépossède de moi-même. La présence d'autrui est d'abord celle d'un œil qui m'objective et me fait douter des certitudes que j'entretiens complaisamment sur moi-même. Savoir que je suis objet de la visée d'autrui, que cet objet a la précarité de la perspective qu'il adoptera vis-à-vis de moi, revient à désagréger le petit monde de certitudes dont ma conscience subjective est le centre. L'irruption d'autrui, c'est la négation de la tranquille intimité qui serait la mienne si j'étais seul au monde, puisqu'il suffit que je pense à la contingence de son regard sur moi pour comprendre combien ce moi est fragile et peu consistant. L'examinateur, le boulanger, le passant, etc., autant d'occasions de percevoir l'instabilité de mon moi, dont la réalité dépend de ces altérités. C'est pourquoi, comme Sartre après lui, Pascal en conclut à la vanité de nos tentatives pour attirer le regard d'autrui, le séduire, le fasciner. Il s'agit, en effet, de conjurer la façon dont autrui annule ma volonté d'être le seul fondement de ce que je suis. Le rapport le plus infernal n'est pas celui de la violence pure où je veux détruire autrui, c'est celui de l'amour où je le somme de me regarder tel que je veux qu'il me voie, où je tente de m'emparer de son regard pour le mettre à son tour dans ma dépendance, preuve dérisoire que je n'existe que par lui. Il ne s'agit plus alors de tuer l'autre mais, en quelque sorte, de le digérer, de supprimer l'écart, la différence pour retrouver dans ma relation à autrui l'immédiateté de la conscience irréfléchie. Or, c'est impossible, puisqu'autrui implique justement la sortie de cette immédiateté à soi-même. J'existe dans l'œil d'autrui. Je ne suis plus le sujet de moi-même, je suis, comme l'écrit Pascal, défini par les « qualités » qu'autrui m'attribue. Comme autrui ne peut voir en moi autre chose que ces qualités, je suis voué à être possédé par autrui qui détient le pouvoir de me réduire à une somme de qualités, un objet. Mais chaque fois que je revendiquerai la récupération de mon moi, ce sera toujours en essayant de le retrouver dans le regard d'autrui, objectivement. La situation est donc bien infernale puisque la présence d'autrui fait éclater mon moi qui cherche désespérément à se reconstituer dans le regard même qui le dissout.

L'enfer des relations intersubjectives est lié à l'impuissance de la subjectivité à sortir de sa singularité sans entrer dans la spirale de l'aliénation. Il est pourtant des expériences qui font d'autrui autre chose qu'un abîme angoissant. Platon décrit, dans les dialogues socratiques, ce moment où Socrate, par ses questions, se pose comme altérité et introduit une faille dans les certitudes subjectives pour ouvrir l'esprit à « l'étonnement ». S'étonner, c'est éprouver que, hors de notre intimité close, ce qui nous est étranger est pourtant capable de nous appeler, de nous intriguer, au point de susciter une sorte d'attirance. Autrui nous permet alors de découvrir en nous une médiation qui nous sépare de notre moite intimité sans nous déposséder de nous-mêmes. Lorsque Socrate fait découvrir à un esclave étranger les vertus de la diagonale du carré[1], il lui montre l'existence d'un monde objectif, universel, celui de la rationalité géométrique dans laquelle tous peuvent se retrouver. Il ne s'agit pas d'uniformiser les esprits dans la forme de pensée démonstrative. Il s'agit de montrer que la voie à suivre dans nos rapports avec autrui, ce n'est pas d'aller à autrui pour le séduire, l'aimer, c'est-à-dire espérer une impossible immédiateté, mais de chercher quelle médiation fera sortir chacun de soi pour se trouver semblable aux autres. Que cette médiation procède de la contemplation de vérités rationnelles ou d'un appel, moral ou religieux, le point commun est la solidité d'un moi qui trouve dans l'universel une ouverture à l'autre que lui refusait l'impasse de l'intersubjectivité. Vivre avec autrui, c'est vivre un enfer si je cherche en l'autre la transparence d'une subjectivité qui viendrait se fondre dans la mienne. Éviter l'enfer, c'est découvrir qu'au lieu de se digérer les uns les autres, nous pouvons trouver dans notre aspiration à l'universel (les vérités mathématiques, le devoir moral, l'idée d'humanité) l'occasion d'une ouverture à autrui qui ne dissout pas notre moi.

Rousseau soulignait le paradoxe des barbares, capables de respect filial, d'amour paternel ou confraternel admirables, mais aussi de cruautés atroces envers les étrangers. Il explique « des mœurs si féroces et des cœurs si tendres[2] » par l'incapacité de passer de l'idée d'un père ou d'un frère à celle d'un homme. Le saut que représente la civilisation, c'est la découverte de l'universalité comme une exigence capable de s'imposer à autrui et à moi. Il nous évite l'enfer d'une intersubjectivité destructrice.

P. D.

Lectures conseillées

Alain « Mon semblable », *Propos* du 18 avril 1927.
J.-P. Sartre, *L'être et le néant*, IIIe partie, chap. 3.
H. Bergson, *Les Deux Sources de la morale et de la religion* (PUF).

1. *Ménon*, 82a-86a.
2. *Essai sur l'origine des langues*, chap. 9.

« L'homme est un dieu mortel » Aristote

« Qu'est-ce donc que la vie des hommes ?
– Une image de la divinité. » Hölderlin[1]

La citation (qu'on ne trouve pas telle quelle dans les œuvres d'Aristote parvenues jusqu'à nous, mais qui est attribuée à Aristote par Xénophon et Cicéron[2]) se présente comme *une définition de l'homme*. Aristote tente de définir l'homme pour une fois non pas à partir de l'animalité mais à partir de la divinité : si par rapport à l'animal, la différence spécifique de l'humain est la raison ou le caractère « politique », eu égard à la divinité, c'est la mortalité qui est cette différence spécifique. Définition bien paradoxale : Aristote définit l'homme précisément par ce qu'il n'est pas (un dieu), pour aussitôt attribuer à ce dieu une qualification qui de toute évidence ne lui convient pas (être mortel). L'homme serait donc un être bien étrange, qui unirait en lui, dans son être et sa définition, deux propriétés aussi inconciliables que l'eau et le feu : la divinité et la mortalité.

La phrase affirme tout d'abord qu'il y a quelque chose de divin en l'homme, que l'homme participe, d'une certaine manière, de l'essence divine. Cette parcelle de divinité en l'homme est ce qu'Aristote appelle l'intellect, le *noûs*. C'est ce qui distingue l'âme humaine de l'âme simplement végétative des plantes, et de l'âme végétative et sensitive des animaux. Or l'âme est selon Aristote *l'acte du corps* : elle est au corps tout entier ce que la vision, par exemple, est à l'œil[3]. L'âme ne saurait donc en principe exister sans le corps, pas plus que la vision sans l'œil. Et de fait, lorsque le corps se corrompt, les fonctions végétatives et sensitives de l'âme ne peuvent que disparaître avec lui. Mais il en va autrement selon Aristote de l'intellect, de la capacité de l'âme à comprendre de manière rationnelle. Dans toutes ses autres fonctions, l'âme se tourne vers le corps dont les organes comme les yeux, les oreilles ou les jambes constituent *les instruments de l'âme*. Dans la compréhension seule, l'âme se détourne du corps pour agir directement *sans instruments extérieurs*, en se saisissant des vérités mathématiques par exemple. L'âme n'a alors recours qu'à elle-même et le corps ne peut jouer d'autre rôle que celui d'obstacle incitant à se retourner vers le sensible. Aristote voit donc dans le *noûs* une étincelle divine et immortelle déposée au fond de l'âme humaine. Accédant à des vérités éternelles qu'il comprend par sa raison, l'homme manifeste qu'il a partie liée avec l'éternité. Et c'est peut-être *précisément parce qu'il y a quelque chose de divin en lui*, une étincelle d'immortalité, *que l'homme n'est pas, comme les animaux, aveugle à sa propre mort*.

Pour Aristote, comme pour tous les Grecs, les *hommes seuls* sont *les mortels* face aux dieux immortels. Les hommes seuls, et non les autres animaux, sont un vis-à-vis pour les dieux. Se tenir face à la mort, se tenir face aux dieux, ce n'est peut-être qu'une seule et même chose. Un fragment d'Héraclite

1. Pléiade, p. 887.
2. « *Sic hominem, ut ait Aristoteles, quasi mortalem deum*. » (*De finibus*, II, 13, 40).
3. Aristote, *De l'âme*, II, 1.

énonce : « *Immortels : mortels ; mortels : immortels. Notre vie est la mort des premiers, comme leur vie est notre mort*[1]. » Le fragment d'Héraclite ne dit pas que les dieux soient mortels, ni que les humains soient immortels. Mais il dit que le a- de *athanatoi*, le im- de *immortels*, ne sont pas simplement privatifs, ne signifient pas l'absence de tout rapport à la mort. Mortel et immortel ne sont pas simplement juxtaposés, mais, comme toujours chez Héraclite, entrelacés comme deux contraires dont la lutte amoureuse constitue l'unité du monde. Comme l'écrit M. Conche, « les dieux ont besoin de la mort des hommes pour se connaître comme immortels ». Et inversement, la mort ne peut faire scandale pour les hommes que parce qu'ils la confrontent à l'immortalité qu'ils accordent aux dieux. Ce que l'homme perd en perdant la vie, ce n'est pas une vie mortelle (sans quoi il n'y aurait aucun scandale, ni sans doute aucune conscience de la mort, car *la conscience de la mort n'est rien d'autre que la conscience du scandale qu'est la mort*) mais bien une vie d'immortel. L'homme est comme un dieu, il vit d'une vie divine, mais *comme un dieu qui par impossible serait exposé à la mort.*

Que signifie alors l'expression d'Aristote : « l'homme est un dieu mortel » ? Faut-il la comprendre comme signifiant : l'homme est quasiment un dieu, il ne lui manque qu'une chose, mais décisive, pour vivre pleinement d'une vie divine : l'immortalité ? *Ou bien faut-il la comprendre au contraire comme signifiant : l'homme est un dieu à qui ne manque pas la seule chose qui manque aux dieux immortels : l'expérience de la mort, le fait d'être exposé tout entier à la mort ?* S'agit-il pour l'homme de s'approcher au plus près du divin, en le manquant finalement à cause de la mort, ou au contraire de porter le divin en sa personne à une expérience qui lui resterait, sans l'homme, étrangère ? Péguy parle dans *Clio* du mépris des grecs pour leurs dieux. Pourquoi les grecs méprisent-ils leurs dieux ? Parce que *leurs dieux « ne sont pas périssables, et qu'ainsi ils ne sont pas revêtus de la plus poignante grandeur, qui est précisément d'être périssable* ». La grandeur d'Antigone allant librement vers sa mort, la grandeur du héros tragique faisant face à son destin, leur est refusée. L'être des dieux ne peut pas être *exposé*. Péguy cite l'apostrophe d'Agamemnon à Ménélas : « Si tu meurs, lui dit-il, et que tu emplisses le destin de ta vie. » Mourir chez Homère, c'est emplir sa destinée de mortel. C'est de cet accomplissement que les dieux *manquent*. « Ils manquent de cette consécration qu'est la misère. [...] Au fond pour Homère, pour les tragiques, pour tout le monde antique, *ils ne sont pas finis*. Ils ont un destin qui ne s'emplit pas », poursuit Péguy.

Or l'homme non plus, sans la mort, ne peut jamais être « fini ». Exister, c'est avoir toujours quelque chose « en avant de soi », des possibilités en réserve, un *excédent*[2] *:* quelque chose qui appartient en propre à l'homme (*son* avenir) mais dont il ne *dispose* pas, mais à quoi il est au contraire *exposé. Son inachèvement est l'humanité même de l'homme.* Même dans le désespoir, lorsque l'homme pense que « sa vie est finie », l'homme a encore quelque chose « en avant de soi », et c'est précisément en cela que consiste le désespoir. Ce n'est que dans la mort que l'homme atteint sa totalité et qu'est levé l'excédent en quoi consistait le fait d'exister.

1. Fragment 106 (Conche) ou 62 (Diels-Kranz).
2. Heidegger, *Être et Temps*, § 46.

Et c'est bien dans ce sens que va, selon P. Aubenque, l'évolution de la pensée d'Aristote lui-même : à mesure que la référence à une origine divine de l'homme persistant en lui se fait plus conventionnelle et rhétorique, la phrase acquiert un autre sens : ce qu'il y a de divin en l'homme ne renvoie plus à l'évocation mélancolique d'un passé immémorial fait de la proximité des hommes et des dieux, mais au contraire à « l'effort accompli par l'homme pour ressaisir son origine perdue, pour s'égaler et égaler le monde qu'il habite à la splendeur immuable du Ciel. » Le divin est alors « l'avenir toujours ouvert de l'homme » qui est d'imiter Dieu « autant qu'il est possible » en s'achevant et en achevant le monde qui l'entoure[1]. « La divinité de l'homme est moins la dégradation du divin en l'homme que l'approximation infinie du divin par l'homme. [...] Ce n'est pas en s'élevant au-dessus de lui-même mais en s'achevant vers ce qu'il est que l'homme s'immortalise[2] ».

J. B. de R.

Lectures conseillées

Aristote, *Éthique à Nicomaque*, Livres VII ; X.
C. Péguy, *Clio*.
R. M. Rilke, *Le Livre de la pauvreté et de la mort* (Actes Sud).
Héraclite, Fragments 24-25, in *Les Penseurs grecs avant Socrate* (Garnier-Flammarion), p. 75.

1. Voir l'exposé : « Qu'y a-t-il d'inachevé en l'homme ? »
2. P. Aubenque, *Le Problème de l'être chez Aristote* (PUF), p. 502-503.

Qu'y a-t-il d'inachevé en l'homme ?

La question de l'inachèvement de l'homme renvoie à l'interrogation des philosophes grecs sur la fonction de l'homme dans l'univers. Un être achevé a atteint la forme qui lui permet de s'identifier à une fonction. Ainsi, la forme d'un œil achevé ou d'un cheval les déterminent dans la fonction de voir ou de courir. Les anciens Grecs appelaient « vertu » cette disposition essentielle, mais Platon rapporte, dans le mythe de Protagoras[1], combien ils ont eu l'inquiétude d'une humanité qui n'aurait reçu aucune fonction propre et resterait incomplète. Contrairement aux animaux, le corps de l'homme ne le dispose pas à une sorte de vie particulière puisqu'il doit s'adapter à toutes, ce qui semble révéler qu'il n'y a pas de place prévue pour lui dans le monde. Cet inachèvement donne une dimension tragique à l'existence humaine, celle que les dramaturges grecs ont mise en scène dans la démesure dont les hommes font preuve pour leur malheur : Agamemnon, Œdipe, Médée, autant d'humains incapables de trouver une place qui leur assure une existence heureuse. Mais en même temps l'inachèvement peut révéler à l'existence son sens dans la nécessité d'une action, d'un drame qui réalise ce que la nature n'a pas achevé.

Au matin de sa mort, Socrate, dans sa prison, remarquait que l'agrément de se frotter les chevilles meurtries par les fers dépendait de la démangeaison qui l'avait précédé. Il en concluait à l'instabilité du plaisir et de la peine qui s'appellent l'un l'autre puisque le plaisir est nécessairement précédé de la souffrance du désir et que sa réplétion n'est jamais définitive. Le plaisir marque ainsi une vie de poursuites sans terme où, selon le mot de Montaigne, « nous ne goûtons rien de pur ». Platon y voyait la preuve de notre nature contradictoire, âme enfermée dans un corps comme dans son tombeau. On pourrait répondre que souvent nous nous laissons porter par les attraits sensibles sans éprouver forcément l'angoisse de l'incomplétude. Mais Platon a trouvé un abîme sensuel dans l'émoi de l'érotisme. Le frisson provoqué par la présence d'un beau corps est comme l'appel d'une autre vie possible. André Breton soulignera[2] lui aussi combien l'érotisme est capable de déchirer notre quotidien, de faire chavirer la vie la plus établie en lui faisant entrevoir son insuffisance : un gant de femme posé sur un guéridon peut transfigurer la banalité ordinaire et nous révéler notre insatisfaction en nous appelant à une vie que nous ne saisissons pas vraiment. Mais Platon ne s'en tient pas à la beauté des corps, car dans l'action aussi la beauté des actes héroïques nous empêche de clore un domaine où la vie humaine serait définitivement achevée. Jouant sur le sens moral de la belle action, Platon la lie à l'érotisme pour y voir ce qui fait envie, qui provoque un désir d'imitation. Lorsqu'Hector se sépare d'Andromaque avant d'aller mourir au combat[3], sa seule justification est qu'il ne serait pas beau (*kalos*) de se défiler. La beauté du héros est encore une façon de découvrir l'insuffisance de nos

1. Voir l'exposé : « L'homme est le seul animal voué au travail. »
2. *L'Amour fou ; Nadja.*
3. *Iliade*, chant XXII.

existences par l'attrait, la fascination qu'il suscite. Platon ajoutera encore la force avec laquelle l'âme peut être captivée par la connaissance. Dans l'étude, il y a une forme intellectuelle de l'érotisme où l'attrait des difficultés, de leur résolution peut constituer à nouveau un appel comparable à celui d'un beau corps. Le frisson érotique de la beauté donne à notre inachèvement un sens moins dramatique que la démesure des tragédies grecques. La beauté souligne surtout que nous sommes appelés à une autre vie, elle introduit un décalage entre ce que nous sommes et ce que brutalement nous découvrons[1].

L'appel de la beauté dans l'émotion d'un frisson érotique nous fait découvrir le vertige d'une incomplétude sans susciter d'angoisse. C'est plutôt ce qui nous retient de clore notre existence sur nos activités quotidiennes, nous force à reconnaître qu'elles ne nous suffisent pas. Mais on peut entendre l'inachèvement dans un sens plus négatif en considérant l'histoire de l'humanité dont Kant remarque qu'elle doit ses plus beaux progrès à la pénurie naturelle qui semble exclure l'homme de la nature et le force à travailler, ainsi qu'aux pires passions : le développement des sociétés est largement lié au goût du luxe, au désir de profit, aux antagonismes revanchards qui poussent les hommes à sortir de leur apathie pour se dépasser les uns les autres. Kant a vu dans cette dynamique passionnelle une « ruse de la nature » qui utilise les penchants les plus mauvais (ambition, domination, cupidité) pour rendre l'homme plus cultivé, plus raffiné, plus prudent, plus savant. Mais c'est précisément cette perspective historique qui mène à une impasse. Car le développement de la civilisation nous conduit à découvrir « le plus grand problème » : tout homme civilisé voit que la société appelle une humanité moralisée pour qu'on y vive harmonieusement ; or, il voit en même temps que cette société progresse grâce aux passions les plus immorales. Passer de la brute sauvage au *gentleman* civilisé va de soi par la ruse de la nature. Toute société finira toujours par trouver la voie du développement, emportée par la cupidité ou le désir de pouvoir. De ce point de vue, l'homme trouve dans l'histoire son achèvement. Mais parvenu à ce stade, celui de l'Europe des Lumières selon Kant, la nature n'a rien prévu pour passer de l'homme civil à l'homme moral. Moraliser l'humanité, faire évoluer la société vers une « communauté d'êtres raisonnables », c'est donc la tâche que se découvre l'homme civilisé (la brute sauvage n'a même pas l'idée du problème, suivre ses passions lui suffit). C'est lui qui se découvre inachevé dans son aspiration morale. Mais cette tâche semble, en même temps surhumaine, car « dans un bois aussi courbe que celui dont est fait l'homme, on ne peut rien tailler de tout à fait droit. » La leçon de Kant est donc de ne pas se laisser désespérer face à l'ampleur inouïe de la tâche morale de l'humanité, mais en même temps de ne pas penser que l'histoire s'achèvera naturellement dans une humanité devenue bonne. Toute intention morale est sans doute toujours un peu entachée de mensonge et l'on doit simplement conserver la tension du devoir en considérant le triomphe de la moralité comme un horizon, non comme un objectif.

Voir en l'homme un être inachevé, ce n'est pas forcément se lamenter sur ce qui lui manque. L'inachèvement signifie la capacité à entendre l'appel à une autre humanité dont l'idée nous travaille et nous élève. La brute, repue et

1. Voir l'exposé : « La beauté n'est que la promesse du bonheur. »

satisfaite, est finie au sens où elle n'attend plus rien de l'existence. Sentir son inachèvement, c'est percevoir qu'une fin plus élevée nous attend.

P. D.

Lectures conseillées

Platon, *Protagoras*, 319a-335d ; *Phédon* 60b-c ; *Le Banquet*, 211c.
E. Kant, *Idée d'une histoire universelle au point de vue cosmopolitique*, prop. 4 à 6.
Critique de la faculté de juger, § 83.
M. de Montaigne, *Les Essais*, Livre II, chap. 20.

L'inhumain

Proche de la monstruosité, l'inhumain dessine en creux les limites dans lesquelles doit se contenir l'humanité pour rester fidèle à elle-même. Pourtant le terme n'est attribué qu'à des hommes. Si on ne dit pas d'un chien ou d'une machine qu'ils sont inhumains, c'est précisément parce qu'être humain ne peut faire partie de leur horizon. L'inhumain est, en ce sens, la faillite, l'échec d'un projet, celui d'un homme cherchant à réaliser dans sa personne, ses actes ou ses œuvres, l'humanité qu'il porte en lui. Or une telle défaillance pose problème, car s'il est possible à des hommes d'être inhumains, cela signifie que leur humanité postulée est précaire, contingente, qu'elle n'est pas inscrite en eux comme la nature d'une chose. La possibilité d'être inhumain frappe l'humanité d'impuissance, comme si ce possible restait indépassable définitivement. Mais le caractère négatif de l'inhumain désigne aussi ce qui dépasse les forces humaines. Une épreuve inhumaine est trop exigeante pour ceux qui doivent la subir et l'inhumain n'est plus alors l'infrahumain, mais ce qui, en l'homme, le rapproche du divin. Qu'il se présente comme une chute ou comme un dépassement, l'inhumain met en cause la notion d'humanité, instable si elle peut insensiblement glisser vers son contraire.

Lorsqu'un homme vole ou tue son prochain, il ne fait pas honneur à l'humanité, mais si ses actes sont accomplis sous l'empire de la haine ou de la cupidité, on y voit la marque d'une faiblesse proprement humaine, incapable de se soustraire à la force des passions. Par contre, la volonté réfléchie, organisée, systématiquement planifiée du génocide des juifs par les nazis semble inhumaine par son caractère inflexible : ce n'est plus une faiblesse, c'est une force terrifiante. Comparant la guerre moderne à celle des « cannibales », Montaigne oppose l'attitude des sauvages cherchant à humilier l'ennemi pour affirmer leur vaillance au froid calcul de nos guerres de conquêtes. Même si Montaigne dénonce la guerre en général comme « une maladie », les sauvages y semblent plus humains parce que la guerre héroïque garde le visage d'un emportement passager donc limité. Au contraire, la guerre impérialiste semble déclencher un processus qui suit sa logique propre et que rien ne viendra retenir. Une guerre inhumaine est celle qui transforme les hommes en éléments d'une machine dont l'action systématique (génocide final, bombardements aériens planifiés, organisation systématique de la torture) n'a plus rien à voir avec l'effort d'un homme tendu vers un but, même condamnable. Rester humain, ce serait ne pas sortir de l'horizon limité dans lequel nos actions éprouvent la résistance de ce qui nous échappe toujours un peu.

C'est pourquoi l'inhumain se trouve aussi dans les bonnes actions. L'homme moral qui prétend éradiquer en lui toute tendance au mal, vivant dans la certitude de ne jamais défaillir semble lui aussi avoir dépassé les limites de l'humain. Dénonçant ce « fanatisme moral », Kant lui a opposé la modeste discipline que s'inflige celui qui connaît son inclination pour la cupidité, la luxure, ou l'orgueil, mais s'oblige à y résister pour se montrer digne de l'humanité. Réaliser l'humanité dans sa personne, c'est donc éprouver la dignité du devoir moral, surtout lorsqu'on ne s'y soumet pas volontiers. Chercher l'humanité dans une inclination au bien qui nous distinguerait des brutes, c'est précisément dépasser nos bornes et sombrer dans l'inhumanité. Faire l'effort de s'abstenir d'une malhonnêteté qui favorise notre intérêt ou d'un mensonge qui nous tirerait d'affaire, c'est manifester notre attachement à la dignité morale, mais rêver l'utopie d'un monde où nous ne serions jamais tentés, c'est abolir toute idée de dignité en étant, comme dit Kant, attiré par le bien comme l'ivrogne par la bouteille.

Le paradoxe de l'inhumain, dans la planification du mal comme dans la sanctification du bien, c'est le renversement opéré par une radicalisation de l'exigence d'humanité. Dès qu'un homme prétend *être* homme et non plus s'arracher à ses propres pesanteurs pour s'efforcer de le devenir, il perd sa qualité d'humain. L'humanité est une obligation ou, pour dire comme Kant, une règle qui s'impose à nous, jamais un état. Il reste pourtant que le progrès de la civilisation se mesure à la façon dont elle réalise effectivement cette exigence dans l'histoire. L'humanité nous semble d'autant plus civilisée qu'elle est plus attentive au devoir moral. La brute barbare sera détournée de tuer son voisin par crainte du châtiment ou des vengeances, elle progressera dans la civilisation si le respect d'autrui devient une obligation de conscience et non plus une contrainte extérieure. Cette intériorisation de la règle constitue bien une humanisation de l'homme. Mais on peut lui supposer une étape ultérieure, car respecter autrui par devoir, c'est à nouveau réaliser par contrainte ce que nous ferions spontanément si nous l'aimions. L'idéal d'amour du prochain semble alors le point ultime de toute civilisation. Or, on peut voir, à nouveau, dans cette exigence éthique le dépassement des limites humaines, car s'il est possible de résister aux tentations, par exemple l'agressivité, nul ne peut les supprimer quand il les éprouve. Si mon voisin me semble haïssable, je peux refuser, par devoir, de le tuer, je ne peux décider de ne plus ressentir de haine. Vouloir « aimer son prochain » revient donc à exclure de l'humanité, en le jugeant mauvais, celui qui éprouve des pulsions agressives, sans pouvoir l'en débarrasser. Comme l'écrira Freud, critiquant le précepte évangélique, « ce commandement est inapplicable ». Cela revient à dire qu'il y a dans le projet de toute civilisation humaine une contradiction, celle de *réaliser* l'humanité : dès que ce projet prend une forme radicale elle outrepasse les bornes de l'humanité et la fait basculer dans des formes, diverses mais homogènes, de monstruosité. Freud n'en concluait pas à la nécessité d'un retour à la barbarie, ni à une libération des interdits moraux, autres utopies détestables parce que déshumanisantes. Il recommandait seulement de prendre conscience de ce paradoxe pour éviter l'inhumanité d'une civilisation tellement parfaite que tous les hommes en seraient exclus.

L'inhumain ce n'est pas l'autre de l'humain, c'est son horizon permanent. L'exigence morale que nous impose le fait d'appartenir à l'humanité signifie que nous devons librement inventer dans notre personne l'homme que nous avons à être. L'inhumain, ce n'est pas l'oubli de cette exigence, par exemple en succombant à la tentation, c'est l'ambition surhumaine de supprimer toute tentation pour réaliser définitivement notre humanité. Dès que notre humanité cesse d'être une règle morale pour devenir un projet historique, nous nous prenons pour Dieu et cessons d'être humains.

P. D.

Lectures conseillées

S. Freud, *Malaise dans la civilisation*, chap. 8.
E. Kant, *Critique de la raison pratique*, I, L. 1, chap. 3.
M. de Montaigne, *Les Essais*, L. I, chap. 31.

« La vie est courte ; l'art est long. » Hippocrate

Pour Yann

« La vie est courte ; l'art est long, l'occasion fugitive, l'expérience trompeuse, le jugement difficile[1]. » Ainsi commençait la séance inaugurale d'Hippocrate, enseignant la médecine à ses disciples, vers le milieu du Ve siècle avant Jésus-Christ. Hippocrate n'a que 20 ans lorsqu'il prononce ces paroles pour la première fois. L'art auquel il pense, c'est, avant tout, l'art médical. Comme chacun sait, Hippocrate est le père de la médecine, auteur du célèbre « Serment d'Hippocrate » qui définit la déontologie de la pratique médicale. Mais l'art désigne ici tout savoir-faire acquis, appris, et qui requiert une certaine habileté, voire une certaine finesse dans sa pratique. Il ne fallait pas réduire l'art aux seuls « beaux arts » au sens moderne, encore moins à l'*œuvre* d'art. On peut parler de l'art du médecin, mais aussi de l'art du navigateur, du poète, de l'homme politique, du sculpteur, du peintre…

Qu'est-ce qu'Hippocrate cherche à faire comprendre à son auditoire ? « La vie est courte, l'art est long. » Long ne signifie pas éternel ou intemporel. Il n'y a pas dans l'aphorisme d'Hippocrate de confrontation ou d'opposition entre le temps et l'éternité. Tout se passe à l'intérieur du temps, ou plutôt entre deux sortes de temporalités qui jamais ne pourront se rejoindre pour coïncider. Il y a deux échelles de temps, deux rythmes qu'il est peut-être impossible d'harmoniser.

« La vie est courte » : il peut s'agir de la vie de l'« artiste », au sens évoqué plus haut. Mais courte par rapport à quoi ? L'affirmation de la brièveté de la vie n'est-elle pas arbitraire si l'on ne fixe pas un critère à quoi la comparer : ne pourrait-on pas aussi bien dire que la vie est bien longue ? Si la vie apparaît comme courte, c'est eu égard à l'art qu'il s'agit d'acquérir, de maîtriser et de pratiquer. *L'art et la vie se mesurent réciproquement.* La vie est bien courte eu égard au temps qu'il faudrait pour accéder à la maîtrise d'un art aussi complexe que l'art médical, ou que l'art politique. La vie est trop courte pour nous permettre d'exceller dans un art, il faudrait plus qu'une vie d'homme pour en acquérir plus que les rudiments.

Mais il peut aussi s'agir de la brièveté de la vie du patient : l'art met du temps à agir, les remèdes guérissent lentement, alors que le patient souffre, que sa vie s'épuise. L'art requiert pour être efficace un temps que la vie, et particulièrement la vie affaiblie et malade, ne peut pas nous offrir. Le médecin doit toujours agir dans l'urgence, urgence de soulager la souffrance, urgence d'arracher le malade à la mort, là où l'art requerrait qu'on puisse prendre son temps, parce que « le jugement est difficile » et demande d'être mûri.

Inversement, si l'art est long, c'est relativement à la brièveté de la vie : long à acquérir si l'on veut en posséder une maîtrise parfaite, long à agir, peut-être aussi long à se développer et à se perfectionner. Dans l'aphorisme à connotation tragique – l'artiste est toujours tiraillé entre deux temporalités, entre deux

1. Cité in G. Baissette, *Hippocrate* (Bernard Grasset), p. 53.

exigences à jamais inconciliables car contradictoires – apparaît peut-être une lueur d'espoir : si la vie du médecin est courte, si la vie d'Hippocrate, père de la médecine, est bien près de finir, l'art qu'il inaugure a, lui, tout son temps pour progresser et se parfaire. L'art ne repart pas de rien à chaque génération, l'art a le temps devant lui. Si le médecin est confronté à son échec et à son impuissance à guérir le patient qu'il s'efforce de soigner, il sait que son art ne mourra pas avec lui, qu'il n'a pas épuisé toutes ses ressources, que le temps de l'art n'est pas le temps de la vie.

L'aphorisme d'Hippocrate sonne comme un avertissement à l'orée d'une science naissante : l'art ne fait pas bon ménage avec l'urgence et la précipitation. Pourtant l'artiste doit toujours agir dans l'urgence : c'est le patient qu'il a en face de lui qu'il s'agit de soulager, maintenant. « L'occasion est fugitive » : il faut la saisir au bond, avant qu'il ne soit trop tard. L'art de l'art, la véritable virtuosité de l'artiste, consiste peut-être à savoir concilier l'inconciliable, à faire tenir ensemble deux temps qui ne se situent pas dans la même durée, qui ne sont pas sur la même échelle. Parce qu'en définitive l'art doit être au service de la vie, toute la difficulté consiste à savoir saisir au vol l'occasion quand elle se présente tout en exerçant un art qui exige, lui, le recul, la patience, la réflexion. Si *l'art par sa « longueur », mieux encore que l'éternité, nous révèle la brièveté de la vie humaine*, peut-être l'art médical peut-il pour sa part, contribuer à prolonger, modestement, la vie. Mais pour autant jamais l'écart entre l'art et la vie ne saurait être résorbé : l'art est au service de la vie en un sens, mais en un autre sens, l'art se nourrit des vies éphémères des artistes pour poursuivre imperturbablement son long cours. La médecine ne meurt pas avec Hippocrate, ni avec aucun médecin. Hippocrate nous avertit du *déchirement que vit tout homme qui se consacre à un « art », c'est-à-dire à ce qui n'est pas enclos dans les dimensions d'une vie humaine*, et qui par là nous révèle douloureusement notre propre finitude.

J. B. de R.

Lectures conseillées

Platon, *Phèdre*, 270.
Sénèque, *Sur la brièveté de la vie* (Mille et Une Nuits).
H. Arendt, *La Vie de l'esprit* (PUF, t. 2), p. 177.

« Nuire à la bêtise ! »

« Deux choses sont infinies : l'univers et la bêtise humaine ;
pour l'univers, on n'en est pas encore tout à fait sûr. » A. Einstein

La formule – la devise – est de Nietzsche : « Il faut nuire à la bêtise[1] ! » Étrange devise, qui intime l'ordre de *nuire*, qui met le verbe nuire à l'impératif, qui fait de la nuisance un devoir. Il est vrai qu'il s'agit non de nuire à quelqu'un, mais à quelque chose, qui est ici comme personnalisé : la bêtise. Combattre la bêtise est peut-être « un glorieux destin », c'est en tout cas un vaste programme. Tâche plutôt ingrate, tant le règne de « Dame bêtise » est « méconnu » : comme le remarque malicieusement R. Descartes à l'entrée du *Discours de la Méthode*, « le bon sens est la chose du monde la mieux partagée, *car* chacun pense en être si bien pourvu que ceux même qui sont les plus difficiles à contenter en toute autre chose, n'ont point coutume d'en désirer plus qu'ils n'en n'ont[2]. » Tant il est vrai qu'« il faut déjà passablement d'intelligence pour souffrir de n'en avoir pas davantage. » (A. Gide). La bêtise ne consiste peut-être précisément *qu'en cet aveuglement sur soi-même*, en cette incapacité d'un regard critique sur soi. C'est pourquoi Kant peut écrire dans la *Critique de la raison pure*[3], que *la stupidité*, qu'il définit par l'*absence de jugement*, est *le seul vice auquel il n'existe aucun remède*. Même une tête obtuse et bornée, commente-t-il, peut acquérir de l'érudition, mais au défaut de jugement, nulle éducation ne peut pallier. *La capacité de juger est en effet déjà requise pour que l'élève puisse discerner la vérité de ce qui lui est enseigné*. Loin que l'enseignant puisse prétendre inculquer le jugement à ses élèves, *il ne peut enseigner qu'en tablant sur la présence en eux de cette faculté innée de discernement*. Si guérir le passionné est une tâche quasi impossible en ce que le passionné est un patient qui aime sa maladie, qui s'y est attaché et a appris à vivre avec[4], guérir un homme de sa bêtise est une tâche proprement *impossible* parce que *sa bêtise ne consiste précisément qu'en ceci qu'il la prend pour le sommet de l'intelligence*. Un monsieur Homais[5], un Joseph Pruhommme[6], Bouvard et Pécuchet[7] ne tiennent que par leur bêtise, elle constitue leur unique raison d'être, l'essence ou la

1. *Le Gai Savoir*, § 328.
2. *Discours de la méthode*, première partie (c'est nous qui soulignons).
3. « Analytique des principes », Introduction (GF), p. 181-182.
4. On sait que Freud avait identifié sous le nom de *résistances* tous les mécanismes involontairement mis en place par le patient pour lutter contre la progression de l'analyse vers la résolution de ses problèmes psychiques, ou, comme dit Freud, vers la mise au jour du *noyau de la névrose*. Le malade a appris à tirer des *bénéfices secondaires de sa maladie*, dont il n'entend pas se laisser si facilement dépouiller. Ce qui nous permet de formuler l'hypothèse qu'il pourrait bien y avoir une affinité – et peut-être plus qu'une affinité – entre bêtise et névrose, que chacun tire peut-être des bénéfices secondaires de sa propre bêtise, que la bêtise enfin pourrait constituer un *mécanisme de défense* contre la complexité du réel *ou contre notre propre malignité, tendant à la rendre plus inoffensive ; et peut-être plus attendrissante que haïssable*. Le « Malin » dans la Bible – c'est-à-dire le diable – n'est jamais si malin que ça, puisqu'au bout du compte, Dieu se joue toujours de lui. La bêtise est peut-être ce qui fait que la malignité n'est jamais bien maligne, et qu'elle est souvent plus émouvante que détestable, comme chez les personnages de Pagnol par exemple.
5. Personnage de G. Flaubert dans *Madame Bovary*.
6. Personnage d'Henri Monnier dans *Mémoires de M. Joseph Prudhomme*. C'est celui même qui enseigne doctement à son fils : « Admire, mon fils, la Providence divine qui fait passer les fleuves justement au milieu des villes. » Point par où l'absolu de la bêtise peut *confiner au sublime*.
7. Le roman de Flaubert, *Bouvard et Pécuchet*, nous présente la plus invraisemblable *phénoménologie de la bêtise* que nous puissions rêver.

substance même de leur âme. Arrachez par impossible l'un de ses préjugés, ou l'une de ses illusions, à un sot, il vous en voudra comme si vous l'aviez dépouillé du plus précieux de ses biens.

Si la bêtise est d'ordinaire ce qui nuit à l'homme en s'interposant entre lui et la compréhension de la vérité, ou entre lui et le bonheur[1], *comment nuire à la bêtise si elle est par définition ce sur quoi le raisonnement n'a nulle prise, si elle ne consiste précisément qu'en son imperméabilité totale à l'égard de la raison ?* La bêtise est ce qui laisse la raison interdite, elle laisse *pantois* et désemparé. La bêtise ne se réfute ni ne se démontre, elle n'est pas forcément fausse ou erronée, elle consiste moins dans le contenu de ce qui est pensé que *dans la manière de penser*, dans une certaine *qualité* de la pensée. La bêtise se perçoit, se ressent, se repère à des signes ténus : elle ne *s'exhibe* que difficilement. Si la bêtise ne se réfute pas, c'est qu'elle n'implique pas nécessairement une erreur : elle triomphe même à montrer qu'elle a raison, elle se voit là consacrée *comme* bêtise. La bêtise comme incapacité de penser ce qui est subtil ou suppose un effort d'abstraction, en appelle toujours aux *faits*. *Le fait la consacre toujours* : *la bêtise, ou le culte du fait.* Toujours les faits militeront en faveur de la bêtise, puisque la bêtise consiste à croire que les faits parlent d'eux-mêmes, qu'il suffit de les invoquer pour que l'affaire soit entendue. *Ce que la bêtise ne peut pas admettre, c'est que les faits donnent à penser*, ne parlent pas d'eux-mêmes et appellent une interprétation. L'interprétation lui semble *ce qui est ajouté aux* faits, c'est-à-dire, selon elle, ce qui est au mieux discutable et arbitraire, au pire faux : ce qui biaise les faits ou les dénature, *ce qui les recouvre* et empêche de les voir « *tels qu'ils sont* ». « *Les faits sont là ; les faits sont têtus ; en fait...* » : signaux que la bêtise va prendre la parole pour, à ses yeux, clore le débat. Il y a un terrorisme de la bêtise, qui trouvera toujours les rieurs de son côté[2], et ce recours terroriste au « fait » constitue *la négation même de l'idée de discussion*[3]. Platon, dans le *Théétète*, évoque l'anecdote de Thalès tombant par mégarde dans un puits, pour avoir marché en contemplant les étoiles, et faisant l'objet de la risée des servantes de Thrace. La bêtise consiste ici à ne même pas pouvoir concevoir l'objet vers lequel est tendu l'esprit du savant. Le rire de Thalès est tout intérieur, et les servantes de Thrace ne peuvent même en être effleurées. Tant il est vrai que « *passer pour un sot aux yeux d'un imbécile est un plaisir de fin gourmet.* » (Courteline) L'éternelle supériorité de Thalès sur les servantes est qu'il voit en quoi il est ridicule (il est en effet tombé dans un puits), alors que jamais les servantes de Thrace ne concevront *en quoi c'est elles qui sont véritablement ridicules*.

Mais si la raison, *loin d'être contestée ou réfutée par la bêtise, en est tout simplement ignorée et méconnue*, comment pourrait-elle contribuer à nuire à la bêtise ? La bêtise n'est-elle pas, par définition, inaccessible à tout raisonnement, imperméable à toute argumentation rationnelle ? L'*ironie*, mieux que la raison, est alors peut-être à même de *prendre la bêtise sur le fait*, de la prendre en flagrant délit. L'ironie, qu'il s'agisse de celle de Socrate, de celle analysée dans *Le*

---

1. On ne fait jamais plus sûrement son malheur, et avec plus d'aplomb, que quand on est persuadé de faire son bonheur. (Saint Augustin).
2. « J'ai vu qu'en entrant dans le monde, un sot avait un grand avantage : celui de s'y retrouver parmi ses pairs. » (N. de Chamfort, *Maximes*).
3. Voir l'exposé : « Toute discussion est le commencement d'une guerre. »

concept d'Ironie de Kierkegaard, ou de celle mise en œuvre dans les *Étapes sur le chemin de la vie* du même Kierkegaard, *réussit ce tour de force de retourner le sens du rire*, de mettre les rieurs du côté de l'esprit, lui qui va toujours, selon sa pente naturelle, dans l'autre direction. Pourtant, il existe une parenté paradoxale entre bêtise et ironie. Si la bêtise consiste en l'incapacité d'un recul critique sur soi-même, l'ironiste quant à lui (contrairement à *l'humoriste* qui peut fort bien se tourner lui-même en dérision et ne fera ainsi que renforcer l'effet d'humour) considère la terre entière, *lui-même excepté*, comme un spectacle divertissant. Il y aurait donc une parenté secrète et paradoxale entre bêtise et ironie, qui fait que l'ironie ne peut être le dernier mot de l'esprit, sauf à prendre le mot « esprit » en son sens mondain de « bel esprit », de « mots d'esprit », de « remarque spirituelle ». En tout cas, l'ironie, comme le fait si justement remarquer Kierkegaard, ne peut être la forme suprême de la sagesse, mais seulement une forme de transition.

Mais en quoi peut bien consister le fait de *nuire* à la bêtise ? Michel Serres fait finement remarquer qu'il existe bien peu de livres sur la bêtise, bien moins que de livres sur l'intelligence[1] ou sur l'esprit[2]. Livres plus difficiles à faire, poursuit-il, plus difficiles à lire. *Sans doute est-il impossible d'écrire sur la bêtise sans s'exposer au risque de dévoiler la sienne propre*. Plus rares encore sont les livres qui, abordant la bêtise, ne le font pas dans l'esprit de lui nuire voire de l'éradiquer. À cet égard, on ne peut que louer le courage de G. Bechtel et de J.-C. Carrière affichant d'entrée de jeu qu'ils n'ont « jamais eu l'intention de combattre la bêtise », ne serait-ce que pour la simple et bonne raison qu'elle est invincible[3]. Sans doute y a-t-il *une bêtise spécifique à croire que la bêtise serait une simple anomalie à laquelle il conviendrait de remédier*, par une éducation adaptée par exemple[4]. La bêtise fait partie de la condition humaine, et n'est pas un simple égarement auquel il s'agirait de mettre un terme. La bêtise pourrait donc être un phénomène essentiel, et même peut-être dans une certaine mesure *favorable* ou propice à l'homme. Il pourrait bien y avoir une fonction propre de la bêtise, qu'il ne conviendrait alors de combattre qu'avec finesse et discernement : elle pourrait constituer chez certains – et peut-être chez *tous* les hommes – un *mécanisme de défense* face à l'infinie complexité du monde ou un *frein* limitant les effets de notre propre malignité. Il ne s'agit donc pas de partir en guerre, bille en tête, contre la bêtise. « La haine de la médiocrité est indigne d'un philosophe ; c'est presque une raison de douter du *droit* qu'il a à philosopher. [...] Il doit conserver à tous les médiocres le courage d'être eux-mêmes[5]. » Nuire à la bêtise ne peut donc signifier tendre à la faire disparaître. Au contraire : si, comme le pense Nietzsche, le propre de l'époque moderne est que la bêtise y a perdu toute pudeur et toute retenue[6], qu'elle s'affiche fièrement à la télévision ou sur la première page de nos quotidiens, *lui nuire, serait-ce l'exposer au grand jour, à la risée publique, ou au contraire la faire rentrer dans son trou, la contraindre à se contenir, la faire ravaler, la rendre honteuse d'elle-*

1. Tel, pour ne citer que lui, le livre de Taine, *De l'intelligence*.
2. M. Serres, *L'Interférence Hermès II*, chap. « Déontologie : la Réforme et les 7 péchés ».
3. *Dictionnaire de la bêtise* (Bouquin, Robert Laffont, Préface, p. VIII).
4. C'est pourquoi Nietzsche revendique, pour la plupart des hommes, un « droit à la bêtise » (*Crépuscule des idoles*, « Divagations d'un inactuel », § 30).
5. F. Nietzsche, *La Volonté de puissance* (Gallimard), t. II, § 187, p. 275.
6. F. Nietzsche, *La Volonté de puissance* (Le Livre de Poche), p. 144, 463.

même[1] ? Mais une bêtise qui serait devenue honteuse, c'est-à-dire qui aurait compris en quoi elle est une bêtise, serait-elle encore de la bêtise ? L'esprit ou l'intelligence sont-ils *le contraire de la bêtise*, ou au contraire de la bêtise surmontée, dépassée, transcendée ? Une bêtise pourrait être une idée encore dans les limbes, une idée à l'état naissant, ou une idée avortée. C'est un signe que la frontière soit parfois infime entre dire une bêtise et faire un mot d'esprit, au point qu'on puisse parfois *hésiter* à l'identifier comme bêtise ou comme mot d'esprit.

Que faire alors de la part de bêtise que nous abritons tous au fond de nous-mêmes ? S'agit-il simplement de lui « nuire » ? *Dans son combat contre la bêtise, l'esprit est peut-être en proie avec ses propres origines.* L'esprit ne peut sortir tout casqué, comme Minerve, du crâne de Jupiter. Une pensée bête est déjà une première prise de conscience, encore grossière, de la réalité du monde, une toute première réaction[2]. La bêtise n'est peut-être jamais ce que nous pourrions laisser définitivement et une fois pour toutes derrière nous, et l'esprit n'est peut-être rien d'autre que cet arrachement sans cesse à réeffectuer à son enlisement dans les choses, dans la matière, et même dans l'idée. V. Jankélévitch définit la conscience « une ironie naissante, un sourire de l'esprit. » Il y aurait donc une parenté réelle entre l'esprit comme intelligence et l'esprit comme capacité à saisir le paradoxe et à y prendre plaisir. « Un trait d'esprit annonce toujours la mort d'une idée[3] », écrit Alain. Il y aurait donc un double destin de la bêtise : *la bêtise serait une pensée ne demandant qu'à naître*[4], et qui peut se dépasser elle-même soit en direction du simple trait d'esprit, soit en direction de l'étonnement et de la réflexion s'efforçant de distinguer et d'articuler ce que la bêtise consistait à confondre. *Dans le premier cas, elle ne donne lieu qu'à une simple pirouette verbale, alors que dans le second elle donne naissance à une pensée.*

« D'où vient », demande Pascal, « qu'un boiteux ne nous irrite pas, et un esprit boiteux nous irrite ? À cause qu'un boiteux reconnaît que nous allons droit, et qu'un esprit boiteux dit que c'est nous qui boitons[5]. » Si la bêtise, autant qu'elle peut nous faire rire, peut nous mettre mal à l'aise, c'est que nous sentons trop bien la parenté entre l'autre et nous, nous sentons bien dans la bêtise une possibilité de l'homme en général, et que nous ne pouvons jamais être sûrs d'en être totalement exempts. Citant Épictète[6], Pascal ajoute que nous ne nous fâchons pas lorsqu'on nous dit que nous avons mal à la tête, mais nous nous fâchons quand on nous dit que nous raisonnons mal, parce que nous sommes sûrs de n'avoir pas mal à la tête, alors que nous ne sommes jamais si sûrs que nous voulons le laisser paraître de bien raisonner. La bêtise a peut-être ce mérite d'introduire ce doute en nous, et cette complicité entre êtres qui

---

1. Tel est le mérite que Nietzsche reconnaît aux « sermons » de Socrate : « Il a dépouillé la sottise de sa bonne conscience : ces philosophes ont nui à la bêtise. » (*Le Gai Savoir*, § 328) Mais toute l'ambiguïté réside dans le fait de savoir si l'on nuit à la bêtise ou à ceux à qui elle est consubstantielle. Il ne faut nuire à la bêtise qu'avec discernement. Nietzsche cite un proverbe chinois disant que « *la naissance d'un grand homme est un grand malheur pour le peuple* », et Nietzsche met en garde de philosophe contre le danger de « ruiner nombre d'être faibles, incertains, velléitaires, encore en mue », précisément par ce qu'ils ont de meilleur en eux. (*Le Gai Savoir*, § 28).
2. Ainsi en va-t-il, par exemple, des naïvetés de l'enfant.
3. *Propos*, 19/01/1923 (Pléiade), p. 458.
4. Comme Bachelard écrit qu'il a bien fallu que l'esprit parte d'hypothèses et de théories fausses *pour pouvoir les rectifier*.
5. B. Pascal, *Pensées* (Br), § 80. Cf. Montaigne, *Les Essais*, III, 8.
6. Épictète, *Entretiens*, IV, 6, in *Les Stoïciens* (Pléiade), p. 1076-1079.

peuvent penser, et donc peuvent *mal* penser. L'ironie peut paraître rétablir cette frontière entre moi et l'autre, dont la disparition nous met mal à l'aise. Mais le véritable ironiste, comme Socrate par exemple, ne se contente pas de « se moquer » d'autrui, de le tourner en ridicule. À l'opposé du dialogue sophistique, il y a une amitié du dialogue socratique qui traite l'autre en véritable partenaire. L'ironie lui « tend la perche », elle cherche à dissocier l'autre de sa propre bêtise, elle lui propose l'occasion de ne plus adhérer à sa bêtise mais de la surmonter. Contrairement au mensonge qui cherche à induire en erreur, l'ironie signale toujours qu'il y a quelque chose à interpréter, « que la parole, dans son dire premier, est trompeuse[1]. » Elle fait à l'autre le crédit de sa capacité à interpréter. S'il sait saisir l'occasion, l'ironisé est promu lui-même, par la grâce de l'ironie, au rang d'ironiste. L'ironie est une invitation mutuelle à surmonter notre propre bêtise.

Mais si, comme le dit Flaubert, « la bêtise consiste à vouloir conclure », ne peut-on pas simplement terminer en se demandant si *le point d'interrogation* ne reste pas notre petit, mais ultime recours contre la bêtise ?

J. B. de R.

Lectures conseillées

F. Nietzsche, *Le Gai Savoir*, § 28, 328.
B. Pascal, *Pensées* (Brunschvicg), § 233, p. 441.
E. Kant, *Critique de la raison pure*, Analytique des principes, Introduction.
Anthropologie, Première partie, § 46 (Vrin, p. 74-75).
V. Jankélévitch, *L'Ironie*.
G. Deleuze, *Différence et répétition* (PUF), chap. 3.
G. Flaubert, *Bouvard et Pécuchet*.

1. V. Jankélévitch, *L'Ironie* (Champs Flammarion), p. 64.

« L'amour est la folie de l'amitié. » Sénèque

> « L'amitié est bien plus tragique que l'amour : elle dure plus longtemps. » Oscar Wilde[1]

La formule – superbe – de Sénèque intervient au terme d'une longue apologie de l'amitié. Qu'on cesse de nous rebattre les oreilles du scandale que constitueraient tels abandons, telles trahisons prétendus de l'amitié. *L'amitié ne vaut jamais que ce que vaut ce qui l'anime*, et la fait vivre. Untel est devenu votre ami par intérêt ? Le même intérêt fera qu'il cessera de l'être, quand le vent aura tourné. Y a-t-il là lieu de s'offusquer, ou même de s'étonner ?

> « *Ce sont amis que vent emporte*
> *Et il ventait devant ma porte :*
> *Les emporta*[2]... »

En quoi y a-t-il là matière à médire de l'amitié ? « Il est inévitable que la fin s'accorde au commencement[3]. » De même que selon Hegel, tel le motif de l'adoration, telle la valeur de l'adoration, de même selon Sénèque, tel le motif de l'amitié, telle l'amitié. *L'amitié vaut ce que vaut ce qui la fait tenir, et ce à quoi elle permet de résister.* Toutes les récriminations contre l'amitié ne feront jamais que démontrer combien l'amitié véritable est rare, et donc combien précieuse.

L'amitié véritable n'exclut pas pour autant l'intérêt, ni l'entraide. « Toute amitié est en elle-même désirable ; et pourtant, elle a eu son commencement dans l'utilité[4]. » Le miracle de l'amitié consiste donc en ce que *le motif qui l'a fait naître se transcende lui-même*, pour ne se réduire plus qu'à *un simple prétexte* ou à une occasion pour ce qui vaudra pour soi-même, l'amitié elle-même. Tout se passe comme si l'amitié avait besoin pour naître de *s'étayer* sur les rapports sociaux[5], les échanges, les besoins vitaux, mais que *l'amitié n'apparaît que lorsque ce point de départ se voit brutalement ravalé au rang de simple prétexte*, précisément. La véritable amitié inclut donc l'utilité et le besoin, sans jamais s'y subordonner : « N'est ami ni celui qui recherche toujours l'utile, *ni celui qui ne le joint jamais à l'amitié* : car le premier, avec le bienfait, fait trafic de ce qui se donne en échange ; l'autre coupe le bon espoir pour l'avenir[6]. » N'est un véritable ami ni celui qui tient la comptabilité des services rendus, ni celui qui ne s'apercevrait même pas que son ami est dans le besoin et que son état – et non ses propos – réclame de l'aide. N'est un véritable ami ni celui qui négligerait de venir au secours à son ami dans le besoin, ni celui qui se fait des amis pour se constituer un réseau, habité par un savant calcul d'arrière-pensées. *L'amitié inclut le service à l'ami comme une chose allant de soi, mais qui ne mérite même pas qu'on y prête attention* parce ce n'est pas elle qui constitue le fond de la relation. L'amitié

1. In *The Complete Works of Oscar Wilde* (Collins), p. 1203.
2. In *La Complainte de Rutebeuf*.
3. Sénèque, *Lettres à Lucilius*, Lettre 12.
4. Épicure, *Sentence vaticane*, 23, in *Lettres et Maximes* (PUF).
5. Sur la notion d'étayage chez Freud, voir *Trois essais sur la théorie de la sexualité* et le *Vocabulaire de Psychanalyse* de Laplanche et Pontalis (PUF), p. 148-150.
6. Épicure, *Sentence vaticane*, 39.

consiste donc en un quasi-miracle : *celui du débordement de la relation économique par autre chose, qui dépasse et subvertit tous les calculs de l'économiste* ou du sociologue, celui qu'il faut bien désigner comme l'événement ou la surprise inattendue, par définition non anticipable, d'une rencontre affective.

C'est pour décrire ce quasi-miracle que Sénèque a besoin de nous renvoyer à l'amour, pour marquer le fait que l'amitié, déjà, et peut-être même surtout, échappe à la sphère de l'échange et du « trafic ». « L'amour est la folie de l'amitié » : bien étrange définition (de l'amour ? de l'amitié ? ou même de la folie ?) Sénèque définit l'amitié à partir de l'amour, mais justement à partir de ce qui n'est plus tout à fait de l'amitié, à partir de sa limite supérieure (si sa limite inférieure consistait en l'échange ou le « trafic »). L'amour c'est de l'amitié, l'amour n'est pas d'une autre essence ou d'une autre nature que l'amitié[1], mais c'est une amitié devenue folle, donc perturbée dans sa propre essence. La définition, par son hyperbole même, arrache l'amitié à une interprétation réaliste voire cynique : de même qu'on ne devient pas amoureux par ambition, par avarice ou par vanité (mais qu'on peut *feindre* l'amour pour toutes ces raisons), de même l'on ne *devient* pas ami par intérêt, stratégie ou calcul, quand bien même, comme le rappelle Épicure, l'amitié vraie peut sembler commencer par tout cela. Autre chose est à l'œuvre dès le début, qui se cache sous le masque de l'intérêt ou du calcul, si du moins une amitié véritable doit jamais exister un jour. L'amitié, non moins que l'amour, relève de la passion et non du calcul. Et comme dans toute passion, celle-ci, « usant de ses seuls moyens et indifférente à tout le reste, soumet les cœurs au tout-puissant attrait de la beauté[2]. »

Mais toute différence ne se trouve pas pour autant abolie entre l'amitié et l'amour. Si l'homme habité par l'amitié est capable de transcender le calcul mesquin pour faire passer l'intérêt d'autrui avant le sien, s'il est guéri de ce que Nietzsche appelait « l'égoïsme malade », dominé par la préoccupation sourcilleuse de rentrer dans ses fonds et incapable de viser des buts portant au-delà de l'intérêt du simple individu, il n'en reste pas moins *dominé par la raison* qui continue à calculer et à peser le pour et le contre. L'amour au contraire est défini par Platon comme une *folie divine*[3]. L'amoureux, tout comme le poète, est saisi d'« enthousiasme », il jubile, est habité par le dieu, et ne se gouverne plus lui-même. Il est au-delà de tout calcul et de tout raisonnement possible, sa conduite est commandée par quelque chose qui le dépasse et, le traversant, le rend fécond et source d'œuvres et d'actions[4].

L'amour est donc, en un sens, plus que l'amitié. On se sent porté par l'amour, alors que *l'amitié nous rend responsables* de venir en aide à nos amis dans le besoin. L'amour donne des ailes là où l'amitié fait peser sur nous une responsabilité. Et pourtant, on peut, à aussi bon droit, dire que *l'amitié est bien plus que l'amour*. Outre que l'amour est une relation qui, selon la formule de Montaigne, « ne nous tient que par un coin » (celui du désir), il est un lien où l'entrée seule

1. S. Freud ne dira pas autre chose, lorsqu'il laissera entendre que l'amitié ne puise pas dans d'autre source que dans celle de la *libido* elle-même, et qu'elle n'est en définitive que *la part de la libido inhibée quant au but sexuel.* « La civilisation (...) mobilise la plus grande quantité possible de libido inhibée quant au but sexuel, afin de renforcer le lien social par des relations amicales. » (*Malaise dans la civilisation*, V).
2. Sénèque, *Lettre 12.*
3. Platon, *Ion.*
4. Cf. Platon, *Le Banquet*, 206. C'est la « révélation » de Diotime à Socrate.

est libre : on entre librement dans le mariage, plus complexe, ou plus scabreuse, en est la sortie. Après avoir écarté d'un revers de main, tout comme Sénèque, ce que l'on « nomme ordinairement amis et amitiés » qui ne sont au vrai « qu'accointances et familiarités nouées par quelque occasion ou quelque commodité[1] » par où nos âmes s'entretiennent, il célèbre l'amitié véritable en laquelle « elles se mêlent et confondent l'une en l'autre d'un mélange si universel qu'elles effacent et ne retrouvent plus la couture qui les a jointes[2]. » Fantasme ou nostalgie d'une fusion complète, d'un mélange si parfait qu'on ne sache plus ce qui vient de l'un ou ce qui vient de l'autre, et où ni l'un, ni l'autre, à vrai dire, n'en ont cure. On conçoit qu'il soit alors quasi impossible de faire son deuil d'une pareille amitié, puisqu'un tel deuil ne consisterait en rien d'autre que dans le deuil d'une partie de soi-même[3]. Mais qui d'entre nous n'aspire à faire l'expérience, fût-elle exceptionnelle, fût-elle brève, fût-elle en définitive douloureuse, d'une délivrance de ce sentiment de solitude en quoi consiste, en définitive, la conscience de l'existence[4] ? L'amitié est *l'idée de ce lien sans dépendance ni nécessité, dont la gratuité et la surprise même font toute la profondeur.* « L'amitié, ce rapport sans dépendance, sans épisode et où entre cependant toute la simplicité de la vie, passe par la reconnaissance de l'étrangeté commune qui ne nous permet pas de parler de nos amis, mais seulement de leur parler[5]. » L'amitié nous fait sortir du registre de la troisième personne, du discours tenu sur les choses et sur le monde, pour nous introduire dans le dialogue d'un je avec un tu, où jamais le discours *à* l'autre ne puisse se muer en discours *sur* l'autre. Où se trouve alors la plus grande folie ? Si l'espoir le plus fou résiderait dans la conjugaison de l'amour et de l'amitié, dans leur fusion en une seule et même relation, il est certain que Montaigne lui-même a caressé cet espoir, tout en le croyant, hélas, irréalisable : « S'il se pouvait dresser une telle accointance, libre et volontaire, où non seulement les âmes eussent cette entière jouissance, mais encore où les corps eussent part à l'alliance, où l'homme fût engagé tout entier, il est certain que l'amitié en serait plus pleine et plus comble[6]. » Triomphe de l'amitié qui inclurait en lui l'amour, dont nous ne sentirions plus les attaches parce qu'il s'agirait d'un lien qui nous tiendrait « par tous les coins », aucun ne venant nous rappeler notre manque de liberté, celui-ci cessant, par là même, d'être un manque. Une telle relation semble possible, et même exister réellement, à N. de Chamfort : « Dans certaines amitiés passionnées, on a le bonheur des passions et l'aveu[7] de la raison par dessus le marché[8]. » Accord de la raison et des passions, une telle relation ne réconcilierait l'homme avec lui-même qu'en l'introduisant dans une relation *fusionnelle* à l'autre[9]. Qu'en est-il

1. Montaigne, *Les Essais*, Livre I, chap. 28, p. 186-187 (Pléiade).
2. Montaigne, *idem*, p. 186.
3. Car si faire son deuil d'une personne aimée, c'est en grande partie, comme l'écrit Freud, l'introjeter pour garder en nous-mêmes la part la plus précieuse de la relation, comment pouvoir jamais *introjeter* ce qui n'était déjà vécu que comme une partie de soi-même ?
4. Cf. G. Bataille, *L'Érotisme*, introduction (Les Éditions de Minuit).
5. M. Blanchot, *L'Amitié* (Gallimard), p. 328.
6. *Idem*, p. 185.
7. C'est-à-dire l'approbation, l'acquiescement, la bénédiction de la raison.
8. N. de Chamfort, *Maximes et pensées*, p. 99.
9. Mais peut-être est-il *deux façons* de lier amour et amitié, l'une, facile et vulgaire, tendant vers la fusion pure et simple, l'autre, rare et exigeante, se nourrissant du vif sentiment de la *distance* qui sépare l'un de l'autre. « Le mariage a été inventé pour les hommes moyens qui ne sont capables ni d'un grand amour, ni d'une grande amitié, donc pour le plus grand nombre ; *mais aussi pour ces hommes très rares qui sont capables et d'amour et d'amitié.* » (Nietzsche, *La*

alors de la sublimation ? La *libido* peut-elle tout à la fois être et n'être pas inhibée quant à son but sexuel ? Peut-on ne pas perdre d'un côté ce que l'on gagne de l'autre ? Ou pour mieux s'exprimer, si l'amitié a ceci de supérieur à l'amour que les deux amis ne se rapportent l'un à l'autre que par la médiation d'un intérêt commun (alors que le couple peut se satisfaire à se centrer sur lui-même), peut-être *l'amour du prochain* a-t-il ceci d'encore *supérieur à l'amitié même la plus belle, qu'il surmonte pour sa part toute différence entre l'ami et l'ennemi*, comme l'écrit Kierkegaard, et que la suprême sagesse à laquelle puisse accéder l'homme culmine ici dans sa rigoureuse identité à la « folie » à laquelle nous invite le message chrétien[1] ?

J. B. de R.

Lectures conseillées

Sénèque, *Lettres à Lucilius* (Bouquins, Robert Laffont), Lettre 9, p. 619.
Plutarque, *Comment tirer profit de ses ennemis* (Rivages Poche).
M. de Montaigne, *Les Essais*, Livre I, chap. 28.
S. Kierkegaard, *Les Œuvres de l'amour* (Éd. de l'Orante), t. 14 ou *Vie et règne de l'amour* (Aubier/Montaigne).
F. Dostoïevski, *L'Idiot.*
M. Blanchot, *L'Amitié* (Gallimard), p. 326-330.
J. Derrida, *Adieu à Emmanuel Levinas* (Galilée).
A. Finkielkraut, *La Sagesse de l'amour* (Gallimard).

Volonté de puissance, Gallimard, t. I, § 486, p. 349). Comme toute chose pour Nietzsche, le mariage ne vaut que par ce que l'on en fait ; il ne vaut que ce que valent les mariés, et ce qu'ils font de leur relation. Comment ne pas penser aux conseils de Pantagruel à Panurge dans le *Tiers Livre* de Rabelais : « Mariez-vous, ne vous mariez pas : vous le regretterez également. » ? Voir aussi in S. Kierkegaard, *Étapes sur le chemin de la vie* (« Tel » Gallimard) : « *In vino veritas* » et « Propos sur le mariage en réponse à des objections. »

1. Voir l'exposé : « Sagesse des fous, folie des sages. »

Qu'y a-t-il de sérieux dans le jeu ?

« Les enfants sont des joueurs et des lecteurs parfaits :
ils font tout avec le plus grand sérieux.
Au fond, *le jeu est l'unique activité universellement sérieuse.* » Arturo Perez-Reverte

Au premier abord, le jeu semble s'opposer au sérieux comme l'activité frivole s'oppose au travail dans lequel n'est en jeu rien moins que la survie matérielle du travailleur et de sa famille. Comment le jeu pourrait-il être sérieux ? Le jeu semble être comme la caricature du travail véritable pour les personnes aisées qui ne savent que faire de leur temps, et donc le consacrent à des activités oisives et oiseuses[1]. « Ce n'est qu'un jeu », « va travailler au lieu de perdre ton temps[2] » : ces expressions de la vie courante expriment bien cette déconsidération à l'égard du jeu. Les Romains demandant « du pain et des jeux » demandaient à la fois ce qui est absolument nécessaire (du pain), et ce qui est superflu, voire signe de décadence (des jeux). Comparé au travail, le jeu semble une activité gratuite coupée de tout enjeu réel. À travers le travail, l'homme prend en charge les nécessités de sa propre vie et repousse l'échéance de la mort (Marx). *Qu'est-ce qui se joue dans le jeu*, qu'y cherchons-nous, qu'y trouvons-nous ?

Le jeu peut donc dans un premier moment être pris comme une fuite : fuite devant un temps qui serait *vide* parce qu'il ne serait plus encadré par les horaires de travail, fuite devant nous-mêmes et notre propre condition ; peur de se retrouver un jour seul face à nous-mêmes. En ce sens, le jeu relève du *divertissement*. L'homme ne tient pas en place, « tout le malheur des hommes vient d'une chose, qui est de ne savoir demeurer en repos, dans une chambre[3] » ; l'homme « préfère la chasse à la prise[4] » : il consacre une journée entière à traquer un gibier dont il n'aurait peut-être pas voulu s'il l'avait trouvé tout cuit dans son assiette. L'homme se jette dans le jeu pour tromper l'ennui et y fuir la vanité de sa propre existence. Ne sachant pas quoi désirer, l'homme s'ennuie et invente des jeux pour déjouer cet ennui. Schopenhauer écrit que les jeux de cartes, entre autres, ont été inventés pour cette raison : « N'ayant pas d'idées à échanger, on échange des cartes et l'on cherche à se soutirer mutuellement des florins[5]. »

Mais chacun sait *combien est ennuyeuse toute activité qui n'est pratiquée que pour se désennuyer*, sans être portée par aucun autre désir. *Le sérieux du jeu, ce serait donc de nous faire mesurer la profondeur de l'ennui comme expérience fonda-*

1. Paul Lafargue en fait une satire sans complaisance dans *Le Droit à la paresse* : « Les femmes du monde vivent une vie de martyr. Pour essayer et faire valoir les toilettes féeriques que les couturières se tuent à bâtir, du soir au matin elles font la navette d'une robe dans une autre ; pendant des heures, elles livrent leur tête creuse aux artistes capillaires qui, à tout prix, veulent assouvir leur passion pour l'échafaudage de faux chignons. Sanglées dans leurs corsets, à l'étroit dans leurs bottines, décolletées à faire rougir un sapeur, elles tournoient des nuits entières dans leurs bals de charité afin de ramasser quelques sous pour le pauvre monde. Saintes âmes ! » Voir l'exposé : « Le droit à la paresse ».
2. Voir l'exposé : « Le temps, c'est de l'argent. »
3. B. Pascal, *Pensées* (Br.), § 139, p. 390 et « Notre nature est dans le mouvement. » (§ 129).
4. *Idem*, § 139, p. 391.
5. *Aphorismes sur la sagesse dans la vie*, chap. 2, 3e section : « La douleur et l'ennui ».

mentale de l'existence[1]. C'est ainsi que Baudelaire écrit qu'« il faut travailler, sinon par goût, du moins par désespoir, puisque, tout bien vérifié, travailler est moins ennuyeux que s'amuser. » Le travail est moins ennuyeux que le jeu, parce qu'au moins on sait pourquoi on travaille, on connaît le sérieux de l'enjeu. Un jeu est *a priori* une simple parenthèse dans l'existence : une fois le jeu fini, la vie reprend là où on l'avait laissée. C'est pourquoi il faut introduire un enjeu *de l'extérieur* pour faire retrouver au jeu tout son sel ou son piment. « On dira peut-être qu'un homme recherche l'amusement du jeu, et non pas le gain. *Faites-le donc jouer pour rien* : il ne s'y échauffera pas et s'y ennuiera[2]. » L'excitation qui fait qu'on peut se « prendre au jeu », au casino par exemple, vient de l'enjeu qu'on y met, et qu'on savoure l'instant auquel tout est suspendu, tout est encore possible. Tel jouera toute sa fortune au casino[3], tel autre la main de sa fille, tel encore sa vie même, à la « roulette russe » par exemple. À l'homme fortuné et désœuvré, il faudra des enjeux toujours plus forts pour parvenir à tromper son ennui ; la pratique du jeu lui-même contribue à émousser sa capacité à s'émouvoir, à éprouver la force des émotions qu'il recherche pour se sentir vivre tout simplement, pour ne plus sentir la vanité de sa propre vie.

Mais le jeu n'est-il que cela, l'évasion qui nous fait sortir un moment d'une vie de travail abrutissante ou d'une oisiveté blasée et désenchantée ? Dans les sociétés dites « primitives », le jeu est lié à la fête, il a une dimension sacrale et fait partie intégrante des pratiques religieuses[4]. Il en restait quelque chose, au moins jusqu'au Moyen Âge, dans nos *carnavals*. La fête est une *dépense somptuaire*, dépense sans compter de son temps, de ses efforts, de son bien. À ce titre, elle s'oppose radicalement au calcul bourgeois qui tentera de la contenir ou de l'interdire[5]. Le jeu peut donc bien être plus qu'une parenthèse, et occuper une place centrale dans nos vies. J. Piaget a montré qu'au travers du jeu, l'enfant apprenait à maîtriser son corps, à coordonner ses actions et à entrer en relation avec le monde qui l'entoure[6]. Il a aussi montré que le jeu permettait à l'enfant d'apprendre à intérioriser et à respecter les règles des divers jeux[7]. Or, même pour tricher, il faut savoir qu'il y a des règles du jeu, il faut les connaître et avoir compris en quoi elles sont des règles. Enfin, S. Freud a montré qu'à travers le jeu, l'enfant apprenait à maîtriser ses propres pulsions et leur ambivalence[8]. *Le jeu n'est donc pour l'enfant rien de moins que la découverte de ses pulsions, l'apprentissage du monde, et l'ouverture à la socialisation.*

Mais l'importance du jeu n'est pas propre à l'enfant ; on a vu avec les romans de F. Dostoïevski et de S. Zweig que le jeu pouvait devenir chez l'adulte une passion dévorante faisant passer tout le reste à l'arrière-plan. Qu'investissons nous dans le jeu, qu'en attendons nous ? Le jeu, à part le jeu solitaire qui est un cas particulier (une simple tentative de se mesurer à soi-

1. A. Schopenhauer, *Le monde comme volonté et comme représentation* (PUF).
2. *Pensées* (Br.), § 139, p. 395.
3. Cf. F. Dostoïevski, *Le Joueur* ; S. Zweig, *Vingt-quatre heures de la vie d'une femme* (Livre de Poche).
4. Voir R. Caillois, *L'homme et le sacré* (« Idées » Gallimard), chap. 4 ; M. Eliade, *Le sacré et le profane* (« Idées » Gallimard) ; G. Bataille, *La Part maudite* (Les Éditions de Minuit).
5. Voir M. Weber, *L'Éthique protestante* (Presses Pocket), et les sujets : « Qu'est-ce qu'un bourgeois ? » et « Le temps, c'est de l'argent ».
6. J. Piaget, *La Formation du symbole chez l'enfant*.
7. J. Piaget, *Le Jugement moral chez l'enfant*.
8. S. Freud, *Au-delà du principe de plaisir* (PBP).

même et de « battre » son propre record) nous apprend à nous situer à l'intérieur d'un groupe, il est un prétexte à la socialisation, et nous exerce « à blanc » pourrait-on dire, sans conséquences immédiates apparentes, à trouver un mode de relation juste et approprié avec autrui. Ce n'est pas par pure philanthropie que certaines entreprises consacrent plusieurs journées de leurs employés, normalement dévolues au travail, à l'organisation de *jeux de rôles*. Les jeux de rôles peuvent souder une équipe et apprendre à chacun qui à surmonter sa timidité, qui à réfréner son agressivité. Il est évident que l'entreprise dans ce cas attend un bénéfice direct qui serait la mise en « synergie » d'une équipe permettant d'atténuer ou de prévenir les dysfonctionnements préjudiciables à sa réussite. Jouer peut aussi *nous apprendre à perdre*, à être bon voire beau perdant. Même si, une fois le jeu fini, la vie reprend son cours normal, je reste néanmoins avec ce que j'ai appris sur moi-même : sur mes forces physiques ou intellectuelles mesurées à celles des autres, sur mes émotions que je suis plus ou moins capable de contrôler, sur ma capacité à entraîner un groupe derrière moi ou au contraire sur ma propension à me laisser marginaliser par le groupe. On ne ressort pas forcément indemne d'un jeu, ce qui montre bien que le jeu est chose sérieuse, qu'il est sous-tendu par des enjeux symboliques ou inconscients, là même où tout enjeu économique a été exclu.

Le jeu, au lieu d'être une simple parenthèse, pourrait être vu comme une *métaphore* de l'existence tout entière. Héraclite écrivait que « le temps (*aïon*) est un enfant qui joue aux dés : Royauté d'un enfant[1] ». N'est-ce pas alors la vie elle-même qui se joue de nous[2] : l'*aïon*, c'est le temps de la vie d'un mortel, le « lot » qui lui est imparti, et qui est, pour un homme, par définition *fini*. Peut-on voir dans sa vie comme une immense partie jouée avec un partenaire invisible, qui finira toujours, en définitive, par l'emporter, puisque comme l'écrit Pascal, « le dernier acte est sanglant, quelque belle que soit la comédie en tout le reste[3] ». Seules importeraient alors la beauté de la partie et, peut-être, également sa durée, consistant à différer autant qu'il nous est possible l'heure de notre inéluctable défaite. Si la vie est un tel jeu, alors Nietzsche a raison de dire que la seule, mais presque impossible, tâche pour un homme, est de retrouver dans chacune de ses actions le sérieux absolu que l'enfant met dans le moindre de ses jeux.

J. B. de R.

Lectures conseillées

B. Pascal, *Pensées*.
E. Fink, *Le Jeu comme symbole du monde* (Les Éditions de Minuit).
Colas Duflo, *Jouer et philosopher* (PUF).
H.G. Gadamer, *Vérité et méthode* (Seuil).

1. Héraclite, *Fragments*, PUF, § 130, p. 446.
2. L'adjectif *ludique* qui correspond au substantif *jeu* vient du latin *illudere* qui signifie « se jouer de... » et a aussi donné notre mot « *illusion* ».
3. Pascal, *Pensées* (Br.), § 210, p. 428-429.

Animalité, humanité, sensibilité

La sensibilité animale est un problème philosophique dans la mesure où à travers l'animal et la Nature, c'est sur lui-même que l'homme s'interroge. Dans la magie et la mythologie, dans l'animisme et le vitalisme, au sein de la Nature sacrée évoquée par Robert Lenoble[1], l'animal n'est jamais méprisé. Les sacrifices d'animaux ne sont pas contradictoires avec ce point de vue. Une « sympathie » unit tous les vivants, le monde est fait de métamorphoses faciles. Mais le judéo-christianisme refuse l'âme à l'animal : seule la personne humaine jouit de cette substance promise à l'immortalité. Seul l'homme a été fait à l'image et à la ressemblance du Créateur.

La sensibilité animale était incontestée pour les Anciens, mais Descartes établit la théorie de l'animal-machine. Les cris des animaux ne seraient que des « bruits ». L'animal ne pense pas et n'est qu'un fragment d'« étendue » matérielle mue par un mouvement mécanique.

Le scepticisme et l'empirisme ont au contraire revendiqué une sensibilité et une intelligence pour les animaux, d'un point de vue relativiste. Il n'y a pas de distance infranchissable entre humanité et animalité. Il pourrait même y avoir plus de différence d'homme à homme que d'homme à bête. Pour Montaigne, l'homme doit renoncer à toute dignité ou supériorité particulière. Le scepticisme ruine l'anthropocentrisme. La raison humaine est faible et tout dépend de l'expérience des sens. Il faut donc pratiquer une sagesse relativiste. Pour Diderot, dans *La lettre sur les aveugles*, nos sens influent sur notre morale. Dans *Le rêve de d'Alembert*, il défend l'idée d'évolution, de transformation, le matérialisme, le sensualisme, le déterminisme. Il peut exister d'autres mondes et l'homme ne serait qu'un moment, qu'un accident au sein de l'immense devenir de l'univers matériel. La matière est vivante et sensible comme pour Cyrano de Bergerac (*L'autre monde*, « de l'égalité de l'homme et du chou ») et le Tout l'emporte sur les individus, les sujets singuliers. Critique du dualisme, Diderot montre que l'homme est fait de fibres sensibles. Et les différences, les infirmités constituent un argument contre la Providence et la finalité.

Avec l'écologie fondamentale, un débat s'est instauré sur le droit des animaux. L'animal a longtemps été nié dans sa spécificité par la modernité occidentale. On renvoie l'animalité à l'infra-humain, à la « barbarie », synonyme d'immoralité. « La relégation, par la métaphysique, de l'animal du côté des objets va permettre au droit positif de le réduire à un bien saisissable », écrit Florence Burgat dans *Animal, mon prochain* (Odile Jacob). La philosophie mécaniste cartésienne a ouvert la voie à l'exploitation de la nature. Animal-objet ou animal-décor, l'animal est nié comme être vivant et sensible. Mais les hommes et les animaux ont en partage la sensibilité. Celle des animaux était déjà reconnue par les Grecs et les Anciens. La sensibilité appelle le respect des hommes face à des créatures sensibles et conscientes éprouvant sensations, émotions, affections, détresse ou plaisir. La raison et la morale étant des « privilèges » humains, Kant écrit dans les *Leçons d'éthique* : « nos devoirs envers les animaux sont des devoirs indirects envers l'humanité. » Déjà l'utilitarisme d'une part,

1. *Histoire de l'idée de nature*, Albin Michel.

l'humanitarisme républicain d'autre part, avaient défendu les intérêts des animaux. Allant plus loin, on peut critiquer l'anthropocentrisme implicite de ces positions. L'écologie radicale conteste la posture d'affrontement homme / Nature, alors que l'homme serait légitimement une partie intégrante du cosmos. L'écologie affirme l'unité organique du monde dans sa biodiversité, donc le nécessaire respect de celle-ci. Elle dénonce l'exploitation totalitaire de la nature, son instrumentalisation économique et technique. Les animaux ont reçu la Terre en partage avec l'homme et celui-ci ne saurait en disposer seul comme il l'entend.

G. G.

Lectures conseillées

E. de Fontenay, *Le Silence des bêtes* (Fayard).
L. Ferry, *Le Nouvel Ordre écologique* (Grasset).
M. Serres, *Le Contrat naturel* (F. Bourin).
A. Waechter, *Dessine-moi une planète* (Albin Michel).
E. Goldsmith, *Le Défi du XXI*e *siècle, une vision écologiste du monde* (Éd. du Rocher).

« Si jeunesse savait, si vieillesse pouvait… » Henri Estienne

Cette sentence de l'humaniste Henri Estienne est devenue proverbiale : « Si jeunesse savait, si vieillesse pouvait… » La phrase est empreinte d'une certaine nostalgie, d'un sentiment d'impuissance et de résignation devant la condition humaine. « Si jeunesse savait, si vieillesse pouvait… » que se passerait-il au juste ? La vie des hommes serait-elle plus heureuse ? La société mieux organisée ? Les rapports entre les hommes plus harmonieux ? La phrase semble prendre son parti d'une certaine impossibilité : celle de la coïncidence, dans une même personne et à un même moment de sa vie, de la sagesse et de la puissance d'agir. La sagesse vient avec le temps, qui en revanche émousse la force et l'enthousiasme de la jeunesse. Aristote écrivait déjà, dans l'Antiquité, « la force appartient aux jeunes gens, la sagesse aux vieillards[1] ». La condition humaine nous condamne-t-elle à l'alternative : agir comme des têtes brûlées, à l'étourdi, ou méditer sur les choses, savoir les comprendre et les peser, mais en étant devenu impuissant à agir sur elles ?

S'il est impossible, chez l'individu, de faire coexister les qualités de la jeunesse avec celles de la vieillesse, la solution à ce dilemme pourrait être, comme le suggère Aristote, politique. La Cité doit être gouvernée par les Anciens et par les sages, afin que la vitalité de la jeunesse soit canalisée et domptée par la sagesse de ceux qui font les lois. Ainsi pourrait se voir réalisé l'idéal platonicien d'une Cité juste, enfin gouvernée par la raison et non plus par les passions des hommes.

Cependant on est alors en droit de se demander, avec Nietzsche, dans quelle mesure cette légendaire sagesse des « vieillards » n'est pas tout simplement une *conséquence* de leur perte de vitalité, et une nostalgie inavouée de leur propre jeunesse. La morale, les lois, n'auraient alors pas d'autre objet que d'*interdire à autrui ce qu'on ne peut plus se permettre à soi-même*, ce qu'on n'est plus en état de se permettre. Toute morale se réduit-elle à une morale de l'impuissance, à ériger en vertu le fait de s'abstenir de faire ce qu'on n'est plus, en tout état de cause, en mesure de faire ? La véritable sagesse ne consisterait-elle pas à « vivre dangereusement », comme l'écrit Nietzsche, si le péril le plus grand est de passer à côté de sa vie, et des occasions qu'elle nous présente ? Le savoir reconnu aux anciens est-il une simple conséquence du recul qu'ils ont par la force des choses dû prendre en raison de leur grand âge ?

Mais peut-on alors dire que la jeunesse ne sait rien ? Il y a peut-être différentes sortes de savoir, différentes façons de savoir, et la jeunesse est peut-être dépositaire d'un savoir oublié ou perdu par la vieillesse. Le savoir n'est-il que le fruit de l'expérience, qui suppose du temps et de la maturation, ou n'y a-t-il pas également un savoir qui tient au regard neuf porté sur les choses, à la capacité de s'étonner gardée intacte ? Nicolas de Cues parlera, après Socrate, de la « docte ignorance », de *l'ignorance qui consiste à savoir qu'on a encore tout à apprendre*, alors que l'ancien peut être revenu de tout, croire avoir fait le tour

1. *La Politique*, VII.

des choses et de la vie, dire que « plus rien ne l'étonne ». « Il n'y a rien de nouveau sous le soleil », dit l'Ecclésiaste : sagesse de vieillard qui n'attend plus rien de nouveau. La nouveauté gît peut-être dans le regard qui interroge les choses, dans la capacité de se laisser surprendre.

Jeunesse et vieillesse ne s'opposent donc pas comme deux termes contradictoires, il y a des transitions et une continuité entre les deux. Par l'enseignement et l'éducation, une transmission du savoir est possible, si du moins la jeunesse se révèle prête à se laisser instruire par les générations qui l'ont précédée[1]. Les générations ne sont pas nécessairement en conflit et une complicité peut unir, par exemple, grands-parents et petits-enfants, à la faveur de laquelle bien des choses pourront être transmises. Mais il faut aller plus loin encore : jeunesse et vieillesse ne sont peut-être pas tant une question d'état civil que *d'état d'esprit*. Le vieillard peut faire preuve d'une juvénilité inattendue, le jeune d'une maturité insoupçonnée.

En définitive, la sagesse ne consisterait-elle pas à conjuguer ce que la condition humaine, naturellement, sépare ? À la question : quel est le bon âge pour philosopher, pour pratiquer la sagesse, Épicure répond : c'est toujours le bon moment pour philosopher, parce que c'est toujours le bon moment pour être heureux. Différer de philosopher – attendre pour cela la vieillesse – ce serait différer d'être heureux. « *Ont à philosopher et le jeune, et le vieux, celui-ci pour que, vieillissant, il soit jeune en biens par la gratitude de ce qui a été, celui-là pour que, jeune, il soit en même temps un ancien par son absence de crainte de l'avenir*[2]. » La sagesse procure à chaque âge ce qui lui manque pour accéder au bonheur. Ce qui empêche le jeune d'être heureux, c'est qu'il est exposé à l'avenir, qu'il nourrit des craintes par rapport à l'avenir qui le privent de goûter des « plaisirs purs », sans arrière-pensée. La philosophie enseigne au jeune que le bonheur ne dépend pas des circonstances extérieures, qui peuvent être contraires, mais de la disposition intérieure. Il convient que le jeune soit « vieux » en même temps par son absence de crainte – ou d'espoirs inconsidérés – vis-à-vis de l'avenir.

Ce qui gâte le bonheur du vieillard, c'est qu'il se lamente sur sa jeunesse perdue et se plaint des maux du présent. « Le vieux oublieux du bien passé est dans l'état de quelqu'un qui est né d'aujourd'hui », écrit Épicure[3]. La sagesse ne vient donc pas d'elle-même avec l'âge, au contraire : le vieillard peut se montrer « ingrat » à l'égard de l'existence, et se lamenter sur son bonheur perdu. La sagesse consiste en une *gratitude* à l'égard de la vie, qui est à l'opposé d'une avidité qui réclamerait toujours des plaisirs nouveaux : se souvenir des plaisirs passés peut être un nouveau plaisir, au lieu d'être la source de lamentations aigries. Être sage, c'est *s'accumuler*, dans les moments de bonheur, *un capital de joie* qui nous dure toute la vie. Il convient donc, à l'inverse, que le vieillard soit « jeune » en même temps par son absence de regret vis-à-vis du temps passé. *Savoir être heureux comporte un art de la mémoire et de l'oubli* : il faut savoir en finir avec le malheur passé, comme il faut savoir user de la mémoire comme d'un capital inépuisable de bonheur.

---

1. Voir l'exposé : « À quoi reconnaît-on l'esprit d'une génération ? »
2. Épicure, *Lettre à Ménécée*, PUF, p. 217.
3. *Sentence vaticane* 19.

Être sage, c'est en fin de compte sortir de son enfermement dans l'instant présent. *La vie du sage lui est tout entière présente à chaque moment de sa vie.* La sagesse ne caractérise pas l'une des étapes de la vie, on ne peut pas dire quel est « le plus bel âge », puisqu'elle consiste précisément à n'être prisonnier d'aucune de ces étapes. La sagesse permet de surplomber l'instant, de surmonter l'écoulement linéaire du temps, de la vie. Cette attitude est l'exact contraire de celle consistant à laisser l'avenir ou le passé nous détourner du présent et gâter notre bonheur présent. *Le bonheur n'existe jamais qu'au présent : la sagesse consiste à ne s'en pas laisser distraire.*

J. B. de R.

Lectures conseillées

Épicure, *Lettre à Ménécée* ; *Sentences vaticanes* 17, 19, 60, 80.
H. Estienne, *Les Prémices*, Épigramme 191.
L. Bloy, *Exégèse des lieux communs*, 112.
Filmographie : *Le Cercle des poètes disparus*.

2 • La religion

« Je crois parce que c'est absurde » Tertullien

Cette célèbre citation de Tertullien[1], Père de l'Église, présente le caractère d'un paradoxe : « je crois non pas malgré que ce soit absurde, ou bien que ce soit absurde, mais *parce que* c'est absurde. » L'absurdité (réelle ou supposée) du dogme, raison de plus d'y croire, *ou plutôt seule raison, vraie raison d'y croire*. N'y croit vraiment, n'a vraiment la foi, que celui qui en mesure pleinement toute l'« absurdité ». Qu'on ne vienne pas m'objecter pas, semble nous dire Tertullien, le caractère *absurde* de la foi chrétienne, puisque cette absurdité, je la connais mieux que quiconque, je l'admets pleinement, plus : je la revendique, j'en fait profession[2]. Faut-il voir dans cette affirmation une simple *bravade*, le refus par avance de toute objection ou de toute argumentation, ou bien une réflexion profonde sur ce qu'est, dans son essence, *la foi* ; sur ce que c'est que *croire* ?

Tertullien semble vouloir nous dire que si la raison nous fait connaître ce qui est rationnel (dans le domaine théorique) ou raisonnable (dans le domaine pratique), la foi, elle, est un rapport à ce qui dépasse ou excède la raison, à ce qui n'est précisément pas accessible par la raison, et donc est réputé « absurde » par elle. « Absurde », c'est évidemment ici le jugement porté par la raison sur le contenu du dogme chrétien. Comment comprendre par la raison que Dieu soit à la fois unique et en trois personnes, que Jésus-Christ soit à la fois vrai Dieu et vrai homme, que Dieu soit tout-puissant et l'homme néanmoins libre, etc. ? L'apôtre Paul avant Tertullien ne disait pas autre chose : « La sagesse des hommes est folie aux yeux de Dieu ; la sagesse de Dieu est folie aux yeux des hommes[3]. » Paul affirme l'incompatibilité mutuelle de la sagesse humaine et de la sagesse divine, l'hétérogénéité de la raison et de la foi. Ce qui est compréhensible par la raison, ce qui est démontré par la raison, en quoi est-il encore besoin d'y *croire* ? Inversement, la foi pourrait constituer un rapport, peut-être le seul rapport possible pour l'homme, à ce qui dépasse ou transcende la raison.

Kierkegaard, dans le droit fil de l'apôtre Paul et de Tertullien, dira plus tard que la foi est rapport au *paradoxe*, que croire, c'est tenir ensemble deux choses qui semblent contradictoires aux yeux de la raison, que l'on croit toujours en vertu d'un saut par lequel l'existant outrepasse ce qui est compréhensible par la seule raison, que croire, c'est toujours se tenir « au-dessus de 4 000 brasses », c'est-à-dire bien loin des assurances que procure la raison. La foi serait donc l'acte par lequel l'existant accepterait de faire face aux contradictions comme

---

1. La sentence « *credo quia absurdum* » ne figure pas, à vrai dire, telle quelle dans les écrits de Tertullien. Mais elle est incontestablement conforme à sa pensée, et il l'applique aux dogmes centraux du Christianisme que sont l'incarnation et la mort du Christ en croix. « Le Fils de Dieu fut crucifié, je n'en suis pas scandalisé, *car* il est nécessaire que les hommes s'en scandalisent. Et le Fils de Dieu est mort ; ceci s'impose absolument à la foi, *car* c'est absurde. » (*De carne Christi*, 5. C'est nous qui soulignons) Tertullien assume donc ce qu'il y a de paradoxal dans le dogme, sans chercher en aucune manière à concilier la foi et la raison. Un dogme qui ne ferait que conforter le sens commun ne saurait passer pour vérité révélée : il est nécessaire que le dogme heurte le sens commun humain. Source : J. Quasten, *Initiation aux pères de l'Église*, Éd. du Cerf, t. II.

2. « Qui blâmera les chrétiens de ne pouvoir rendre raison de leur créance, eux qui professent une religion dont ils ne peuvent rendre raison ? Ils déclarent, en l'exposant au monde, que c'est une sottise, *stultitiam* ; et puis vous vous plaignez de ce qu'ils ne la prouvent pas ! S'ils la prouvaient, ils ne tiendraient pas parole : c'est en manquant de preuves qu'ils ne manquent pas de sens. » (B. Pascal, *Pensées* (Br.), § 233, p. 437).

3. Voir l'exposé : « Sagesse des fous, folie des sages. »

telles, et de les vivre. Ne croit pas, n'a pas véritablement la foi celui qui ne sait pas ou ne comprend pas que ce qu'il croit est « absurde », c'est-à-dire contraire à ce que lui enseigne sa « simple raison », selon l'expression de Kant. Chez Tertullien comme chez Kierkegaard apparaît donc une conception de la foi qui exclut toute illusion ou toute assurance à bon marché : la foi n'est rien d'autre qu'une conscience plus aiguë du caractère paradoxal ou contradictoire de l'existence, ou plutôt la foi *suppose* cette conscience douloureuse et tourmentée, mais elle *implique* en outre un acte de la volonté, ou de l'être tout entier, qui accepte d'endurer ce paradoxe, qui le revendique, qui en fait la vérité de son existence. Absurde ne s'oppose donc pas à « vrai », bien au contraire. La revendication de l'absurdité du dogme n'est que l'envers de l'affirmation des limites de la raison. Ce n'est que dans la mesure où « la raison reconnaît qu'il y a une infinité de choses qui surpassent la raison[1] », comme dit Pascal – et il importe que ce soit la raison elle-même qui le reconnaisse[2] – que rien ne s'oppose à ce que l'on puisse croire une chose tout en la sachant inaccessible à la raison : la croire, c'est-à-dire la tenir pour vraie en dépit du jugement de la raison.

Peut-être même convient-il d'aller plus loin : si l'on admet avec Kant que la raison est toujours rapport au donné et au conditionné, qu'elle ne peut nous donner à connaître que ce qui est tout d'abord donné dans une expérience possible, y a-t-il lieu de s'étonner que l'Absolu, ou l'infini, ou l'inconditionné, ou quelqu'autre nom qu'on lui donne, ne puisse se présenter à l'homme que sous la forme du paradoxe, ou de la contradiction, ou encore de l'absurde ? Dans le domaine du sacré, le caractère absurde n'est-il pas le signe même du vrai ? Toutefois, toute absurdité ne risque-t-elle pas dès lors de se faire passer pour sacrée, toute contradiction de se faire passer pour vraie, en l'absence de tout critère rationnel ? L'attitude qui consiste à croire en une chose *parce qu'elle est absurde*, n'est-elle pas elle-même quelque peu absurde[3] ? La foi peut-elle ne pas chercher l'intelligence ou la compréhension, comme disait saint Anselme ? Peut-on renoncer à comprendre le sens de ce que l'on croit ? Croire sans savoir en quoi ni en qui l'on croit, serait-ce encore croire ? La citation de Tertullien suppose non seulement les limites de la raison : elle suppose aussi que ces limites étant données, la révélation est nécessaire. Dieu n'a à se révéler aux hommes que parce que précisément il est inaccessible par la raison. La foi ne porte donc pas sur n'importe quel contenu indéterminé, sur les errances de l'imagination ou sur l'arbitraire de la subjectivité, mais sur le donné révélé. Elle ne se substitue pas à l'intelligence ou à la compréhension, mais elle l'appelle et l'éveille à penser ce à quoi, sans la foi, elle n'aurait jamais eu accès. Comme le dira Hegel, l'Absolu n'est pas ce devant quoi doit s'arrêter toute pensée, mais au contraire ce avec quoi la pensée n'en aura jamais fini, ce qui donne à penser infiniment.

J. B. de R.

1. B. Pascal, *Pensées* (Br.), § 267.
2. « La raison ne se soumettrait jamais, si elle ne *jugeait* qu'il y a des occasions où elle doit se soumettre. Il est donc juste qu'elle se soumette, quand elle juge qu'elle doit se soumettre. » (B. Pascal, *Pensées* (Br.), § 270, p. 456)
3. Voir E. Baudin, *La Philosophie de Pascal*, t. 1, Éd. de la Baconnière, p. 338. Cf. l'exposé : « Nuire à la bêtise. »

Lectures conseillées

B. Pascal, *Pensées* 233 p. 437 ; 253 ; 267 ; 270 (Brunschvicg).
E. Kant, *Critique de la raison pure* (GF), Seconde Préface.
G.F. Hegel, *Leçons sur la philosophie de la religion.*
S. Kierkegaard, *Le Concept d'ironie*, Deuxième partie, « La vérité de l'ironie ».
Les Miettes philosophiques, Appendice, « Le scandale du paradoxe ».

« Quand les dieux veulent punir les hommes, ils exaucent leurs prières. » Oscar Wilde

« Les hommes seraient perdus si leurs vœux étaient toujours exaucés. »
Christine de Suède[1]

L'aphorisme d'Oscar Wilde se présente comme un paradoxe : « on attend : quand les dieux veulent punir les hommes, ils *n*'exaucent *pas* leurs prières » ; ou bien « quand les dieux veulent *bénir*, récompenser les hommes, ils exaucent leurs prières. » Wilde nous dit que point n'est besoin d'aller chercher si loin : les hommes dans leur folie ne savent pas ce qu'ils demandent, et seraient bien punis si par malheur ce qu'ils demandent venait à se réaliser. Savons-nous ce que nous désirons véritablement ? Savons-nous comment nous accueillerions sa réalisation ?

Oscar Wilde adopte dans cet aphorisme le regard ironique du dandy sur les préoccupations humaines, et sur leur traduction dans le domaine religieux. Les hommes ne savent pas ce qu'ils veulent, et ils veulent des choses contradictoires. Chacun veut des choses contradictoires à celles que veut son voisin, et chacun veut, lui-même, des choses contradictoires. Nous voulons souvent une chose et son contraire, nous voulons et nous ne voulons pas à la fois – nous sommes *ambivalents* dans nos désirs, dirait Freud – nous voulons une chose sans les conséquences naturelles, nécessaires et logiques de cette chose. Un monde de cauchemar, un monde de chaos serait un monde dans lequel les prières des hommes seraient toutes et toujours réalisées. Serait-ce même encore un monde ? Peut-être tenons-nous là une image de l'enfer. Peut-être y a-t-il *bien des prières que nous ne pouvons faire que parce qu'au fond nous sommes persuadés qu'elles ne se réaliseront pas*[2]. Il faudrait alors s'interroger sur la fonction de la prière : est-ce un simple moyen de verbaliser nos fantasmes ? Dans le domaine religieux, la prière est un phénomène double : elle est d'une part une protestation contre la réalité telle qu'elle est – « le soupir de la créature tourmentée », écrit Marx – et elle est supposée avoir une efficacité pour modifier cette réalité : elle est une *intervention* auprès de Dieu ou des dieux pour que cesse l'inacceptable.

Et pourtant, ignorant comme il est, ballotté par ses désirs contradictoires, l'homme prétend en remontrer aux dieux. Car qu'est-ce que prier, sinon dire que les choses ne sont pas comme elles devraient être, que le monde serait meilleur, si tel élément était modifié ? L'homme qui prie se met donc à la place du tout, il érige son point de vue particulier en point de vue universel, il réclame une intervention divine en sa faveur, pour réparer une injustice qui lui est faite, il fait prévaloir son désir ou son intérêt sur l'ordre général du cosmos. Prier, c'est toujours réclamer un miracle, une intervention divine en sa faveur. C'est pourquoi le sage stoïcien renonce à prier, ou du moins pourquoi sa prière n'est plus demande d'intervention, de miracle. Il nous appartient de comprendre le

1. *Maximes* (Rivages Poche), p. 67.
2. Ainsi J. Ellul s'interroge-t-il sur ce que « signifient ces prières de requête dont on sait d'avance que si elles étaient exaucées, si jamais le Saint-Esprit était donné, cela bouleverserait tous les plans financiers, toutes les prévisions, toutes les sages administrations. Prières de pure forme, même quand celui qui les prononce est plein de piété. » (*L'Impossible Prière*, p. 28).

monde par notre raison, de comprendre pourquoi il est nécessairement tel qu'il est, et la sagesse consiste à trouver sa place dans le cosmos tel qu'il est. La prière ne peut plus alors consister qu'à demander *que les choses soient exactement telles qu'elles sont*[1]. « Tout me convient qui te convient, ô Monde ! Rien ne vient trop tôt ou trop tard pour moi, qui vient à point pour toi ! » Rien, pas même la mort, ne vient trop tôt ou trop tard pour qui comprend l'enchaînement des causes dans l'Univers. Les saisons du monde sont aussi les saisons de notre vie. Au lieu d'être révolte contre le réel, refus de l'état des choses, la prière se mue alors en acceptation ; et le sage comprend qu'il n'accepte en fait *rien* s'il n'accepte pas *tout* du même coup. Le monde est un, ses lois sont solidaires, il est la totalité de l'enchaînement des causes ; qu'un seul de ces enchaînements vienne à être suspendu, et ce serait à un *autre* monde que nous aurions affaire. Telle est la prière que d'après Épictète, le sage doit être prêt à faire en toute circonstance : « Conduis-moi, ô Zeus, et toi, Destinée, où vous avez fixé que je dois me rendre. Je vous suivrai sans hésiter ; car, si je résistais, en devenant méchant, je ne vous suivrais pas moins. » Le réel est ce qui se produit *volens nolens*, que nous le voulions ou non ; la sagesse consiste à le *vouloir*.

Si c'est au nom de la compréhension que les stoïciens répudient la prière de demande, c'est au nom de l'action qu'Épicure la répudie pour sa part : « Il est insensé de demander aux dieux ce que l'on peut se procurer par soi-même. » Les dieux, ou la nature, nous ont donné la raison pour comprendre le monde, et la capacité d'agir dans le monde. Prier, c'est renoncer à se servir de l'une comme de l'autre. Prier réintroduit la confusion entre ce qui dépend de nous et ce qui n'en dépend pas. Prier, c'est tenter de faire dépendre de nous, de notre intervention auprès de puissances surhumaines, ce qui n'en dépend pas. Prier serait peut-être une façon de ne pas faire entièrement son deuil du fantasme de toute-puissance, et en particulier de la toute-puissance de la pensée, dont parle Freud, et qu'il installe à l'origine de la pensée magique. Comme l'écrit le psychanalyste Jean Ansaldi, l'idée de Dieu comme père tout-puissant risque d'être pour le croyant une manière de ne pas renoncer tout à fait au fantasme de toute-puissance. Le croyant serait alors tout-puissant par procuration, en contact avec un être paternel et bienveillant qui serait, lui, tout-puissant.

On pourrait retenir, comme conclusion provisoire, que chaque fois que l'homme croit savoir ce qu'il faudrait faire, ce qu'il faudrait modifier pour améliorer les choses, il les aggrave. Comme l'écrit Nietzsche : « J'accepte que l'on s'apitoie sur les malheurs qui s'abattent sur les hommes ; mais j'*exige* que l'on compte au premier rang de ces malheurs toutes les solutions qu'ils inventent pour y remédier[2]. » Et Nietzsche d'insérer malicieusement le *stoïcisme* dans une énumération des malheurs qui guettent l'homme, entre la violence, l'esclavage et la magie[3]. En ce sens, l'ironie du dandy est amplement justifiée, mais elle vise au moins autant l'*action* des hommes que la prière. On peut même se demander si la vérité de la religion ne serait pas précisément là : dans la renonciation au *prométéisme*, l'acceptation de notre finitude et l'ouverture à l'altérité

1. C'est ainsi que Maître Eckhart déclare que l'âme qui a ateint le détachement absolu est « libre de toute prière », et ne peut plus rien demander sinon d'être unie à Dieu, sinon elle demanderait à Dieu de se renier lui-même et de n'avoir pas voulu ce qu'il a voulu. (Maître Eckhart, *Traités et Sermons*, « Tel » Gallimard, p. 26 et proposition VII, p. 318).
2. *Volonté de puissance* (Gallimard), t. 2, § 246, p. 85.
3. *Par delà le bien et le mal*, § 44.

du Créateur. La prière, loin de consister à dicter à Dieu nos volontés, se fait alors écoute attentive de la volonté divine, accueil de l'altérité. N'est-ce pas le sens de la « *prière sans demande* » dont parle Levinas : le contenu de la prière, ce sur quoi elle porte, n'aurait jamais été qu'un prétexte, la vérité de la prière étant de nature « phatique », consistant dans l'ouverture à l'altérité divine, la prière sans demande n'étant pas alors une prière vide mais au contraire une prière à l'état pur ?

Lectures conseillées

Platon, *Second Alcibiade* (142-143).
N. de Cues, *Apologie de la docte ignorance* (Cerf).
E. Levinas, *De la prière sans demande*, in *Les Études Philosophiques*, n° 2, avril-juin 1984.
H. Jonas, *Le Concept de Dieu après Auschwitz* (Rivages Poches).
P. Celan, « Tenebrae », in *Choix de Poèmes réunis par l'auteur* (NRF Gallimard, 1998), p. 135-137.
J. Ellul, *L'Impossible Prière* (Le Centurion, 1970).

« Sagesse des fous, folie des sages. » Saint Paul

Ce chiasme résume l'argument de la Première épître de Paul aux Corinthiens, opposant la sagesse imparfaite des hommes à la sagesse divine, tellement supérieure qu'elle est d'un autre ordre et passe pour folie aux yeux des hommes[1]. La raison humaine se voit ainsi frappée d'impuissance dans la recherche religieuse, la foi constituant un domaine étranger à la rationalité. Plus encore, la raison est un obstacle dès lors qu'on prétend s'en servir dans le domaine religieux. Il y aurait ainsi un manque de sagesse à tout chercher dans la sagesse : vouloir comprendre les vérités religieuses serait vain car elles procèdent d'une autre exigence que celle de la compréhension. Affirmant la folie de la croyance au Christ qu'il annonce, l'apôtre Paul pense ainsi marquer la nouveauté de la religion par rapport aux formes traditionnelles de la sagesse ou de la philosophie.

Le thème de la folie de la croix (celle du Christ), c'est-à-dire croire que le Christ a sauvé l'humanité en mourant sur la croix, prend son sens dans l'échec de saint Paul à Athènes. Il y avait rencontré l'élite intellectuelle du monde méditerranéen, y avait été bien accueilli, mais n'avait suscité que moqueries lorsqu'il prêchait la religion chrétienne. Passant à Corinthe, port grec où grouillaient les brigands, les marins en escales et les prostituées, il y avait converti une communauté et conclu que les savants, les lettrés, les sages sont trop satisfaits de leur science pour éprouver le besoin d'être sauvés. La folie de la religion, c'est donc avant tout le désir d'être sauvé, le sentiment de sa propre déchéance : « Nous voici devenus comme l'ordure du monde, les rognures de l'humanité » écrit saint Paul. Un sage antique ne peut connaître de tels sentiments, c'est pourquoi sa sagesse ne lui sert pas. Mais la folie de cette sagesse, c'est justement de ne pas faire l'épreuve concrète du malheur, de la misère, comme la lie grecque des Corinthiens, plus aptes par la honte de leur condition à espérer leur salut d'un geste surnaturel de Dieu. Il y aurait donc dans l'effort même de la sagesse humaine l'aveuglement du fou. Le sage n'a pas besoin d'un Dieu pour le sauver, seuls ceux que les naufrages de l'existence ont laissé comme des épaves sont aptes à comprendre ce qu'un Dieu peut leur donner en se penchant sur eux. Il faut être dans la détresse pour sentir le réconfort qu'il y aurait à être consolé.

Cette opposition marque la religion comme le domaine pratique de l'existence et non de la spéculation. À celui qui abordera les questions religieuses par le biais de la réflexion théorique, cherchant par exemple à démontrer l'existence de Dieu ou la nécessité des dogmes, saint Paul prédit la faillite car cette voie ne lui montrera jamais pourquoi il devrait espérer le salut, pourquoi il lui faudrait attendre quelque chose. C'est pourquoi Pascal identifiera déisme et athéisme, voyant dans l'un et l'autre *un pur jeu de l'esprit*, une discussion abstraite (pour ou contre l'existence de Dieu) extrinsèque à la misère de l'existence. L'enfant qui pleure et désire que sa mère vienne le consoler est, en ce sens, plus proche de l'esprit religieux que le savant qui aurait

1. Voir l'exposé : « Je crois parce que c'est absurde. »

réussi à démontrer que Dieu existe et qui, selon Pascal, n'est « pas beaucoup avancé pour son salut[1] ». La religion est donc ainsi étrangère à la certitude rationnelle, *comme le sont toutes les entreprises où l'on risque l'essentiel de sa vie :* les batailles, les voyages lointains. Celui qui s'élance sur les mers ou dans une guerre ne commence à calculer (son budget, sa stratégie, ses chances d'aboutir, etc.) *qu'après avoir éprouvé le besoin de cet élan.* Ainsi, dans l'existence, la rationalité est-elle au service de notre attente, de nos espoirs. C'est *dans ce rôle subordonné* que la « folie de la croix » entend maintenir la raison par rapport à la religion.

Voir dans la religion *une folie plus sage que la sagesse humaine*[2], c'est confiner la rationalité dans le rôle subalterne consistant à soutenir l'effort d'un esprit qui a *commencé* par éprouver, sans preuves, son besoin religieux. Pourtant la folie de la croix peut s'entendre en un autre sens. Car si nous ne pouvons comprendre les vérités de la foi, c'est peut-être à cause de l'imperfection de notre raison et non parce qu'elles seraient d'un ordre différent. Comme le remarque Malebranche[3], en géométrie, nous devons soutenir notre attention, en traçant des figures, parce que notre esprit n'est pas assez puissant pour déduire analytiquement de la nature des figures la solution à tous les problèmes. De même, si notre raison était assez forte pour embrasser toute l'idée de Dieu, *nous pourrions sans doute en déduire analytiquement toutes les vérités de la foi.* Mais notre aveuglement, en particulier notre impuissance à nous détourner de nos sens, nous empêche de nous concentrer et nous oblige donc à trouver *des substituts à cette connaissance rationnelle.* C'est ainsi que Malebranche explique la nécessité de la venue du Christ pour frapper les sens par des miracles, donner l'exemple de sa vie, toucher les hommes par sa parole et suppléer ainsi à leur impuissance à déduire tout cela de leur pure pensée : « *Agissant avec des fous, il s'est servi d'une espèce de folie pour les rendre sages.* » La folie de la religion n'est plus ici la disqualification de la raison humaine mais son soutien. Faute d'une raison attentive à la grandeur infinie de Dieu, nous avons la foi qui nous aide à *vivre comme si nous avions compris la nature et les desseins de Dieu.* La raison n'est plus la servante de la religion, c'est au contraire ici la foi qui est un état transitoire, nous préparant à la béatitude du jour où, peut-être, notre raison enfin libérée de ses entraves sensibles, pourra se passer des miracles, de l'autorité des livres et des clercs, de l'exemple des saints, pour saisir les vérités religieuses tout comme les mathématiques[4]. C'est en ce sens que Malebranche affirme que « *la foi passera, mais l'intelligence subsistera éternellement*[5] ». Prenant le contre-pied de l'opposition développée, à son époque, par les jansénistes, entre foi et raison, Malebranche fait de la foi non ce qui refuse la raison, mais *ce qui cherche à rejoindre le même type de certitudes* qu'elle. La « folie » de la foi religieuse est alors une conséquence de l'imperfection de notre condition, et non une récusation de la confiance dans les pouvoirs de la raison.

---

1. *Pensées* (Br.), § 556.
2. Voir la fin de l'exposé : « L'amour est la folie de l'amitié. »
3. *Entretiens sur la métaphysique et la religion*, V, § 8.
4. Cf. par exemple saint Paul : « Aujourd'hui nous voyons comme au travers d'un miroir, d'une manière obscure ; mais alors, vous verrons face à face. Aujourd'hui, je connais en partie, mais alors je connaîtrai comme j'ai été connu. Maintenant donc trois choses demeurent : la foi, l'espérance et l'amour (ou : la charité). Mais la plus grande des trois, c'est l'amour. » (Première épître aux Corinthiens, chap. 13, v. 12-13)
5. *Traité de morale*, Ire partie, chap. 2, § 11.

Le thème paulinien de la folie du croyant vise à dissocier l'attitude religieuse de la rationalité ordinaire pour l'élever à une dignité supérieure en frappant de dérision l'impuissance de la sagesse humaine. Mais *distinguer* la foi de la raison, ce n'est pas forcément *voir dans le raisonnement ce qui imite imparfaitement la certitude* qui n'a pas besoin de preuves. Croire en la révélation ou en la tradition peut au contraire être conçu *comme l'approche encore imparfaite de la contemplation intellectuelle des vérités divines.*

P. D.

Lectures conseillées

A.J. Festugière, *L'Enfant d'Agrigente*, chap. V.
B. Pascal, *Pensées* (Br.), § 234, 451.
N. Malebranche, *La Recherche de la vérité*, Livre V, chap. 5.
S. Breton, *Le verbe et la croix* (Desclée).

« Il faut rendre à César ce qui est à César et à Dieu ce qui est à Dieu. » Jésus-Christ

Un jour qu'un député avait placé dans son discours à la Chambre : « Comme l'a dit le général de Gaulle, il faut rendre à César ce qui est à César, et à Dieu ce qui est à Dieu », un autre député lui avait rétorqué : « et vous, n'oubliez pas de rendre à Jésus-Christ ce qui est à Jésus-Christ ! » Rendre à chacun ce qui lui appartient ou ce qui lui revient, la devise semble de simple bon sens, et de bonne justice. Pourtant, elle est prononcée dans un contexte conflictuel, et son contenu est potentiellement révolutionnaire. Les pharisiens et les partisans d'Hérode tendent un piège à Jésus : « Est-il permis de payer l'impôt à César ? », lui demandent-ils. César, c'est l'Empire Romain, c'est l'occupant dans la Palestine du premier siècle. Si Jésus répond oui, il est un collaborateur, il n'est pas un véritable ami du peuple juif, et il cautionne de son autorité spirituelle l'occupation politique et militaire de son pays. S'il répond non, il est un révolutionnaire, un subversif ami des zélotes, un ennemi de Rome. Jésus demande simplement qu'on lui montre une pièce de monnaie : « de qui porte-t-elle l'effigie ? », demande-t-il ? « – De César. » La réponse de Jésus est alors limpide, et prend tout son sens : « Rendez à César ce qui est à César, et à Dieu ce qui est à Dieu[1]. »

Le principe de la réponse de Jésus semble simple au premier abord : il consiste dans le *refus de la confusion entre le pouvoir temporel et le pouvoir spirituel*, confusion dont témoigne la question posée, et à partir de laquelle se contradicteurs tentent de l'enfermer dans une contradiction. De ce point de vue, la phrase a sensiblement le même contenu que la réponse du même Jésus à Ponce Pilate : « Mon royaume n'est pas de ce monde. » Ni l'autorité politique ne découle de l'autorité religieuse, ni l'autorité religieuse ne dépend de l'autorité politique. Dans la mesure où César demande simplement un *tribut*, c'est-à-dire de l'argent, il est dans son rôle : il est normal de payer un impôt à l'État. Mais dans la mesure où César demande à être adoré comme un dieu, il réclame ce qui ne revient qu'à Dieu seul, et le lui accorder serait léser Dieu dans ce qui lui revient légitimement, à savoir qu'on lui « rende un culte en Esprit et en vérité. » La parole de Jésus, pour mesurée qu'elle puisse nous paraître, implique deux affirmations surprenantes d'audace : *on ne doit pas tout à César*, c'est-à-dire à l'État. Le citoyen peut et doit s'opposer à l'État dès lors qu'il sort de son rôle et nous demande de l'idolâtrer. *On ne peut résister à cette tentation du pouvoir qu'en rendant à Dieu ce qui lui revient* ; seule une autre allégeance peut venir limiter l'allégeance du citoyen à l'État[2]. Et deuxièmement, plus audacieux encore : *on ne doit pas tout à Dieu*, puisqu'il y a, d'autre part, César. Refus du tout religieux, de la tentation intégriste, de la prétention à organiser l'ensemble de la société et à régir l'ensemble de la vie au nom de Dieu ; refus du tout politique, refus de placer des espoirs quasi messianiques ou eschatologiques dans l'État, le Parti ou plus généralement la politique.

1. Évangiles selon saint Matthieu, chap. 22, v. 21 ; Marc, chap. 12, v. 17 ; Luc, chap. 20, v. 25.
2. Cf. l'exposé : « Un homme sans Cité serait une bête ou un dieu. »

Pourtant derrière la simplicité apparente de la réponse se cachent de redoutables problèmes. Elle fait du chrétien le citoyen de deux États, ou de deux « Royaumes », selon la parole du Christ, de deux Cités comme l'écrira bientôt saint Augustin : la Cité terrestre et la Cité céleste. Or comment gérer cette double allégeance, puisque Jésus lui-même nous dit que « nul ne peut servir deux maîtres[1] » ? Comment deux autorités peuvent-elles coexister, ou, pour poser la question autrement, peut-il y avoir deux instances indépendantes l'une de l'autre pour fixer les conventions, c'est-à-dire les lois, ou ici, pour poursuivre l'image, la valeur de la monnaie ? On sait qu'Aristote aimait à jouer sur les mots *nomos* (la loi) et *numisma* (la monnaie) : l'État, ou la Cité, fixe les lois ou les « valeurs » qui ont cours dans la société, tout comme il fixe librement le cours de la monnaie. Or il est évident que le Christ, dans le *Sermon sur la Montagne* par exemple, apporte à ses disciples d'autres « valeurs », d'autres modèles de conduite que ceux en vigueur dans la société et dans l'État. Le chrétien sera donc par nature un être écartelé entre deux allégeances, un être au statut paradoxal – « ils sont dans le monde, mais ils ne sont pas du monde[2] », dit Jésus dans la prière du *Mont des Oliviers*.

Alors que l'homme de l'Antiquité est tout entier citoyen de sa Cité – ainsi le citoyen romain a tout dit lorsqu'il a dit qu'il était citoyen romain – le chrétien quant à lui est tiraillé entre deux appartenances qui peuvent entrer en conflit entre elles. l'Empire romain ne s'y est pas trompé, lui qui jetait les chrétiens aux lions alors qu'il était par ailleurs fort tolérant pour toutes les autres religions présentes en son sein. Jésus nous dit qu'il ne faut obéir à l'État que quand il reste dans son « Ordre », dirait Pascal, quand il demande au citoyen ce qui relève effectivement de la prérogative de l'État. Il doit même être *bon* citoyen (« Si quelqu'un te force à faire un mille, fais en deux avec lui[3] ») Le chrétien ne doit pas se dérober à ses devoirs de citoyen – comme le feront les quakers et les anabaptistes par exemple[4] – et doit se sentir concerné par les heurs et malheurs de son pays.

Mais inversement, le citoyen ne doit pas tout à l'État, l'État n'est pas en droit d'exiger tout et n'importe quoi des citoyens. Dès que l'État sort de son « ordre » pour exiger des actes qui ne relèvent pas de sa compétence (tels que, à l'époque, demander de rendre un culte à César, ou aujourd'hui, interférer avec la liberté de penser ou les libertés individuelles par exemple) l'individu non seulement *peut* mais *doit* refuser d'obtempérer. *La phrase du Christ fonde le droit à la désobéissance civile* dès lors que l'État sort des prérogatives qui sont légitimement les siennes : « Il faut obéir à Dieu plutôt qu'aux hommes[5] ». Il nous faut prendre la mesure de ce que pouvait avoir de *choquant*, voire peut-être de tout simplement *incompréhensible*, une telle phrase pour un homme de l'Antiquité gréco-romaine, qui avait l'impression de tout devoir à l'État dont il faisait partie[6]. Saint Paul lui-même ne nous cache pas la fierté qui était la sienne, avant sa

1. Évangile selon saint Matthieu, chap. 6, v. 24.
2. Évangile selon saint Jean, chap. 17, v. 15-16.
3. Évangile selon saint Matthieu, chap. 5, v. 41. Un citoyen romain pouvait demander à un représentant des peuples occupés de l'accompagner sur un *mille*, c'est-à-dire une distance de mille pas – pour l'aider à porter son chargement.
4. Cf. Hegel, *Principes de la philosophie du droit*, § 270.
5. *Actes des Apôtres*, chap. 5, v. 29.
6. H. Arendt, *La Crise de la culture*, « Idées » Gallimard, p. 96-101 et *passim*. Celse, auteur au IIe siècle du *Discours véritable*, réquisitoire contre le Christianisme, met au premier rang de ses griefs que les chrétiens prétendent ne pas relever uniquement de l'État mais en outre d'une autre instance, spirituelle et indépendante.

conversion, d'être *citoyen romain*. La phrase du Christ nous dit donc d'abord que la valeur d'un individu ne se réduit pas à celle qui lui est octroyée par la place qu'il occupe dans la Cité, et qu'il peut y avoir des motifs légitimes pour lesquels l'individu pourrait être amené à résister au pouvoir ou à désobéir à ses lois. Nous assistons là à la naissance de la notion de *personne*.

Mais d'un autre côté, le Christ nous dit aussi que l'homme ne doit pas non plus *tout* à Dieu. Comment est-il possible, si Dieu est son créateur, s'il est fait à son image, que l'homme ne lui doive pas tout ? On sait que les mystiques, dans l'histoire du Christianisme, vont s'abandonner à cette tentation de se retirer de la société et de l'État pour tout consacrer à Dieu, leur temps et leur vie. Mieux vaudrait sans doute se demander ce que peut bien signifier *rendre* quelque chose à Dieu, si tout lui appartient déjà, si tout n'existe que du fait que Dieu l'a créé et le maintient dans l'être à tout moment. Qu'avons-nous donc à *rendre* ? Et surtout, comment, concrètement, *donner* quelque chose à Dieu ? On sait que les juifs, pour apporter une offrande au Temple, changeaient leurs pièces de monnaie contre des pièces qui n'étaient en circulation que dans le Temple, afin que l'effigie de César ne pénètre pas dans la maison de Dieu. Mais ce n'est là que subterfuges : il fallait bien qu'un *cours* soit fixé pour faire correspondre la monnaie en vigueur dans le seul Temple avec celle en circulation dans l'État. On sait d'ailleurs que Jésus chassa les marchands du Temple et renversa la table des changeurs. *Donner à Dieu*, c'est concrètement donner au Temple, c'est-à-dire aux prêtres, ou à une Église, ou à une institution. Dans tous les cas, ce qui est « donné à Dieu » ne sort pas de l'échange et de la circulation de l'argent entre les *hommes*. L'argent donné à l'Église (la dîme) va être investi, utilisé pour rétribuer des prestations ou acheter des biens. Pouvoir *rendre* quelque chose à Dieu supposerait qu'il y ait en quelque manière *société* entre Dieu et les hommes. Or tel n'est précisément pas le cas : il y a une priorité ou une antériorité absolue du Créateur sur la créature, telles que la relation des hommes à Dieu ne peut jamais être pensée dans les termes de l'*échange* : « pour nous, nous l'aimons parce qu'Il nous a aimés le premier[1]. » S'il existe une *dette infinie* de la créature envers le Créateur, cette dette ne doit pas être pensée de façon fanatique (par exemple comme passant avant tous les devoirs que nous pouvons avoir par ailleurs envers l'État), mais au contraire l'acceptation que cette dette soit réellement infinie, c'est-à-dire ne puisse jamais être remboursée au point que nous soyons « quittes » une bonne fois avec Dieu, est la compréhension du fait que *cette dette constitue précisément la nature du lien qui nous relie au Créateur*, c'est-à-dire la compréhension du fait que Dieu n'attend rien d'autre en retour que notre amour.

J. B. de R.

Lectures conseillées

Aristote, *Politique*, Livre I.
Saint Augustin, *La Cité de Dieu* (Seuil, 1994), Livre I.
B. Pascal, *Pensées* (Br.), § 720-721.
A.M. Hocart, *Le Mythe sorcier* (PBP), chap. 10.
J. Derrida, *Donner le temps 1. La fausse monnaie* (Galilée).

1. Première épître de saint Jean, chap. 4, v. 19.

Qu'est-ce que Dieu ne peut pas ?

La question « qu'est-ce que Dieu ne peut pas ? », loin d'être pur blasphème ou sacrilège, *s'impose naturellement à l'esprit dès lors que Dieu est déclaré tout pouvoir*, qu'il est défini comme « *le Tout-Puissant* ». Demander ce que Zeus ou Hercule ne peuvent pas n'aurait guère présenté d'intérêt ; aussi cette question, pour autant que nous le sachions, n'est jamais venue à l'esprit d'un Grec de l'Antiquité. En revanche, il n'y a rien d'étonnant à ce que, des siècles durant, théologiens et philosophes, *à l'intérieur du monothéisme*, se soient penchés sur cette question, et affrontés à son propos : « Qu'est-ce que Dieu ne peut pas[1] ? » Car qu'est-ce que signifie « tout pouvoir » ? Dieu aurait-il pu choisir de ne jamais exister ? Dieu peut-il mentir ? Peut-il se tromper ? Peut-il faire que ce qui a été n'ait jamais été ? Peut-il s'empêcher de savoir ce qui va se produire dans l'avenir ? Peut-il modifier ou annuler les vérités éternelles, les vérités mathématiques par exemple ? Se demander ce que Dieu ne peut pas, c'est la façon de poser, de l'intérieur du monothéisme, *la question des limites du possible*. Cette question correspondrait, dans l'univers intellectuel contemporain, à des questions comme : l'ordinateur peut-il vaincre l'esprit humain, aux échecs par exemple ? Est-il possible d'atteindre des vitesses supérieures à *c*, la vitesse de la lumière dans le vide, etc.

L'idée même de toute-puissance semble inséparable, à première vue, de l'idée même de *monothéisme*. Dire qu'il n'y a qu'un seul Dieu, dire que tous les autres Dieu ne sont qu'idoles faites de main d'homme, c'est dire que ce Dieu unique est tout-puissant. « *Il n'y a qu'un seul Dieu, et cela suffit.* » Il ne faut voir aucune ironie dans cette formule de Leibniz : *Dieu est la raison suffisante de toutes choses*, toute chose résulte, en toute dernière analyse, de l'action toute-puissante de Dieu. Toutes les causes que peut nous faire découvrir la science ne sont jamais que des causes prochaines, des causes qui sont à leur tour les effets d'autres causes, et ainsi de suite. Si notre esprit était infini, nous verrions toutes ces séries causales, à nos yeux indépendantes, converger et trouver leur source dans une seule cause unique, la seule qui mérite en toute rigueur le nom de Cause : Dieu lui-même. Toutes les *vérités de fait*, simplement constatées par l'esprit humain, deviendraient sous nos yeux des *vérités de raison*, nous en verrions la cause ultime et dernière, nous saurions *absolument* pour quoi ces choses existent, en quoi elles sont pleinement des vérités[2]. Mais il faudrait pour cela que nous fussions à la place de Dieu, ou, pour mieux dire, que nous soyons Dieu lui-même.

L'idée de toute-puissance semble donc consubstantielle à l'idée du monothéisme. Dans la Bible hébraïque, Dieu est parfois qualifié d'*el shadaï*, expression quelque peu mystérieuse qui est le plus souvent traduite en français par « le Tout-Puissant ». Dans *l'Apocalypse selon saint Jean*, Dieu est qualifié sans

---

1. Cf. le recueil de textes publié sous la direction d'O. Boulnois *La Puissance et son ombre, De Pierre Lombard à Luther* (Aubier).
2. Voir ce qui concerne Malebranche dans l'exposé : « Raison des fous, folie des sages. »

équivoque possible par le terme grec *pantocrator*[1] qui signifie *tout-puissant*. Quoi qu'il en soit, les *récits* bibliques nous présentent sans ambiguïté possible Dieu ayant la haute main sur sa Création et sur l'aventure des hommes, allant jusqu'à se servir de certains d'entre eux, y compris ses « ennemis » (pour autant qu'un être tout-puissant puisse avoir des ennemis) pour accomplir ses desseins[2]. La notion de toute-puissance semble constituer *l'apport majeur du monothéisme* par rapport aux polythéismes précédents ou environnants.

Pourtant, cette notion ne va pas sans poser un certain nombre de problèmes, que l'on pourrait classer schématiquement en trois catégories : tout d'abord les objections extérieures, qui pour être les plus « naïves » et apparemment les plus superficielles ne sont pas les moins graves pour autant : la question du mal et de la souffrance en général, celle du triomphe de l'injustice et du bon droit de l'innocent qui reste durablement ou définitivement bafoué, celle, plus globalement, des « imperfections » du monde ou de la création à tous les niveaux possibles. Ensuite, les objections tenant à la question de la compatibilité des perfections en Dieu : comment sa toute-puissance peut-elle se concilier avec son infinie bonté, et ces deux perfections avec sa parfaite justice ? Enfin, l'objection la plus intérieure et la plus « spéculative » : la notion de *toute-puissance* n'est-elle pas déjà *en elle-même contradictoire*, comme celle du nombre le plus grand qui soit, ou celle d'une force qui serait la plus grande possible ?

L'affirmation de la toute-puissance divine est-elle incompatible avec le constat de l'existence – ou même du règne – du mal sur la terre ? Les anciens Grecs eux-mêmes s'étaient lancés dans des tentatives de *théodicées*, c'est-à-dire dans des entreprises de disculpation de dieu ou des dieux visant à montrer que *les dieux n'étaient pas coupables des malheurs qui accablaient les hommes*. On peut voir dans les *tragédies* grecques comme une relecture de mythes antérieurs ayant pour objet explicite de laver les dieux de l'accusation d'être injustement à la source des malheurs qui accablent les hommes. Mais les dieux grecs étaient soumis au Styx[3], Zeus lui-même devait composer avec la puissance de *Moïra*. Les théologies juive, puis chrétienne, ne disposent pas de telles ressources, ou pour mieux dire, de tels subterfuges. Si Dieu est réellement tout-puissant, alors on peut à bon droit lui imputer la responsabilité de tout ce qui se produit dans le monde. Et l'on sait l'embarras de Malebranche, ayant déduit de la toute-puissance divine que les causes naturelles ne sont que des causes *occasionnelles*, la seule cause véritablement causante étant l'action divine elle-même, acculé à la conclusion – logique – que Dieu participe activement à tous les péchés qui se commettent sur Terre[4]. Et chacun connaît la révolte de Voltaire devant le tremblement de Terre de Lisbonne, qu'il brandit et oppose au « *tout est pour le mieux dans le meilleur des mondes possibles* » de Leibniz, tout comme Diogène se

1. Voir par exemple Apocalypse 1 : 8 ; 4 : 8.
2. Cf. par exemple : Jérémie 25 : 9 ; 27 : 6 ; Esaïe (ou Isaïe) 44 : 28 ; 45 : 1.
3. Le Styx, fleuve des enfers. Lorsque les dieux juraient par le Styx, ils étaient contraints de tenir leurs engagements ; contrairement au Dieu cartésien qui pourrait, en toute rigueur, si tel était son bon vouloir, révoquer à tout moment les vérités éternelles. Mais nous savons que tel ne sera pas le cas, dans la mesure précisément où Dieu n'est pas un tyran gouvernant au gré de ses caprices et modifiant ses décrets à sa guise. Dieu n'est pas *lié* par un serment par lequel il se serait engagé que deux joints à deux donnent toujours quatre. Mais comme se déjuger et revenir sur ses décisions est plutôt une marque d'imperfection que de liberté du vouloir, nous pouvons en confiance compter sur le fait que les vérités éternelles soient véritablement *éternelles*.
4. Voir sur ce plaisant embarras de Malebranche, *Premier éclaircissement* sur *La Recherche de la Vérité*, Pléiade, t. 1, p. 799-817. Éclaircissement bien obscur, qui mériterait passablement d'être à son tour éclairci.

produisait lui-même marchant comme seule réponse appelée par les arguties des Éléates niant la possibilité du mouvement[1]. Pourtant, la sincérité de la compassion de Voltaire pour l'humanité souffrante peut être mise en doute, plus que par le fait qu'il en tire argument au sein d'une dispute théologique, par le fait qu'il amalgame sciemment et délibérément les maux qui ont pour cause directe la méchanceté des hommes et l'usage qu'ils font de leur liberté (par ex. les guerres), avec ceux qui relèvent de la seule nature (comme un tremblement de Terre) et pour lesquels en effet le rapport avec le *péché originel* est pour le moins acrobatique[2]. On pourrait aussi objecter que *le plus optimiste des deux n'est pas forcément celui qu'on croit*, et que Leibniz, démontrant dans sa *Théodicée* que, nonobstant la toute-puissance divine, *le mal est malgré tout nécessairement présent sur la terre*, que ce monde *contenant le mal* est malgré tout « le meilleur des mondes possibles », *est le seul véritable pessimiste*. Peut-être l'idée de la toute-puissance divine a-t-elle comme surgeon inattendu de *rendre possible le pessimisme radical*[3], et peut-être est-ce cette idée qui fait défaut à Voltaire pour rendre son « pessimisme » véritable et sincère.

Un tourment dont nul ne songera à contester la sincérité, c'est celui qu'Ivan, confronté aux pleurs d'une enfant, oppose à Aliocha dans *Les frères Karamazov*[4]. Comment admettre l'existence de Dieu, *comment approuver l'existence de l'univers* tout entier, devant le spectacle de ces pleurs d'un enfant, sans réponse ? La réponse, la seule réponse, est déjà dans Dostoïevski, elle est chez Ricœur[5], ou pour mieux dire, elle est déjà dans le Livre de Job – livre qui, soit dit en passant, *contient déjà toutes les objections possibles à la notion de toute-puissance divine*. La seule réponse possible est que *la question n'est pas et n'a jamais été d'où vient le mal et comment est-il compatible avec la toute-puissance divine*, la question est et ne peut-être que : que puis-je faire, que *dois*-je faire pour ma part pour le faire reculer autant qu'il est en mon pouvoir ? *La prise de conscience du mal est instantanément injonction à l'action*, ce qui ne signifie pas que mon action ne doive pas passer par une analyse des causes du mal et des remèdes possibles, mais que toute réflexion sur le mal ne peut jamais être désintéressée ou pure curiosité intellectuelle, ou encore occasion d'exercer la subtilité de son esprit, mais que cette réflexion est d'emblée, ou pour mieux dire *d'avance, tout entière au service de l'action pour faire reculer le mal*[6].

Comment maintenant les perfections peuvent-elles coexister dans l'Être divin ? La question consiste à savoir si les perfections que nous prêtons à Dieu

1. Voir l'exposé : « Qu'est-ce qu'un cynique ? »
2. Par exemple : « La création a été soumise à la vanité, avec l'espérance qu'elle sera elle aussi affranchie de la servitude de la corruption, pour avoir part à la glorieuse liberté des enfants de Dieu. Jusqu'à ce jour, la Création tout entière soupire et souffre les douleurs de l'enfantement. » Épître de saint Paul aux Romains, chap. 8, v. 20-22.
3. Pessimisme dont un saint Paul ou un Pascal diraient qu'il n'est *qu'un préalable à l'accueil de la grâce*.
4. F. Dostoïevski, *Les Frères Karamazov*, Livre V, chap. 4 : « La révolte », (Pléiade) p. 262.
5. P. Ricœur, *Le mal, un défi à la philosophie et à la théologie*, CPE, 1986. Ricœur y dit fortement que, depuis Auschwitz pour le moins, toute « réponse » en forme de théodicée nous est rigoureusement interdite. Personne n'a le droit de dire qu'Auschwitz faisait partie d'un plan caché ou secret de la Providence, *ce plan fût-il aussitôt proclamé à jamais inaccessible à l'intelligence humaine*. Cela, Dostoïevski l'affirme déjà des pleurs d'un enfant.
6. Mais que dire d'une époque – la nôtre – qui n'invoque plus jamais Dieu, qui ne fait plus, du moins collectivement, socialement, référence à lui, sinon pour le convoquer lorsqu'elle se trouve en présence d'un mal radical, absolu, comme un génocide ; comme s'il lui fallait *réinventer un responsable tout-puissant* pour endurer la prise de conscience de la radicalité du mal – et peut-être pour esquiver la question de notre responsabilité ou des pouvoirs à mettre en oeuvre pour tenter de le contenir ? Voir sur ces questions les *Considérations morales* d'H. Arendt (Rivages Poche).

sont compatibles ou non, c'est-à-dire si elles se combattent ou se limitent mutuellement – mais alors dans ce cas en quoi sont-elles encore des perfections, et en quoi Dieu est-il encore infini ; ou *si au contraire si ce que nous percevons, du fait de notre finitude*, comme des attributs séparés (l'entendement et la volonté par exemple) *ne sont pas en Dieu une seule et même chose ?* Descartes, dans une lettre à Mersenne[1], maintient fermement que la distinction entre entendement et volonté, valable pour les hommes, est pertinente également pour la divinité, et que c'est toujours l'entendement qui a en Dieu le primat sur la volonté ; Dieu veut une chose parce qu'il la trouve bonne, il ne la trouve pas bonne simplement parce qu'il la veut (d'une volonté simplement indifférente, *ce qui signifierait qu'il pourrait tout aussi bien vouloir le contraire*). Il écrit à Mersenne que sa physique repose sur un présupposé métaphysique[2] : « Que les vérités mathématiques, lesquelles vous nommez éternelles, *ont été établies par Dieu et en dépendent entièrement*, aussi bien que tout le reste des créatures. C'est en effet parler de Dieu comme d'un Jupiter ou Saturne, et l'assujettir au Styx et aux destinées, que de dire que ces vérités sont indépendantes de lui. [...] *Dieu a établi ces lois en la nature ainsi qu'un Roi établit des lois dans son Royaume*[3]. » Dieu est donc le créateur des vérités éternelles, qu'il a créées au même titre que tous les êtres de la nature. Mais Dieu pourrait-il révoquer ces lois, comme un Roi peut faire en son Royaume, et faire que d'un instant à l'autre « deux joint à trois » ne fassent plus cinq mais six ? En principe oui : Dieu n'est pas soumis comme Zeus au Styx, il n'a pas prêté serment sur le Styx en s'engageant que « deux joint à trois » fassent toujours cinq. La toute-puissance de Dieu est effective à tout moment, *en acte*, dirait Aristote, et non seulement à l'instant de la Création. *Mais en principe seulement* : le contradicteur que s'objecte Descartes lui répond qu'il comprend les vérités mathématiques comme éternelles. Mais Dieu aussi, lui répond Descartes. Mais la volonté de Dieu est libre. Oui, mais « *sa puissance est incompréhensible aux hommes* ». Dieu *dans l'absolu* pourrait changer les vérités éternelles qu'il a lui-même établies sans qu'elles s'imposent à lui, mais nous savons avec certitude qu'il ne le fera pas, précisément dans la mesure où Dieu n'est pas un tyran qui révoque ses décrets selon son bon plaisir.

À cette conception cartésienne de la toute-puissance divine, Leibniz va opposer qu'elle sacrifie à une toute-puissance mal comprise tous les autres attributs de Dieu que sont sa sagesse, sa justice, sa bonté. Si l'on suit Descartes, Dieu au moment d'instaurer les vérités éternelles ne rencontre aucune résistance, n'a rien en face de lui, *et donc aurait aussi bien pu choisir n'importe quelle autre vérité*, se comportant alors véritablement comme un tyran qui impose ses caprices simplement parce que « tel est son bon vouloir ». « Où sera donc sa justice et sa sagesse, s'il ne reste qu'un certain pouvoir despotique, si la volonté tient lieu de raison, et si, selon la définition des tyrans, ce qui plaît au plus puissant est juste par là même[4] ? » Leibniz maintient donc bien la distinction cartésienne entre l'entendement et la volonté divins, mais il inverse les termes : *c'est l'entendement qui guide la volonté et la sauve de sombrer dans*

1. 15 avril 1630, Pléiade, p. 933-934, 936.
2. Voir l'exposé : « Je n'imagine pas d'hypothèse. »
3. Pléiade, p. 933.
4. Leibniz, *Discours de métaphysique*, § 2.

l'arbitraire. « Je trouve ces expressions tout à fait étranges, qui disent que les vérités éternelles de la métaphysique et de la géométrie, et par conséquent aussi les règles de la bonté, de la justice et de la perfection, ne sont que les effets de la volonté de Dieu, au lieu qu'il me semble qu'elles ne sont que les suites de son entendement[1]. »

Mais si la notion de toute-puissance nous entraîne dans de tels embarras, n'est-ce pas que, quelle que soit sa fécondité par ailleurs, il s'agit là d'une idée en elle-même contradictoire ? L'idée de toute-puissance n'est-elle pas, comme l'idée de néant selon Bergson, un *néant d'idée* ? Ne nous embarque-t-elle pas dans des difficultés d'autant plus insurmontables qu'elles sont purement verbales, et qu'il s'agit alors non pas de les résoudre mais de les dissiper ? Par exemple, si l'on pose la question : « Dieu aurait-il pu mieux faire au moment de la création ? » Laquelle des deux réponses est la plus attentatoire à l'idée de toute-puissance ? Si l'on dit que Dieu aurait pu mieux faire, on dit que Dieu aurait pu créer un monde meilleur que celui qu'il a créé (c'est donc plutôt ici son infinie bonté qui est remise en cause) ; si l'on répond que non, on dit que Dieu est allé à l'extrême limite de sa puissance, et donc que celle-ci n'était pas infinie[2]. Dans les deux cas, la notion de toute-puissance n'est-elle pas réduite à néant ? *La notion de toute-puissance est-elle une notion contradictoire ?* Certes, Spinoza écrit qu'« il n'existe dans la nature aucune force qui n'en puisse rencontrer une plus grande qu'elle qui puisse la détruire. » L'idée de la force la plus grande possible est une idée contradictoire, tout comme celle du nombre le plus grand possible. Mais *force n'est pas puissance*, et Spinoza ne parle ici que des choses singulières existant *dans* la nature, et cela ne l'empêche pas d'affirmer avec la même vigueur que Dieu, qu'il identifie avec la nature comme cause d'elle-même, ou « nature naturante », est absolument tout-puissant. Il va même reprocher tant à Descartes qu'à Leibniz qu'il renvoie dos à dos sur ce point, d'attenter à la toute-puissance divine *en supposant que Dieu a à faire des choix, alors que la nécessité où nous sommes de choisir n'est que la rançon de notre finitude*[3].

Force n'est donc pas puissance, et l'on peut sans contradiction dire à la fois que *Dieu n'a absolument aucune force* et qu'*il est tout-puissant*. Leibniz écrit au début de son *Discours de Métaphysique*[4] qu'une qualité ne peut être une perfection que si elle n'est pas susceptible d'un dernier degré. Tel n'est pas par exemple le cas des nombres ou des figures puisque la notion de nombre ou de figure « les plus grands possibles » enferment une contradiction. Quelle que soit une force donnée, on peut toujours au moins en *imaginer* une plus grande (la force est de l'ordre du plus et du moins, on peut l'étalonner et la mesurer, on peut toujours lui ajouter une unité) alors que par Dieu « nous n'entendons rien d'autre qu'un être tel qu'on ne peut rien concevoir de plus grand et de plus parfait[5]. » On ne peut donc attribuer à Dieu que les qualités qui ne peuvent atteindre un « dernier degré », c'est-à-dire les perfections : *ces perfections ne*

1. Leibniz, *Discours de métaphysique*, § 2.
2. Sur ce débat, voir en particulier Leibniz, *Discours de métaphysique*, § 3 et A. Koyré, *Du monde clos à l'univers infini*, p. 19-20 et *passim*.
3. *Éthique*, Première partie, Proposition XVII, scolie, p. 61.
4. *Discours de métaphysique*, § 1.
5. Saint Anselme de Cantorbéry, *Proslogion* : *Allocution sur l'existence de Dieu* (GF Flammarion).

peuvent par conséquent se combattre ou se limiter en Dieu, dans la mesure où il n'existe pas pour elle de dernier degré auquel on puisse retrancher quoi que ce soit. C'est ce que veut dire Leibniz quand il nous dit que Dieu les possède au *suprême* degré (qui est donc tout autre chose qu'un *dernier* degré, impliquant une finitude).

Mais d'où tenons-nous cette idée de toute-puissance, si Leibniz et Spinoza nous avertissent eux-mêmes que nous ne pourrons jamais rencontrer dans la nature rien qui lui soit adéquat ? Si à cette idée rien ne peut correspondre dans la nature, n'est-elle pas un simple *fantasme* ? N'est-elle pas un *vestige*, chez l'adulte, de la toute-puissance imaginaire, tout à la fois terrible et rassurante, qu'il prêtait à son père[1] ? L'idée de toute-puissance n'est-elle pas l'idée, hypostasiée et poussée à la limite, des pouvoirs bien réels de l'homme ? *L'idée de toute-puissance contient-elle plus ou moins que l'idée d'un pouvoir fini ?* N'est-ce pas en partant de pouvoirs bien réels, mais par définition finis, les siens, que l'homme, en soustrayant l'idée de finitude et de limites, parviendrait à l'idée de toute-puissance ? L'homme se dépouillerait alors de sa propre essence, la projetterait en Dieu ; et plus il concevrait et ressentirait Dieu comme Souverain et Tout-puissant, plus ses propres pouvoirs, pourtant bien réels, lui apparaîtraient faibles et dérisoires puisque, comme l'écrit Pascal dans un tout autre contexte, « le fini s'anéantit en présence de l'infini[2] ». L'homme n'affirme-t-il pas en Dieu ce qu'il nie en lui-même[3], et vice versa pourrait-on dire : il nie en Dieu *la finitude qui est sa condition propre dès lors qu'il a posé quelque part* (en Dieu), *une infinité et une toute-puissance ?* Dieu serait alors comparable à un roi très puissant à l'égard de la création tout entière, il serait le roi le plus puissant, « le roi des rois » selon une formule hébraïque correspondant à notre superlatif.

Adorer en Dieu le « Tout-puissant », n'est-ce pas avouer bien candidement que l'on considère *la puissance seule comme véritablement divine ?* Les *ordalies* ou jugements de Dieu qui se pratiquaient au Moyen Âge reposaient sur l'idée que Dieu était nécessairement du côté du vainqueur, que le fait qu'il soit vainqueur suffisait, à lui seul, à prouver que Dieu était avec lui, ou qu'il était innocent aux yeux de Dieu. *Formidable régression* par laquelle les pouvoirs humains s'en remettaient à la force ou à l'adresse physique pour, sous couvert de religion, arbitrer les conflits. « Ainsi c'était, *au lieu de la raison*, la force et l'adresse, autrement dit *la nature animale* que l'on érigeait en tribunal, et ce n'était plus *ce qu'un homme avait fait mais ce qui lui était arrivé* qui décidait s'il avait tort ou raison[4]. » Qu'en sera-t-il au niveau de l'histoire tout entière, s'il est vrai que *l'histoire n'est rien d'autre que le récit des événements vus dans la perspective des vainqueurs*[5] ? Faire de la toute-puissance un attribut du divin,

---

1. S. Freud, *L'Avenir d'une illusion*, PUF, sections III-IV. « La détresse humaine demeure, et avec elle la nostalgie du Père et des dieux. [...] Dieu est un Père exalté, la nostalgie du Père est la racine du besoin religieux. » Cf. *Totem et Tabou*, PBP, 3e partie, sections 3-4, p. 104-108.
2. B. Pascal, *Pensées* (Br.), § 233, p. 435.
3. L. Feuerbach, *L'Essence du Christianisme* (FM/Fondations), p. 144.
4. A. Schopenhauer, *Aphorismes sur la sagesse dans la vie*, chap. 4.
5. Sur ce thème : « L'histoire n'est pas autre chose qu'une déposition faite par les assassins relativement à leurs victimes et à eux-mêmes ». Ce qu'on nomme le tribunal de l'histoire « ne saurait juger d'une autre manière que celui des *Animaux malades de la peste*. » (Simone Weil, *L'Enracinement*, p. 192) ; voir aussi W. Benjamin, *Essais 2*, « Thèses sur la philosophie de l'histoire », *Médiations*, p. 198-199 ; K. Jaspers, *Nietzsche* (« Tel » Gallimard), p. 242.

n'est-ce pas manifester que « l'on adore toujours la force et que l'on pense toujours à genoux, selon la vieille habitude des esclaves » (Nietzsche)[1] ?

À moins que par l'idée de Toute-Puissance, il faille entendre tout autre chose que l'idée, effectivement contradictoire, d'une force infinie. À moins qu'il faille y voir tout autre chose que le vestige, chez l'adulte, du fantasme archaïque d'un père imaginaire Tout-Puissant. À moins qu'il faille voir dans le fait de se tourner vers un être à la fois tout-puissant et bon tout autre chose que la tentative pour le croyant, ayant dû avouer sa propre faiblesse et ayant dû renoncer à la croyance en la toute-puissance protectrice de son père terrestre, de transférer cette attente sur un « Père céleste », autre chose que la tentative désespérée pour préserver une toute-puissance « par procuration », si l'on peut dire, en établissant une relation filiale et privilégiée avec un être qui serait, lui, infiniment bon et infiniment puissant, et dont on pourrait se ménager les faveurs par des actes ou des rites *propitiatoires*[2]. À moins qu'il faille voir dans la Toute-Puissance tout autre chose qu'un passage à la limite de la notion politique de Pouvoir souverain, de la *Potestas*. À moins que le comble de la Toute-Puissance ne consiste précisément dans *le pouvoir de contenir*, d'une manière pour nous incompréhensible, *sa propre puissance*, de façon à pouvoir laisser exister la liberté de la créature ? « C'est certainement une grande gloire pour le créateur que d'avoir mis sur pieds un être capable d'athéisme, un être qui, sans avoir été *causa sui*, a le regard et la parole indépendants, et est *chez soi*[3]. » À moins encore que la Toute-Puissance divine ne culmine dans la *kénose*[4], c'est-à-dire dans la capacité pour le Créateur de se dépouiller lui-même de tous ses attributs pour faire l'expérience du dénuement et de la misère ?

J. B. de R.

Lectures conseillées

P. Celan, « Tenebrae », in *Choix de Poèmes réunis par l'auteur* (NRF Gallimard, 1998), p. 135-137.
H. Jonas, *Le Concept de Dieu après Auschwitz* (Rivages Poche).
G. Leibniz, *Théodicée* (GF) ; *Discours de métaphysique* (Vrin).
B. Spinoza, *Pensées métaphysiques* (GF), Deuxième partie, chap. 9.
G. Deleuze, *Spinoza et le problème de l'expression* (Les Éditions de Minuit), chap. 4-5.

---

1. *Aurore*, § 548.
2. Cf. J. Ansaldi, *La Paternité de Dieu* (ETR, 1980).
3. E. Levinas, *Totalité et Infini*, Martinus Nijhoff, p. 30.
4. Cf. Épître aux Philippiens 2 : 5-7 « Ayez en vous les sentiments qui étaient en Jésus-Christ lequel, existant en forme de Dieu, s'est *dépouillé* lui-même en prenant la forme d'un serviteur, en devenant semblable aux hommes ; et ayant paru comme un simple homme, il s'est humilié lui-même, se rendant obéissant jusqu'à la mort de la croix. »

« La religion est le rêve de l'esprit humain. » Ludwig Feuerbach

« La religion est le rêve de l'esprit humain[1] » : la sentence de Feuerbach reconnaît bien dans la religion une *manifestation* de l'esprit humain, mais la manifestation d'un esprit qui n'aurait pas encore rencontré son véritable objet, qui ne serait pas en prise avec la réalité mais plutôt en proie à ses propres productions imaginaires : de l'esprit humain, *elle n'est encore que le rêve*, et c'est de ce rêve qu'il s'agit désormais de se réveiller pour se confronter enfin avec la réalité telle qu'elle est, sans illusions ni faux-fuyants. Et encore même dans nos rêves, ce n'est encore que de ce monde-ci qu'il s'agit, puisqu'il n'y en a pas d'autre. Dans nos rêves, ajoute-t-il aussitôt, « nous nous trouvons non pas dans le néant ou dans le ciel, mais bien sur la terre. » Les « cieux » auxquels nous rêvons sont encore bien terrestres, il n'y a pas d'échappatoire ou d'issue, pas d'autre monde. Seulement avec la religion, nous n'avons affaire qu'au monde *tel que nous le rêvons*, non pas au monde *tel qu'il est*. Feuerbach est le précurseur direct de Marx, pour qui « la religion est le soupir de la créature tourmentée, l'âme d'un monde sans cœur, l'esprit des situations dépourvues d'esprit : *elle est l'opium du peuple*[2]. »

Cependant, au moins depuis Freud, nous savons que les rêves ne se produisent pas par hasard et ne sont pas dépourvus de sens. Le rêve est le symptôme d'une inadéquation entre la réalité diurne et nos désirs les plus profonds. L'enfant paralytique qui rêve qu'il marche, peut-être ne marchera-t-il jamais ; il n'empêche qu'il est bien réel qu'il rêve cela, et qu'*il rêve qu'il marche parce qu'il est un être humain*. Il y a donc quelque chose d'éminemment respectable dans le rêve : il est porteur de la part d'humanité en nous, de ce qui en nous proteste contre ce qu'il y a d'inhumain dans les situations dans lesquelles nous sommes plongés, ou dans l'organisation de la réalité telle qu'elle est.

Le rêve est à la fois l'*émanation* d'une situation dans laquelle nos désirs les plus profonds ne sont pas pris en compte, ou du moins ne trouvent pas à se réaliser[3], et en même temps une *protestation* contre une telle situation. Faut-il dire, avec Hegel[4] puis avec Sartre[5], qu'*un homme n'est rien d'autre que la somme de ses actions*, ou au contraire penser avec André Malraux que « ce qui pèse le plus lourd en un homme, ce sont ses rêves » ? Que pèsent les rêves en nous ? Si la religion ne nous fait plus rêver, à quoi rêvons-nous ? Sans doute plus non plus aux lendemains qui chantent, ni au « grand soir ». Aux produits que nous font miroiter les publicités ? Aux devantures des agences de voyages ou des agences immobilières ? Aux « *top models* » dont les photos – retouchées – ornent les pages glacées des magazines ? Nous accordons-nous encore le droit de rêver, ou bien vivre, est-ce désormais s'adapter au marché, faire avec la

1. L. Feuerbach, *L'Essence du Christianisme* (FM/Fondations), p. 107.
2. K. Marx, *Critique de la philosophie du droit de Hegel* (Aubier), p. 53.
3. Comme l'écrit Freud, le rêve est la *réalisation imaginaire* d'un désir que la vie diurne a fait naître mais n'a pas permis d'assouvir. Cf. S. Freud, *Le Rêve et son interprétation* (« Idées » Gallimard).
4. G.F. Hegel, *Principes de la philosophie du droit*, § 124 et 343.
5. J.-P. Sartre, *L'existentialisme est un humanisme* (Nagel), p. 58.

réalité telle qu'elle est, tenter d'y faire sa « place » ou son « trou » ? Qu'aurait à faire une entreprise d'une personne qui « rêverait », c'est-à-dire qui au fond serait inadaptée à la société telle qu'elle est ? (au sens où l'on dit à quelqu'un : « mais tu rêves complètement ! ») Ou bien au contraire ne sommes-nous en mesure d'apporter quelque chose à nos proches, à la société, à l'entreprise pour et dans laquelle nous travaillons, que pour autant que nous avons été capables de préserver intacte en nous la part de rêve, la capacité à rêver c'est-à-dire *à imaginer que la réalité pourrait être autre que ce qu'elle est ?*

Le rêve est-il donc un désir *légitime* et *respectable en sa source*, mais *fourvoyé*, comme de l'eau pure avec laquelle on arroserait le désert ? Est-ce autant d'énergie perdue pour l'action, c'est-à-dire pour la transformation effective du monde ? Freud dit du rêve qu'il est la *satisfaction fantasmatique*, imaginaire et illusoire, d'un *désir bien réel*. Le fantasme est-il une action avortée ? Mais d'un autre côté, ne faut-il pas se représenter, pour agir, une autre réalité possible, et donner donc la parole à autre chose que ce qu'on appellera tour à tour la réalité politique, la logique économique, les contraintes budgétaires, les pesanteurs démographiques ; bref, la valse des masques derrière lesquels se dissimule tour à tour ce qui veut se faire passer pour la voix de la raison ? Hegel écrit que ce à quoi la religion nous a fait rêver (l'égalité de tous les hommes, la liberté et la fraternité, la reconnaissance des droits de chacun en tant que personne et que sujet), l'État de droit en est la réalisation effective sur la terre[1].

Ce à quoi la religion nous avait seulement fait *rêver*, ce qu'elle nous présentait comme un idéal – celui du Royaume de Dieu – et qu'elle nous faisait miroiter comme une promesse pour une vie future, *l'État de droit, à travers ses lois, le réalise effectivement*. Ce qui n'était que de l'ordre de l'espérance, du devoir-être, devient enfin une réalité effective : la justice traite tous les citoyens de façon égale. Marx ne s'y trompe pas[2], qui oppose, à Bruno Bauer préconisant benoîtement comme solution à la « question juive » (c'est-à-dire au problème de la pleine intégration des juifs à la vie sociale et politique des nations dans lesquelles ils vivent) la coupure de tout lien entre l'État et toute religion quelle qu'elle soit, bref, la déchristianisation et la laïcisation de l'État, le fait pourtant patent que l'État européen et « bourgeois » n'est rien d'autre que, de fond en comble, la réalisation sur la terre *ici et maintenant*, au cœur de l'histoire, de l'idéal séculaire chrétien. La solution à la « question juive » ne peut donc nullement résider pour Marx dans une « laïcisation » de l'État, mais dans le renversement pur et simple de l'État « bourgeois » par la révolution prolétarienne.

Mais faut-il véritablement accorder à Hegel et à Marx *conjointement* que l'État de droit – ou l'État « bourgeois », comme on voudra – soit la pleine et entière réalisation sur la terre de l'idéal chrétien, et que, comme l'écrit Hegel, la frontière entre l'idéal et la réalité empirique « se soit effacée comme une figure mal tracée[3] » ? Que deviendrait alors notre droit à rêver ? Le rêve ne pourrait plus valoir alors que comme *symptôme pathologique* et incapacité à s'adapter au réel tel qu'il est et *tel qu'il doit être*. Le rêve ne pourrait plus être porteur de

1. G. Hegel, *Principes de la philosophie du droit*, § 360. « Liberté, égalité, fraternité » : comment ne pas voir *le contenu intégralement chrétien* de la devise de la Révolution française, quels qu'aient pu être par ailleurs les démêlés des révolutionnaires avec l'Église catholique ?

2. In K. Marx, *La Question juive*.

3. Hegel, *Principes de la philosophie du droit*, § 360.

l'exigence d'un supplément d'humanité. Et pourtant que resterait-il d'humain à quiconque pourrait entendre sans frissonner l'enregistrement du célèbre discours de Martin Luther King : « J'ai fait un rêve. J'ai rêvé d'un monde où hommes et femmes seraient égaux et ne seraient plus jugés en fonction de la couleur de leur peau... » Que dire d'un tel rêve ? D'où lui vient sa force de balayer d'un revers de main toutes les objections du bon sens ou de la mauvaise foi ? Qu'est-ce qu'un rêve dont la seule énonciation remet en cause tout l'édifice social, fait trembler sur ses bases la totalité de la « réalité empirique », comme l'appelle Hegel ? Le rêve peut-il être ici énergie dévoyée, forces dissipées en chimères et songe-creux ? Ou bien n'y a-t-il pas une puissance propre du rêve à interroger la réalité quant à son bon droit et à sa justification ? Après avoir couru le risque de se complaire dans ses rêves et d'y chercher refuge loin d'une trop dure réalité, l'esprit humain n'est-il pas guetté par le mal inverse qu'évoque quelque part Michel Tournier : celui de la « *suradaptation* » au monde moderne qui nous fait perdre tout recul critique face aux événements et nous suggère de renoncer *d'avance* à toutes les exigences qui nous permettent de rester fidèles à nous-mêmes et de donner sens à notre habitation au cœur de *cette* réalité ?

J. B. de R.

Lectures conseillées

L. Feuerbach, *L'Essence du Christianisme* (FM/Éditions).
F. Nietzsche, *Ainsi parlait Zarathoustra* (« Idées » Gallimard).
M. Luther King, *La Force d'aimer* (Casterman).

3 • Pouvoir et société

« L'homme est par nature un animal politique. » Aristote

Le mot « animal » doit ici être entendu dans son sens premier d'être animé, c'est-à-dire de vivant. L'animal politique spécifie l'humanité par ce qui la distingue des autres espèces vivantes : certaines se définissent par leur aptitude à voler, nager, courir ou par leur système nutritif, de même l'homme aurait pour différence de vivre dans des sociétés régies par un débat politique. La formule signifie que les hommes sont faits pour vivre dans des sociétés organisées, que la nature les a disposés en vue de ce genre de vie. La société ne serait donc pas une création humaine, décidée par convention, elle serait inscrite dans l'humanité de telle sorte qu'un homme qui ne participerait pas à la vie des cités[1] ne mènerait pas une vie vraiment humaine. Aristote semble aussi refuser aux autres espèces vivantes l'aptitude à la politique, niant ainsi le caractère réellement social de la vie des insectes (fourmis, abeilles). Cela nous invite donc à préciser ce qui permet de voir en l'homme l'être social par excellence, en dépit de la difficulté des sociétés humaines à trouver une stabilité qui semble parfois l'apanage des sociétés animales.

Voir dans la politique une activité naturelle, c'est supposer des dispositions inscrites dans l'espèce humaine. Aristote en donne deux, la distinction des sexes et celle des maîtres et des esclaves. La nécessité vitale d'engendrer et celle de travailler supposent entre des êtres différents une organisation qui n'est pas donnée par la nature. Quelles que soient les causes historiques de la servitude, sa raison naturelle est que « les navettes ne tissent pas d'elles-mêmes » et que les tâches pénibles reviennent à des hommes. Mais lesquels désigner ? La nature a ainsi placé l'humanité devant une difficulté : comment organiser le monde du travail le mieux possible ? De même, la famille n'a pas reçu une forme de la nature car les rapports entre l'homme et la femme restent à définir : selon Aristote, si la plupart des familles sont dirigées par le père, dans d'autres, mieux vaut laisser gouverner la femme. On voit que le statut du travail et de la famille dans la cité n'a pas, ici, la résonance des slogans modernes où le travail, la famille, la patrie sont conçus comme un héritage de certitudes sur lequel les hommes peuvent s'appuyer plus solidement que sur leurs constructions sociales. Aristote y voit, au contraire l'incertitude laissée aux hommes de leur place respective. Dans ses *Recherches sur les animaux* (L. V, chap. 21-22), il décrit la ruche comme une société politiquement close où le statut de la reine et des ouvrières est fixé par la forme de leur corps qui dessine d'un même trait la division sexuelle et celle du travail. Chez les humains, la division du travail ne correspond pas à celle des sexes et rien ne distingue le corps d'un esclave de celui d'un maître. Aussi l'organe politique naturel est-il la parole qui « sert à exprimer l'utile et le nuisible et aussi le juste et l'injuste[2] ». Organe de la discussion, de la controverse, de la contestation, la parole articulée trouve sa fonction dans l'organisation politique des cités : elle permet de s'interroger sur

1. « Politique » vient du grec *polis* qui signifie la cité.
2. *Politique*, 1253a.

le juste, de dénoncer l'injustice. Dans le contexte méditerranéen de la naissance de la démocratie, les Grecs ont vu les disputes, les palabres, comme la marque spécifiquement humaine de la vie politique. La fourmi, l'abeille ne discutent pas, elles travaillent ou elles pondent. Chez l'homme, ces activités mêmes sont sujettes à des controverses passionnées qu'il appartient à chaque cité de régler selon les orientations de la discussion qu'en font ses membres.

La politique est une activité naturelle à l'homme, car Aristote la pense dans une perspective théorique : faire de la politique, c'est discuter à l'assemblée, chercher en commun la meilleure constitution pour une cité donnée. Mais la politique est aussi de l'ordre de l'action. Les théories modernes du *contrat social* n'opposent pas seulement la convention à la nature, comme fondement politique, elles insistent sur le fait que rassembler un peuple ne va pas de soi. L'objection au naturalisme consiste ici à rappeler le caractère historique des cités, leur existence contingente, les ruses qui ont présidé à leur naissance, l'énergie nécessaire à leur survie. Comme l'affirme Rousseau, le problème politique n'est pas de savoir si un peuple peut décider ceci ou cela, mais comment un agrégat d'individus devient un peuple et le reste. Il est possible à chacun de *savoir*, ce qui est juste et profitable à une cité, c'est une tout autre chose de *vouloir* ce bien commun. Chacun peut comprendre la nécessité de payer des impôts ou de défendre le territoire, sans forcément s'abstenir de dissimuler un revenu ou d'éviter la mobilisation. Le risque politique consiste ici moins dans la possibilité d'une discussion tronquée ou d'une décision injuste que dans le repli sur soi des particuliers, indifférents à l'intérêt général de leur nation. Opposant aux cités grecques, développement de petites tribus, l'exemple romain d'un « ramassis de brigands et de mendiants » que l'énergie d'un fondateur constitua en peuple, Rousseau nous montre combien il ne va pas de soi de vivre dans une société organisée. Revendiquant l'héritage de Machiavel, il voit dans ces fondateurs de nations les auteurs d'un coup de force contre la nature humaine, portée à l'individualisme, à l'intérêt particulier. Chaque peuple dans l'histoire peut ainsi trouver à son origine un homme dont la puissance créatrice est proportionnelle à la façon dont il a réussi ce « miracle » de faire passer une multiplicité d'individus à l'unité d'une volonté commune. Moïse, Mahomet, Numa furent pour les Hébreux, les Arabes, les Romains, ces instituteurs donnant à des communautés humaines une dimension politique par la conscience d'appartenir à un projet commun, porté par une volonté commune. Si, dans les trois cas, ces législateurs furent des chefs religieux c'est parce que Rousseau, après Machiavel, voit dans la force de synthèse, de rassemblement propre aux religions, la preuve de leur essence commune avec la politique. Ici, le problème n'est pas de savoir si la religion est vraie ou si Dieu existe. Ces questions spéculatives s'effacent devant l'efficacité pratique avec laquelle les religions historiques ont souvent donné la réponse au problème politique : réunir des individus dans un peuple capable d'une volonté générale.

Voir dans toute organisation politique un coup de force historique, ce n'est pas renier la question du juste et de l'injuste, c'est affirmer que sa discussion ne peut avoir lieu qu'après l'institution d'un peuple. Pour que la justice devienne un problème, il faut déjà que le peuple où il se pose se soit

constitué. Cette nécessité historique de créer une nation empêche de voir dans l'activité politique une spécificité naturelle de l'humanité.

P. D.

Lectures conseillées

Aristote, *La Politique*, L. I, chap. 2.
J.-J. Rousseau, *Du contrat social*, L. II, chap. 7.
N. Machiavel, *Le Prince*.

« Toute discussion est le commencement d'une guerre. » Alain

« La philosophie a horreur des discussions :
Elle a toujours autre chose à faire. » G. Deleuze

La remarque d'Alain, invitant à voir dans toute discussion le point de départ d'une guerre possible, ne manque pas d'humour. On peut penser au dessin humoristique paru dans *Le Rire* à l'époque de l'Affaire Dreyfus : il s'agit d'une réunion amicale ou familiale ; sur la première image, quelqu'un déclare : « on n'en parlera pas » (de l'*Affaire*, bien sûr !) ; sur la seconde image, tout semble détruit dans la maison et tous les convives éclopés et tuméfiés ; quelqu'un conclut : « On en a parlé. » Il peut être divertissant d'observer deux personnes parler de façon véhémente d'un sujet dont l'enjeu nous échappe ou nous semble dérisoire. Chacun s'emporte, les gestes suivent les paroles. Le décalage est encore plus grand lorsque l'on n'entend pas ou ne comprend pas ce qu'ils se disent, en une langue étrangère par exemple. Le fait que nous ne partagions pas les émotions, les sentiments liés à certaines idées, à certaines évocations, nous rend extérieurs à la scène, et nous voyons alors à l'œuvre, du dehors, les entraînements passionnels que peuvent susciter de simples paroles. Se parler serait-il un acte si dangereux ? Il peut séparer à tout jamais les meilleurs amis du monde. Les brouilles les plus tenaces peuvent commencer par les propos les plus anodins, et les causes premières peuvent en être oubliées depuis longtemps sans que la réconciliation se produise. Le langage est-il un remède à la violence, ou peut-il en être au contraire le déclencheur, voire une *forme* de violence spécifique, la violence *verbale* ?

Tout d'abord Alain ne dit pas que le langage ou le dialogue en général soient le commencement d'une guerre, mais seulement la *discussion*. Il y a discussion quand il y a deux points de vue en présence, au moins partiellement divergents, et la discussion consiste dans la *confrontation* argumentée de ces points de vue. Elle suppose qu'il y ait *matière à discussion*, et donc quelque chose de discutable dans chacun de ces points de vue. Il y a discussion lorsque chacun accepte d'entrer en matière, et donc de voir discutée, avec et par l'autre, sa position. La discussion est donc apparemment l'acceptation du langage et de l'argumentation comme terrain de la confrontation. Se parler, c'est renoncer à s'agresser physiquement, c'est reconnaître l'autre comme être de langage et être capable de raison, ou du moins c'est *retarder, tant que dure la discussion*, le moment d'en venir aux mains. Car l'idée d'Alain est que la discussion n'est que le moyen de retarder la guerre, et peut-être le chemin qui y mène le plus sûrement. À travers l'humour de la citation, on perçoit un profond pessimisme : la discussion ne parviendra pas à réduire les oppositions d'idées ou d'intérêts, seule la guerre arbitrera finalement le conflit, le temps viendra où il faudra laisser parler les armes, les canons étant *l'ultima ratio* des rois, selon le mot de Louis XIV, la « raison ultime » qui finit par avoir raison de qui ne veut pas entendre raison, de qui ne veut pas se rendre à des raisons.

Il y a donc dans la phrase d'Alain une conception *polémique* du langage. Si toute discussion peut mener à la guerre, est susceptible de dégénérer en conflit armé, c'est que la discussion est déjà une forme de conflit, soumise aux émotions et aux passions des interlocuteurs. La discussion, c'est le langage soumis aux passions. C'est dire que le véritable usage du langage serait ailleurs, dans l'examen libre et serein des idées mis en œuvre dans la méditation et la réflexion. La discussion, c'est le dialogue tel que le conçoivent les sophistes : instrument dont la parfaite maîtrise permet en toutes circonstances de triompher de l'adversaire, eût-il cent fois raison. On sait qu'à cette conception polémique du dialogue, Socrate opposait la sienne qui consiste à y voir la recherche en commun de la vérité, dans laquelle chacun soumet au jugement de l'autre sa propre argumentation. *La discussion ne peut que mener à la guerre parce qu'elle consiste en un détournement du langage par rapport à sa fonction véritable, elle est l'investissement du champ du discours par les rapports de force.* Quel recours reste-t-il alors contre la violence si celle-ci a d'avance envahi le langage ?

La discussion ne peut donc jamais constituer un rempart contre la guerre, dont elle n'est que l'annonce et l'amorce. Le temps consacré à la discussion peut d'ailleurs *faire partie de la stratégie de l'adversaire*, en lui donnant le temps de fourbir ses armes et de préparer son opinion publique, et en lui fournissant immanquablement le prétexte au déclenchement de la guerre, puisque toute discussion fera par définition apparaître des points de désaccord. Qu'on pense aux « Accords de Munich » donnant le temps à Hitler de réarmer l'Allemagne. C'est pourquoi Machiavel fustige le Prince qui se féliciterait d'avoir évité une guerre par une discussion débouchant sur un compromis : vous ne l'évitez pas, lui oppose Machiavel, vous ne faites que la différer à votre plus grand dam et au plus grand avantage de votre adversaire. Vous lui laissez l'opportunité de déclencher l'offensive au moment pour lui le plus favorable[1].

La phrase d'Alain témoigne donc d'une conception *polémique* de la discussion : la discussion ne peut mener qu'à la guerre parce que, au fond, elle n'est déjà que guerre, mécanisme et entraînement passionnels, et non réflexion rationnelle. Mais elle témoigne peut-être également d'une conception *« intellectualiste »* de la guerre : fait-on vraiment la guerre parce que les conflits d'idées dégénèrent en conflits tout court ? Nietzsche disait que les guerres du XXe siècle se feraient au nom des valeurs. L'histoire ne lui a pas donné tort, avec les affrontements entre nazisme, bloc communiste et démocraties occidentales. Mais n'est-ce pas faire preuve d'une compréhension à courte vue de la guerre que de croire que les croisades, les guerres de religion ont eu lieu parce que les hommes étaient animés par des *idées* et des *croyances* différentes ? Les guerres qui peuvent apparaître comme des fatalités dans l'histoire humaine n'ont-elles pas d'abord des causes économiques, démographiques, géostratégiques ? Rousseau faisait déjà remarquer que la discussion était un rapport d'homme à homme, alors que la guerre est un rapport d'État à État. Pour lui, la guerre suppose la propriété, la volonté de s'emparer du territoire ou des biens de l'adversaire : « c'est le rapport des choses et non des hommes qui constitue la guerre[2] ». Entre la discussion et la guerre, il y a donc solution de continuité, jamais l'une ne pourra dégénérer en l'autre.

---

1. N. Machiavel, *Le Prince*, chapitre III.
2. J.-J. Rousseau, *Du contrat social*, Livre I, chap. 4.

Au-delà des raisons objectives que l'on pourra toujours trouver (déséquilibres démographiques, économiques, etc.) les hommes ne feraient-ils pas la guerre parce que, fondamentalement, ils *aiment* la guerre ? Ne faut-il pas voir dans la guerre une expérience *régressive* dans laquelle toutes les pulsions d'agressivité et de haine d'ordinaire réprimées peuvent tout à coup se donner libre cours et s'exprimer au grand jour ? Ce qui nous *plaît* dans la guerre, n'est-ce pas que les pulsions les plus archaïques et les plus contraires à la cohésion sociale y sont soudain sacralisées sous le nom de « patriotisme » ? Le sentiment exaltant de ne faire plus qu'un avec ses concitoyens, de communier avec eux dans la haine de l'adversaire, n'est-ce pas là ce que la guerre nous propose ? N'y a-t-il pas dans la guerre, comme le suggère Georges Bataille, une jubilation devant la dépense somptuaire de matériel toujours plus sophistiqué et de vies humaines ? La guerre n'est-elle pas le moyen trouvé par les sociétés humaines pour dépenser de façon à la fois catastrophique et jubilatoire le surplus qu'elles sont parvenues à produire ? N'est-ce pas dans cette dilapidation brutale des biens patiemment accumulés que nous sentons le mieux notre supériorité par rapport à ce dont nous vivons, notre capacité à nous élever au-dessus des moyens de notre survie ?

J. B. de R.

Lectures conseillées

Platon, *Gorgias*.
Alain, *Propos sur les pouvoirs* (« Folio Essais ») ;
Mars ou la guerre jugée (« Idées » Gallimard).
G. Bataille, *La Part maudite* (Les Éditions de Minuit).

« Un homme sans Cité serait une bête ou un dieu. » Aristote

« Pour vivre seul il faut être une bête ou un dieu, dit Aristote.
Reste une troisième possibilité : être les deux à la fois, un philosophe... » F. Nietzsche[1]

Un homme sans Cité serait, aux yeux d'Aristote, une bizarrerie ou même une monstruosité : « une bête ou un dieu ». Parce que l'homme est « naturellement un animal politique[2] », il ne reçoit son appartenance à part entière à l'humanité que de son inscription dans une *Cité*. Un apatride, un esclave, une femme ou un enfant, qui ne participent pas à la vie de la Cité, c'est-à-dire à la communauté des hommes libres, sont, sinon des être s exclus de l'humanité, du moins des être s qui ne peuvent réaliser pleinement leur destin d'humain, qui ne peuvent s'accomplir comme êtres humains. *La Cité est*, pour un grec, *ce qui donne la mesure de l'humain*. Socrate préfère mourir que de se voir banni d'Athènes : il n'y a rien qu'il puisse opposer aux Lois de sa Cité, lors même qu'il proclame que la condamnation qui le frappe est injuste[3]. La Cité constitue l'horizon indépassable de l'homme grec, au-delà duquel ne se rencontrent que barbares, esclaves ou métèques[4]. C'est donc de sa citoyenneté que l'individu reçoit son humanité, ou du moins la possibilité d'accomplir son humanité, *et non pas, à l'inverse, son humanité qui le qualifierait pour devenir citoyen*.

L'homme tient donc le milieu entre ces deux extrêmes que sont la condition divine d'une part, celle de la bête brute d'autre part. Limites supérieure et inférieure de l'humanité, qui dessinent les contours de ce qui mérite d'être appelé humain. Un homme sans Cité serait un dieu s'il parvenait réellement à atteindre l'autarcie qui caractérise la condition divine. Car le dieu seul se suffit à lui-même, et accède réellement au *gouvernement de soi* en quoi consiste l'*autarkéia*. L'homme qui serait assez présomptueux pour prétendre accéder à une telle condition ferait preuve d'*hubris*, il se rendrait coupable de démesure et verrait bientôt *Nemesis*, la vengeance des dieux fondre sur lui pour lui faire réintégrer sa véritable condition. Car s'il y a du divin en l'homme, il y a aussi de l'animal, et en tant qu'animal, l'homme est un être de besoins qu'il ne peut satisfaire seul. C'est précisément pourquoi la « politique » est nécessaire, pourquoi l'homme est *par nature* un animal politique : ne pouvant subvenir à ses besoins à l'état solitaire, en qualité de simple individu, l'homme va organiser sa vie en Cités pour tâcher de se rapprocher autant que possible, autant que le comporte sa condition, de l'autarcie divine à l'échelle de la Cité. La Cité est donc tout à la fois une unité politique et économique *mimant le plus parfaitement possible l'autarcie divine cruellement refusée à l'individu*. L'homme outrecuidant qui prétendrait pouvoir se passer de Cité et vivre comme un dieu aurait toutes les chances de retomber en deçà de l'humanité elle-même et de se voir ravalé à une condition bestiale. Car l'animal est l'être vivant entièrement soumis à la nécessité et au besoin, dont tous les comportements lui sont dictés, à travers

1. In *Crépuscule des idoles*, « Maximes et traits », § 3.
2. Voir l'exposé : « L'homme est par nature un animal politique. »
3. Cf. Platon, *Criton*.
4. On appelait *métèques*, à Athènes, les étrangers résidant dans la Cité sans en faire partie, donc sans pouvoir participer à la vie de la Cité.

l'instinct, par la nécessité de subvenir à ses besoins. Un homme sans Cité se trouverait rivé à la nécessité biologique et se verrait dans l'incapacité d'accéder à ce qu'il y a de proprement humain en l'homme : la faculté de se consacrer à des activités librement choisies, dégagées de l'urgence du besoin, et tournées soit vers la contemplation et la compréhension, soit vers la création, soit vers l'action[1]. Les arts libéraux lui étant interdits, il retomberait en deçà de l'humanité.

La *Politique* d'Aristote témoigne d'une confiance encore inentamée dans la capacité de la Cité à fournir seule et de façon stable aux hommes un lieu où développer et accomplir leur humanité. La fiction *d'un homme à l'état de nature*, telle qu'elle va se développer en Europe aux XVIIe et XVIIIe siècles, aurait figuré à ses yeux, si du moins il avait pu la comprendre, non pas un homme à l'état pur, dégagé des accidents de l'histoire et des contingences liées à une structure sociale particulière, mais au contraire un *homme amputé de sa dimension politique*, c'est-à-dire en définitive *de ce qui fait de lui un homme*. Rousseau qualifiant un tel homme d'« animal stupide et borné[2] » retrouve, paradoxalement, des accents aristotéliciens.

La décadence des Cités grecques et les revers militaires vont ébranler cette confiance en l'espace politique comme lieu d'accomplissement de l'humain. Pour les épicuriens, le sage doit se retirer de la vie publique, « vivre caché », pour faire de sa vie un îlot de sérénité dans un monde abandonné aux troubles. Pour les stoïciens au contraire, le sage doit dépasser toutes les passions politiques pour dilater son âme aux dimensions de l'Univers et voir dans le cosmos tout entier sa Cité véritable[3]. Avec le Christianisme et en particulier saint Augustin, le chrétien devient le citoyen de deux Cités antagonistes : la Cité terrestre et la Cité céleste. Le chrétien est porteur de devoirs qui peuvent l'amener à s'opposer ou à se soustraire à la férule du pouvoir politique : « il faut obéir à Dieu plutôt qu'aux hommes[4] ». Par dessus tout, ce n'est plus de son appartenance à l'État que l'homme tire son humanité, mais de sa création à l'image de Dieu, de la présence en lui d'une âme immortelle, alors que « la figure de ce monde passe[5] ». Dès lors, la perspective se trouve entièrement renversée : loin que l'État soit l'horizon indépassable de l'homme, il n'est que le lieu de passage éphémère d'une âme immortelle et doit être, sous le gouvernement d'un bon roi, l'occasion pour l'âme de faire son salut. « Dans le Christianisme, ni le monde, ni le cycle éternel de la vie ne sont immortels, mais seulement l'individu singulier. C'est le monde qui doit passer ; les hommes vivront éternellement[6] ». L'idée chrétienne que l'individu transcende l'État, qu'il a un destin éternel que sa vie terrestre n'a en dernière analyse pas d'autre objet que de préparer, une telle idée aurait été sans doute impensable pour Aristote. C'est pourtant elle qui rend possible l'idée de droits que la personne humaine puisse opposer à ceux de l'État. Si ce n'est plus l'État qui donne figure humaine à son

1. Cf. H. Arendt, *Condition de l'homme moderne.*
2. J.-J. Rousseau, *Du contrat social,* L. I, Chap. 8.
3. Voir l'exposé : « Qu'est-ce qu'être Citoyen du monde ? »
4. Saint Luc, Actes des apôtres, chap. 5, v. 29. Cf. l'exposé : « Il faut rendre à César ce qui est à César, et à Dieu ce qui est à Dieu. »
5. Apôtre Paul, Première épître aux Corinthiens, chap. 7, v. 31.
6. H. Arendt, *La Crise de la culture* (« Idées » Gallimard), p. 72.

existence, si l'homme, comme le dira Marx, n'a pas besoin d'être citoyen pour être un homme, reste néanmoins indépassable le fait que l'existence humaine sur terre soit *marquée par la pluralité*, et que l'État, avec ses Lois, soit la tentative imparfaite d'organiser rationnellement la coexistence des hommes sur terre.

J. B. de R.

Lectures conseillées

Aristote, *La Politique* (Garnier).
Saint Augustin, *La Cité de Dieu* (Points Seuil, 3 volumes).
H. Arendt, « Le concept d'histoire » in *La Crise de la culture* (« Idées » Gallimard).
L'Animal politique (Revue « Epokhè » n° 6, 1996, coord. M. Abensour et E. Tassin).

La nature, référence juridique et politique ?

L'idée de nature implique celle de définition établie, celle d'origine, de spontanéité, d'immédiateté, le caractère de ce qui va de soi et de ce qui existe par soi, sans médiation ni convention. On associe également la nature à l'ordre ou au désordre, ce qui la révèle comme idée, comme représentation. Peut-on invoquer la nature comme fondement d'une légitimité juridique ou politique, et laquelle ? Il faut alors faire référence à diverses conceptions de la nature présentes dans les philosophies politiques.

L'organisation politique est pour Aristote la forme naturelle de la société, l'homme étant un « animal politique ». « L'ordre naturel » serait organisé, structuré, hiérarchisé comme l'est la nature harmonieuse et finalisée à sa perfection. C'est ainsi que l'ordre et la raison sont des valeurs dominantes de l'idéal antique ; justesse des proportions et harmonie géométrique chez Platon (« Que nul n'entre ici s'il n'est géomètre »), cosmos stoïcien analogue au divin, justice distributive aristotélicienne[1], hiérarchie des biens : la politique implique la défense de cet ordre à la fois idéal mais également « posé par nature » pour Aristote, en ce qu'il s'observe dans le réel comme ensemble de « réalités naturelles » comme le montre l'existence des cités, l'autorité paternelle, voire l'esclavage que contesteront le christianisme et l'individualisme juridique avec le libéralisme et la philosophie des droits.

La référence à la nature intervient dans le débat sur la justice instauré par Platon. Dans le *Gorgias*, Calliclès voit dans la loi (l'expression habituelle de l'institution) une inversion de la nature et fait de l'expression des passions, de la force, la vraie norme naturelle. La loi n'est alors qu'une contrainte, qu'un artifice pour asservir les forts. Un monde naturellement juste serait sans lois. En revanche, Socrate dénonce le désordre des passions et affirme l'existence d'une idée universelle de la justice, irréductible à un seul effet de contrainte. Dans *la République* (livre II), le récit de l'anneau de Gygès montre qu'un homme juste mais invisible exercerait son pouvoir de manière aussi malfaisante que l'homme injuste. Contre les sophistes Thrasymaque et Calliclès pour qui la vraie justice doit laisser s'exprimer le désordre naturel des intérêts, le point de vue platonicien affirme la supériorité d'un ordre rationnel, fondé sur le règlement des désirs (*République*, livre I) et une continuité de la nature à la justice, comme harmonie humaine et politique.

Un autre temps de la réflexion peut définir un autre sens du mot nature : ce qui doit être, par opposition à ce qui est. Contre le droit positif établi, éventuellement injuste, le droit naturel peut revendiquer comme norme idéale et correctrice un ordre supérieur au temporel, que le christianisme avait déjà défini avec la distinction des deux cités. Il s'agit de ce qui paraît juste selon la morale, la raison et la nature, contre le pouvoir établi injuste. Pascal écrivait dans les *Pensées :* « la vraie morale se moque de la morale » et Hobbes, pour sa part, opposait la « loi de nature » au « droit de nature » fondé sur la force. Pour

1. Voir l'exposé : « Égalité et justice. »

la philosophie libérale optimiste des droits, avec Locke (*Traité du gouvernement civil*), la garantie des droits inscrits dans la nature constituent la fin du politique[1]. Et avec l'homme comme citoyen, avec le contrat et l'instauration de l'état civil, l'unité, l'harmonie, la transparence du corps social seraient instaurées pour Rousseau. L'homme réaliserait sa propre nature.

Mais la référence à la nature a été contestée par la modernité. Si la nature est diversité et relativité, jeu de rapports de force, alors la justice devient une convention sociale, expression et point de rencontre de ce certains intérêts conflictuels, sans dimension universelle et nécessaire. Selon des démarches différentes mais avec les mêmes conclusions, les sophistes et les nominalistes, le scepticisme de Montaigne et des épicuriens, amoureux de la « retraite » dans le refus des convenances du « théâtre social », le pessimisme de Pascal et son conservatisme pratique, le relativisme de Montesquieu, la critique de la nature par Baudelaire, la critique marxiste de l'idéalisme bourgeois, de la fausse neutralité du droit, portent tous la justice du coté de l'artifice. Reprenant le point de vue augustinien, Pascal avait montré que faute d'une justice naturellement forte, la force s'appliquait à être juste : « Ne pouvant faire que ce qui est juste fût fort, on a fait que ce qui est fort fût juste » (*Pensées*, 298). Marx dénonce, au XIXe siècle les postulats idéalistes et naturalistes des « évidences » optimistes du libéralisme, en particulier ceux du contrat et de l'égalité juridique[2]. Aspiration spontanée, la justice est indissociable d'un contexte historique et politique, comme le montrent enfin le positivisme réaliste, les sciences humaines relativistes et l'ethnologie. Elle est donc plus établie que « naturelle[3] ».

Même si elle s'applique à une réalité naturelle, la société, la politique est pour sa part un artifice qui va à l'encontre de la nature. En effet, exercer le pouvoir, c'est faire l'unité, prendre en compte les conflits, savoir communiquer, décider, persuader et convaincre. Que faut-il décider, avec qui, pour quels résultats possibles mais aléatoires, quand et comment ? Rien de tout cela n'est naturel, immédiat et transparent. Même articulée à des fins justes, la politique est autonome par rapport à la morale, et le point de vue machiavélien la définit comme aventure aléatoire, contingente. Si la nature est désordre, alors il n'y a pas d'ordre naturel ou essentiel pour fonder le pouvoir et tout dépend de l'habileté du dirigeant[4].

Dans le contexte de la modernité, le constructivisme idéologique, substitut aux « pouvoirs naturels », la politique militante et volontariste reléguant l'influence traditionnelle des notables comme encadrement « naturel » de la société, ne situent pas l'exercice du pouvoir du côté de la nature. En particulier avec les révolutions, il s'agit de construire un nouvel ordre « ici et maintenant », ou pour demain. On ne peut attendre que le temps fasse naturellement son œuvre[5].

1. Voir les exposés : « Le corps, métaphore politique ? » et « Morale et politique ».
2. Voir l'exposé : « Égalité et justice. »
3. Voir l'exposé : « Les droits de l'homme : évidence ou problème ? »
4. Voir l'exposé : « Le pouvoir comme jeu ? »
5. Voir les exposés : « Le pouvoir, maître du temps ? » et « L'avenir nous appartient-il ? »

La politique doit-elle instaurer un nouvel ordre ou bien respecter le réel et la nature des peuples ? C'est un point que nous examinerons dans un autre sujet.

G. G.

Lectures conseillées

Platon, *Gorgias*, 483a-484a.
La République, Livre II, 359 b – 360 d ; Livres VII et IX.
M. de Montaigne, *Essais*, L. II, chap. 12 ; L. I, chap. 31 et 33.

Le corps, métaphore politique ?

Au risque de renvoyer le social au naturel, la politique à la biologie, peut-on parler de corps politique, de corps social ?

Un corps est un objet ou un être unifié, une structure douée d'une forme, voire d'un mouvement, d'une allure, d'un style. Une frontière limite l'intérieur de l'extérieur. Dans l'espace le séparant de l'extérieur, en deçà de ses limites, les éléments sont réunis et peuvent ne valoir que par les relations qui les rattachent au tout. Alors si l'on voit dans le corps social plus que la somme des parties qui le composent, on peut parler d'unité organique. Sans que les éléments soient interchangeables pour autant, si l'on admet la diversité et l'identité de ce qui compose une société ou une nation, l'unité et la solidarité peuvent être assez fortes pour que chaque partie veille à la défense et à l'immunité du tout.

Les médias et le langage commun nous parlent parfois de santé, de maladie, d'équilibre ou de crise du corps social, voire d'emballement ou de refroidissement de l'économie. Avec l'unité organique, le tout l'emporte sur les parties, la synthèse dépasse les constituants, l'organisation s'impose, selon un schéma holiste. Les éléments se compénètrent, le tout est présent dans chaque partie, ou les a absorbées : la sécession est impossible et l'autonomie difficile.

Par exemple, c'est dans le civisme antique que l'individu se réalise. En effet, cette idée d'unité organique, de totalité structurée, d'organisation immanente, de rationalité interne, a inspiré la pensée politique antique. Pour Aristote, la cité exprime l'harmonie d'un corps vivant, dans une lecture organique et finaliste du monde. Le cosmos est une totalité close parfaite, hiérarchisée selon une finalité naturelle qui fait que les êtres sont ce qu'ils sont et font ce qu'ils font ; à l'image de l'ordre supposé de la Nature. La cité est naturelle. De même la République romaine se pense comme un corps autarcique.

Mais la diversité interne et l'identité des éléments ne sont pas interchangeables, comme dans une société unidimensionnelle et totalitaire. D'ailleurs, un corps social pourrait-il rester le même, indépendamment de ses composants ? La pensée politique traditionnelle pense le corps social comme diversité hiérarchisée dans sa trifonctionnalité : en haut, la tête intellectuelle et politique, qui définit les fins et les valeurs, puis l'ordre combattant, enfin la fonction économique, activité utilitaire, jugée nécessaire mais subordonnée. La tripartition européenne et médiévale reprend cette image des organes hiérarchisés du corps.

Jusqu'au moment où la modernité, au XVIIIe siècle, avec un modèle physique mécaniste et quantitativiste, lira l'espace économique comme un corps autonome d'équilibres et de forces. Ses mouvements définiront la politique pour Marx, au XIXe siècle, comme déterminations issues de l'économie elle-même pensée comme science, champ de calculs et de circuits. Le « corps-outil » va permettre un travail fonctionnel et quantifié à l'âge industriel.

À la suite d'Aristote et selon l'héritage antique, saint Thomas d'Aquin affirme le caractère naturel et rationnel de l'État, dans la philosophie du droit naturel et chrétien. Il se distingue ainsi de saint Augustin, pour qui la société n'est pas douée d'autonomie et n'existe que par la transcendance divine. La justice est imparfaite, le droit ne préexiste guère à la loi et les institutions sont d'établissement (Pascal). En revanche, les XVIe et XVIIe siècles voient naître l'idéologie de l'État, avec l'idée de la souveraineté, théorisée par Jehan Bodin dans *Les Six Livres de la République*. Le concept d'État justifie la métaphore du corps, dans ce qu'il implique : pérennité, unité, autorité centrale sur les composantes (la centralisation l'emportant sur les vestiges de la féodalité) et la raison interne. Avec la raison d'État, ce corps politique a ses raisons que la raison légitime ne connaît pas. Il combat ses ennemis intérieurs et extérieurs, selon un principe interne de conservation. La monarchie capétienne s'oppose à ce qui lui paraît l'affaiblir. À l'intérieur, dans le *Testament politique*, Richelieu justifie l'autorité politique de l'État et la saignée fiscale nécessaire, mais qu'il souhaite proportionnée aux forces de ses sujets.

Le monarque et le peuple ne font qu'un corps et la Nation séparée est politiquement impensée. Dans la tradition capétienne, le pouvoir, médiateur du sacré, est charismatique ; du corps naturel et charnel du roi se distingue un corps surnaturel, éternel, mystique et politique, faisant corps avec l'institution. Le pouvoir est personnalisé, visible, use de spectacle, de rituels de représentation aristocratiques et mythologiques ; fêtes de cour, opéra, où il se montre (Régis Debray, *L'État séducteur*). Il impose sa marque par de grandes cérémonies, des châtiments publics (Michel Foucault, *Surveiller et punir*). Mais aussi il s'enracine avec la naissance de l'usage moderne de régimes disciplinaires, de systèmes de mise en ordre, d'habitudes. L'instance de surveillance va devenir peu à peu impersonnelle et anonyme : c'est la figure de l'État moderne. C'est le corps social qui doit être vu. Ce qui est plus efficace que la répression et la punition, spectaculaires mais aléatoires. Aujourd'hui, Baudrillard montre que le pouvoir passe moins par la contrainte que par la séduction, le désir, le conformisme des modes, la normalisation, l'empire de l'image et de la marchandise…

La France monarchique était considérée comme une société communautaire, comme un corps hiérarchisé et solidaire, comme une société de sociétés. L'organicisme était illustré par la fable des membres et de l'estomac. Hobbes y substitue le mécanisme politique avec le *Léviathan* (1651). Le corps politique est pensé comme une machine, comme le montre le début du texte ; l'art humain imite la nature et produit un animal artificiel. L'État doit garantir la paix civile, réguler le désir, prévenir tout débordement.

Avec le libéralisme, la pensée politique du XVIIIe siècle introduit une mutation considérable, par la substitution de l'artificialisme et du contractualisme au naturalisme politique traditionnel. La société est pensée différemment ; les individus sont détachés de leurs identités particulières, de leurs origines, dotés individuellement et originellement de « droits naturels » selon la déclaration américaine des droits, s'agrègent et contractent entre eux. La société devient une collection d'atomes sociaux, dans la perspective du juridisme abstrait, de l'individualisme des Lumières.

Très distinct du libéralisme anglo-saxon et à l'origine d'une lecture autoritaire et plébéienne de la démocratie, la pensée de Rousseau défend le projet d'un état civil, celui du citoyen. La communication ne se fait plus par le divin, mais grâce à la politique que l'on va instaurer. Le spirituel doit descendre dans le temporel, devenu conscient et transparent. Le contrat crée le peuple comme concept politique, le corps est souverain. Pour devenir libre, il faut accepter la loi comme expression de la volonté générale qui est la vérité objective du groupe et non la simple somme des intérêts particuliers. Rousseau reprend l'idéal civique romain qui inspire la Révolution : contre le fédéralisme américain, celle-ci proclamera l'unité républicaine, entend fonder, créer un corps social, une mystique de la nation. Le serment révolutionnaire crée la souveraineté autrefois transcendante (Starobinski, *Les Emblèmes de la raison*). Le discours de la Terreur veut retrancher du nouveau corps du Peuple ses ennemis mythiques.

Les critiques de Rousseau ont souligné les virtualités totalitaires de son projet, puisque l'individu doit renoncer à ses intérêts particuliers pour devenir citoyen. Mais la démocratie idéale et directe ne serait possible que dans de petits États. Corps trop grands, les vastes États impérialistes, d'ailleurs souvent issus de projets universalistes, révéleront leurs faiblesses plus tard dans l'Histoire.

C'est alors que naît tout un débat sur la nature, l'identité et l'origine de la Nation et du peuple comme corps au XIXe siècle, débat récemment réactivé avec la réflexion sur la nationalité. Pour les uns, c'est une origine naturelle ; les romantiques monarchistes emploient volontiers la métaphore organique et, à la suite du romantisme allemand, les intellectuels s'intéressent au passé, aux cultures traditionnelles et populaires, au corps comme héritage. Les déterminismes naturels peuvent être invoqués et l'on parlera de « nature » d'un peuple, révélée à travers sa langue et son « génie ». On peut dresser une typologie mythique des peuples, là où, pour Barthes, l'Histoire devient nature. Taine évoque « la race, le milieu, le moment » et, après 1870, l'Histoire devient largement conservatrice. Peu après, Vidal de la Blache et A. Siegfried souligneront les déterminismes de la géographie. Barrès définit l'enracinement et « le nationalisme comme acceptation des déterminismes ». Les nationalismes sociaux de la fin du XIXe siècle défendront la société comme communauté et corps contre les divisions de classe issues de l'industrialisation. Il y a là hostilité à l'individualisme libéral, mais en même temps, la Nation est définie comme sujet collectif, comme être autonome, à l'âge des nationalismes rivaux. Sous un autre aspect, avec la biologie, les races et les classes, Darwin et Marx, le matérialisme inspire la pensée politique à la fin du XIXe siècle.

Pour d'autres, la Nation est une volonté, un contrat, un projet, autant qu'une origine. Michelet ne croit pas à la race et au climat, met plutôt l'accent sur la dimension universaliste et idéaliste de la France, même au-delà de ses frontières. C'est aussi la lecture républicaine de la France établie par Renan dans *Qu'est-ce qu'une Nation ?* L'unité d'un peuple vient de la volonté de ceux qui veulent s'agréger à son corps. La France, le Peuple seraient une personne vivante, une force d'assimilation, dans le travail et le creuset de l'unité nationale. En même temps, Michelet glorifie comme Péguy, mais sans nostalgie, l'énergie vitale du Peuple, ensemble du corps national irréductible au seul prolétariat, et acteur de l'Histoire : comme force unitaire, « le Peuple » dans un élan idéaliste aurait pris la Bastille, selon l'histoire républicaine et romantique écrite par Michelet.

La métaphore du corps est toujours riche d'interrogations théoriques. L'unité d'un peuple est-elle réellement issue d'un ordre juridique et politique, ou bien la nation n'est-elle qu'un mot, un mythe masquant la réalité naturelle des peuples et des cultures divers dans « leurs tripes », pour prendre une métaphore biologique. Les cultures et les habitudes sont elles-mêmes souvent mythifiées. Certains aliments « donnent du corps » dans l'imaginaire populaire, comportent des connotations mythiques (Barthes, *Mythologies*).

Par ailleurs, on peut parler de l'identité d'un corps, au sens d'une communauté, d'une institution (les corporations, le corps des doctes et des intellectuels étudiés par Bourdieu), d'une Église (le corps mystique au XIIe siècle), ou d'une personne (tel dirigeant parlait de « faire don de sa personne à la France »). On a parlé de défense du corps social au XIXe siècle : on voulait, par l'hygiénisme, moraliser les classes laborieuses jugées dangereuses, mettre à l'écart les « déviants ».

Enfin, à la lumière de cette métaphore, nous pouvons toujours réfléchir à l'identité de la Nation, à ses limites, ses frontières, à la structure intérieure de la société, conformiste et normalisée, différenciée et tribalisée en éléments indépendants. Une lecture est possible des relations géopolitiques avec les ennemis ou les alliés dits « naturels », de l'assimilation, de l'intégration des éléments extérieurs (intégration républicaine ou communautés plurielles) et le débat peut être relancé, de la rivalité ou du corps à corps, de l'universalisme occidental comme « modèle » et des identités culturelles.

G. G.

Lectures conseillées

A. Finkielkraut, *La Défaite de la pensée* (Folio, 1re partie).
C. Lefort, *L'Invention démocratique* et *Essais politiques*.
E. Kantorowicz, *Les Deux Corps du Roi : Étude sur la théologie politique au Moyen Âge*.
M. Gauchet, *Le Désenchantement du monde* (Gallimard) et articles dans la revue *Le Débat*, n° 14-15, juillet-septembre 1981.
M. Foucault, *Le Souci de soi* (« NRF » Gallimard), chap. 3 « Soi et les autres », II « Le jeu politique ».
Novalis, *L'Encyclopédie* (Les Éditions de Minuit), Septième section.

Le pouvoir se réduit-il à un spectacle ?

Il convient de dépasser ici les allusions inévitables à l'importance des médias dans la vie politique contemporaine, aux comiques qui discréditeraient le politique, en portant la réflexion vers le spectacle du pouvoir et le pouvoir du spectacle. Quelle force le pouvoir prend-il dans sa démonstration extérieure ?

Traditionnellement, le pouvoir est personnalisé, visible, use du spectacle, des rituels, de représentations aristocratiques et mythologiques : fêtes de cours, opéras où il se montre. Michel Foucault explique que le pouvoir monarchique d'Ancien Régime imposait sa marque par de grandes cérémonies, des châtiments publics. Depuis l'Ancien Régime, les interventions « prestigieuses » et le dirigisme de l'État dans le champ culturel sont de mise en France (M. Fumaroli, *L'État culturel*). Le pouvoir entend être vu, donner à voir, être reconnu, en dépit d'une part, inhérente à tout pouvoir, de distance, voire de secret. La pompe dont s'entoure l'exécutif et la « publicité » donnée au châtiment sont ainsi fréquemment rapprochées d'une mise en scène. Le spectacle attire l'attention et frappe l'imagination. Une réflexion sur le lien de l'image au réel peut être menée dans une telle perspective. On peut faire allusion aux réflexions de Pascal sur le pouvoir comme représentation extérieure et illusoire, frappant l'imagination, « maîtresse d'erreur et de fausseté ». Déjà Montaigne dénonçait le jeu des apparences au profit des institutions. Le pouvoir peut alors être légitimement assimilé à une simple représentation, sans fondement naturel ou rationnel pour les sceptiques. Et pour Pascal, seul Dieu détient la justice parfaite ; le pouvoir humain qui est souvent celui de la « grimace » est un artifice, une simple institution. Il n'est pas porteur de vérité en lui-même. Le droit ne précède pas la loi. « Ne pouvant faire que ce qui est juste fût fort, on a fait que ce qui est fort fût juste » (*Pensées*, 298). Le pouvoir exprime seulement une valeur utilitaire d'ordre social.

Selon La Boétie, dans le *Discours de la servitude volontaire*, le pouvoir est fort, non pas de lui-même, mais de la servitude de ses sujets, émerveillés par ses images. Le pouvoir n'existe que si l'on y croit. C'est le paraître qui constitue l'être. Remarquons au passage que l'art baroque de la cour, la « comédie humaine », le pouvoir comme théâtre escamotent par l'artificialisme toute vérité et toute nature (Clément Rosset, *L'anti-nature*).

La question devient alors : où est le pouvoir ? Sans doute dans l'influence qu'il exerce sur le corps social. On ne saurait alors le réduire à une seule démonstration extérieure : c'est un système dont la société devient partie prenante. Il s'enracine, avec la naissance de l'usage moderne de régimes disciplinaires, de système de mise en ordre, d'habitudes. Michel Foucault a ainsi étudié des systèmes de contrôle efficaces comme instruments de pouvoir. Aux rapports personnels de domination succèdent la surveillance, le classement, le tableau rationnels et impersonnels, au nom de la raison et de l'ordre comme idéologies, dans ces nouveaux lieux : collèges, manufactures, prisons où les reclus peuvent toujours être vus, sans voir eux-mêmes : la crainte intériorisée et l'intégration des reclus au système sont plus efficaces qu'une lourde démonstration extérieure de force, que la punition et la répression, certes spectaculaires mais aléatoires.

Administratif voire bureaucratique, le pouvoir devient impersonnel et anonyme : c'est la figure et la logique de l'État moderne. C'est le corps social qui doit être vu. Avec la culture de masse contemporaine, le pouvoir passe moins par la contrainte que par la séduction, le désir, l'influence, le conformisme des modes, la normalisation, l'emprise de l'image et de la marchandise, comme l'explique Baudrillard, dans *La Société de consommation*, et dont les situationnistes ont contesté le spectacle avant même 68. Les images de la « vidéosphère » (Régis Debray, *L'État séducteur*) constituent la réalité d'un nouveau monde virtuel et relèguent la dimension sacrée de la tradition religieuse ou les idoles laïques issues des Lumières.

Au passage, les concepts d'influence et de système peuvent être brièvement théorisés. L'influence est une forme séductrice et implicite de pouvoir, tout à fait différente de la propagande ou de la contrainte violente ; elle appelle le consensus, l'habitude, l'illusion de liberté de celui qui est influencé. On peut aussi convoquer la notion de système à propos du pouvoir dès lors qu'il s'agit d'en envisager les structures qui le soutiennent au sein même de la société (administration, organisation, mentalités accoutumées au système jugé peu à peu évident et nécessaire, l'habitude devenant une seconde nature)[1].

Autant en conclure que le pouvoir n'est pas qu'un spectacle. Il est intériorisation de normes et de valeurs. Sa légitimité comme ses corrélats (autorité, charisme) comme sa nature même (science, art humain ou simple technique) peuvent être étudiés, comme tout ce en quoi il dépasse une simple représentation extérieure. Le pouvoir est bien une réalité conformément à la réponse sous-entendue par le sujet. La question ne peut être réduite à la confrontation triviale du pouvoir autoritaire (où le sujet serait spectateur passif de l'exercice du pouvoir) et la démocratie, où il serait convenu d'admettre que le citoyen, électeur et éligible, serait « acteur » et non spectateur, ce qui reste à prouver puisqu'on ne s'interroge pas une seconde sur le « déficit » démocratique contemporain. Quel est le pouvoir effectif du peuple face aux oligarchies médiatiques ou technocratiques, au conditionnement passif issu de la culture de masse, au consensus post-moderne ?

Si le pouvoir ne peut se réduire à une mise en scène, à une vanité médiatique, il serait ailleurs que dans ce qu'il donne à voir, donc dans les esprits, les mentalités, les oligarchies, étudiées par Foucault et Bourdieu. De fait, le citoyen serait dépossédé de tout pouvoir autonome et critique, même si de droit, il semble illégitime de réduire le pouvoir à un spectacle aliénant le citoyen à un état passif.

G. G.

Lectures conseillées

B. Gracian, *L'Homme détrompé*.
M. Foucault, *Surveiller et punir* (Gallimard).
G. Balandier, *Le Pouvoir sur scènes* (Balland).
G. Debord, *La Société du spectacle*.
Commentaires sur la société du spectacle (Gallimard).

1. Voir les exposés : « Le corps, métaphore politique ? » et « Qu'est-ce qu'un pouvoir fort ? », et B. Pascal, *Pensées*.

Qu'entend-on par « déficit démocratique » ?

Le risque d'un tel sujet est de se limiter à un descriptif des pouvoirs, les uns forts et non démocratiques, face à l'autre, la démocratie elle-même, sans situer les débats théoriques suscités par son instauration, et sans évaluer son développement. La démocratie a-t-elle été à la hauteur de ses ambitions ?

Il est d'abord souhaitable de définir nettement les « pouvoirs forts » évoqués au début. La monarchie d'Ancien Régime était une institution traditionnelle et la société y était pensée comme communauté organique, « naturelle », aux pouvoirs décentralisés, dans les provinces, villes, corporations, universités. Les rapports de pouvoir étaient personnels et féodaux. L'appareil d'État était initialement limité avant la centralisation, progressive et relative. On parle alors des libertés et des capacités et non du droit ou de la liberté[1]. Au XVIIe siècle absolutiste, la France ne compte que quelques milliers de fonctionnaires. Les impératifs moraux, les coutumes et la perspective religieuse limitent l'horizon du pouvoir monarchique. Mais au pouvoir « archaïque » qui use du spectacle, de l'ostentation, succède la figure de l'État moderne et administratif (Foucault, *Surveiller et punir*) La monarchie s'achève lorsque le libéralisme contractualiste et individualiste l'emporte avec la Révolution sur l'organicisme, philosophie politique implicite de la monarchie.

La dictature ou le despotisme sont des types modernes de régime à distinguer de la monarchie. C'est le pouvoir d'un seul, ou d'un groupe militaire plus qu'une institution ; issu d'une crise ou d'une révolution, il aspire à tirer sa légitimité du peuple en court-circuitant les notables, les élites traditionnelles. Au début des *Mémoires*, hostile au césarisme plébiscitaire, Chateaubriand se pose en défenseur des libertés face à Bonaparte. Les dictatures s'enracinent historiquement avec difficulté, avec l'appui de la contrainte, plus « rustique » que la normalisation totalitaire ou le consensus démocratique.

Au pouvoir autoritaire personnalisé s'oppose le totalitarisme comme système de pouvoir, ensemble structuré qui ne se réduit pas à une hypertrophie oppressante du pouvoir comme dans la dictature classique. Dans sa spécificité définie par H. Arendt, il entend en effet modeler la société, l'impliquer dans le système par l'intériorisation de normes idéologiques, l'autocensure : la société se soumet au pouvoir comme l'avait déjà montré La Boétie dans le *Discours de la servitude volontaire*. Le passé, la mémoire, tout ordre religieux transcendant est éliminé (A. Camus, *L'Homme révolté ;* Soljenitsyne, *Discours américains*). Le totalitarisme est enfin un produit de la modernité, lié aux forces de la technique, de l'État armé des années 20-30 à la chute du mur de Berlin. On veut former un homme nouveau et forcer la nature par l'industrialisation, de manière prométhéenne. Mais du marxisme soviétique au nazisme, les fondements idéologiques sont différents. Le marxisme affirme le primat de l'économie, d'autres systèmes celui du politique avec la Nation et l'État.

---

1. Voir l'exposé : « Égalité et justice. »

L'instauration de la démocratie a suscité des débats théoriques. Les libéraux classiques ont mis en cause les virtualités autoritaires du projet de Rousseau : l'individu devrait renoncer à ses intérêts pour devenir citoyen et réaliser son humanité. Les monarchistes ont critiqué l'idéologie des droits, abstraite, indifférente au réel. Héritière de l'Histoire, la Nation ne saurait résulter d'un contrat. Plus tard, les sciences humaines ont relativisé la valeur de la démocratie occidentale et de ses corrélats (technique et « progrès ») face aux cultures différentes. Les marxistes ont dénoncé de leur côté le juridisme formel des droits, sans contenu concret, en réfléchissant sur l'égalité.

C'est aujourd'hui la critique du fonctionnement de la démocratie plus que les principes de celle-ci qui nous ferait conclure au « déficit démocratique ». Peut-on parler ainsi du pouvoir effectif de la société ?

Quels sont ses moyens réels ? Le peuple contrôle-t-il la chose publique ? L'administration est-elle transparente ? Les intérêts médiatiques et financiers ne rendent-ils pas fictive la citoyenneté participative ? Les sociologues du pouvoir ont montré le rôle des oligarchies technocratiques : les débats « techniques » sont réservés aux « experts ». Le pouvoir passe moins par des personnes que par des structures de pouvoir : technostructures, minorités dirigeantes cooptées, élites fermées et animées d'une solidarité interne, en dépit de la forme « démocratique » du système. Pierre Bourdieu a mis en évidence le fait de la reproduction des élites, leur insuffisante circulation contraire aux exigences de l'élitisme républicain et méritocratique. La massification de l'enseignement n'a pas impliqué pour autant une société plus démocratique et l'on parle de « l'ascenseur social en panne ».

On sensibilise l'opinion à ce qui a déjà été décidé au nom des « exigences », des « contraintes[1] », de l'incontournable. Jean Chesneaux évoque la « préemption » de l'avenir dans *Habiter le temps*. On gère et on explique. Le débat, le choix critique, ce qui fait l'essence de la démocratie laissent place au consensus, à l'intégration au système, confortés par le sondage perpétuel, aux conclusions « objectives » et incitatives. La participation active du citoyen, condition essentielle de la démocratie selon Tocqueville cède la place au conditionnement passif issu des modes et des médias, processus non autoritaire et post-moderne jouant sur l'influence et non sur la contrainte. La liberté serait alors formelle au sein d'un système unique de consommation. Le débat public sur des sujets collectifs, autrefois mené par des générations d'intellectuels[2] semble défunt, devant le règne du désengagement, de l'indifférence, de l'opinion normalisée, des approches économistes ou « morales », des bons sentiments et de l'inflation du juridique, à l'image des États-Unis. Dans *Le Pouvoir intellectuel en France*, Régis Debray accuse les intellectuels, autrefois consciences critiques parfois, de suivre les modes dominantes[3]. La réflexion sur les médias suit celle sur la démocratie : selon Baudrillard (*L'Illusion de la fin* et *Fragments*), l'obscénité de l'hyper-réel, l'image et le virtuel escamotent le réel social et historique, la mémoire des générations, la distance critique, le sens politique.

1. Voir l'exposé : « La religion est le rêve de l'esprit humain. »
2. Voir l'exposé : « À quoi reconnaît-on l'esprit d'une génération ? »
3. Voir déjà sur ce thème *La Trahison des clercs* de J. Benda.

Enfin, l'idéal de bonheur individualiste, héritage réel de 68 selon J.-M. Domenach et R. Debray comme « matrice d'une nouvelle société petite-bourgeoise » et moderniste, le « conformisme performatif et branché » (J. Chesneaux), la dissolution de la mémoire historique ne neutralisent-ils pas toute responsabilité critique, clé de la démocratie ? Gestion, consensus, moralisation et pouvoir incitatif-séducteur : qu'est devenu le jeu démocratique réel[1] ?

G. G.

Lectures conseillées

Le Pouvoir, ouvrage collectif (Bréal).
Le Bonheur, ouvrage collectif (Bréal).
H. Arendt, *Les Origines du totalitarisme ; La Crise de la culture.*
A.C. Tocqueville, *De la démocratie en Amérique.*

1. Voir l'exposé : « Le pouvoir comme jeu ? »

Qu'est-ce qu'un bourgeois ?

Figure essentielle de la mythologie sociale et littéraire, le bourgeois apparaît au Moyen Âge, comme habitant du bourg, marchand de la ville, distinct de l'aristocrate, du clergé et du peuple. Dès le XVIe siècle, le rôle tenu par les biens matériels caractérise une nouvelle mentalité moderne et bourgeoise ; le souci du perfectionnement individuel et de la culture humaniste explique l'intérêt porté à la pédagogie, le développement des collèges religieux (Foucault, *Surveiller et punir*). Philippe Ariès a montré le caractère moderne du sentiment de l'enfance et de la famille attaché à la bourgeoisie laborieuse et calculatrice. Soucieuse de progresser au XVIIe siècle, la bourgeoisie française attache son sort à l'État monarchique, avec l'administration et le droit, et se démarque de l'aristocratie, comme le remarque Tocqueville dans *L'Ancien Régime et la Révolution*. Elle revendique la liberté et l'égalité juridique au nom du mérite au XVIIIe siècle. Elle bénéficie de la Révolution (on pense au Père Goriot de Balzac), triomphe au XIXe siècle après l'achat de biens nationaux, par la rente et la spéculation, par l'investissement industriel ou plus modestement dans l'administration et le commerce.

Mais l'ordre dominant bourgeois du XIXe siècle, celui de l'individualisme libéral est ébranlé par les crises économiques au XXe siècle, les guerres, les idéologies révolutionnaires, l'irruption des foules puis des masses sur la scène sociale et politique et enfin par la mauvaise conscience du milieu lui-même. Le déclin relatif des frontières de classe fait qu'il ne reste qu'une mentalité bourgeoise ou petite bourgeoise : 68 a sonné le glas du politique et la France s'est adapté à la société marchande occidentale de masse.

Comment définir les valeurs bourgeoises ?

Au Moyen Âge, la bourgeoisie se définit par opposition à l'aristocratie, par la parodie burlesque de la littérature chevaleresque, par le goût d'une littérature réaliste, satirique ou morale. Au XVIIe siècle, elle oppose le bon sens et le réalisme (Chrysale) à la préciosité et à l'affectation. Par arrivisme, elle singe l'aristocratie (*Le Bourgeois gentilhomme*) et le théâtre de Molière ridiculise ceux qui ne savent pas tenir leur rang (*les Femmes savantes*, Orgon qui néglige la famille pour se soumettre à Tartuffe). Dès le XVIIe siècle, le sens bourgeois de l'ordre et de l'économie, avec Monsieur Dimanche, s'oppose à la dépense somptuaire, à l'ostentation, à la futilité, au dérèglement aristocratique illustré par don Juan. On est à l'écart de la frivolité comme de la « populace ». Critique au XVIIIe siècle, parfois voltairienne et revendicatrice, la bourgeoisie défend le mérite et le travail accordé à la morale. Dès lors, l'ordre bourgeois revendique l'épargne, répudie l'oisiveté, jugée dangereuse, la paresse et l'imprévoyance. Il faut être ordonné, laborieux et industrieux. « Enrichissez-vous par le travail, et vous deviendrez électeur » dit Guizot, ministre de Louis Philippe après 1830. La vie est réglée ; les normes sociales, juridiques et morales (sens de la famille, respect de l'autorité) doivent conjurer tout aléa, tout désordre. Tout doit être rationnel et utile : le bourgeois amasse et ordonne ses biens[1]. Le travail, l'effort rigoureux et calculé justifie la propriété et le profit, la jouissance accordée à la morale, comme l'explique dans *Chatterton* de Vigny, John Bell, entrepreneur calculateur, champion de la bonne conscience dans l'Angleterre industrielle, déjà le « salaud » sartrien. On doit plier le sentiment à l'intérêt et à la raison. Austérité, amour de l'ordre social, morale du devoir, honorabilité, respectabilité, « juste milieu » sont préférés à l'oisiveté et à « l'aventure ». Les misérables sont expédiés vers les « *workshops* », ateliers industriels pour le salut de leur âme.

Dans *L'Idée du bonheur au XVIIIe siècle*, Robert Mauzi dresse un tableau achevé des vertus bourgeoises et de l'idéal de bonheur domestique : « le bonheur bourgeois est le bonheur sans histoire du devoir facilement accompli »... « le bourgeois devient l'heureux habitant de ce monde, il se moque de l'impossible, et ne sait pas rêver. Il est préservé de l'avilissement de la misère et de la corruption de la grandeur ; il idéalise le grand rêve de l'époque, qui tend à concilier la jouissance et la vertu ». Le règne de la bourgeoisie est celui de la bonne conscience, de la bêtise scientiste (Homais dans *Madame Bovary*) de l'indifférence à l'art, du mépris des artistes jugés improductifs et rêveurs, qui dénoncent de leur côté « l'imbécile heureux », le bourgeois béat au bonheur indécent étranger à toute vraie poésie, à tout sens tragique de la vie. La littérature bourgeoise du XVIIIe siècle se limitait aux beaux sentiments et au pathétique convenu ; au XIXe siècle, l'art est réduit au rang de décor, de divertissement inutile, après le travail.

C'est pourquoi les artistes, et en particulier les romantiques dénonceront sans concession l'esprit bourgeois, conformiste, matérialiste et utilitaire, insensible à l'art. Le monde bourgeois de la Monarchie de juillet paraît désenchanté, le bonheur bourgeois passe pour sottise. L'Histoire révolutionnaire et impériale défunte a cédé la place au conformisme des notables. Les jeunes romantiques des romans d'apprentissage se heurtent à l'ordre établi dans leur idéalisme, même s'ils veulent s'intégrer par ambition et réussir. L'opposition à cet ordre établi est politique et aussi esthétique, avec la modernité de l'art romantique « contre le bon goût, précaution prise par le bon ordre » (Hugo, *William Shakespeare*) puis avec « l'art pour l'art » contre l'utilitarisme bourgeois. Pour les esthètes de « l'art pour l'art », c'est l'inutilité de l'art qui fait son prix (T. Gautier, Préface à *Mademoiselle de Maupin*) « *J'appelle bourgeois tout ce qui pense bassement* » écrit Flaubert, auteur du *Dictionnaire des idées reçues*. Et au bourgeois indifférent, Verlaine oppose le poète dans Monsieur Prudhomme dans un portrait à charge réducteur : il existe une bourgeoisie cultivée et humaniste au XIXe siècle. Baudelaire dénonce quant à lui le matérialisme et la nouvelle religion optimiste et bourgeoise du Progrès. Détachés de leur siècle, les spiritualistes de la fin du XIXe siècle (Bloy, Huysmans) se tournent vers l'art, la religion, l'esprit de pauvreté ou de mysticisme. Des Esseintes dans *À rebours* de Huysmans exècre la suffisance bourgeoise, la bonne conscience et se retire dans un univers purement esthétique fait d'artifices et Durtal dans *La Cathédrale* quitte le monde parisien pour Chartres. Huysmans préfère le surnaturel au réalisme bourgeois. Bientôt Bernanos et Mounier fustigeront les bien-pensants.

1. Voir l'exposé : « Le temps, c'est de l'argent. »

Du XIXe siècle au XXe siècle, de Zola à Galsworthy (*La Saga des Forsythe*), contemporain de l'essor de la bourgeoisie, le roman comme genre littéraire entend parcourir et s'approprier le réel dans de vastes sommes et cycles. C'est le genre libre par excellence, ouvert à tous les possibles, expression d'une société en expansion, image des ambitions et des destinées individuelles, expliquent Marthe Robert (*Roman des origines et origines du roman*) et Robbe-Grillet (*Pour un nouveau roman*). C'est l'âge de l'individu, du « je » conquérant, de l'Histoire, de l'analyse sociale et psychologique pour G. Lukacs. Tout basculera avec la littérature de l'absurde existentiel (Sartre, Camus, Céline) et le « nouveau roman » des années 60.

G. G.

Lectures conseillées

R. Pernoud, *Histoire de la bourgeoisie en France* (« Points » Seuil).
T. Zeldin, *Les Passions françaises* (« Points » Seuil).
M. Pinçon-Charlot et M. Pinçon, *Quartiers bourgeois, quartiers d'affaires* (Payot).
P. Perrot, *Les dessus et les dessous de la bourgeoisie* (Éd. Complexe).

Pouvoir et consentement

Dans un régime traditionnel, la reconnaissance du pouvoir va de soi. Le monarque est plus qu'un simple individu : la monarchie est une institution traditionnelle et paternelle. Médiateur du sacré, le pouvoir s'appuie sur des cérémonies. Des lois morales et religieuses limitent le pouvoir personnel. On peut alors parler d'un consensus, c'est-à-dire d'une acceptation implicite du pouvoir qui s'explique, selon Hannah Arendt, par le lien de l'autorité à la tradition. L'autorité gagne ainsi la reconnaissance, s'enracinant dans la profondeur du passé. Mais ceci n'exclut pas les conflits entre l'autorité centrale et les pouvoirs locaux traditionnels.

Mais alors que le consensus est un accord implicite avec le pouvoir, le consentement est la reconnaissance d'une légitimité. La reconnaissance fonde la légitimité et l'autorité. Le pouvoir ne peut bénéficier du consentement, s'il se présente comme fin en soi. Il doit mieux faire, passer pour conjurer le « désordre » naturel, réel ou mythique, pour défendre le bien commun, selon la philosophie politique traditionnelle organiciste et holiste, et pour prendre en compte les droits individuels naturels et les aspirations des gouvernés, selon la philosophie libérale individualiste et contractualiste.

Pour Rousseau dans le *Contrat Social*, le pouvoir ne saurait se fonder sur la force, *le consentement est la condition même de l'exercice du pouvoir*, il devient possible lorsque le pouvoir se fonde sur le droit naturel. Pour Locke, le contrat garantit la liberté et l'égalité juridique « naturelles ». Selon Rousseau, le pacte social permet l'expression de la volonté générale que le pouvoir exerce au nom des citoyens. Chacun consent ainsi à abandonner sa liberté naturelle pour conquérir une authentique liberté politique.

Le consentement est un acte volontaire, il requiert l'exercice du débat public, réducteur de la violence par la parole, mené par l'opinion éclairée selon Kant au début de *Qu'est-ce que les Lumières ?* On s'efforce de parvenir à une unanimité objective en référence à l'universalité des valeurs : *la discussion rationnelle discernerait une vérité objective*, réaliserait un accord « naturel ». Ainsi, les libéraux croient à la valeur de la négociation, sur le mode économique. Conscients des enjeux, les citoyens peuvent comprendre et juger, et peuvent parvenir selon Rousseau à un consentement unanime. Pour sa part, Montesquieu invoque la vertu comme principe du pouvoir. Loin d'être un usage pervers de la parole[1], l'éloquence confère à cette dernière son pouvoir de réalisation d'évocation poétique du monde.

Le consentement est limité puisqu'il est toujours difficile en démocratie d'établir et de discerner la volonté générale. Pour Hegel, Marx et Pareto, l'Histoire comme la société sont parcourues de contradictions. L'unanimité « objective » n'est qu'une illusion niant ou escamotant les divers intérêts et le jeu des pouvoirs. D'ailleurs, les critiques de Rousseau ont accusé les virtualités

1. Voir l'exposé : « Toute discussion est le commencement d'une guerre. »

totalitaires de son projet. Loin du juridisme abstrait, il faut alors *reconnaître la nature essentiellement polémique du pouvoir, à l'image de la diversité du monde.* Autant choisir, comme le montre la « politique décisionnelle » de Carl Schmitt. *Le consentement n'est pas l'acceptation d'une neutralité, c'est un enjeu de pouvoir.*

Par le consentement, même s'il invoque la liberté ou la volonté populaire, le pouvoir travaille en fait à son propre établissement, par la recherche de l'adhésion, de la reconnaissance. Même si le pouvoir se distingue de la force, de la coercition, qui ne sont pas vraiment relationnelles, même plutôt impopulaires, le pouvoir ne suppose pas le consentement volontaire de tous. Pourtant la reconnaissance est toujours meilleure que la force. Le pouvoir réduit à la seule domination est fragile. Il se situe donc entre la simple domination et l'autorité, qui appelle le consentement : l'autorité se fonde sur le prestige, l'ascendant, la capacité d'induire des comportements sans recours à la force. Certes soutenu par l'institution (Bourdieu) le maître a de l'autorité parce qu'il fait autorité, sans devoir être autoritaire. On croit alors en la compétence de celui qui parle. La persuasion est une arme de légitimation et de consentement. elle suppose une certaine égalité entre les partenaires. Mais l'autorité est aujourd'hui en crise (Arendt) et le consentement est difficile, à l'âge du relativisme, de l'individualisme, de l'indifférence contemporains.

Le consentement passe souvent par l'apparence, à un plus bas degré. Le pouvoir qui se manifeste dans une dialectique de la présence et de l'absence, doit se montrer. Même s'il est déjà présent avant qu'on y consente, inversement il n'existe que si on y croit. Son exercice requiert la reconnaissance, les moyens employés doivent être acceptés pour être suivis d'effets. On accorde crédit au pouvoir selon les signes, les apparences, les images, les représentations qu'il laisse à voir (Pascal, *Discours sur la condition des Grands*). L'action du pouvoir peut viser à faire paraître légitime telle décision discutable. Doit-on reconnaître l'arbitraire, sous couvert de raison d'État ? Le caractère conscient et volontaire, réfléchi du consentement est alors escamoté. De la réserve critique et de la persuasion éclairée, nous sommes passés à la manipulation par des artifices séducteurs. *Je peux accorder mon libre consentement, mais ce n'est peut-être qu'une illusion.* J'ai pu intérioriser des normes et des contraintes, des habitudes sociales devenues seconde nature (Pascal), jusqu'à l'exercice paradoxal de la « servitude volontaire » selon La Boétie : soumission de la société au pouvoir, demande implicite d'un pouvoir tutélaire et gestionnaire, idée d'une société atomisée, évoquées par H. Arendt dans son analyse du système totalitaire.

L'influence est encore plus sournoise : nous croyons décider, consentir, mais nous ne faisons pas la décision nous-mêmes. L'influence n'exige rien, mais je ne peux y résister, lorsque la séduction ou le copinage masquent en fait la relation de pouvoir ou la fonction réelle. Avec l'influence psychologique, entre en jeu tout un capital symbolique de crédit et de séduction.

Les vertus idéales du consentement cher à la théorie démocratique sont donc très fragiles. Par ailleurs, quelle est l'autonomie réelle de celui qui consent ? On parle d'un déficit démocratique contemporain. Quel est le pouvoir effectif du peuple, d'orientation et de contrôle de la chose publique ? Ne consent-il pas au choix et aux termes issus de structures en place ? Chacun connaît ou devrait connaître le rôle des oligarchies, sociales, bureaucratiques, technologiques et médiatiques qui invalident tout consentement actif.

Alors que le consentement suppose un acte volontaire, l'exercice d'un débat, le consensus est un compromis en fait provisoire, dans un contexte où les oppositions sont voilées par un certain type d'information ou d'action sur une opinion docile que l'on va implicitement habituer à certaines normes. Avec le consentement, je peux dire oui en sachant que je peux dire non et pourquoi : je peux conserver toujours la « pensée de derrière », la réserve critique au sens pascalien. Avec le consensus, je dis oui parce que je ne peux, ou je ne sais même plus dire non… Je me prononce machinalement, même si je crois être libre. Le consensus avec ses valeurs ou son discours commun, certes nécessaires en politique, n'est pas la simple antithèse de la politique polémique, qui commencerait là où il s'arrête. Le consensus est en fait un exercice détourné, implicite du pouvoir neutralisant les oppositions au sein d'un système contemporain fait de micro-pouvoirs, au sens de Foucault.

Les sociologues parlent aujourd'hui du « consensus mou », non autoritaire et post-moderne, du déclin de l'éducation civique, de l'espace public, de la montée du conformisme social, du conditionnement passif issu des modes et des médias, de la normalisation, de la culture de masse…

Traditionnellement, le pouvoir a toujours voulu rassembler de manière consensuelle, jouer l'arbitre, le père bienveillant, invoquer telle situation difficile, se présenter comme irremplaçable. On a vu naître ensuite, à l'âge contemporain, des formes nouvelles de consensus. Les experts de la technocratie recherchent un consensus objectif, neutre, pseudo-apolitique, « libéré » de l'idéologie ou de la pression populaire. Le technocrate entend affronter le « sérieux » des vrais problèmes, invoque la nécessité, les contraintes incontournables. L'éducation devrait être par exemple adaptée à l'économie. On s'oriente vers une gestion sociale dans un monde sans conflits ; la sujétion, autrefois personnelle, a laissé place à une dépendance objective, au marché comme aux médias, où règnent l'immédiat, l'évidence, où tout fonctionne par « sensibilisation », incitation, séduction, illusion participative et conviviale, recours à l'idéologie du bonheur, ou à la morale (J. Ch. Rufin, *La Dictature libérale*, Poche pluriel).

Le consentement, la révolte, le choix et la décision laissent la place à une domination gestionnaire, sans pensée alternative possible.

G. G.

Lectures conseillées

H. Arendt, *La Crise de la culture*.
M. Foucault, *Surveiller et punir*.
J. Baudrillard, *La Société de consommation*.
La Boétie, *Discours de la servitude volontaire*.

La polémique est-elle vaine ?

À l'âge du « consensus mou », il est difficile de s'interroger sur la légitimité de la polémique. On ne peut penser que seul l'âge contemporain, avec les « affaires » en aurait le monopole, et que par opposition, le passé, souvent idéalisé, aurait été plus pacifique. On doit songer aux affrontements idéologiques sévères des années 60 et aussi à la presse pamphlétaire de la fin du XIXe siècle ou des années 1930.

La polémique pourrait être jugée vaine parce qu'elle épuise l'énergie de chacun ; elle serait entretenue pour elle-même dans un jeu stérile, sans résultat, elle pourrait cacher l'impuissance intérieure des protagonistes, qui voudraient se conforter dans leur rôle sans faire avancer le débat. Elle nous éloignerait d'un accord souhaitable, du consensus désirable. Il faudrait donc souhaiter un « dépérissement » historique de la polémique en politique pour parvenir à un accord sur des vérités salutaires pour tous, sans démarche idéologique partisane. L'économie et la technique réconcilieraient les hommes divisés par des « querelles » absurdes et archaïques. Le saint-simonisme au XIXe siècle souhaitait ainsi l'extinction des passions politiques et religieuses, avec l'avènement des « industriels » et des « experts » objectifs.

Après 1870, Émile Boutmy, l'un des fondateurs de Sciences-Po., entend renouveler le personnel politique : au journaliste, à l'avocat, au polémiste serait substitué l'économiste. Rappelons toutefois que les choix économiques, financiers, ou fiscaux sont souvent des choix politiques dans leurs implications.

La polémique ne serait-elle pas l'expression du « fanatisme », mot inventé par les philosophes des Lumières pour discréditer leurs adversaires religieux ? En fait, tout ce qui est irrationnel ou surnaturel n'est pas pour autant « fanatique » et il existe même, inversement, un fanatisme de la raison. Mais beaucoup pensent que « là où se termine la rationalité, commence le fanatisme. » Il serait donc préférable de fonder la politique non sur le conflit, mais sur la recherche du consensus. Le conflit serait alors conjoncturel, et le consensus naturel et nécessaire. C'est par l'intermédiaire de la discussion en vue de l'accord que l'on recherche la vérité[1]. La philosophie naît à l'époque de Socrate avec une réflexion sur la vertu du dialogue : mouvement vers la vérité, qui permet à chacun de se poser comme sujet, limité lui-même par la parole d'autrui qui est reconnu ainsi. On est d'accord pour rechercher un idéal commun par le débat.

Mais, précisément, la polémique, loin d'être fanatique, n'est-elle pas l'art du débat ? En dépit de l'esprit consensuel contemporain, nous pouvons tenter de fonder sa légitimité.

Si des oppositions – de toute nature – subsistent ou se développent, c'est que le consensus ne peut être que conjoncturel, provisoire, la polémique étant alors essentielle et naturelle. L'accord ne serait qu'un idéal ou un moment, tactique, d'un rapport de force évolutif. Les philosophes du conflit, les sophistes,

1. Voir l'exposé : « Toute discussion est le commencement d'une guerre. »

Marx, Machiavel pourraient être évoqués. Le juste milieu ne serait qu'un leurre, une forme rhétorique. Si la polémique a existé et continue d'exister, c'est comme expression d'une certaine rationalité et non comme celle des « passions » ou des « caprices », de la méchanceté d'un esprit « coléreux ». Elle est l'expression d'un certain style pamphlétaire et corrosif : il suffit de penser à toute une tradition polémique libérale (Paul-Louis Courier), anticléricale (Michelet et Quinet), d'opposition (Chateaubriand, Rochefort), polémique « réactionnaire » (et non réactive !), anti-moderne (Léon Bloy, Baudelaire), antimilitariste (Darien), antidémocratique enfin (Béraud). Il existe peut-être des raisons de polémiquer, un « devoir de colère ». La polémique pose ainsi de vraies questions et, si le passé suscite encore des passions, c'est sans doute en fonction des choix et des engagements dans le présent. On se pose aussi en s'opposant, on révèle son caractère et ses raisons ; la polémique suppose un discours commun minimum et elle peut dégager parfois un accord relatif. Elle est le plus souvent l'affaire des intellectuels tantôt jugés passifs et conformistes, tantôt révoltés, marginaux voire « outranciers » (Céline, Rebatet).

Donc la polémique, animée par des raisons, ne saurait être réduite à un « fanatisme » aveugle. Remarquons au passage que le fanatisme n'est pas si « aveugle » que cela, dans les formes hyperrationnelles de l'idéologie, de la guerre révolutionnaire, du terrorisme calculé. Ici, il faudrait établir une distinction utile entre la raison comme calcul et moyen (le rationnel) et la délibération prudente sur les fins (le raisonnable). La polémique est intrinsèquement liée à la politique comme art de définir l'ennemi, d'opposer des convictions qui divergent naturellement. « Là où cesse le consensus, commence la politique » (Comte-Sponville). Toute politique se fonde sur un rapport de force, l'accord étant l'horizon idéal. Le compromis ainsi atteint ne serait-il pas en fait un art de gouverner ? Quant au consensus lui-même, il n'est jamais neutre, puisqu'il peut masquer l'influence d'un pouvoir dominant, aux allures bienveillantes, objectives et paternelles (voir *Pouvoir et consentement*), posées comme incontournables et auxquelles on s'accoutume.

Au-delà du débat sur la valeur des raisons et des caractères et de l'efficacité réelle de la polémique, qui relève souvent d'un style, d'une esthétique, d'une tradition (celle des journaux satiriques et des écrits pamphlétaires) nous pouvons surtout conclure à la valeur de la polémique comme expression de la diversité et de la rivalité dans le monde, dans la perspective traditionnelle du conflit, de la joute oratoire, du tournoi, où l'on affronte l'autre sans l'anéantir.

G. G.

Lectures conseillées

J. Freund, *Pareto*.
C. Schmitt, *La Notion de politique. Théorie du partisan*.

Le pouvoir comme jeu ?

Le pouvoir est irréductible à la force, contraignante, non relationnelle, voir impopulaire. Plus qu'un concept, c'est une relation sociale, assimilable à l'échange, à la transaction, irréductible à la seule psychologie (la « passion » du pouvoir) ou a la seule logique économique. les rapports de pouvoir ne sont pas des rapports de classe.

Les actions de pouvoir sont multiples : faire l'unité, défendre des valeurs, mais aussi diriger – et non pas gérer –, définir l'ennemi et le déstabiliser, mobiliser contre lui, cultiver telle apparence, mettre en scène, user de la séduction.

Les modalités de ses jeux sont infinies. Le pouvoir peut user de temps, attendre, s'abstenir, ne pas décider, ne pas punir, ou, inversement, créer l'événement, oser avancer ce que les autres devront taire ou s'interdire. Il peut rassembler, jouer l'arbitre, le père ou le sauveur, invoquer telle situation, les « circonstances » ou la « fatalité », se présenter comme irremplaçable, bienveillant ou « objectif », mettre en avant un consensus pseudo-apolitique tout à son avantage, comme le font les « experts » de la technocratie.

Son privilège est l'autonomie et la liberté de manœuvre dans le rapport des forces mobilisables, à condition que son détenteur ait la capacité et la volonté d'exercer la sienne. Il maîtrise l'incertitude des situations, oblige ses adversaires à se déterminer en fonction de lui, pour leur suggérer ou leur imposer tel comportement par l'influence, les déstabiliser dans le processus de guerre révolutionnaire et de subversion, à moins d'être déstabilisé lui-même. Il peut recourir à la violence symbolique. L'homme de pouvoir peut user de l'ambiguïté, paraître « être avec » sans soutenir vraiment : ainsi Marc-Antoine[1] se situe entre César et Brutus, retourne le peuple pour lui, se pose comme seul habilité à prendre la place de César. Philinthe joue aussi de l'équilibre entre les mondains et son ami Alceste, qui le lui reproche, dans le *Misanthrope*.

Tout pouvoir suit une logique ostentatoire, celle de la représentation, use de symboles, de rituels, organise à son avantage le temps et l'espace, souvent monumental, ceci de manière significative. L'espace et le temps sont ainsi des données politiques qui ne sont pas neutres.

Ou bien le pouvoir se cache, se laisse désirer, joue de la séduction, se fait redouter par la menace potentielle, supérieure à la force, sauf si elle n'est pas exécutée, mais à terme, il doit se dévoiler. La logique de la modernité, selon Foucault, est celle du retournement du regard dans la relation pouvoir-société : du pouvoir admiré, on passe au pouvoir surveillant et organisateur. Qu'on lise *L'État séducteur* de Régis Debray. Le pouvoir a besoin de reconnaissance pour sa légitimation, dans le cadre de l'institution (Pierre Bourdieu), « le pouvoir n'existe que si l'on y croit » (Frédéric Laupies) avec la complicité de ceux qui le subissent. Qu'on se réfère à Pascal, La Boétie ou à l'analyse d'Hannah Arendt sur la société totalitaire atomisée et indifférente.

1. Shakespeare, *Jules César*, Acte III, scènes 1 et 2.

Dans les sociétés clientélistes, paternalistes, fondées sur la tradition et la protection, le pouvoir s'articule autour des notables qui distribuent des avantages, jouissent d'un capital de relations, pratiquent des échanges de services, de marchandages, des dons et contre-dons, utilisent et transmettent l'information comme ils l'entendent, ce que fait d'ailleurs tout pouvoir. Ces pouvoirs jouent de leur influence, de leur charisme, de la séduction, de l'autorité, distinctes de la coercition, d'une part, de la persuasion d'autre part, qui supposerait l'égalité. Dans les sociétés et les États modernes et rationnels, subsiste ce type de structure officieuse et « archaïque » de pouvoir. Le pouvoir est ainsi un tissu multiforme, selon Foucault ; la société est faite de micro-pouvoirs implicites.

Mais c'est plutôt la tendance oligarchique et bureaucratique qui caractérise la démocratie contemporaine, et non plus les « gros », les « deux cents familles », Schneider et de Wendel... Les citoyens contrôlent-ils, partagent-ils aujourd'hui le pouvoir ? Deux textes intéressants, de Braud et Edelman, répondent à cette question plutôt négativement. Et avec le pouvoir autonome de l'information, perçu par Balzac et Maupassant, avec la normalisation issue des médias et des modes ? les stratégies souples de séduction et d'incitation en démocratie sont infiniment plus efficaces que la violence « rustique » et préhistorique que certains despotes ont voulu appliquer à l'Histoire. Parallèlement, le rôle de l'intelligentsia est d'accréditer des idées, des modes, des mots et concepts aux connotations prestigieuses et mythiques, idéologiquement investis, et ceci depuis les « faiseurs d'opinion » des Lumières. Chacun lira avec intérêt *Le Pouvoir intellectuel en France* de Régis Debray (Folio-essais).

Nous parvenons ainsi au concept de système comme structure de pouvoir, utile à maîtriser en distinguant une typologie des pouvoirs : la monarchie, institution qui requiert une éducation et des « conseils », ensuite le despotisme, pouvoir autoritaire, enfin le totalitarisme, système politique et social, bien au-delà de la volonté personnelle du seul Staline. C'est donc à travers ces structures que les jeux du pouvoir s'exercent.

Arriver au pouvoir peut être la réalisation d'un accomplissement, puis l'illustration d'une perfection, dans la perspective platonicienne du pouvoir conseillé, éclairé, qui aspire au Bien ou qui est garanti par des valeurs transcendantes, valeurs à respecter comme y invite l'institution du Prince dans la tradition monarchique. Mais avec la modernité et le réalisme politique, le pouvoir n'est jamais un terme absolu mais toujours un processus contingent, un exercice aléatoire où il se dégrade. Alors le pouvoir ne dépasse pas l'horizon des seules forces de l'ambitieux ou du dirigeant. On le voit dans le subjectivisme héroïque de Spengler, le réalisme pessimiste et « noir » d'un certain naturalisme, le darwinisme social, le socialisme aristocratique de Jack London, ou révolutionnaire de Sorel.

G. G.

Lectures conseillées

Le Pouvoir (Bréal, 1994), 1re partie, p. 32-33.
Le Pouvoir (Belin), t. 1, p. 232 et p. 280.
P. Braud, *Le Comportement électoral en France* (PUF).
M. Edelman, *Pièces et règles du jeu politique* (Seuil).

Les élites

Il s'agit d'un mot au féminin qui désigne un groupe et non un individu : celui-ci fait partie de l'élite mais n'est pas une élite ! L'adjectif est élitaire ; « élitiste » revêt une connotation péjorative que ne comporte pas en revanche « sélectif ». Le pluriel confère une dimension sociologique au sujet. Le mouvement social de novembre et décembre 1995 a impliqué une réflexion sur les élites (*L'Expansion* du 7 décembre 1995). Le singulier impliquerait plutôt un point de vue idéaliste et moral.

A priori, le mot désignerait la meilleure part de la société, en fait ou en droit. Ce ne serait pas exactement une classe sociale puisque le sociologue Pareto, théoricien des élites, montrait que chaque classe comportait en son sein une part active. Le mot serait synonyme d'aristocratie, et ceci dans tout milieu, la noblesse représentant plus spécifiquement un ordre social d'Ancien Régime, avec la gloire, l'honneur, le nom comme idéologie. Pensons à Don Louis dans *Don Juan* de Molière.

Cette aristocratie qu'est donc l'élite doit illustrer des valeurs, faire la preuve de sa capacité comme de sa légitimité et pour le moins de sa compétence : on parlera de l'élite des techniciens, des mécaniciens, des sportifs, des bourreaux, voire des truands. On parle d'un tireur d'élite, des troupes d'élite comme avant-garde. On peut réfléchir à l'origine des élites, fait sociologique « naturel » puisque vérifié, ou fait discutable si l'on revendique l'égalité des conditions matérielles et des pouvoirs dans la société. On peut parler de l'hérédité pour la noblesse et la monarchie d'Ancien Régime, institution traditionnelle et paternelle pérenne, garantie par des valeurs morales et religieuses.

Il faut dans cette perspective, reproduire et transmettre un héritage. Dans d'autres perspectives la cooptation parmi des pairs, des amis, dans des systèmes clientélistes et paternalistes dominés par les notables peut contribuer à la formation de l'élite. Il peut en aller ainsi en politique... ou à l'université selon les analyses percutantes de Régis Debray dans *Le Pouvoir intellectuel en France*.

Par l'élection, la démocratie a pour finalité théorique la sélection des meilleurs. En théorie les partis, relais entre les citoyens et l'État, sélectionneraient les plus aptes, les plus compétents au pouvoir. En pratique, la technostructure d'État reproduirait les mêmes élites au sein de la classe dirigeante. On peut s'interroger aussi sur la formation de l'élite du pouvoir économique dans les entreprises ; les réponses ne sont pas monolithiques. De l'entreprise familiale aux « capitaines d'industrie » du XXe siècle, sur le modèle administratif on peut évoquer les autodidactes qui ont réussi dans le contexte des Trente Glorieuses, partis d'assez peu (Bouygues, Bleustein-Blanchet) ; et faire utilement référence à la méritocratie, à l'élitisme républicain. Les mandarins de la Chine impériale constituent l'un des premiers exemples de recrutement sur concours littéraires. La Révolution puis l'Empire ont doté la France d'un système de grandes écoles, littéraires, scientifiques, et techniques pour former les cadres nécessaires, au XIXe siècle. Le débat pouvait s'ouvrir sur le caractère égalitaire et juste de l'élitisme républicain, sur le rôle de l'école dans la promotion sociale ou sur la mystification qui masquerait la reproduction des inégalités sociales et culturelles.

Une seconde partie peut envisager le mouvement des élites dans l'Histoire, à la faveur des périodes de forte mobilité sociale (crises, guerres, et tout le contexte post-révolutionnaire du XIXe siècle avec la bourgeoisie montante évoquée par Balzac comme Maupassant). La volonté et l'énergie permettrait, selon Pareto, à une fraction de chaque catégorie sociale de s'élever : bourgeoisie ambitieuse, « capitaines d'industrie », peuple soucieux d'émancipation voire de révolution, intellectuels et professeurs engagés en politique, soucieux de former l'opinion, tandis que la majorité « passive » peu à peu menée par les « minorités actives », déclinerait historiquement : petite bourgeoisie rentière, capitalisme « frileux », aristocratie en déclin...

Il est possible d'évoquer le mouvement des élites, leur circulation, le remplacement des classes dirigeantes – remplacement progressif ou brutal : certains évoquent la liquidation des élites par le maoïsme au moment de la Révolution culturelle... Inversement, on évoque aujourd'hui une crise de la société, l'immobilité des élites, la promotion sociale beaucoup plus difficile pour ceux qui sont au milieu ou en bas de l'échelle : un ancien ministre n'évoquait-il pas « l'ascenseur social en panne » ? Certains mettent en cause la suffisance technocratique des élites et des « experts », leur indifférence au réel social et leur mépris des citoyens, donc un grave « déficit démocratique ». Le pouvoir contemporain, depuis longtemps, passe moins par des personnes que par les systèmes, dont l'objectif est d'assurer leur propre pérennité par le jeu d'une cohésion interne implicite.

Après Mosca et Pareto, des sociologues, comme Bourdieu, Burnham aux États-Unis, Mills et Dahl ont défini le pouvoir des minorités dirigeantes. La forme « démocratique » d'un système n'empêche pas des élites cooptées, plus ou moins homogènes et fermées, détentrices d'un capital culturel et économique, de monopoliser le pouvoir.

Haute bureaucratie d'État des « grands partis », clientèles politiques, « haute intelligentsia » selon le mot de Régis Debray, auteur du *Pouvoir intellectuel en France*, « faiseurs d'opinion » peuplent ces élites. Dans cette perspective, le jeu démocratique deviendrait une apparence, la réalité étant celle des manières communes de faire, de penser, de parler et d'agir, selon le consensus et les valeurs de la classe dirigeante. Le fait oligarchique est ainsi dominant.

Pourquoi ces élites ? Pour assurer le pouvoir, certes, mais quelles sont alors les finalités du pouvoir ? On peut avoir mieux à faire que viser le pouvoir, la maîtrise ou la domination. Toutefois, le pouvoir est inhérent aux sociétés qui connaissent du moins des fonctions différenciées (en Europe, l'intellectuel, le guerrier, le producteur)[1] et d'autre part, on ne peut défendre des valeurs sans l'appui de pouvoirs. Faire l'unité d'un groupe, prendre en charge les conflits inhérents à toute communauté, s'illustrer comme modèle dans la défense de

1. Cf. les travaux de G. Dumézil sur les sociétés indo-européennes.

valeurs, telle pourrait être une définition traditionnelle des tâches, des devoirs de l'élite. Sa finalité serait de servir. « À moins de servir, nul ne peut commander », écrivait Kipling. Dans une optique plus moderne, l'aventure, le pouvoir comme jeu, l'expression de la volonté, seraient un rapport privilégié au monde. Il faut alors savoir s'imposer comme le veulent certains personnages de Malraux ou de Balzac. Il faut alors s'employer à diriger les hommes, dans la perspective du subjectivisme et du réalisme machiavélien, ce qui est l'affaire d'une élite politique et non pas gestionnaire.

G. G.

Lectures conseillées

P. Bourdieu, *La Reproduction*.
J. Freund, *Pareto*.

Sensibilité et politique

La sensibilité n'est-elle pas une donnée socio-politique ?

On parle de sensibilité collective lorsqu'on se réfère à la mentalité d'une génération, à la psychologie d'un peuple, à des normes de jugement, à des représentations culturelles de la nature (ainsi le paysage est-il une donné de la culture), aux préférences idéologiques implicites. Il est habituel de parler de sensibilité « radicale », « écologiste », « protestante », ou bien encore « tiers-mondiste ».

La sensibilité est culturelle, n'est jamais purement naturelle. Différente du pur instinct, la sensibilité implique des préférences ou des affinités, elle provient d'une formation, s'inscrit dans une histoire comme celle de l'art ou des valeurs. La littérature, avec la lecture qui développe l'imaginaire, éduque la sensibilité. D'emblée culturelle et sociale, celle-ci s'inscrit dans un univers d'interprétation. Nos sens sont marqués par l'éducation et l'Histoire. Selon les peuples et les siècles, la nature par exemple n'est pas perçue de manière identique. Les sensibilités spécifiques des milieux sociaux ont été particulièrement étudiées par Pierre Bourdieu : avec l'étude du goût en matière de mode de vie et de choix esthétiques, Bourdieu établit une sociologie de la sensibilité dans *La distinction*. De l'ascétisme au culte hédoniste de la forme en passant par la promotion du « plein air » et de la route dans les années trente, le rapport au corps et à la nature est affaire de sensibilité socio-politique. Dans *Le miasme et la jonquille*, commentant les connotations des odeurs, Alain Corbin révèle que les classes, les régions, les peuples sont diversement perçus dans l'imaginaire social. Le paysage est également une donnée culturelle : on y est sensible subjectivement et électivement. C'est Rousseau qui a mis à la mode le paysage préromantique sauvage et mystérieux, et les peintres K.G. Friedrich et Turner le goût des espaces maritimes infinis[1].

La politique désigne ce qui a trait à la Cité, mais aussi l'action dans la société et l'Histoire, en vue de l'intérêt collectif. Dans cette perspective, les rationalistes ont déprécié la sensibilité. L'Antiquité platonicienne et aristotélicienne préférait la raison aux passions. L'héroïsme dans la tragédie classique passait pour supérieur aux sentiments. La fonction traditionnelle du pouvoir est de refouler la violence « naturelle » du sensible au nom de l'ordre, de l'Antiquité à Hobbes avec le *Léviathan*, jusqu'à exclure tout sentiment avec l'ordre insensible de la « raison d'État » ou avec la politique de Machiavel, adepte d'une violence sélective et de l'insensibilité extérieure. « La perfection évangélique ne conduit pas à l'Empire. L'homme d'action ne se conçoit pas sans une forte dose de dureté et de ruse... » C'est « un maître vers qui se tournent la foi et les rêves[2] ».

L'ordre industriel et bourgeois du XIXe siècle, l'ascétisme de la morale du travail et l'économisme marxiste ont refoulé la sensibilité : les marxistes

1. Voir A. Corbin, *Le Territoire du vide*.
2. De Gaulle, *Le Fil de l'épée*.

entendaient fonder leur engagement sur une analyse rationnelle et non sur les « bons sentiments », jugés bourgeois, idéalistes et mystificateurs. Quant aux désirs et aux passions dans la société idéale, c'est Fourier et le socialisme français, et non la tradition marxiste, qui les prendront en compte.

Pour les léninistes, la Révolution n'a nul besoin d'états d'âme, même si, par ailleurs, elle est soutenue par la mystique héroïque de la construction de l'« homme nouveau » et même si, dans les luttes politiques, il est toujours permis d'invoquer la morale, les « bons sentiments » ou le pacifisme pour culpabiliser l'adversaire par stratégie et au nom de l'efficacité, selon Pareto.

Irréductible à la simple passivité réactive, la sensibilité est indissociable du jugement, peut impliquer une attitude éthique, avec la pitié et la solidarité, et soutenir un choix politique. Celui-ci mobilise alors les passions au service des idées. Loin d'être « pathologiques », les passions expriment des raisons politiques, selon l'analyse hégélienne.

La politique s'appuie sur des expressions sensibles, des images et des mythes étudiés par Raoul Girardet dans *Mythes et mythologies politiques*.

Réitération du passé fondateur, figure à valeur symbolique, connotée positivement ou négativement (l'unité, le chef, le sauveur, le Peuple, le Complot), le mythe fait sens pour une génération dont il exprime les attentes et les passions. Selon Edgar Morin, vivre, c'est en même temps penser, imaginer, désirer, croire, craindre, espérer, rêver[1]. Le mythe et l'imaginaire qui fécondent l'action révèlent les limites d'une anthropologie purement rationaliste et d'une politique purement technocratique, qui aurait exclu rêves et passions[2], défendus par de Gaulle dans *Le Fil de l'épée*.

On peut évoquer la figure sensible de la Nation, essentielle dans le romantisme allemand avec le *Volksgeist*, et aussi chez Barrès qui se référait à un nationalisme populaire et romantique fondé sur l'instinct et l'énergie, et qui incarnait une droite radicale à vocation nationaliste et sociale[3].

Avant même Barrès, la sensibilité romantique inclinait à l'engagement politique. Après 1830 et surtout en 1848 les discours politiques lyriques des romantiques engagés déployaient leur énergie missionnaire pour défendre la cause des peuples. Pour Hugo, le lyrisme du verbe, avec le pouvoir vivant du langage, est l'expression de la conscience et de la sensibilité dans l'Histoire. Précurseur du romantisme, Rousseau n'avait pas négligé le sensible en politique. La loi est reconnue comme expression objective de la volonté générale, pour atteindre une mystique sensible de la citoyenneté. Dès l'enfance, les lectures héroïques romaines ont déterminé sa sensibilité politique, sa passion de l'indépendance et de la liberté. L'ardeur et la passion sont préférées à la rhétorique abstraite et intellectualiste.

À la fin du XIXe siècle, la modernité du socialisme révolutionnaire de Georges Sorel[4], inspirateur du fascisme italien, dénonce l'idéalisme de l'humanisme bourgeois et vante les forces actives du prolétariat. Le mythe de la grève prolétarienne est la forme sensible et motrice de l'idée révolutionnaire.

1. Voir *Le Paradigme perdu : la nature humaine*.
2. Voir l'exposé : « La religion est le rêve de l'esprit humain. »
3. Voir Z. Sternhell, *Barrès et le nationalisme français*.
4. *Réflexions sur la violence*.

L'irruption des révolutions, l'âge des foules puis des masses sonnent le glas de l'humanisme individualiste et libéral issu des Lumières. L'homme n'aurait été qu'un être de raison : or, on découvre au tournant du siècle la vertu des passions en politique. Celle-ci prend bientôt des formes plus engagées, plus sensibles. Les militants succèdent aux notables... Les idéologies populaires et militantes des années trente mobilisent passions et sensibilités collectives. Malraux comme Drieu sont sensibles à une esthétique de l'action, à une politique « romantique ».

Nouvelles croyances religieuses et messianiques pour Gustave Le Bon[1], les perspectives révolutionnaires du XIXe siècle naissant ont été inspirées par une mystique sociale, la volonté de former un « homme nouveau » en se défiant du passé, en conférant à l'État un rôle politique. Les théoriciens du libéralisme conservateur antitotalitaire comme Hayek ont pu alors rejeter, en les amalgamant, fascisme et marxisme comme « constructivismes » hostiles à l'individu bourgeois et aux sensibilités individualistes. Guerres, étatisme, industrialisme et technicisme en sont contemporains. Mais l'amalgame est très hâtif pour plusieurs raisons : le fascisme reconnaît la primauté du politique alors que le marxisme est plutôt un économisme, le nationalisme communautaire s'oppose au libéralisme jugé faible face au socialisme, rejette le conformisme égalitaire et matérialiste lui-même engendré par la société libérale individualiste de masse. Le socialisme n'est plus aujourd'hui révolutionnaire mais social-démocrate. Et le vrai débat a sans doute changé, confrontant non plus les idéologies mais l'universalisme occidental aux réalités vivantes des peuples et des cultures. Valeurs dominantes du XIXe siècle, l'État-Nation et la citoyenneté s'essoufflent au profit des communautés et des régions. Devenu obsolète, l'anthropocentrisme humaniste cède aux exigences de la nature et de l'écologie.

Ainsi que l'écrit Lévi-Strauss, « le monde a commencé sans l'homme et finira sans lui. » Des analyses récentes insistent sur les devoirs des hommes face à la nature sensible : *Animal, mon prochain*, de Florence Burgat et *Le Silence des bêtes* d'Elisabeth de Fontenay. Ainsi se dessinent de nouvelles sensibilités.

Avec le déclin des idéologies et la post-modernité consensuelle, nous sommes plutôt à l'âge des « bons sentiments » avec la sensibilité humanitaire qui risque de mener à l'oubli de la réalité proche au profit des seuls lointains et qui occulte aussi – selon Régis Debray – la dimension historique et politique des conflits. On entend aménager le système défaillant par le seul partage et les options humanitaires sans dénoncer les causes de la précarité. L'inflation de la morale et du juridisme s'est substituée au politique.

La culture de masse semble favoriser les individus, le relationnel, sollicite les désirs, joue sur les « *feelings* ». Mais Jean Baudrillard a montré dans *La Société de consommation* et dans ses récentes analyses sur les médias que la normalisation sociale avec les « campagnes de sensibilisation », le virtuel abstrait « objectif » des médias qui nous sollicitent en direct, le rapport utilitaire et instrumental au monde, le technicisme dominant sont indifférents aux cultures, aux individualités sensibles dans leur diversité et leur autonomie.

1. *Psychologie des foules–Psychologie du socialisme*, 1896.

Enfin, *La Politique du rebelle* de Michel Onfray, nietzschéen et libertaire conteste le caractère purement formel de la démocratie, défend la sensibilité critique, les individualités contre les logiques économiques ou politiques globalisantes et totalitaires, invoque Michel Foucault dans cette nécessaire critique des structures et des pouvoirs dont il dit que les philosophes humanistes néokantiens à la mode font l'économie, préférant un discours « commode » et idéaliste sur l'individu abstrait et les « vertus » morales, loin du réel social et de la question des pouvoirs.

G. G.

Lectures conseillées

D. Bourdin, G. Guislain, P. Jacopin, *La Sensibilité* (Bréal, 1998).
L. Cournarie, P. Dupond, *La Sensibilité* (Ellipses, 1998).

Ce texte, extrait de *La Sensibilité*, est reproduit avec l'accord de la revue de l'ESC Toulouse, destinée aux étudiants de classes préparatoires. L'ESC Toulouse a déjà publié *Le Pouvoir, Le Temps, Le Bonheur, Les Cahiers du management*, et diffuse le journal *Brèves.* (ESC Toulouse, 20 Bd Lascrosses, BP 7010-31068 Toulouse Cedex 7)

4 • Le bonheur

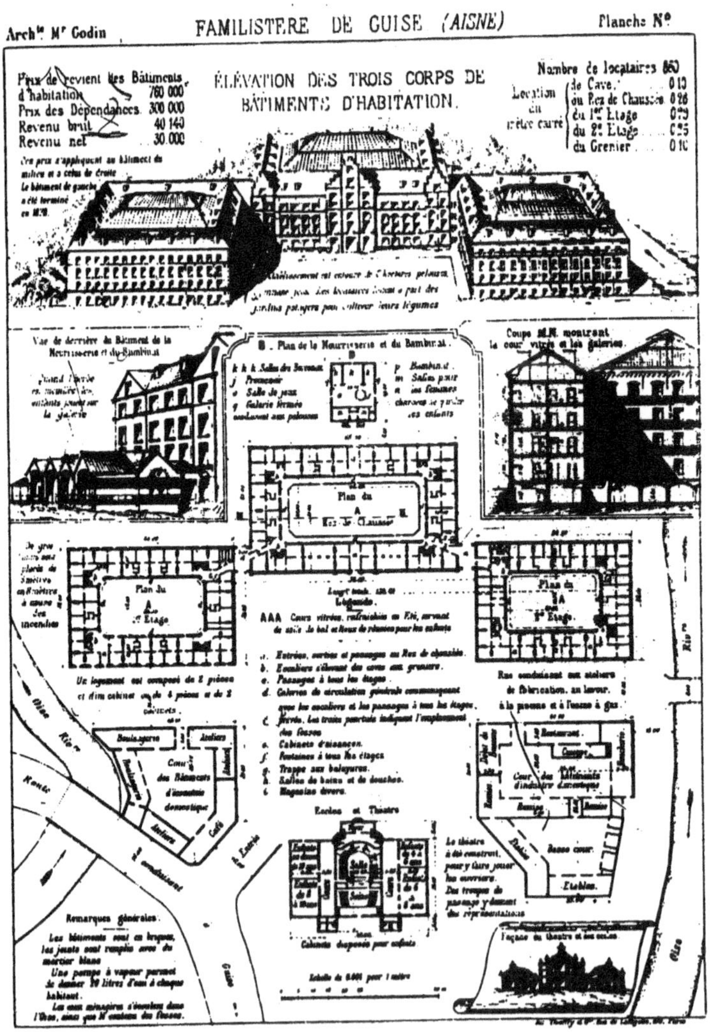

Archte Mr Godin
FAMILISTERE DE GUISE (AISNE)
Planche N°
Prix de revient des Bâtiments d'habitation 760 000
Prix des Dépendances 300 000
Revenu brut 40 140
Revenu net 30 000
ÉLÉVATION DES TROIS CORPS DE BÂTIMENTS D'HABITATION.
Nombre de locataires 850
Location du mètre carré
de Cave 0.10
du Rez de Chaussée 0.26
du 1er Étage 0.29
du 2e Étage 0.25
du Grenier 0.10
Remarques générales.
Ecoles et Théâtre

« La beauté n'est que la *promesse* du bonheur. » Stendhal

La formule de Stendhal affirme *l'existence d'un lien entre beauté et bonheur*, mais récuse tout lien de causalité. La beauté n'est pas le bonheur, elle ne rend pas heureux, elle ne fait que *promettre* le bonheur. Or *il est dans la nature de la promesse de pouvoir n'être pas tenue* : toute la valeur d'une promesse dépend de la confiance en la personne qui promet ; sa réalisation, de la constance d'une volonté à travers le temps. Comment la *beauté* peut-elle promettre quoi que ce soit ?

On peut penser dans un premier temps que la beauté, pour la personne à qui elle est dévolue, facilite la vie, ouvre les portes et les cœurs, prédispose au bonheur. « La beauté », écrit Schopenhauer, « est une lettre ouverte de recommandation, qui nous gagne les cœurs à l'avance[1]. » La beauté, sans pouvoir tenir lieu du bonheur, en serait comme l'annonce ou l'anticipation, et peut-être l'un de ses instruments.

De la même façon, la beauté pourrait être promesse de bonheur pour celui qui s'attache à elle sous les traits de la personne aimée. Un mythe rapporté par Ovide[2], nous représente Hercule parvenu à la croisée des chemins. Le temps est venu pour lui de décider s'il se servira de ses dons exceptionnels pour le bien ou pour le mal. Arrêté à un carrefour symbolisant les deux directions qu'il peut encore donner à sa vie, il voit deux femmes s'avancer vers lui : l'une est d'aspect modeste, mais son attitude est pleine de noblesse ; l'autre, à l'attitude arrogante et provocante, présente toutes les séductions d'une poitrine abondante. L'une symbolise la Vertu, l'autre le Plaisir. Chacune incarne les *promesses* attachées à l'un ou l'autre des choix de vie qu'Hercule peut encore faire. Suivre la vertu, c'est se voir promettre un long et rude chemin accompagné par la constante satisfaction de savoir que l'on fait bien. Suivre la beauté, c'est accepter la promesse d'une vie facile et pleine de plaisirs qui, dans une existence livrée à l'oisiveté, se donnera pour un bonheur permanent. *Chacun est responsable de la promesse qu'il accepte de recevoir, et sur laquelle il joue sa vie.* Aimer la beauté physique en l'autre, c'est y voir comme le symbole de la beauté de son âme ou de son caractère, ainsi que l'évoque Platon dans le *Banquet*, et *anticiper* sur la beauté de la relation qui pourra s'instaurer entre l'autre et soi. Zénon, à qui l'on demandait de *définir la beauté*, disait qu'« elle n'est que la fleur qui *promet* le beau fruit des vertus[3] ». D'autant plus dure est la déception lorsque cette beauté s'avère trompeuse et *n'est que le masque de la hideur* de l'âme, comme dans le *Portrait de Dorian Gray* d'Oscar Wilde, *au lieu d'être la transposition sensible d'une beauté intérieure*. « Je plains les gens qui sont trop beaux », écrivait Alain, « c'est une *promesse* que l'on ne peut pas tenir. »

Mais cette promesse que nous voyons dans la beauté, n'est-ce pas nous qui croyons, illusoirement, la découvrir, à l'insu de la personne belle elle-même ?

---

1. *Aphorismes sur la sagesse dans la vie*, chap. II, section 2.
2. *Médée.*
3. Cité in B. Gracian, *La Pointe ou l'art du génie*, Discours XLI, p. 282.

Une promesse semble émaner d'elle à son insu, qu'elle pourra d'autant moins *tenir* qu'elle n'aura, jamais, eu l'impression ou l'intention de nous la *faire*. Un proverbe un peu plat prétend que « la plus belle femme du monde ne peut jamais donner que ce qu'elle a. » Mais si ! rétorque Chamfort – avant Lacan : « elle donne très précisément ce qu'on croit recevoir, puisqu'en ces matières c'est l'imagination qui fait le prix de ce qu'on reçoit[1]. »

Est-il donc vrai que la beauté nous promette jamais quoi que ce soit ? L'expérience esthétique ne nous situe-t-elle pas d'emblée, bien au contraire, au-delà de toute promesse ? « La contemplation esthétique », écrit Schopenhauer, « nous soustrait au trouble auquel est soumise l'existence quotidienne, aussi parfaitement que le sommeil et le songe. » Le souci de l'individuel est oublié, « heur et malheur se sont évanouis ». Peut-être que *seule la beauté ne nous trompe pas parce que seule, elle ne nous promet rien : tout ce qu'elle aura jamais à proposer est d'emblée exposé au regard*, à l'écoute, aux sens du spectateur. Seule elle ne flatte pas nos désirs, mais nous en délivre, provisoirement. La contemplation de la beauté serait une libération éphémère de notre perpétuel désir d'être heureux, une *suspension provisoire* de cette quête sans espoir. « Car ni bonheur, ni misère ne nous accompagnent à ces hauteurs », écrit encore Schopenhauer. Mais ce soulagement ne constitue-t-il pas précisément la seule et unique béatitude accessible aux hommes, celle qui provient d'une contemplation affranchie des affres de la volonté ? La sérénité et le calme de l'âme qui s'abandonne sans réserve à la contemplation du beau, et s'en trouve délivrée de tout souci individuel, de toute misère comme de tout désir, fait peut-être l'essentiel et en tout cas le plus précieux de l'expérience esthétique.

Mais peut-être la beauté est-elle plus encore que cela : est-elle vraiment autre chose que *du bonheur rendu sensible*, la forme sensible du bonheur ? La figure d'Aphrodite, dans la mythologie grecque, incarnerait cette adéquation parfaite entre l'apparence et l'essence : elle est l'éclat qui attire et qui gagne les cœurs, aplanit toutes les difficultés et désarme toute réticence. Là où Aphrodite est présente règne la faveur qui habite dans la beauté et dans la grâce, et qui remporte sans effort toutes les victoires. Le bienheureux tend, sans même s'en apercevoir, à tout rendre heureux[2]. *La beauté*, bonheur des sens, *pourrait* alors *se suffire à elle-même* et *être plénitude dans l'ordre de la sensibilité*. « Mais ce qui est beau semble être heureux en lui-même », écrit le poète Mörike[3]. Toute l'ambiguïté vient alors se loger dans le verbe « sembler » : la beauté n'est-elle que l'*apparence* du bonheur, ou est-elle le bonheur lui-même devenu apparent, c'est-à-dire *visible* ?

J. B. de R.

---

1. N. de Chamfort, *Maximes et pensées*, Mille et Une Nuits, p. 115. Cf. l'exposé : « L'imagination, d'autant plus fourbe qu'elle ne l'est pas toujours. » Par où l'on voit que M. Proust a encore plus raison qu'il ne le croit lui-même : « *Il faut laisser les femmes trop belles aux hommes sans imagination.* »
2. Cf. W. Otto, *Les Dieux de la Grèce*, p. 121-122.
3. « *Was aber schön ist, selig scheint es in ihm selbst.* » in *Auf eine Lampe*, in *Anthologie bilingue de la poésie allemande*, Pléiade, p. 672-673.

Lectures conseillées

Ovide, *Médée.*
Stendhal, *De l'amour*, chap. 17, (Folio) note p. 59.
W. Otto, *Les Dieux de la Grèce* III, « Aphrodite » (Payot), p. 121-122.
A. Schopenhauer, *Le Monde comme volonté et comme représentation*, § 38, 42.
O. Wilde, *Le Portrait de Dorian Gray.*

« La bêtise, c'est l'aptitude au bonheur. » Anatole France

La figure traditionnelle de « l'imbécile heureux » semble constituer un pied de nez à toute la sagesse antique. À quoi bon l'ascétisme platonicien ou l'humiliation des passions prônée par le stoïcisme, pour atteindre le bonheur, si les « idiots de village » et autres « ravis » promènent leur joie naïve et insouciante ? Ces personnages traditionnels imposent l'idée d'une innocence liée à l'absence de jugement et l'opposent à l'inquiétude de l'homme raisonnable obligé de délibérer avant d'agir, inquiétude liée à l'intelligence capable de discerner un succès d'un échec. Funeste héritage légué par la philosophie antique, le souci de soi lié à la recherche du bonheur, éveillerait en nous la crainte de faire le mal, la conscience d'un malheur à redouter. *Le bonheur serait ainsi un bien paradoxal, recevable à la seule condition de ne pas s'en préoccuper* ; sa recherche étant, par l'anxiété qu'elle suscite, la cause même des tourments.

Selon l'étymologie, la bêtise[1] tire l'homme vers la bête et lui fait perdre un peu de son humanité. Mais il est remarquable que les philosophies antiques n'opposent pas la sagesse à la bêtise. Épicure parle plutôt de la « folie » des hommes, décrite par Lucrèce comme la recherche effrénée des richesses, des honneurs, du pouvoir[2]. Cet obstacle au bonheur n'est pas le fruit, en nous, d'une bestialité que nous aurions à combattre, c'est plutôt un usage hypertrophié, monstrueux, de nos facultés humaines, lesquelles nous poussent à une activité dénaturée dans la poursuite d'objets illusoires. Le malheur des hommes est souvent décrit par Épicure comme un oubli de notre finitude qui nous égare dans des fantasmes à la poursuite de désirs « non naturels » parce qu'indéfinis (s'il est prudent, intelligent, inventif, le riche, par exemple, peut toujours espérer augmenter sa richesse ou le puissant son pouvoir) et nous détourne de goûter le présent. C'est encore le fantasme humain qu'Épictète place à la source des attitudes de refus du réel, lorsque le « fou » croit pouvoir opposer ses désirs à l'effectivité d'un événement qui ne dépend pas de nous (la mort d'un proche, la décrépitude physique, les revers de fortune) : ceux qui souffrent sont alors ceux qui n'ont pas su se couler dans le mouvement du monde et éprouvent ainsi leur fragilité face à l'événement.

La force du sage stoïcien, son arrogance même[3], dans l'adversité ; la jouissance discrète du sage épicurien goûtant l'instant présent comme on croque un fruit mûr ; autant d'exemples opposés à une démesure proprement humaine, non à la bestialité des brutes. La « folie » dénoncée par les sagesses hellénistiques n'est pas la bêtise car celle-ci ne procède pas d'un usage démesuré des facultés humaines, mais plutôt d'une absence de ces facultés. La bêtise apparaît alors comme la suppression du problème de la recherche du bonheur puisque ce problème est toujours posé par l'abus des facultés humaines. Au déchaînement des fantasmes dans un intellect hypertrophié, la

1. Voir l'exposé : « Nuire à la bêtise ».
2. *De la nature des choses*, II, 10-13.
3. Voir l'exemple de Lateranus dans les *Entretiens* d'Épictète, I, 4.

sagesse antique opposait la raison comme faculté de juste mesure[1]. C'est moins à cette sagesse qu'au caractère aléatoire de ses résultats qu'on oppose la bêtise comme moyen plus sûr d'éviter la démesure des « folies » humaines. Invoquer la bêtise comme aptitude au bonheur, n'est donc pas refuser la raison mais douter de son efficacité à contenir les excès de l'intellect humain. Mieux vaudrait rester stupide, dans l'horizon étroit d'une vie quasi animale, que d'avoir à combattre des facultés efficaces mais déréglées. La formule suggère donc une sorte de scepticisme désabusé qui a cessé de croire au succès de la raison, tout en continuant à voir dans la mesure visée par celle-ci la seule voie vers le bonheur.

Mais la bêtise peut s'entendre en un autre sens que la finitude imposée par des facultés limitées et incapables de démesure. Car être bête se dit d'un homme, non quand il ressemble à un animal mais plutôt lorsqu'il ne parvient pas à se rendre l'égal des autres hommes. Par exemple, on dit d'une parole ou d'un acte que c'est une bêtise lorsqu'elle ridiculise son auteur *en montrant l'échec de son effort*. La bêtise s'entend ici comme *la singerie de l'humain*, l'impuissance à en être autre chose qu'une caricature risible. Voulant donner « le roman de la bêtise », Flaubert dresse, dans *Bouvard et Pécuchet*, le portrait impitoyable de deux pauvres diables pleins de bonne volonté et d'ardeur à l'étude. Soucieux de se cultiver, ils deviennent pédants ; amoureux de la philosophie, ils n'en retiennent qu'un insupportable jargon hégélien ; même leur désir de charité envers les enfants abandonnés tourne à leur confusion. C'est ici dans la petitesse et non plus dans l'excès que se montre la démesure. La même absence de jugement (souvent, dans le roman de Flaubert, l'absence de jugement de goût) semble alors échoir à l'homme bête comme à celui qui exerce sans discernement une intelligence efficace. Dans les deux cas, augmenter ses richesses, matérielles ou intellectuelles, ne peut que révéler un peu plus une irrémédiable stupidité. La bêtise reste bien l'envers de l'excès attribué par les penseurs antiques à la « folie des grandeurs » affectant l'humanité, mais cette inversion n'apporte pas plus de mesure et ne rend guère plus apte au bonheur.

Face à la fureur et la démesure suscitées par l'intelligence humaine, la bêtise peut paraître un refuge pour une humanité innocente et heureuse. On peut même l'invoquer comme alternative à la sagesse, dans la recherche du bonheur. Mais c'est alors oublier que la figure de la bêtise est avant tout celle du ridicule et de l'échec par manque de discernement. La seule aptitude au bonheur réside donc dans la faculté de délibérer avant d'agir.

P. D.

Lectures conseillées

Épicure, *Lettre à Ménécée*.
Épictète, *Manuel*.
G. Flaubert, *Bouvard et Pécuchet*.

1. Voir l'exposé : « Rien de trop. »

« La gloire n'est que le deuil éclatant du bonheur. » Mme de Staël

Dans cette phrase extraite de son roman *Corinne*, Mme de Staël pose la question du rapport entre le bonheur et la gloire : la gloire n'est pas la condition du bonheur, même pas un ingrédient nécessaire au bonheur, elle n'est que « *le deuil éclatant du bonheur.* » L'aphorisme contient un double paradoxe : la gloire n'est qu'un deuil, mais elle rend ce deuil éclatant. L'expression, énigmatique, établit entre la gloire et le bonheur un double rapport : de *succession* et de *substitution.* La gloire n'intervient que quand le bonheur est perdu : c'est l'idée romantique d'un bonheur fragile, éphémère, lié à la jeunesse et à son insouciance. La joie n'est qu'un état instable, aussitôt suivi – et comme compensé – par un moment de dépression : « Rien de plus pénible que l'instant qui succède à l'émotion[1] ». Le plaisir et le bonheur sont évanouissants : seul est durable le travail de deuil qui les suit. « Les jouissances n'existent que l'instant qu'il nous faut pour sentir qu'elles passent et pour arroser de larmes leurs traces que l'abîme des jours doit aussi dévorer[2] ». Durable mais non éternel : la fragilité de ces traces nous les rend aimables, comme le seul lien qui, à travers la souffrance, nous rattache encore au bonheur perdu.

Avec la maturité vient la gravité, et parfois la nostalgie. La gloire – qui vient, si elle vient, avec l'âge mûr[3] – ne remplace le bonheur, elle ne fait, au mieux, que nous consoler, en partie, de sa disparition. La gloire ne rend pas heureux, elle ne peut tenir lieu de bonheur. Elle ne peut ni le remplacer entièrement, ni le renouveler et le faire renaître de ses cendres, mais *elle peut atténuer la souffrance que nous cause sa perte.* Le bonheur, de toute façon, il faut apprendre à en faire son deuil, et c'est peut-être cela mûrir, et vieillir. Mais la gloire peut rendre ce deuil *éclatant.* Autrement dit, il y aurait deux façons de dire adieu au bonheur, l'une misérable, l'autre éclatante. *La gloire est cet éclat*, ce rayonnement de l'être qui peut perdurer là même où le bonheur a disparu, et qui peut-être, même, ne peut prendre toute son importance et toute son ampleur que quand le bonheur n'est plus. Allons plus loin : peut-être puise-t-on précisément dans le malheur les ressources insoupçonnées nous permettant d'accomplir les actes qui feront notre gloire : « On peut rendre tous les malheurs glorieux, quelque grands qu'ils puissent être[4] », écrivait la Reine Christine de Suède.

Plus précisément, Mme de Staël écrit : « *Pour la femme supérieure,* **la gloire n'est que le deuil éclatant du bonheur.** » Autrement dit, deux

1. G. de Staël, *De l'influence des passions.*
2. G. de Staël, *De l'Allemagne.*
3. D'autant que, comme le remarque perfidement A. Schopenhauer, (in *Aphorismes sur la sagesse dans la vie*, « La différence entre l'honneur et la gloire », Félix Alcan, p. 82) « La gloire doit se conquérir ; l'honneur au contraire n'a besoin que de ne pas se perdre. » L'honneur se perd en une seule fois, que ce soit pour l'homme ou pour la femme : *un seul coup suffit à le faire perdre tout entier.* La gloire au contraire met du temps à se bâtir, et n'est que partiellement, voire provisoirement, exposée aux revers de fortune. Les rapports de la gloire et de l'honneur au temps sont donc rigoureusement *inverses. Le bonheur, quant à lui, ne se constitue peut-être qu'à la mesure du deuil qu'on en prend*, si, comme l'écrit M. Proust, « les vrais paradis sont ceux qu'on a perdus. »
4. *Maximes*, Rivages Poche, p. 31.

choses seraient vulgaires, et sont évitées par les seules femmes *supérieures* : croire qu'il faut être célèbre, admiré pour être heureux ; faire *consister* son bonheur dans la célébrité : désirer la gloire comme moyen ou condition du bonheur ; et inversement, croire que seuls le plaisir et la jeunesse comptent, que la « gloire » ne fait rien à l'affaire. La « femme supérieure » se tient entre ces deux écueils : elle n'est ni arriviste et intrigante, ni simplement libertine et en quête de plaisirs. Elle sait que la gloire, pour n'être pas tout, n'est pas rien non plus. Elle lui donne sa juste place : non pas celle qui consisterait à *remplacer* le bonheur, mais celle consistant à *nous consoler*[1], *partiellement, de sa perte*. La gloire, culturellement associée plus volontiers aux hommes, est ici présentée par Mme de Staël comme deuxième époque de la vie pour les femmes supérieures.

Le bonheur est donc fugace, éphémère, et bien peu fait pour défier le temps. *La gloire* au contraire *est ce défi au temps qui passe*[2]. La gloire est ce que le temps n'estompe pas, mais consacre. L'acquisition d'une renommée permet de ne s'éloigner du bonheur que pour entrer dans l'histoire. La gloire de Mme de Staël ne la rend pas plus heureuse : la gloire survit non seulement au bonheur, mais à la personne elle-même. La gloire entoure peut-être ceux parmi les mortels qui ont su faire de leur bonheur une *œuvre* qui lui survit, qui *leur* survit.

On peut comparer la phrase de Madame de Staël à la remarque de Pascal, qui, tout en distinguant, comme elle, plusieurs périodes de la vie, voit dans le bonheur ce qui peut et devrait durer toute la vie si on prenait les choses dans le bon ordre : « Qu'une vie est heureuse quand elle commence par l'amour et finit par l'ambition ! »[3] À l'idée romantique, dont témoigne la citation de Mme de Staël, d'un bonheur par essence fugitif et éphémère, s'oppose l'idée pascalienne selon laquelle il existe *un art de bien conduire sa vie* qui, assignant son juste temps à chaque chose, rend possible un bonheur durable.

J. B. de R.

Lectures conseillées

R. Descartes, *Traité des passions de l'âme*, article 66.
G. de Staël, *Corinne*.
De l'Allemagne, 4e partie, chapitre XII.
G. Poulet, *Études sur le temps humain* (Presses Pocket), t. 4, chap. VIII.
C. de Montesquieu, *Lettres persanes*, Lettre LXXXIX (GF, p. 147-148).
P. Bénichou, *Morales du grand siècle* (Gallimard, « Folio Essais »).

1. Voir l'exposé : « Pleurer, c'est être déjà consolé. »
2. « La gloire seule nous affranchit du temps. » G. de Staël, *Sapho*, acte V, scène I.
3. *Discours sur les passions de l'amour*, Éd. Brunschvicg, p. 124.

« Le bonheur est une idée neuve en Europe. » Louis de Saint-Just

L'affirmation de Saint-Just a de quoi surprendre : en quoi le bonheur peut-il être qualifié d'idée neuve ? S'il y a une idée vieille comme le monde, n'est-ce pas celle-là ? Aristote n'en fait-il pas déjà dans son *Éthique* le Souverain Bien et le but de toute existence ? Saint Augustin ne dit-il pas, dans ses *Confessions*[1], que si tous les hommes désirent le bonheur, il faut bien qu'ils l'aient connu un jour pour le désirer ? Or même ceux qui ne l'ont jamais connu le désirent : le désir du bonheur est universel. Le désir de bonheur serait donc comme la mémoire ou la trace du paradis perdu, l'idée la plus ancienne dont nous soyons porteurs, ou plutôt *une aspiration antérieure à toute idée*. Comment le bonheur peut-il alors être dit une idée « neuve » ? Qu'y a-t-il de neuf dans la façon de penser le bonheur, qui le renouvelle au point d'en faire une *idée neuve* ?

Si le bonheur peut passer à la fin du XVIIIe siècle, en pleine Révolution française, pour une idée neuve, c'est en tant qu'il ne fait plus l'objet d'une quête métaphysique, qu'il n'est même plus attendu comme le résultat de la conduite droite de la vie, mais qu'il est appréhendé comme une réalité sociale et économique. Saint-Just s'écrie : « Que l'Europe apprenne que vous ne voulez plus un malheureux ni un oppresseur sur le territoire français ; que cet exemple fructifie sur la terre ; qu'il y propose l'amour des vertus et le bonheur ! **Le bonheur est une idée neuve en Europe**[2]. » Les malheureux, ce sont donc les indigents. Il y a des malheureux parce qu'il y a des oppresseurs. Ne plus vouloir de malheureux, ne plus vouloir d'oppresseurs, c'est tout un. Le bonheur n'est plus espéré comme la béatitude promise dans l'autre monde, il n'est même plus attendu, comme chez Kant, à l'horizon de l'histoire, les générations intermédiaires étant sacrifiées au bonheur futur de l'humanité qu'elles auront la satisfaction d'avoir contribué à réaliser[3]. *Il est exigé, voulu pour cette terre, en Europe, pour aujourd'hui.* Le bonheur est décrété, décidé par une volonté politique qui l'instaure. Le bonheur fait l'objet d'un projet politique, il est pour demain. Il est l'unique objectif de la Révolution : « *La Révolution ne doit s'arrêter qu'à la perfection du bonheur* », écrit encore Saint-Just. On n'est donc pas très loin du slogan de Mai 68 : « Déjà huit jours de bonheur ! » Le bonheur se décrète, doit être datable et venir s'inscrire dans l'histoire réelle des hommes. Il n'est plus situé ni à l'horizon de l'histoire, ni dans une bucolique utopie.

Mais de quel bonheur s'agit-il ? L'idée que le bon Souverain doit veiller au bonheur de son peuple n'a rien d'une idée neuve : elle est au contraire aussi vieille que la philosophie politique, *fondant* même, traditionnellement, *la distinction entre monarchie et tyrannie* : le roi est celui qui gouverne en ayant pour objectif le bien-être de ses sujets, le tyran au contraire gouvernant selon son bon plaisir ou en fonction de son intérêt propre. Bossuet n'avait-il pas enseigné au futur Louis XIV que « *la vraie fin de la politique est de rendre les peuples*

1. *Les Confessions*, X, 20 (GF), p. 223.
2. Extrait du *Rapport du 3 mars 1794 sur l'exécution du décret contre les ennemis de la Révolution*.
3. Cf. *Idée d'une histoire universelle d'un point de vue cosmopolitique*, Troisième proposition.

heureux[1] » ? Mais ce bonheur dont le bon roi a le souci est exclusivement *un bonheur privé* : bien-être de *sujets* coupés de la participation aux décisions et au pouvoir. Inhérente à cette conception ancienne est l'idée que *le pouvoir est fondamentalement un fardeau* : l'aspiration au pouvoir est donc suspecte, elle trahit le tyran qui veut s'emparer du pouvoir pour faire prévaloir son intérêt ou son ambition.

L'idée véritablement neuve, l'idée authentiquement révolutionnaire n'est donc pas que le pouvoir doit s'exercer en ayant pour objectif le bonheur du peuple, mais qu'il existe *un bonheur public* qui consiste à apparaître dans l'espace public, à prendre part aux affaires communes. Prendre part aux décisions publiques, apparaître dans l'espace commun *n'est donc plus considéré comme un fardeau, bien au contraire : c'est en cela que consiste le bonheur proprement public*, c'est précisément cela qui était confisqué par l'usurpation du pouvoir par un seul et la relégation du peuple – et de son bonheur – dans la seule sphère privée. Le mot de tyrannie change alors de sens, *tyrannie et monarchie, loin de s'opposer, se mettent à s'équivaloir* parce que toutes deux excluent le citoyen de l'espace public et *relèguent le bonheur à la seule sphère privée*. La tyrannie, incluant désormais la monarchie, devient synonyme d'accaparement de l'espace public au profit d'un seul. C'est ainsi que, selon Saint-Just, pour condamner Louis XVI, il n'est nul besoin d'établir qu'il a *mal* régné : il suffit d'établir qu'il a *bel et bien* régné. Nul besoin de prouver qu'il a commis des crimes en régnant : il suffit que soit établi qu'il a commis le crime de régner[2].

Le bonheur, idée neuve *en Europe*, implique évidemment une référence implicite à la révolution américaine et à sa Constitution, qui garantit à tous les citoyens la liberté dans la « *quête du bonheur* ». Mais là encore, de quel bonheur s'agit-il ? La Constitution américaine reste sur ce point ambiguë, et susceptible d'au moins deux interprétations. Le rôle de l'État consiste-t-il à garantir à chacun la liberté dans sa quête *privée* du bonheur (cette interprétation *libérale* qui prévaut aux USA implique un *retrait des individus hors de la sphère publique* et privilégie la sphère privée comme lieu d'accomplissement du bonheur humain) ou bien *le bonheur garanti à tous consiste-t-il dans la pratique politique elle-même ?* La constitution garantit-elle à tous un libre accès à l'espace public et un égal droit à participer aux affaires de la Cité ? Ce serait là l'idée authentiquement révolutionnaire, et véritablement « neuve », par rapport à la théorie politique classique. Les pères fondateurs, Jefferson lui-même, restent remarquablement ambigus dans leurs déclarations et leurs intentions. S'il arrive à Jefferson de définir le bonheur public par la possibilité pour chaque citoyen d'« être *le copartageant au gouvernement des affaires*[3] », il retombe souvent dans la conception ancienne d'un bonheur confiné dans la seule sphère privée : « *Le bonheur est une chose extérieure au domaine public qui se trouve dans le foyer.* » Reste qu'évoquant, dans une lettre à John Adams, la béatitude dans l'Au-delà, il la décrit comme la perpétuation de la vie politique au Congrès : « Puissions-nous y retrouver, en Séance, nos anciens collègues, et recevoir avec eux le sceau de l'approbation : "c'est bien, bons et fidèles serviteurs !" » L'idée d'un

---

1. *Discours sur l'histoire universelle*, 3e partie, chapitre 3.
2. Saint-Just, *Discours sur le procès de Louis XVI*, 13 novembre 1792.
3. Cité in H. Arendt, *Essai sur la Révolution*, « Tel », p. 188.

bonheur *public* n'aura-t-elle été qu'un rêve éphémère ? Ou faut-il au contraire voir comme un trait significatif le fait que dans cette correspondance privée, Jefferson pense la béatitude future sur le modèle du bonheur public terrestre, au lieu de tenter de se rapprocher, sur cette terre, d'un modèle de béatitude transcendant ?

J. B. de R.

Lectures conseillées

Saint Augustin, *Les Confessions,* Livre X, chapitre 20.
Madame du Châtelet, *Discours sur le bonheur* (Rivages).
F. Schiller, *Lettres sur l'éducation esthétique de l'homme* (Aubier).
H. Arendt, *Essai sur la révolution* (« Tel » Gallimard), chap. 3.
R. Mauzi, *L'Idée de bonheur au XVIIIe siècle* (Armand Colin, 1960).
J. Lacan, *Écrits* II (Points Seuil), p.142-143.

Du « bonheur bourgeois » à la Révolution, figure du bonheur ?

« Le bonheur s'attache aux plus fragiles aspects et naît de préférence des choses minimes et du vent. » R. Brasillach, *L'Enfant de la nuit.*

Si l'on est insatisfait du monde, la Révolution est-elle alors une figure du bonheur ? Comment articuler aspiration au bonheur et liberté ?

Avec l'idéal du « bonheur bourgeois » issu du siècle étudié par Robert Mauzi (*L'Idée du bonheur au XVIIIe siècle*), on est satisfait du monde, ce qui n'est pas exactement savoir s'en satisfaire, à la manière antique, des épicuriens ou des stoïciens, avec lucidité.

Voltaire pense qu'un progrès relatif, matériel, intellectuel et moral peut s'accomplir, et au XVIIIe siècle, les arts, les traités du bonheur se multiplient, comme *Le Discours sur le bonheur* de la marquise du Châtelet. Pour les libéraux, le bonheur passe par la prospérité ; le bonheur mondain, c'est sur la terre. La satisfaction des intérêts privés serait celle de tous. L'intérêt, la jouissance seraient aisément conciliés à la vertu, comme le remarque Mauzi. Réduit à l'intérêt satisfait, le bonheur bourgeois est un absolu achevé, celui de l'« imbécile heureux[1] », un bonheur indécent et insolent, une extinction discutable du désir, une abolition idéaliste du sens tragique de la vie, comme dans l'utopie, hors de l'Histoire (« Les Peuples heureux n'ont pas d'Histoire » Hegel). Le refus d'un bonheur constitué, décevant en définitive, s'explique aussi par la préférence accordée à un bonheur modeste et contingent.

Contre l'idéal bourgeois d'un bonheur achevé, la Révolution prend en charge la dimension conflictuelle et tragique de la vie ; elle se pose comme rupture sans concessions.

Elle est en désaccord avec les libéraux dans sa conception de la société où les intérêts ne sauraient naturellement s'accorder ; il faut refuser, sans aucun compromis, la servitude aliénante. Le bonheur comme espérance politique doit être conquis par l'action et dans l'Histoire. Il est à construire et ne vient pas « naturellement ».

La révolte est pour sa part un simple refus ponctuel du malheur, même si elle partage souvent avec la Révolution une dimension millénariste et messianique (Jean Servier, *Histoire de l'utopie*). Le bonheur est revendiqué de manière immanente, ici et maintenant, alors qu'il évoquait autrefois, du point de vue religieux, un avenir spirituel et transcendant, reporté à un lendemain indéfini et non daté. Le bonheur pour demain, ce peut être une espérance millénariste, un leurre ou l'expression d'un réformisme prudent.

Mais la Révolution va plus loin, par un projet collectif. Le débat comme l'engagement doivent être collectifs. L'idéal de justice passe par la réalisation de soi dans une dimension collective. Déjà, Rousseau souhaitait par le *Contrat social* et l'état civil, instaurer une humanité qui puisse réaliser sa propre nature. Partisan de mesures sociales volontaristes et directives à prendre, Saint-Just

1. Voir l'exposé : « La bêtise, c'est l'aptitude au bonheur. »

avait invoqué le bonheur[1]. Ainsi, on passe du bonheur privé au bonheur conquis par la participation à l'espace public, où précisément l'action politique doit se déployer au nom et en vue du bonheur public. Faire le bonheur du peuple en dépassant la seule égalité juridique avec comme horizon l'égalité sociale, telle est aussi, un peu plus tard, l'ambition du mouvement babouviste égalitaire. Quant aux révolutionnaires contemporains, ils ont eu pour ambition de travailler le peuple, de convaincre la base, voire de vivre parmi le peuple, y être « heureux comme un poisson dans l'eau ». Au nom du bonheur de ce même peuple, la violence peut être utilisée comme moyen politique, brisant toute résistance et déterminé dans ses objectifs : « la liberté ou la mort ! » L'action est dégradée parfois dans l'activisme, qui ne garantit pas l'efficacité, comme le montrent les romans de Malraux lorsqu'il réfléchit sur l'action révolutionnaire. Certes, l'activisme donne un style, mais c'est toujours en homme de pensée qu'il faudrait agir, de même qu'il faut penser en homme d'action, pour un révolutionnaire conséquent. Le risque de la Révolution est aussi de substituer bonheur étatique et égalitarisme à la liberté individuelle et au vrai bonheur.

C'est pourquoi au XIXe siècle, les socialistes utopiques et libertaires avaient conçu un modèle d'association organisé à la base, capable de promouvoir le bonheur collectif, sans renoncer pour autant aux aspirations individuelles et aux passions de chacun, dans des formules coopératives et mutuelles, d'union des classes. Contestant leur idéalisme moral, les marxistes leur opposèrent l'engagement nécessaire dans des luttes historiques d'émancipation, en liaison avec le développement des forces productives, rejoints sur ce dernier point par Saint-Simon, l'apôtre du nouveau monde industriel.

Aujourd'hui, les grands récits révolutionnaires du XIXe siècle sont remis en cause, et certains préfèrent le bonheur individualiste aux grands sujets d'intérêt collectif. La morale des bons sentiments et l'économie l'emporteraient-elles sur le débat idéologique ? Dans notre horizon démocratique contemporain, prophétisé par Tocqueville et scruté maintenant par Baudrillard et Régis Debray, que deviennent certaines conditions du bonheur, comme l'autonomie, le pouvoir et la volonté du citoyen, face aux pouvoirs marchands, technocratiques et médiatiques, aux choix technologiques ou économiques présentés comme incontournables, eux-mêmes parés des alibis du progrès et du bonheur ? Que deviennent les valeurs d'autonomie, d'identité et de communauté dans une société de masse ?

G. G.

Lectures conseillées

G. Lipovetsky, *Le Crépuscule du devoir*.
A. Camus, *L'Homme révolté*.
J. Baudrillard, *La Société de consommation*.
Amérique.
L'Illusion de la fin.
D. Bourdin, G. Guislain, P. Jacopin, *Le Bonheur* (Bréal).

1. Voir l'exposé : « Le bonheur est une idée neuve en Europe. »

5 • Le droit

DECLARATION
PREAMBULE
AUX REPRESENTANS DU PEUPLE FRANCOIS

« La justice est le doute sur le droit qui sauve le droit. » Alain

Prétendre que le droit a besoin d'être sauvé, c'est affirmer qu'il risque une damnation si on l'exerce dans une certitude absolue. Alain vise une conception purement législative où le droit positif[1] établit un système formel de rapports. Le souci juridique s'y limite à éviter la contradiction entre les textes législatifs ou réglementaires et à formuler des énoncés clairs, univoques, faciles à appliquer. L'avènement des démocraties occidentales a limité le travail du juriste à cette vérification formelle en faisant de la volonté populaire l'origine sacrée d'un droit que nul ne peut contester. Alain revendique pourtant la liberté de douter si le droit positif est juste, quelle qu'en soit l'origine, et donne ainsi une signification nouvelle à l'antique question socratique sur la nature de la justice. Il souligne par là le risque d'un juridisme étatique aveugle où la seule préoccupation est de rendre explicite la volonté du législateur dans un réseau de textes cohérents, sans jamais les confronter à une norme du juste.

Le XXe siècle semble faire écho à la mise en garde d'Alain, car, des lois de discrimination raciale aux dictatures sanglantes issues des mouvements de libération anticoloniale, les exemples sont nombreux où le respect scrupuleux des règles juridiques et de leur origine dans la volonté du peule conduit à des situations faisant manifestement régner l'injustice. Qui ne doute pas du droit est conduit à respecter ou faire appliquer des règles sans se préoccuper de leur caractère inhumain ou monstrueux. Ce paradoxe d'un droit qui se nie en perdant de vue ses liens avec la justice redonne une singulière vigueur aux apories des mythes grecs soulignant l'incertitude des situations concrètes. La rébellion d'Antigone prétendant, contre la loi de Créon, souverain légitime de Thèbes, donner des funérailles à son frère, traître à sa patrie, soulève plus de doutes qu'elle ne pose de certitudes. Car nul ne peut contester la pertinence des décisions de ce roi protégeant la cité contre les séditieux, ni combien le mort mérite sa condamnation pour avoir précipité le pays dans la guerre civile. Mais les « lois non écrites » du sang invoquées par Antigone suscitent une hésitation : est-il digne d'une sœur de laisser son frère sans sépulture, quoi qu'il ait fait ? N'a-t-elle pas un devoir personnel relevant d'un autre droit, celui que les anciens Grecs rattachaient à la piété pour souligner la *culpabilité* attachée à son oubli ? Cette faute consiste à s'en remettre à un énoncé pour ne pas avoir à affronter la difficulté d'agir avec justice, dans l'opacité d'une contradiction où chacun défend un bon droit. Les mythes grecs[2] soulignent le déchirement de ceux qui se posent réellement le problème du juste et de l'injuste : le droit y est toujours un compromis, la solution la moins imparfaite à un problème insoluble définitivement. Platon a mis en scène la torpeur intellectuelle où plonge la certitude du droit, dans ce vieil armateur grec sûr d'être juste en rendant à chacun ce qu'il en a reçu. Socrate le fait douter en demandant s'il faut rendre

1. Les juristes appellent droit positif l'ensemble des lois (écrites ou orales) régissant un État.
2. Cf. la tragédie d'*Oreste*, mise en scène par Eschyle.

ses armes à un fou furieux[1], montrant ainsi que le droit ne peut se résoudre dans l'énoncé d'une règle qu'il suffira ensuite d'appliquer : aucune formulation ne peut fixer le juste une fois pour toutes.

Le scrupule platonicien des nuances infinies du juste, débordant sans cesse la loi positive, indique une pierre de touche : le droit qui en refuse l'épreuve se fige dans un formalisme aveugle et bientôt monstrueux. Pourtant, la rébellion perpétuelle qui en est la conséquence semble elle aussi propice à des excès coupables. Car si un pieux souci du juste remet sans cesse en cause le droit positif, il n'y a plus vraiment de droit positif. La recherche d'une insaisissable norme dont procède la révolte contre la loi renvoie chacun à sa propre estimation, c'est-à-dire à sa propre incertitude. La règle écrite, décriée par Platon et soupçonnée par Alain, ne fait pas de l'instauration de l'ordre une fin en soi ; elle vise plutôt à empêcher l'inévitable règne de la force, dès que chacun est incertain de son droit et surtout du respect qu'il peut en attendre d'autrui. Le bénéfice essentiel retiré d'un droit fixé dans une loi, énoncée et intégrée dans un système législatif, n'est pas d'ordre spéculatif : le droit positif ne peut prétendre dévoiler une justice dont la norme nous échappe. C'est un bénéfice *pratique* pour ceux qui n'ont plus à craindre les réactions d'autrui dès lors que la règle commune est fixée et reconnue. L'énoncé d'une loi positive permet ainsi à chacun de savoir ce qu'il peut opposer aux prétentions arbitraires de plus fort que lui. À la figure, certes exaltante, de l'insoumise Antigone, on peut alors substituer la paisible tranquillité du citoyen libre connaissant les droits que lui garantit l'État. Si cette tranquillité risque indéniablement de glisser vers la torpeur dénoncée par Platon, elle permet néanmoins d'éviter ce que Hobbes appelait « la misère de l'homme », c'est-à-dire le règne de l'arbitraire dans l'absence de toute règle clairement énoncée.

Credo de l'individu dressé contre les pouvoirs, la formule d'Alain met en relief les dangers d'une conception trop étroitement juridique du droit et justifie la rébellion contre l'étatisme soucieux de l'ordre à tout prix. Mais elle peut à son tour faire oublier que le droit fixé dans un énoncé reste le dernier rempart des faibles face au pouvoir sans bornes de la force sauvage. Prendre le risque de rompre avec l'inquiétude du juste, c'est aussi s'affranchir de la crainte séculaire de l'arbitraire.

P. D.

Lectures conseillées

Sophocle, *Antigone*.
Platon, *La République*, livre I.
Hobbes, *Léviathan*, chap. XIII.

1. *La République*, Livre I, 331c.

L'opinion peut-elle faire la loi ?

Il est nécessaire ici de s'interroger sur les sens du verbe pouvoir : compétence intellectuelle et habilitation juridique, et sur l'expression « faire la loi » : être législateur, être source de la loi, ou plus trivialement, dominer, s'imposer par la force ou par l'influence.

Et de quelle opinion s'agit-il ? Opinion populaire ou opinion publique ? La genèse et le développement du concept d'opinion publique dans la civilisation française méritent un examen. La perspective de l'Antiquité, le débat entre la tradition platonicienne, les sophistes et les démocrates peut aider à comprendre cette opposition. Selon les fondements institutionnels de la démocratie athénienne, tous les citoyens libres, égaux devant la loi, accèdent également aux fonctions publiques, s'expriment librement, discutent et votent les lois et élisent les magistrats veillant à leur application. La notion d'appartenance à la Cité fonde les droits politiques de l'individu et implique la participation effective de tous. Le pouvoir réside dans le *demos* actif. Périclès, dans sa célèbre oraison funèbre rapportée par Thucydide, rappelle aux Athéniens qu'ils sont seuls à penser qu'un homme ne se mêlant pas de politique est un citoyen inutile. Ultérieurement, ce seront les peuples nordiques et germaniques qui préserveront ces antiques principes d'organisation politique, les communautés rurales défendant leurs libertés organiques et le principe de solidarité de voisinage de ces petites sociétés autocentrées, autogérées et économiquement autonomes.

Dans la tradition platonicienne, favorable à un pouvoir philosophique et éclairé, l'opinion est synonyme de désordre et d'incompétence ; expression de l'intérêt sensible et divers, elle ne saurait, du moins en droit, faire la loi. D'où la critique platonicienne de la démocratie. L'opinion pourrait être formée et éclairée, la tradition platonicienne se référant à l'éducation, et à défaut du système idéal de *la République*, à un pouvoir modéré et humaniste souhaité par Érasme ; si l'opinion est jugée indigne de faire la loi, le pouvoir serait donc exercé par des hommes compétents, des spécialistes soucieux du bien de la Cité, à l'écart des passions. Au XVIe siècle, Montaigne, également réticent face aux désordres et aux passions de l'opinion, valorise plutôt une attitude de réserve, de désengagement, de défense du « moi », du domaine privé, illustrant le scepticisme et l'individualisme libéral naissants.

L'accusation d'incompétence est la plus ancienne et la plus répandue des critiques de la démocratie. Euripide, déjà, dans les *Suppliantes* (417-422) demandait « comment la masse, incapable elle-même d'un raisonnement droit, pourrait conduire la Cité dans le droit chemin ? » On connaît aussi le postulat de Taine : « Dix millions d'ignorants ne font pas un savoir. » Comme le résume Jacqueline de Romilly (*Problèmes de la démocratie grecque*) « que chacun participe à voix égale au gouvernement d'un pays peut paraître juste, cela peut paraître aussi dangereux puisque tous ne possèdent pas une égale compétence. Tel est le dilemme où se trouve prise toute démocratie ». Ainsi, le XXe siècle, qui se voudrait l'héritier du siècle des Lumières, voit-il le règne de l'opinion publique :

mais le public a-t-il vraiment une opinion ? L'opinion publique recèle-t-elle une forme de pensée, recherche-t-elle la vérité ? L'individu contemporain « informé » n'a-t-il pas perdu l'autonomie du sage antique et classique ?

Il faut attendre le XVIIIe siècle pour voir se constituer le concept d'opinion publique au sens moderne, avec l'affirmation du rôle des « faiseurs d'opinion » : premiers médias polémiques et pamphlétaires, intellectuels, clubs, salons et cafés du XVIIIe siècle, rôle des journaux, des intellectuels qui entendent lancer les idées et diffuser leur influence, donner le ton idéologique (Diderot, *Lettre à Necker* de 1775 sur le projet de l'*Encyclopédie* et la conversion des élites aux idées nouvelles).

Regretter l'absence de ce type d'opinion publique dans les sociétés traditionnelles comme la société médiévale, c'est commettre un anachronisme, vu l'existence, dans ces autres contextes, d'un fort consensus idéologique et d'un autre type de communication. L'opinion publique éclairée qui fait la loi, qui légifère, s'inscrit donc au XVIIIe siècle dans la logique du libéralisme moderne et de la pensée démocratique au XIXe siècle qui associe démocratie et éducation, son corollaire nécessaire. La souveraineté, la vérité, la compétence seraient désormais immanentes au peuple, une fois écartés les pouvoirs transcendants de la tradition religieuse et politique. C'est l'âge des législateurs à caractère biblique et messianique aux États-Unis, la loi étant expression de la Raison et la Morale. En France, s'agit-il du peuple ou de ses représentants bourgeois « éclairés » qui s'en recommandent, le Peuple étant par ailleurs un mythe, républicain et romantique, formé au XIXe siècle.

Ces représentants « éclairés » sont réservés face aux passions de l'opinion populaire, sur la question du jugement populaire, doutent de la valeur du sens commun, du « bon sens », concept comique pour les intellectuels. Par exemple, cette tradition parlementaire et intellectuelle éclairée conteste la pratique référendaire où l'opinion décide directement (pratique jugée plébiscitaire et risquée). Il faut rappeler l'utilité, l'intérêt de Pascal, de son étude dans les *Pensées*, des types de jugements, des modes de connaissance : celui du peuple, des « demi-habiles », des habiles, appelant les intellectuels à l'humilité et montrant l'approche, même confuse, de la vérité, par le peuple.

Du XIXe siècle au XXe, les mutations de la communication et de l'opinion méritent d'être évoquées. La domination des élites traditionnelles a presque entièrement cédé le pas à un système d'interrelations de caractère universel. Les grandes solidarités continentales ou économiques se substituent aux gouvernements locaux, aux relations immédiates, aux clans et même aux patries. C'est donc la fin des notables. Au-delà de la compétence théorique antérieurement vue, la question essentielle devient celle de la participation effective de l'opinion au débat politique, de sa capacité matérielle, de son intérêt réel à la politique, concrètement à l'initiative de la loi.

La critique de la loi du nombre, des aléas et des insuffisances de l'opinion, pourrait alors mener à légitimer la technocratie, pour qui la politique est affaire de techniciens, ce qui réduirait « le gouvernement des hommes » à la simple « administration des choses » et dépossède le politique par le règne de l'économique et du technologique, qui se recommandent de l'objectivité, de la neutralité, de la rationalité en dépassant les conflits partisans d'opinion. Dans cette perspective, l'opinion du peuple ne peut plus faire la loi car elle n'en a d'ailleurs plus les moyens, si les oligarchies technocratiques, médiatiques, financières règnent, ou si les « exigences morales » opposées aux positions du « bon sens populaire » l'emportent.

Paradoxalement, les médias se recommandent de l'opinion « souveraine » mais par ailleurs, s'emploient à normaliser opinions et comportement par les modes sociales, intellectuelles, consuméristes qui font alors réellement la loi et s'imposent, non par la force mais par le conditionnement passif, l'influence et le consensus, de manière non autoritaire. Au XIXe siècle, Tocqueville, dans *De la démocratie en Amérique*, avait déjà perçu la tendance conformiste des sociétés contemporaines et Baudelaire avait fustigé l'opinion, dans *Fusées* et *Mon cœur mis à nu*. Dans ce cas au XXe siècle, l'opinion publique normalisée, fabriquée et encadrée par les sondages par exemple, ne serait en aucun cas significative de l'opinion du peuple, devenue introuvable de fait. Quel serait le sens d'élections libres avec une opinion asservie, l'absence de participation, le déclin de l'intérêt porté au politique et au débat, avec des citoyens dépourvus de pouvoir réel d'action et de contrôle sur la chose publique ou avec l'importance des oligarchies, une circulation insuffisante des élites, alors que la démocratie exige l'inverse ?

Mais cette situation ne permet pas de réputer le peuple incompétent en droit et de dire que l'opinion ne peut faire la loi.

G. G.

Lectures conseillées

C. Kintzler, *Condorcet, l'instruction publique et la naissance du citoyen.*
T. Molnar, *La Contre-Révolution.*
H. Arendt, *La Vie de l'esprit*, t. 1 « La Pensée » (PUF).

La violence peut-elle être justifiée ?

Face à ce sujet, on ne peut se limiter à des énumérations moralisatrices, au constat, à des propos descriptifs de la misère du monde, à l'idée qu'il est impossible d'extirper cette violence, toujours déplorée, du monde humain. On ne peut se limiter à un exposé factuel des « bons » et « mauvais » usages de la violence, ce qui escamote la réflexion théorique sur le sujet. Celui-ci est également escamoté lorsqu'on se restreint aux seules explications psychologiques ou sociologiques convenues sur la violence. Expliquer n'est pas justifier. Le libellé du sujet invite à une réflexion sur la légitimité de la violence, appuyée sur la connaissance de l'histoire des idées.

Toute violence est injustifiable, exprime l'échec du dialogue, du logos, du discours rationnel. Sa nécessité ne l'érige pas en droit. Elle est la négation de la raison et du droit rationnel harmonisant les relations sociales. La justification de la violence est contradictoire : en effet, la fonction du droit est de s'opposer à la violence. Celle-ci doit être distinguée de la force, qui, selon Rousseau, peut être exercée par le pouvoir au service du droit. La force peut convaincre, s'adresser à la raison et à l'intelligence. Pour contester ainsi la violence, il est possible de faire référence à certains moments de l'histoire des idées, à la justice, une idée du juste ; le mal est un désordre, une ignorance. Pour Socrate, « nul n'est méchant volontairement ». Il faut donc éclairer l'esprit humain. La théorie thomiste du juste pouvoir au Moyen Âge, le christianisme comme la tradition humaniste, la conception du pouvoir monarchique éclairé d'Érasme, s'inscrivent aussi dans la critique de la violence. L'impératif catégorique kantien peut être cité également. Et ce sont surtout les constructions politiques issues de la philosophie des Lumières qui entendent mettre un terme à la violence de l'état de nature, à « la guerre de tous contre tous ». Pour Rousseau, l'État doit réaliser l'humanité de l'homme par la citoyenneté. Au passage, rappelons le rôle de la pure fiction théorique de l'état de nature, destiné à révéler par opposition la légitimité théorique de l'état de droit.

L'analyse s'arrête trop souvent ici, dans l'opposition de la nature, de la violence, de l'immoralité assimilée abusivement à l'animalité, (alors que l'animalité ne réagit, en fait, que par intérêt, besoin, agressivité naturelle, sans référence à la moralité), à l'espace de la culture, du droit, de la société démocratique, comme si ces derniers excluaient définitivement tout rapport de force et toute violence.

Mais il existe des justifications de la violence. Cette perspective est insuffisamment explorée. La légitime défense est souvent une légitime violence, une contre-violence. Pour Aristote, il est légitime de s'emporter si le droit n'est pas respecté. L'opposition à la violence de l'État est parfois juste, quand celui-ci impose des contraintes, opprime au nom d'un intérêt général, pseudo-objectif, de l'« ordre public », ou bien lorsque la société entend normaliser les comportements, établir un consensus. La violence peut être légitime lorsqu'elle conteste le désordre établi, la « raison d'État » (expression toujours mal connue hélas), les rapports de force, les intérêts oligarchiques établis au sein même de la démocratie, de l'État de droit.

Faute de réflexion et de culture générale, on ne peut comprendre le sens politique de la violence. Par elle, je peux défendre une cause : révolution, libération, indépendance, identité d'un peuple, volonté de construire un « homme nouveau », les hommes comme la pensée se donnant alors des « guides ». Menée par une minorité active face à une « majorité silencieuse », hâtivement jugée « aveugle », la violence terroriste, souvent calculée et sélective, s'inscrit dans une logique, une rationalité politique : celle de la guerre révolutionnaire, avec pour fin la destitution du pouvoir, l'ébranlement de l'opinion par la violence médiatisée. La Révolution au nom des Lumières et du « Progrès », la Terreur, le totalitarisme incarnent une violence conquérante et institutionnalisée. On pouvait faire allusion aux ethnocides : Lénine voulait « nettoyer la terre russe des insectes nuisibles », Soljenitsyne chiffre de trente à soixante millions de morts les victimes du marxisme soviétique (guerres, famines et goulag) et Tocqueville rappelle que c'est au nom de la démocratie, du droit, de la philanthropie libérale et américaine que les Indiens ont été refoulés et exterminés, comme les peuples traditionnels au nom de la modernité.

La violence est proche de la force, du pouvoir. « *Vis* » en latin désigne la puissance et l'énergie. Loin d'être « harmonie naturelle » comme le prétend l'idéalisme libéral, la politique est l'expression de rapports de force, la vie est diversité et conflit. Un ordre social non conflictuel est impossible. Selon des points de vue différents mais aux conclusions convergentes, Pascal montre que la justice ne peut exister sans la force, Machiavel pense que le Prince recourt à la violence pour soutenir son pouvoir, à une violence maîtrisée, inhérent à la politique, tandis que se poursuivent toujours les relations conflictuelles (Collectif, *Le Temps,* Bréal, 1996). Marx révèle la lutte des classes, Pareto l'ascension des élites, l'intérêt et le pouvoir dissimulés derrière le droit. Sorel, socialiste révolutionnaire, écrit les *Réflexions sur la violence,* sensible à l'intensité « énergétique » des conflits.

Le réalisme politique enseigne que l'égalité juridique, la théorie du pouvoir du « peuple », l'État de droit, ne sauraient occulter les intérêts, les rapports de force, la violence établie. Certains font de la société et du droit le royaume des bons sentiments, sans y voir des rapports de force ou de violence, sans comprendre que la loi est la figure du pouvoir de certains. Les mêmes se limitent à une lecture psychologique et moralisatrice de la violence, la déplorent sans la comprendre, reproduisant ainsi le discours des médias. La violence serait pour eux normalement extérieure à l'homme : elle serait « aveugle », éruptive, prétendument irrationnelle, toujours pathologique, déraison, absurdité, folie ou « excès » dont on ne sait jamais où il commence, de l'ordre du fait divers ou de la fatalité.

Au contraire, il faut voir que la violence détermine la condition humaine, dans son histoire collective – depuis la violence primordiale de la Bible (Abel et Caïn, la tour de Babel), de l'Antiquité (la fondation de Rome) – comme dans son devenir individuel – la naissance est violence vitale, créatrice, matricielle, l'enfance devient l'âge des crises (livre I des *Confessions* de Rousseau), l'éducation implique une part de contrainte, de violence faite à la nature. L'énergie juvénile est souvent présente en politique. « Qui n'est pas révolutionnaire à vingt ans ne sera pas capitaine de pompiers à trente. » La science et la technique imposent la violence de la raison à la nature. À moins que la nature elle-même ne nous impose sa propre violence. Pour Sade, la violence ne désarme jamais, pour le sexe comme pour la torture, dont on sait qu'elle était un « art » et un fait de société. Sans même parler de la guerre, même si elle prétend refouler la violence : « guerre du droit », « guerre défensive »... Et la mort, issue finale et fatale, est une violence pour l'esprit. L'art lui-même est souvent violence, rupture avec le passé, dans les esthétiques de la modernité, comme le futurisme italien.

On peut la réduire, par la religion (progrès moral), par l'éducation, avec Kant, Voltaire et Condorcet. On peut l'exclure, par l'utopie qui nous sauve du temps. On peut la ritualiser, par l'exercice de la rivalité. On peut la déplacer symboliquement avec la logique du bouc émissaire, ou mieux la laver par le pardon, la représenter pour l'exorciser avec la catharsis de la tragédie... Mais il faut toujours l'assumer, sans pour autant la justifier, sans la mettre arbitrairement hors-jeu.

Du point de vue anthropologique, la présence de la violence nous montre que l'homme n'est pas exactement l'*homo sapiens* des rationalistes et évolutionnistes, mais que ses activités sont naturellement dominées par l'*hubris*. (Edgar Morin, *Le Paradigme perdu, la nature humaine*). Nous sommes alors loin de l'anthropologie rationaliste et bourgeoise des Lumières.

G. G.

Lectures conseillées

N. Machiavel, *Le Prince*.
G.F. Hegel, *La Raison dans l'Histoire*.
R. Girard, *La violence et le sacré*.

Peut-on revendiquer le droit de désobéir ?

Revendiquer, c'est réclamer l'attribution d'une chose dont on est abusivement privé. Dans le cas d'un droit, la revendication établit une distinction entre ce droit et la loi puisqu'on y affirme l'existence d'un droit qui n'est pas encore inscrit dans la loi : on introduit ainsi une dimension historique dans les systèmes législatifs, obligés d'évoluer selon les réclamations des hommes qu'ils régissent. Dès lors qu'il est sujet à des revendications, le droit est relatif à l'état des luttes pour l'obtenir ou y faire barrage. Mais le droit de désobéir n'est pas un droit comme les autres car il présente un paradoxe : si la désobéissance, c'est la transgression d'une règle, la revendiquer comme un droit suppose que toute loi devrait admettre qu'on puisse la transgresser, ce qui semble être la négation même de l'ordre juridique. Même si on limite ce droit particulier à des circonstances exceptionnelles, tout homme étant seul juge du caractère de l'exception, cela revient à limiter l'obligation de suivre les lois au bon vouloir de chacun. Pourtant, inscrit jadis dans une Constitution de la France[1], ce droit est justifié par la résistance à l'oppression, au despotisme, à l'arbitraire, sorte de sûreté contre un trop grand décalage entre les hommes et les institutions.

Si l'on admet que dans certaines circonstances, il est permis de ne pas suivre les règles, de résister aux lois, mieux, que la loi elle-même doit le permettre, on légitime par là l'action révolutionnaire qui remet en cause la législation existante. Le problème posé est donc celui de l'autorité des lois et de son fondement. Obéir à la règle qui nous est imposée suppose que nous reconnaissions celle-ci comme telle et conduit à se demander ce qui fonde une telle reconnaissance. L'idée moderne du « contrat social », tel qu'il fut défini par Hobbes, fait procéder la loi d'une convention rendue nécessaire par l'impuissance des hommes à vivre spontanément entre eux de façon harmonieuse. L'autorité de la loi repose donc sur la reconnaissance du désordre sauvage dans lequel se trouve nécessairement une humanité livrée à elle-même (dans « l'état de nature »), de la « misère » inhérente à une telle condition et du calcul des bénéfices à retirer d'un ordre contractuel que les hommes s'imposent collectivement (possibilité de s'enrichir par le commerce, de vivre en sécurité, de conserver ses biens, de développer les sciences et les techniques, de nourrir, protéger, soigner, instruire ses enfants, etc.). Mais cela suppose justement que, loin d'être acceptée spontanément, la loi vient forcer les hommes à respecter un ordre que leurs désirs et leurs passions conduisent à négliger ou subvertir. C'est pourquoi l'autorité de la loi n'est effective que si le Souverain né du « contrat social » détient réellement le *pouvoir* de la faire appliquer, c'est-à-dire de réprimer ceux qui la transgressent. Comme l'écrit Hobbes, dans le *Léviathan,* « les conventions sans le glaive ne sont que lettre morte ». Cela revient à dire que si la possibilité d'échapper à la loi est offerte, la loi n'a plus d'existence réelle. L'autorité de la loi s'identifie ici avec la puissance capable de l'imposer puisque son origine est précisément l'impuissance humaine à respecter de son

1. Celle de l'an I (1793), art. 33 et 35 du préambule.

propre chef la moindre règle contraignante. Une règle ne peut procéder que d'une force extérieure et le rôle de la convention est de calculer par quels moyens une machine juridique (conçue comme un artifice social) sera capable de forcer la « mécanique passionnelle » qu'est tout être humain[1] à respecter un ordre social paisible. On doit donc conclure à l'aberration de revendiquer un droit à la désobéissance.

Le primat donné par Hobbes à la force de la loi et à la puissance de l'autorité dont elle procède place son fondement dans un calcul : la loi (soutenue par le glaive) est l'artifice technique inventé par un peuple pour obtenir l'effet d'être contraint à respecter les conditions d'une vie sociale dont il serait sinon incapable. Il semble pourtant que cette perspective instrumentaliste n'épuise pas le respect que peut imposer la loi. Lorsque Platon, dans le *Criton*, nous donne une prosopopée[2] des lois, c'est pour mieux faire sentir combien Socrate aurait *honte* de désobéir aux lois athéniennes. La loi n'est plus ici l'instrument d'un calcul, mais l'objet de cette piété propre aux religions païennes, c'est-à-dire du sentiment de participer à la vie d'une entité qui nous dépasse et qu'on craint d'offenser ou de souiller. Substituer le sentiment de la honte au calcul rationnel comme fondement de son respect, c'est voir dans la loi ce qui est capable de nous entraîner plutôt que nous contraindre, de nous enthousiasmer plutôt que nous effrayer, d'éveiller notre volonté plutôt que d'éteindre nos désirs. Rousseau appellera « volonté générale » cette capacité de la loi à s'emparer des volontés particulières pour les faire communier dans un projet commun, donnant au « contrat social » le sens d'un événement historique exceptionnel au cours duquel le dynamisme de la loi a eu raison des pesanteurs individuelles. L'autorité de la loi repose alors moins sur la puissance (*potestas*) qui l'impose que sur la capacité (*potentia*) de ceux qui détiennent le pouvoir à susciter et maintenir la « piété » des citoyens envers leurs lois. Revendiquer le droit de désobéir, c'est tout simplement faire état de la faillite d'une telle entreprise. Comme le dira Saint-Just, en 1793, lors du procès de Louis XVI, reprenant une vieille formule de Platon[3], « nul ne règne innocemment[4] » et les révolutions consacrent justement l'incapacité des rois et chefs d'État qui en sont les victimes à faire communier les individus dans un même peuple. Ainsi se marque, dans cette perspective révolutionnaire, la légitimité du droit à la désobéissance, comme signe, dans l'histoire d'un peuple, qu'il est en train de se dissoudre dès lors que personne ne croit plus à ses lois au point d'avoir honte de leur désobéir. L'enthousiasme de la transgression révolutionnaire serait alors la tentative d'un nouveau départ, d'un ressaisissement de soi du corps politique.

Le droit de désobéir est une revendication révolutionnaire qui, paradoxalement, n'a de sens que dans la perspective, héritée de l'Antiquité, d'une sacralisation de la loi, laquelle ne peut se satisfaire d'une soumission neutre et calculée. Il suppose la nécessité, pour la vie politique, de remettre périodiquement en cause les structures sociales figées par le temps et la routine

1. Hobbes, *De l'homme*, chap. X.
2. Une *prosopopée* est un procédé rhétorique par lequel on fait parler une chose personnifiée. Socrate imagine ici les Lois lui reprochant, s'il s'enfuyait de sa prison après sa condamnation à mort, d'avoir joui de leur protection sans accepter en contrepartie de subir leurs rigueurs.
3. *Gorgias*, 519b.
4. Voir le sujet : « Le bonheur est une idée neuve en Europe. »

pour retrouver, dans la fièvre révolutionnaire, l'enthousiasme d'un peuple naissant.

P. D.

Lectures conseillées

T. Hobbes, *Léviathan*, chap. 13, 17, 18.
Behemoth.
Platon, *Criton*, 50a-54d.
J.-J. Rousseau, *Du contrat social*, L. II, chap. 7 et 8.
G. Berkeley, *De l'obéissance passive* (Vrin).
D. Hume, *Essais politiques* (Vrin), chap. 22.

Égalité et justice

Ce libellé ne doit pas mener à deux études juxtaposées des concepts proposés mais à leur dialectique. Quel est le type d'égalité le plus juste ? Comment, en quoi et devant qui les hommes peuvent-ils être égaux ? Il est nécessaire d'évoquer ici l'égalité devant Dieu ou devant la loi, l'égalité juridique et l'égalité de fait, en distinguant et en définissant rigoureusement ces concepts, sans dresser un tableau fastidieux des multiples inégalités du monde contemporain, en regrettant que l'égalité proclamée ne soit pas appliquée, en référence à l'idéologie égalitaire, sans comprendre comment égalité juridique et inégalité de fait peuvent s'articuler, la première n'impliquant pas, en théorie, la seconde.

Pour l'universalisme antique, le stoïcisme et Cicéron (*De la république* et *Traité des devoirs*), les hommes sont semblables en ce qu'ils possèdent tous, au-delà des institutions particulières, le libre exercice de la raison, l'intelligence, l'aspiration à la vertu, le sens de la justice, la bienveillance et l'amitié (*philia*). Relativiste et sceptique, Montaigne est soucieux de partager diverses démarches philosophiques, en esprit universel. « Chaque homme porte la forme entière de l'humaine condition[1] » (*Essais*, III, 2). Héritier de l'idée stoïcienne du cosmos, l'universalisme chrétien revendique l'idée de genre humain, d'égalité spirituelle des âmes devant Dieu. Tout homme est fils de Dieu, toute l'humanité participe à la même destinée surnaturelle, est rachetée par le même Dieu ; le peuple chrétien forme un seul corps. C'est ce qu'explique Bossuet dans le *Sermon sur la mort* et dans le *Sermon sur l'éminente dignité des pauvres*. La *philia* antique est dépassée par la charité : les inégalités matérielles sont inacceptables si elles mettent en cause la dignité de l'homme et, par l'exercice discret de la charité, les plus aisés contribuent au salut de leur âme. Mais l'égalité spirituelle n'annule pas les distinctions « mondaines » ; elle n'implique pas le caractère identique des individus. Les Anciens pensaient l'égalité comme équivalence n'excluant pas la différence. Aristote défendait la justice distributive, le thomisme les « réalités naturelles » et l'Ancien Régime était socialement différencié selon les fonctions et les régions. Charles Maurras rappelait l'existence des libertés et des capacités effectives qu'il opposait à la liberté abstraite ou à la fiction du « pouvoir du peuple » issue de la Révolution.

Une nouvelle lecture de l'égalité est introduite au nom de la justice par la philosophie libérale et individualiste du XVIIIe siècle qui proclame l'égalité des droits devant la loi[2], idée essentielle pour John Locke, exprimée aussi dans la *Déclaration d'indépendance* américaine. L'individualisme et le contractualisme se substituent au naturalisme politique et au « holisme » traditionnel. Ce n'est pas alors l'égalité sociale qui est défendue par les philosophes du XVIIIe siècle, mais l'égalité juridique, qui n'implique pas l'égalité matérielle des conditions. Pour la pensée politique libérale, cela sauve la liberté par le respect des différences, des mérites, des compétences. Après Voltaire et avant les républicains modérés et

1. Voir l'exposé : « Je suis un homme et rien de ce qui est humain ne m'est étranger. »
2. Voir l'exposé : « Le corps, métaphore politique ? »

les radicaux, le travail, la moralisation des classes populaires, la promotion à terme d'une petite bourgeoisie, l'acceptation des inégalités méritées, constituent les valeurs dominantes du XIXe siècle (cf. Guizot, *De la démocratie en France*). Loin de défendre l'instauration de l'égalité matérielle par l'intervention étatique, les libéraux du XIXe siècle font confiance au progrès économique comme « moteur » naturel d'une plus grande égalité, au moment où apparaît aussi une nouvelle mobilité sociale (dont le roman d'apprentissage balzacien est l'expression littéraire). Les situations sociales autrefois acceptées sous l'Ancien Régime sont mises en cause, comme le montre Aron, commentant Tocqueville, observateur des sociétés libérales modernes.

Consécutivement à la Révolution, s'étend le règne de l'individu et de l'argent ; l'égalité juridique vient alors s'articuler à l'inégalité sociale, avec l'industrialisation naissante et du libéralisme individualiste. Si Marx reconnaît le caractère révolutionnaire de l'égalité juridique face au « féodalisme » et à ses usages, il la juge insuffisante dans son juridisme abstrait. Les « évidences » naturalistes et idéalistes des textes libéraux, relatifs aux droits universels des hommes masquent pour lui la réalité des intérêts bourgeois. À la liberté abstraite (« le droit de »), les marxistes préfèrent les possibilités concrètes (« le droit à »). Au même moment, les penseurs sociaux du XIXe siècle, catholiques et socialistes utopistes idéalistes mettent aussi en cause les inégalités injustes en proposant des formules communautaires de société, dépassant celle du capitalisme. Les monarchistes dénoncent le libéralisme comme facteur de crise et regrettent la dimension corporative de l'Ancien Régime. On peut rappeler enfin le souci de justice sociale dans les sociétés occidentales contemporaines ; la justice sociale, avec l'État comme moyen, par l'accès du plus grand nombre à la citoyenneté économique, permet l'exercice de la solidarité et de la liberté. Mais on peut critiquer inversement l'égalitarisme niveleur, totalitaire et liberticide, l'uniformisation des modes de vie et celle de la pensée, en défendant les différences, sans référence à une norme universelle, norme au contraire nécessaire au discours égalitaire d'intégration.

Le débat est plus complexe encore si l'on constate, comme le fait Jean-Marie Domenach, le double héritage démocratique de notre société : égalité donc conformité voire conformisme de masse, mais aussi liberté donc distinction, avec le système de la mode par exemple. Les normes se massifient et se différencient donc à la fois.

Reste à préciser, en théorie, ce qui peut constituer l'expression la plus juste de l'égalité : juridique (celle des droits), matérielle et sociale (celle des conditions, c'est ici que l'on parle d'égalitarisme), ou encore celle des moyens, des chances, des résultats, ou bien enfin celle des pouvoirs, étudiée de manière critique par Foucault et Bourdieu. L'abondance, l'égalisation du niveau de vie, n'égalise pas les mentalités, les cultures : on revendique à juste titre le droit à la différence, face à la crise du modèle républicain d'assimilation, fait d'abstraction et d'indifférence aux cultures et aux identités, ce qui le distingue du modèle anglo-saxon multiculturel. Crise d'autant plus nette qu'il ne bénéficie plus des conjonctures favorables défuntes aujourd'hui : mobilisations coloniale, économique, idéologique, promesse d'ascension sociale par l'effort et le mérite : la conjoncture de crise change donc les termes du débat.

G. G.

Lectures conseillées

Aristote, *La Politique.*

R. Aron, *Les Grandes Étapes de la pensée sociologique* (chap. sur Tocqueville)
Essai sur les libertés.

J.-M. Domenach, *Approches de la modernité* (chap. V).

E. Terray, « Égalité des Anciens, Égalité des modernes », in *Les Grecs, les Romains et nous.* (Le Monde Éditions, ouvrage collectif sous la direction de R.-P. Droit).

Les droits de l'homme : évidence ou problème ?

1 • L'universalisme : le concept d'humanité de l'antiquité à la renaissance

La notion d'homme est inséparable de l'universalisme dont les origines appartiennent à l'Antiquité. Avant l'universalisme chrétien et la distinction du spirituel et du temporel, la représentation antique de la société se référait concrètement aux Cités différenciées, en Grèce par exemple, et la philosophie aristotélicienne faisait de la morale (celle de la Cité) une catégorie de la politique, définissant l'homme comme animal social et politique.

Cependant, au-delà de l'appartenance à une Cité, la référence universaliste n'est pas absente. Le droit naturel, héritier du stoïcisme, exprime l'idée d'une nature humaine où le droit et la morale sociale sont impliqués par l'ordre naturel : [...] il existe une loi vraie, c'est-à-dire la droite raison, conforme à la nature, répandue dans tous les êtres, toujours d'accord avec elle-même, non sujette à périr, qui nous appelle impérieusement à remplir notre fonction, nous interdit la fraude et nous en détourne[1].

Cicéron distingue la loi écrite et la loi suprême, universelle, qui relie l'homme à la divinité et tous les hommes entre eux, qui appartiennent à l'univers, la *Cosmopolis* : ils sont semblables en ce qu'ils possèdent tous, au-delà des institutions contingentes et particulières, le libre exercice de la raison, l'intelligence, l'aspiration à la vertu et le sens de la justice, la bienveillance et l'amitié. Rien de ce qui est humain ne saurait leur être étranger. Il existe donc une égalité humaine foncière, définie comme exigence morale. Cette exigence inspire les textes politiques de Cicéron, *De la république* (dont le Songe de Scipion) et le *Traité des devoirs* : il convient d'établir une société conforme au Droit, à l'harmonie et à la concorde, sous l'arbitrage du meilleur citoyen, le princeps. Ultérieurement, Sénèque reprendra le thème d'inspiration stoïcienne lié à celui de loi naturelle, de l'égalité naturelle des hommes, les citoyens libres comme les esclaves dont l'âme est libre même si le corps est soumis. Dans une *Lettre à Lucilius*, Sénèque se réfère à un premier état de nature. L'exercice des vertus naturelles fonde l'apport du sage à une politique éclairée selon une tradition stoïcienne et platonicienne, qui implique le désintéressement, le détachement de l'intérêt et de l'opinion, le bonheur comme paix de l'âme et la liberté intérieure, détachées des artifices extérieurs du pouvoir (Marc Aurèle, *Pensées*). Car, pour Sénèque comme pour Socrate, l'homme fait partie d'une Cité universelle et supérieure, ce qui exige la justice et l'harmonie, et crée la raison et la loi, sans qu'il cesse d'appartenir pour cela à une cité particulière.

L'universalisme chrétien, héritier de Rome et du stoïcisme reprend l'idée de loi naturelle, expression de la raison et de la volonté divines, l'opposition entre les Cités particulières temporelles et une nouvelle *Cosmopolis* surnaturelle et céleste[2]. La distinction se fait entre le Citoyen et le Chrétien, qui veut bien

---

1. Cicéron, *De la république*, III, 22.
2. Voir les exposés sur : « Un homme sans Cité serait une bête ou un dieu » ; et « Il faut rendre à César ce qui est à César et à Dieu ce qui est à Dieu ».

prier pour l'Empereur mais refuse de le diviniser, entre le spirituel et le temporel, d'où la critique de Celse dans le *Discours contre les chrétiens.*

Le fondement de cet universalisme est l'égalité spirituelle, celle des âmes, des hommes devant la mort. C'est ce qu'explique Bossuet dans le *Sermon sur la mort*, la *Politique tirée de l'Écriture sainte*, le *Sermon sur l'éminente dignité des pauvres.*

Pour saint Thomas d'Aquin, « il y a dans les hommes quelque loi naturelle qui est une participation à la loi éternelle, source du bien et du mal ». Le droit des hommes est l'expression de la raison divine, la morale applique ce droit aux situations concrètes. Le sens du concret caractérise le thomisme, soucieux comme l'aristotélisme des réalités naturelles : la famille, la hiérarchie sociale, l'État, ce qui place le Droit naturel et chrétien bien sûr, à l'opposé du juridisme abstrait du XVIIIe siècle, et ce qui le distingue aussi de l'augustinisme politique pour qui les constructions juridiques ne sont que des artifices humains.

Avant la naissance de l'idéologie des droits de l'homme, La Renaissance relie la perspective universaliste à l'individualisme humaniste et au sentiment de la relativité. L'humaniste se définit comme un esprit universel. Chaque homme porte en lui-même la marque de l'humaine condition ; rien de ce qui est humain ne saurait lui être étranger. « Ce n'est pas plus selon Platon que selon moi-même, puisque lui et moi l'entendons et voyons de même », écrit Montaigne[1]. L'universalisme suppose l'idée d'homme universel et éternel, l'unité de l'esprit humain, le dépassement des conditions, caractères, fonctions, convictions particulières. L'humaniste entend connaître d'autres vérités, d'accepter des fonctions en restant maître de sa conscience, de voyager en acceptant les différences des autres peuples, ce qui préfigure le cosmopolitisme, le scepticisme, le libéralisme du XVIIIe siècle. Ces aspects modernes valorisent l'homme : l'encyclopédisme exalte la perfectibilité humaine, les artistes recherchent l'immortalité, les néo-épicuriens les plaisirs, les grands politiques, à l'image du Prince de Machiavel, la volonté de puissance. L'individu comme idéal rompt avec l'esprit communautaire médiéval. Ainsi, la Renaissance pense déjà l'homme abstrait de l'idéologie des droits par l'universalisme mais aussi par le culte de l'homme, l'éloge du bonheur humain revendiqué par l'élite bourgeoise et marchande naissante.

Avec le libéralisme au XVIIIe siècle, la philosophie politique substitue l'artificialisme et le contractualisme au naturalisme traditionnel. Pour défendre leurs « droits naturels », les individus s'agrégeraient entre eux, dans un processus politique étudié dans l'exposé, « le corps, métaphore politique ? ».

Certes posés comme évidence, les droits de l'homme peuvent apparaître néanmoins comme problème : c'est ce que nous allons étudier maintenant.

2 • La critique du droit naturel et des droits de l'homme

Pascal et Machiavel eurent en commun la contestation du caractère naturel du Droit. La justice et ses artifices constituent pour Pascal une grandeur d'établissement, une convention sociale, imparfaite, relative et contingente, ramenée à la coutume. La vraie justice n'est pas de ce monde, les États et les sociétés ne sont que des institutions sans fondement naturel. La force précède le droit : « ne pouvant faire que ce qui est juste fût fort, on a fait que ce qui est

1. Voir l'exposé sur « Tout ce qui est vérité est ma vérité. »

fort fût juste » (*Pensées*, 298). Les lois doivent être respectées comme garant de la paix mais elles sont sans fondement raisonnable pour les « demi-habiles », les « habiles » et les « chrétiens parfaits ». Elles ne sont justes que pour le peuple. Pascal reprend ainsi le point de vue augustinien.

Face à la morale, la politique est antérieure et autonome : Machiavel rompt avec la tradition de la monarchie médiévale modérée, en révélant la vanité de la justice sans le pouvoir. La liberté, le droit sans l'appui d'un pouvoir restent des concepts idéalistes, tel est le message clair que la figure du Prince a compris ; cette analyse sera reprise par des sociologues contemporains comme V. Pareto (1848-1923), certains de la primauté du fait du pouvoir. Pareto affirme le rôle constant et universel des élites dans l'Histoire. Le discours du Droit, l'égalitarisme et l'humanitarisme ne sont que des positions illusoires revendiquées par les ambitions de pouvoir des élites nouvelles, positions qui leur permettent de culpabiliser et de subvenir les élites installées : c'est ainsi que le libéralisme et les droits de l'homme, défendus par les détenteurs du pouvoir culturel, se sont imposés à la fin de l'Ancien Régime.

Pareto ne croit pas à une société définitivement pacifique mais au contraire au rôle permanent des conflits, la primauté du pouvoir, en dénonçant la critique moralisatrice de la force, puisque tout dépend de la position de chacun dans le rapport de force. Celui-ci fonde la politique dont l'objectif est la définition de l'ennemi (J. Freund, *Qu'est-ce que la politique ?*, Seuil, coll. « Points »). Les hommes, étant imparfaits, soumis à l'individualisme et au désordre, les finalités du pouvoir seront le rassemblement d'une communauté, l'illustration de valeurs modèles, la garantie des droits, et le dirigisme politique. La politique relève d'un ordre où la communauté doit l'emporter sur la conscience et la moralité universelle et individuelle.

Pareto avait étendu le champ de définition des rapports de force au politique, au culturel, au social... mais Marx l'avait réduit à l'économique. La Justice et le Droit comme l'État et les « superstructures » ne sauraient être neutres du point de vue marxiste, puisqu'ils seraient l'expression des intérêts de classe : le langage des libertés « formelles » masquerait des positions de pouvoir réel. Ce qui explique la critique de l'idéalisme et du juridisme bourgeois des Lumières d'une part, celle des socialistes utopiques d'autre part, de l'esprit humanitaire de 1848 soucieux de l'union du capital et du travail. Le marxisme implique que l'égalité des droits proclamée en 1789 reçoive un contenu concret du point de vue économique et social par l'égalité sociale (R. Aron, *Essais sur les libertés*), ce qui n'avait pas été pensé par le libéralisme : la logique de l'égalité des droits comme principe n'impliquait pas l'égalité des résultats ; les philosophes du XVIIIe siècle ne défendaient pas d'ailleurs un point de vue égalitaire ou populaire. Cependant, du point de vue marxiste, l'égalité formelle (celle des droits) est révolutionnaire face au « féodalisme », même si elle est jugée mystificatrice et insuffisante par son juridisme abstrait. Il faut donc l'accepter dialectiquement, conjoncturellement, en fonction des intérêts de la lutte politique. Le positivisme, la philosophie maurrassienne et nationaliste critiquent aussi l'idéologie des droits de l'homme, mais d'un point de vue différent. Elle réduit en effet les communautés aux individus et la politique à la morale.

Il faudrait savoir ce que l'on entend par « homme » dans les « droits de l'homme » : l'humanité formerait-elle un tout homogène et indifférencié, au nom de l'homme « naturel », abstrait et universel, sans référence aux peuples, aux cultures, aux héritages historiques et politiques ? Edmund Burke (1729-1797) invoquait contre l'idéologie des droits de l'homme le « merveilleux des différences » de Maistre (1735-1821) et de Bonald (1754-1840) dénonçaient l'universalisme de 1789. « Quant à l'homme, je déclare ne l'avoir jamais rencontré de ma vie : s'il existe, c'est bien à mon insu. » (E. Burke, *Considérations sur la France*). Les droits abstraits de l'homme n'existent pas : comme ses devoirs, ce ne sont que des produits de la culture et de l'Histoire.

Du XVIIIe au XIXe siècle, l'idéologie des droits de l'homme exprime les aspirations du libéralisme universaliste et individualiste, du cosmopolitisme et du mondialisme dans le cadre d'une société juridique et marchande, d'inspiration occidentale et américaine. « La bourgeoisie occidentale confond ainsi sa cause avec celle de l'humanité entière » (J. Touchard), cause de l'économisme, du bonheur marchand et cause de l'idéalisme moral, de la Bible et du Business, cause étrangère tant aux cultures communautaires traditionnelles dans le Tiers-Monde qu'à l'esprit européen tragique, héroïque, volontariste, et politique.

Le thème des droits de l'homme est au centre du débat des années 1980. En effet, la décennie 1970-1980 a vu succéder aux grands engagements révolutionnaires, politiques et collectifs, le choix humanitaire, libertaire et idéaliste d'une génération « morale » ou « sentimentale » (Alain Laurent, *L'Individu et ses ennemis*), préférant l'idéologie consensuelle des droits de l'homme aux passions et aux concepts classiques et polémiques d'État, de Peuple. de Nation, d'Histoire, de Politique et de Révolution, à l'âge du néo-individualisme.

Enfin, cette idéologie n'est pas sans rapport avec la réflexion sur l'avenir du Tiers-Monde ou sur le concept de nationalité. Au caractère révolutionnaire du tiers-mondisme des années 1960 succède après 1975 la mode des nouveaux philosophes et des droits de l'homme. L'anti-américanisme des « années Vietnam » est répudiée et des intellectuels gagnés par ailleurs à la cause des media et de la société marchande défendent alors un occident idéal et démocratique, celui des droits de l'homme.

Le tiers-mondisme et le culte des différences accusées d'« enfermer » les peuples dans leur culture et de stimuler leur nationalisme, inquiètent Alain Finkielkraut qui oppose le cultivé au culturel et avoue préférer la civilisation occidentale humaniste, universaliste, intellectualiste, à l'enracinement des peuples dans leurs cultures communautaires et traditionnelles. Ne sont-elles pas menacées dans leur droit à exister par la culture de masse, marchande, occidentale indifférente aux identités culturelles comme à la distance critique de la pensée (*La Défaite de la pensée*, Gallimard).

G. G.

Lectures conseillées

L. Dumont, *Essai sur l'individualisme* (Seuil).
G. Lipovetsky, *Le Crépuscule du devoir* (« Essais » Gallimard).
Le Droit, ouvrage collectif (Ellipses).
B. Binoche, *Critiques des droits de l'homme* (PUF).
Léo Strauss, *Droit naturel et histoire*.
Droits de l'homme et philosophie : une anthologie (Presses Pocket).

Les philosophes sont-ils nécessaires à l'État ?

La place du philosophe dans la Cité est une question traditionnelle de la philosophie grecque. Les présocratiques avaient popularisé l'image du spéculateur tourné vers la connaissance de la nature et méprisant les honneurs ou le pouvoir, à l'instar d'Héraclite, héritier royal, selon la tradition, mais abandonnant le pouvoir à son frère pour mieux se consacrer à l'étude. Les sophistes, dans l'Athènes du Ve siècle, en réaction contre cette philosophie spéculative, tournèrent le dos à l'étude de la nature pour rapprocher la pensée de la vie des cités. Ils donnèrent à la philosophie la tâche de répondre à ces questions plus proches de l'activité humaine : comment conquérir le pouvoir ? Comment se faire entendre à l'assemblée des citoyens ? Comment convaincre les autres et obtenir leurs suffrages ? Mais s'ils furent souvent condamnés (Protagoras, Gorgias) c'est justement pour avoir investi le domaine de l'action effective au lieu de se cantonner dans l'étude des astres ou de l'origine du monde. Car il sembla très vite que l'art de persuader enseigné par les sophistes importait dans l'ordre politique les interminables discussions des philosophes et rendait plus improbable encore la difficile cohésion de l'État. Lorsque Socrate fut condamné à son tour, ce fut encore au nom de ces questions indécidables qu'on l'accusait d'introduire dans l'esprit des jeunes gens au lieu de les rassembler autour des valeurs héritées de la tradition grecque. Le rôle des philosophes dans l'État est donc posé dans un contexte de suspicion qui fait de ceux-là un facteur potentiel de dissolution de celui-ci plutôt qu'un ferment de sa solidité. Si le premier rôle de l'État est d'assurer la stabilité des institutions, les philosophes semblent davantage tournés vers les remises en questions. Mais exclure les philosophes de l'État n'est-ce pas y consacrer l'opportunisme et le cynisme dans l'exercice du pouvoir ?

L'héritage socratique de Platon le conduisit à donner à la spéculation philosophique une fonction pratique, c'est-à-dire tournée vers l'action. Or, toute action présente une double face. Elle est d'abord tributaire de l'énergie et du courage dont sont capables les hommes qui s'y engagent. Aussi affirme-t-on que les choses vont mal en politique quand l'État ne trouve plus ces héros courageux capables de le conduire ou le défendre. Mais l'action dépend aussi des circonstances favorables où elle se déploie. Aussi invoque-t-on la fatalité (celle des dieux ou des cycles économiques) pour expliquer les crises. Platon a pensé que ce n'est pas la carence de ces deux éléments qui cause la faillite des États, mais l'incapacité des gouvernants à les conjuguer harmonieusement. Le rôle de la réflexion philosophique n'est donc pas de donner de l'énergie aux faibles, ni d'inverser le cours du destin, c'est de discerner ce que réclame la situation pour réussir ce qu'on entreprend. La vertu philosophique, souvent comparée par Platon à celle du médecin, suppose que le bien d'un État, comme la santé du corps, est une donnée de la nature dont les hommes ne disposent pas. Le médecin ne décide pas si son patient est guéri, mais observe s'il est sain et cherche comment lui rendre la santé s'il est malade ; nul ne décide si l'État est prospère ou non et le rôle du politique est de discerner ce qui évitera de tomber dans la misère ou la décadence. Cette vision spéculative de la politique donne son sens à la fameuse formule de Platon, affirmant que les choses iront mal en politique « tant que les philosophes ne seront pas rois dans les États ou que les rois et chefs d'État ne seront pas devenus de bons et sérieux philosophes[1] ». Le philosophe-roi ne reçoit pas un pouvoir de décision, mais plutôt le rôle d'un architecte obligé de concevoir le plan de la maison la plus fonctionnelle, compte tenu de la surface disponible, du budget alloué, des matériaux utilisés, etc. Platon suppose qu'il existe toujours une solution plus parfaite que les autres au problème de la construction d'une maison, comme d'un État. La vertu philosophique est précisément la capacité de la distinguer parmi tous les possibles. La place royale attribuée aux philosophes suppose donc que le gouvernement des États est soumis à des exigences rationnelles dont le respect est l'unique condition de la prospérité. C'est pourquoi seuls ont vocation à gouverner ceux qui sont attentifs à cette rationalité.

La vision antique de la politique en fait un cas particulier de la conduite de la vie, vouée au malheur si on s'abandonne à l'excès. Les philosophes y jouent nécessairement un rôle si la solidité et l'unité de l'État est tributaire de la capacité des gouvernants à évaluer ce qui convient avec juste mesure. Mais l'État est aussi l'expression d'une souveraineté, vis-à-vis des citoyens soumis à la loi ou vis-à-vis des autres États. Cela signifie que la fonction de l'État est surtout d'exprimer une volonté. L'État repose alors sur les institutions grâce auxquelles une volonté unique peut s'énoncer et se faire respecter. Que cette volonté soit celle du peuple, du roi ou d'un dieu, l'existence de l'État consiste dans l'organisation formelle, par laquelle cette volonté se voit reconnue. Ce qui importe alors c'est moins le contenu de la volonté exprimée que l'existence d'une institution permettant d'exprimer la volonté souveraine sous forme de lois. Tout le problème de l'État est donc, selon la formule de Hobbes, de « s'entendre sur la personne qui doit faire la loi ». Que cette personne soit physique ou morale, on ne voit pas quelle place peut alors être réservée à la spéculation philosophique puisque la solidité de l'État consiste en des institutions claires où celui (individu ou assemblée) qui décide est publiquement connu, non en des décisions justes ou opportunes. Si l'État est conçu comme souverain, il semble, en effet, plus important d'y constituer une réelle volonté souveraine, en lui donnant les institutions propices à son expression, que de chercher si le contenu de chaque loi correspond à une juste proportion. Remettre en cause les décisions souveraines, c'est même porter atteinte au fondement le plus sacré de l'État et, en ce sens, les philosophes sembleraient plutôt nuisibles à l'État.

Cette vision étatique moderne permet pourtant de réserver aux philosophes un rôle qui n'est plus la spéculation sur le juste et l'injuste. Lorsque Condorcet affirme qu'« une société qui n'est pas éclairée par des philosophes est gouvernée par des charlatans », il ne renvoie pas au philosophe-roi platonicien mais à la vigilance de ceux qui scrutent le fonctionnement des institutions pour y prévenir des abus, des détournements, des coups de force, des écarts entre la volonté souveraine et l'application qui en est faite. Les philosophes ne sont plus les médecins des cités, mais les instituteurs des peuples qu'ils

1. *La République*, V, 473d.

ramènent au fonctionnement réel des institutions pour prévenir toute dérive arbitraire.

P. D.

Lectures conseillées

Platon, *Lettre VII* ; *La République*, Livre V.
T. Hobbes, *Léviathan*, ch. 18 ; *Du citoyen*, ch. 6.

6 • L'art

« Le beau n'est que le commencement du terrible. » Rainer Maria Rilke

L'ange nous fait face. « Il semble avoir dessein de s'éloigner du lieu où il se tient immobile[1]. » Il ne vole ni ne pèse sur le sol. Ses ailes sont levées, dans un geste d'impuissance ou de désespoir. Il ne peut ni ne pourra rien pour nous. Sa bouche est ouverte, ses yeux écarquillés[2], mais il ne nous voit pas. À peine pouvons-nous le regarder. C'est *L'Angelus Novus*, l'« Ange Nouveau ». L'œuvre est de Paul Klee. Il n'est pas indifférent qu'elle soit parvenue jusqu'à nous parmi les papiers de Walter Benjamin, mort de n'avoir pu, à un jour près, échapper aux griffes des nazis.

« Le Beau n'est que le commencement du Terrible » : le vers, ou plutôt la phrase qui court sur deux vers, figure au début de la première *Élégie de Duino*, de Rilke. Elle explique et explicite ce qui précède : elle est précédée du mot « car ». Or ce qui précède n'est rien d'autre que l'évocation de la mort du poète : « en supposant que l'un d'eux [des anges] me prenne sur son cœur : je succomberais, mort de son existence plus forte. » L'Élégie s'ouvre sur un cri que le poète ne poussera pas, car s'il poussait ce cri de détresse ou cet appel au secours, le geste même par lequel un ange tenterait de le secourir *signifierait la mort immédiate du poète*, de l'homme, écrasé par « une existence plus forte ». « Tout ange est terrifiant[3]. » Les anges constituent une menace pour les hommes du seul fait de leur existence ; leur « existence plus forte » nous révèle la fragilité et la vulnérabilité de la nôtre. L'impulsion qui nous pousse à leur demander de se porter à notre secours pourrait bien être une impulsion mortifère, au sens étymologique : *porteuse de mort*. « Le Beau n'est que le commencement du Terrible » peut signifier que la beauté n'est rien en et par elle-même, qu'elle n'a pas d'autre essence que celle du Terrible. La versification de Rilke va dans ce sens :

> « ... Car *le beau n'est rien*
> d'autre que le tout premier degré du Terrible. »

Ce qui se présente au premier abord comme une étrange définition du beau pourrait bien être en vérité *l'énonciation de la raison pour laquelle toute définition du beau doit être rejetée*, de la raison pour laquelle toute tentative de définir « la beauté en elle-même », pour reprendre une expression de Platon, ne peut que se solder par un échec.

Or telle n'est pas notre approche première de la beauté. Dans la beauté, nous ne percevons d'ordinaire nulle menace : est beau ce qui plaît en lui-même et par lui-même, non pour son utilité ou pour l'agrément qu'il procure. Le beau n'est ni l'utile ni l'agréable, et Kant nous dit que seul il peut faire l'objet d'un plaisir absolument pur et désintéressé[4]. En présence de la beauté, l'homme s'éprouve épris du sensible : la beauté est ce qui charme et enchante notre sen-

1. W. Benjamin, *Thèses sur la philosophie de l'histoire*, IX.
2. *Idem*.
3. Ou effrayant (*schrecklich*) ; c'est le même mot qui est employé dans la phrase-titre : « *Denn das Schöne ist nichts als des Schrecklichen Anfang* ».
4. E. Kant, *Critique de la faculté de juger*, § 5.

sibilité, sans avoir à passer par des raisons ou par des concepts. Suivant en cela E. Burke[1], Kant inscrit la sensibilité dans une polarité entre le beau et le sublime[2]. Alors que la beauté suscite en nous un plaisir sans mélange et qui jaillit en nous *immédiatement*, le sentiment du sublime, s'il n'est pas dépourvu de plaisir, n'accède à celui-ci qu'*indirectement*. Le plaisir ne « jaillit qu'indirectement, produit par le sentiment d'un arrêt des forces vitales durant un bref instant, immédiatement suivi d'un épanchement de celles-ci d'autant plus fort[3] ». Dans le sentiment du sublime, le plaisir n'est jamais pur mais toujours mêlé de souffrance et d'effroi[4]. *Est sublime ce qui est grand absolument*, ou encore « ce en comparaison de quoi tout le reste est petit[5] ». C'est pourquoi, en toute rigueur, rien dans la nature, pas même l'océan déchaîné, pas même le ciel étoilé, ne peuvent être dits sublimes. Est sublime ce qui nous révèle, dans un mélange de plaisir et d'effroi, *les limites de notre sensibilité*. « Est sublime », écrit Kant, « ce qui par cela seul qu'on peut le penser, démontre une faculté de l'âme qui dépasse toute mesure des sens. »

La polarité kantienne est rassurante : dans la beauté au moins nous sommes chez nous. Nous ne rencontrerons jamais ce qui échappera à notre sensibilité pour nous en faire ressentir, *de façon sensible*, les limites. Certes Platon, dans *Le Banquet*, voyait bien dans l'appel de la beauté une invitation à dépasser le sensible. Mais cette sortie hors du sensible n'avait lieu qu'en direction de l'Idée du Beau ; l'ascension de l'âme prenait fin dans la contemplation de la Beauté en elle-même, comme essence intelligible et éternelle. Tel est le « secret » livré par Diotime à Socrate[6].

Autrement plus inquiétante est la pensée de Rilke, qui sonne comme une mise en garde. Au fond de l'attrait pour la beauté pourrait résider une fascination pour ce qui n'est pas fait pour nous et ne pourrait que nous mener au seuil de la mort. La beauté déjà écrase l'homme comme un spectacle qui n'est pas fait pour lui. La beauté est le commencement du Terrible en ce qu'elle nous donne l'intuition ou le pressentiment d'une plénitude d'être qui n'est pas faite pour nous.

L'homme, créature inachevée[7], contemple à travers la beauté une plénitude d'être qui lui est refusée. Si nous nous abandonnons à la tentation de la beauté, rien ne nous arrêtera sur cette pente fatale : il n'y a rien dans le beau pour nous arrêter sur le chemin qui nous placerait face au Terrible. La beauté ne peut être pour nous signe que *négativement* : elle est signe de ce que l'homme n'est pas et de ce qui n'est pas pour l'homme. Elle se perd dans le

---

1. *Recherche philosophique sur l'origine de nos idées du sublime et du beau* (1757).
2. Cela dès ses *Observations sur le sentiment du beau et du sublime* (1764). Il ne faut pas confondre le *sublime* de Kant (*der Erhabenen*) avec le *Terrible* de Rilke (*der Schrecklichen*).
3. *Critique de la faculté de juger*, § 23. On sait le prolongement que ce thème trouvera chez Nietzsche : « L'art est le plus grand stimulant de la vie. » (*Volonté de puissance*, Livre de Poche, p. 412).
4. Il est extrêmement frappant à cet égard qu'Aristote, parlant de la Tragédie, évoque explicitement le *plaisir* que donnent la pitié et la crainte éprouvées pour et avec les personnages. Ce plaisir fait pour lui partie intégrante de la tragédie. (*La Poétique*, 1453b, 8-11). En revanche, il réprouve explicitement le poète qui voudrait susciter l'horreur ou l'effroi (en grec *tératodes*, que l'on pourrait rapprocher du latin *tremendum*) *non pas en tant que l'intervention de l'horreur bannirait tout plaisir, mais au contraire en tant qu'il introduirait un plaisir étranger à la tragédie*, alors que la tragédie ne doit procurer que le plaisir qui lui est propre. La crainte est du côté du sublime de Kant, l'horreur et le *tremendum* du côté du terrible de Rilke.
5. *Critique de la faculté de juger*, § 25.
6. *Le Banquet*, 210-211.
7. Voir l'exposé : « Qu'y a-t-il d'inachevé en l'homme ? »

Terrible, c'est-à-dire dans ce qui excède l'homme. Loin de lui indiquer un chemin, elle le détourne au contraire de sa mission et de sa destinée d'homme, qui consiste non en une contemplation fascinée de la beauté, mais à célébrer l'invisible et à faire renaître en nous, transfigurée, la terre[1]. Le Beau est un spectacle qui n'est pas fait pour nous, et qui nous perdrait si nous nous laissions aller à sa fascination. La seule chose qui nous sauve, c'est que l'ange nous ignore et ne se sait pas regardé. « À peine le supportons-nous, et si nous l'admirons, c'est qu'il néglige avec dédain de nous détruire », continue l'élégie. L'ange est effrayant parce qu'il est encore suspendu au visible : il apparaît, comme l'*Angelus Novus* de Paul Klee. Le Terrible est-il autre chose que l'apparition *de ce qui n'est pas visible*, de ce qui excède le sensible, hiérophanie ou théophanie. Or, nous dit Rilke, cela, la beauté l'est déjà. *Si du Terrible, la beauté n'est que le commencement ou le tout premier degré, alors ce tout premier degré nous porte d'emblée au point où nos limites nous sont révélées.* Cette expérience d'une existence blessée par la beauté, le narrateur du *Pavillon d'or* la traverse sous sa forme la plus douloureuse. « La pensée que la beauté pût déjà exister quelque part à mon insu me causait invinciblement un sentiment de malaise ; car *si effectivement elle existait en ce monde, c'était moi qui, par son existence même, m'en trouvais exclu*[2]. »

Au fond de l'expérience de la beauté gît le désir qui nous pousse vers ce que nous ne sommes pas et ne pourrait que nous détruire. L'homme se tourne de tous côtés pour trouver l'issue à son enfermement dans sa condition d'homme. Comme l'écrit Sophocle dans le Chœur d'*Antigone*, l'homme est *pantoporos/aporos*[3], c'est-à-dire plein de ressources/sans ressources, plein d'issues / sans issue : seul cet oxymore permet au poète de définir ce qu'il en est de l'homme et de sa condition. L'homme est livré à lui-même sans recours, *les dieux* – ou, écrirait plutôt Rilke, les anges – *ni les animaux ne peuvent rien pour lui*, eux qui le jugent « d'instinct peu sûrs[4] ». Plein de pouvoirs sur le monde qui l'entoure, l'homme est exposé sans retour et sans recours à la mort, et seule cette exposition sans remède ni atténuation possible permet de le définir comme *le mortel*. Aussi n'est-ce pas pour Sophocle l'ange ou le dieu qui est la chose la plus étrange et la plus « terrible », mais bien l'homme lui-même. « *Parmi toutes les choses inquiétantes du monde, la plus inquiétante, c'est l'homme*[5]. »

J. B. de R.

Lectures conseillées

Sophocle, *Antigone*, p. 332-375.
R M. Rilke, *Élégies de Duino*, Première élégie.
E. Kant, *Critique du jugement*, « Analytique du sublime ».
G. Scholem, *Walter Benjamin et son ange* (Rivages Poche).
Y. Mishima, *Le Pavillon d'or* (Folio).
Filmographie : *Les Ailes du désir*, de Wim Wenders.

1. *Élégies de Duino*, VII, p.79, et IX, p.91-93.
2. Y. Mishima, *Le Pavillon d'or*, Folio, p. 53.
3. Vers 360.
4. R. M. Rilke, *Les Élégies de Duino*, Première élégie.
5. Sophocle, *Antigone*, vers 332-333. *Deina*, *deinon*, le qualificatif par lequel Sophocle, en le mettant au superlatif, définit l'homme, peut se traduire par : merveilleux, étrange, mystérieux, inquiétant. Heidegger propose de traduire par *unheimlich* : ce qui n'est pas familier, ce qui est étrangement inquiétant. Il propose également les mots *das Furchtbar* et *der Schrecken* pour traduire *deinon* (M. Heidegger, *Einfuhrung in die Metaphysik*, Max Niemeyer Verlag, p.114-115).

Qu'est-ce qu'un artiste ?

Étymologiquement, l'art s'oppose à la nature, désigne une activité humaine assimilée à un artifice.

L'artiste et l'artisan

L'artiste médiéval est proche de l'artisan ; c'est un créateur lié à la culture populaire du temps. L'art médiéval est le reflet d'une société communautaire plus qu'une culture de classe dominante dans la mesure où la société féodale est constituée d'ordres, au sein d'une unité organique, ordres définis par la fonction et non par le rapport aux moyens de production. L'artiste, comme l'intellectuel qui relève de la fonction souveraine et religieuse, n'est pas ainsi assujetti aux nécessités d'une société marchande, par opposition à l'âge contemporain où la culture est trop souvent réduite à une annexe de l'économie. À ce sujet, l'historiographie contemporaine a découvert dans le Moyen Âge l'âge d'or des clercs et des intellectuels, ignoré et travesti par le rationalisme depuis la Renaissance, mais réhabilité par le Romantisme amateur d'histoire, d'épopées et d'enthousiasme populaire. La simplicité et la « naïveté » de l'art médiéval, décrié comme révélateurs d'un prétendu état d'enfance de l'esprit ou de l'humanité, révèlent que l'artiste échappe aux contradictions art d'élite/art de masse, art pur/art engagé. et exprime les aspirations de cette communauté organique qu'est la société médiévale. Le souci intellectuel et artistique est profond : Drieu la Rochelle, hanté par la décadence de l'Europe, exprime ainsi la grandeur de l'âge médiéval : « il y avait eu la raison française, ce jaillissement passionné, orgueilleux, furieux du XIIe siècle des épopées, des cathédrales, des philosophies chrétiennes, de la sculpture, des vitraux, des enluminures, des croisades. Les Français avaient été des soldats, des moines, des architectes, des peintres, des poètes, des marins et des pères. Maintenant, cela finissait, ici et en Europe. » (Drieu, *Gilles*)

Mais ce souci n'est pas lié à la recherche individualiste de la gloire et de l'immortalité qui caractérisera la Renaissance néo-antique et néo-païenne. Les œuvres d'art médiéval sont souvent anonymes et collectives. L'art n'est pas une activité spéculative et théorique, mais s'exprime dans une pratique sociale liée à la culture populaire : théâtre profane et sacré, farces médiévales, jeux, fêtes et réjouissances collectives. Les jours fériés et chômés sont beaucoup plus nombreux que dans la société industrielle du XIXe siècle, soumise à la morale du travail et réprouvant l'oisiveté. Libre car non asservie à des idéologies utilitaristes et matérialistes, la société médiévale connaissait spontanément l'art et le jeu dans leur nature gratuite et désintéressée, dans leur dimension de réalisation sociale et spirituelle à la fois. Par opposition, le XIXe siècle et la société marchande consacreront la rupture entre un art d'élite et une culture de masse à des foules indifférenciées et dépersonnalisées, où chacun ressemble au voisin mais est isolé de lui, ces foules décrites par Baudelaire dans les *Petits Poèmes en prose*, béates d'optimisme et grisées par les artifices matériels de la fête foraine (*Le Vieux Saltimbanque*). Cette opposition entre l'Ancienne France et la société moderne a été perçue par Péguy dans *L'Argent* : « Nous avons connu un honneur du travail exactement le même que celui qui au Moyen Âge, régissait la main et le cœur ».

C'est une démarche de même nature artistique qui a inspiré ainsi l'humble artisanat, comme les constructions des cathédrales dans un univers où les oppositions contemporaines art/industrie. art-science, art « inutile » ou ornemental-activités pratiques, agréable/utile n'ont aucun sens et où le monde physique est toujours lié au souci métaphysique, le matériel au spirituel, la raison à la foi. L'art médiéval suppose des techniques fabricatrices, une initiation au sein des corporations, et comportant parfois une dimension ésotérique, dans l'édification des cathédrales, malgré la distinction traditionnelle des arts libéraux et des arts mécaniques, les activités de la main sont proches de celles de l'esprit. Le symbolisme philosophique et religieux de l'art médiéval en témoigne. C'est un art édifiant et moral, cette définition étant bien distincte du caractère moraliste du XVIIe siècle et du caractère moralisateur de la littérature bourgeoise des beaux sentiments, au XVIIIe siècle, et de ce lyrisme du XIXe siècle exécré par Baudelaire. C'est le siècle de l'épopée par excellence, genre dont les siècles suivants ne connaîtront que la théorie – Boileau définissant l'épopée comme grand genre au XVIIe siècle – ou bien des copies fastidieuses : les épopées romantiques. Chansons de geste et romans courtois reflètent une vue du monde hiérarchique et organique, où le chevalier est guidé par des valeurs à la fois protectrices et idéales, comme l'honneur, la fidélité à l'engagement (*Lancelot ou le Chevalier à la Charrette*), la confiance en Dieu. La mort au combat pour l'occident chrétien est l'apothéose du chevalier qui rejoint glorieusement et sans déchirement tragique la Cité Céleste. Mais la distance surnaturelle de l'univers mystique, symbolisé par le Graal, dans *Perceval* de Chrétien de Troyes, la place restée vide à la Table Ronde, révèlent que la perfection n'est pas de ce monde et que, loin d'être réductible à toute immanence humaine, la vérité est transcendance et distance : par ses efforts pour la connaître, le chevalier peut éprouver sa valeur et sa liberté.

Un créateur inspiré

La Renaissance voit le développement d'une idéologie humaniste, individualiste et libérale dont le « progressisme » ne saurait masquer la coupure entre une culture littéraire d'élite et la culture populaire. L'artiste y apparaît comme une figure isolée, et les liens entre ses sentiments et l'espace social sont ambigus. L'artiste peut être protégé par le mécénat mais s'interroge parfois sur ses liens avec le pouvoir, juge arbitraire, despotique, ou insensible au talent, comme Ronsard le fait dans l'*Hymne de l'automne*. Les valeurs authentiques sont dans les rapports humains ou dans la sensibilité à la nature, non dans la vanité des pouvoirs. L'idéologie de la gloire et le culte de l'homme au plan politique et militaire, intellectuel et artistique, peuvent l'emporter, il reste vrai que cette gloire doit être fondée sur la justice et la vertu, le talent et la sensibilité. Ronsard trace le portrait du monarque idéal et souligne les Devoirs du roi dans ses *Discours*, Érasme définit *L'Institution du prince chrétien*, sage et modéré. Face à l'injustice ou la présomption, la Renaissance humaniste emprunte parfois certains accents des moralistes épicuriens, stoïciens et chrétiens pour dénoncer la vanité de certaines grandeurs terrestres. Ainsi le poète trouvera-t-il opportunément refuge et inspiration dans la nature (Ronsard, *Hymne à l'automne)* et ne sacrifiera-t-il pas à l'hypocrisie, à la flatterie de la cour. La satire du poète courtisan le réduit à une mécanique esclave des modes, à un rimeur superficiel et conventionnel qui sacrifie la sincérité à l'art du paraître, ne suit que son naturel, néglige le travail comme l'inspiration, ne retient que des sujets futiles, incapable d'une poésie vraiment lyrique ou métaphysique. Le vrai poète évoquera au contraire des sujets profonds, l'amour, la mort ou la nature. Au début du XVIIe siècle, Mathurin Régnier reprendra, dans ses *Satires*, la critique du poète courtisan. La Renaissance retrouve l'idée antique de l'inspiration ; Du Bellay évoque la fureur divine dans *Défense et illustration de la langue française*, et Ronsard rappelle ainsi sa propre inspiration, reçue des Muses dans la nature, supérieure aux biens de ce monde (*Hymne de l'automne*). L'Antiquité grecque avait vu dans le poète un être inspiré par les Dieux (*Ion* de Platon), en relation avec l'au-delà, sans influence souhaitable dans l'ordre politique de la Cité, qui doit être géométrique, rationnel et harmonieux.

La seconde idée dominante de la Pléiade est la nécessité du travail, le refus de la poésie de circonstance, de la facilité des Grands Rhétoriqueurs du XVe siècle. C'est une idée préclassique, corollaire de celle de l'imitation. Il faut former son style par l'imitation des Anciens, et c'est ainsi que l'originalité et la personnalité littéraire se formeront. Rien n'est plus étranger aux tenants de l'imitation que l'idée individualiste de rupture avec des modèles et d'indifférence aux Anciens. D'autre part, le XVIe siècle s'appuie sur une philosophie néo-antique : temps cyclique, sagesse naturelle du citoyen stoïcien de la *Cosmopolis* antique, universalité de l'esprit, réflexion et souci communs à toute l'humanité. Montaigne retrouve les philosophies antiques.

L'idée classique est d'exprimer « une vérité que tout le monde sent » (Boileau, Préface de 1701 de *L'Art poétique*), ce que l'humanité a déjà pensé. En relation ambiguë avec les pouvoirs, esprit inspiré formé à l'école des Anciens, ainsi apparaît l'artiste, plus particulièrement le poète, au XVIe siècle. Le statut de l'esprit a changé : à l'âge médiéval, l'intellectuel était interprète de son temps, chroniqueur moral et édifiant ou philosophe scolastique ; au XVIe siècle, à l'aube de l'individualisme libéral, le souci du « moi » mène le poète à se distinguer par l'expression de ses sentiments personnels, l'amour de la gloire appelle la recherche de l'immortalité et de la faveur auprès de la postérité. C'est le lyrisme personnel qui l'emporte ; et au plan des idées, Montaigne défend le « moi » et la liberté de conviction intérieure, fondant ainsi le scepticisme libéral, opposant la conscience privée à l'engagement public. Au XVIIe siècle, l'inspiration chrétienne et moraliste (Pascal ; La Rochefoucauld) mettra en garde contre l'amour du moi ; au plan littéraire. la postérité deviendra critère de jugement, ne retenant que les œuvres qui auront pu résister aux siècles, à l'épreuve du temps.

Imiter la nature et plaire au public

L'artiste classique est bien l'interprète de son temps, tourné vers des vérités psychologiques et morales déduites de l'étude de l'homme éternel et universel. Le lyrisme devient impersonnel, le moi des auteurs s'efface. Selon Malesherbes, le poète n'est qu'un ouvrier du vers, et non pas un mage ou un prophète. L'accent est mis sur la technique plus que sur l'inspiration, mais sans renoncer à frapper la sensibilité (Boileau, *Art poétique*, Chant III). Écrire est une fonction particulière :

C'est un métier que de faire des livres : il faut plus que de l'esprit pour être auteur. (La Bruyère, *Caractères*. Des ouvrages de l'esprit).

L'expression classique, fondée sur une économie du discours où la pensée passe à l'épreuve des mots, doit être claire et rigoureuse. Un style clair, frappant et significatif peut seul exprimer une vérité universelle et implicite : « Un Roi de France ne venge point les injures d'un duc d'Orléans » (Boileau, *Art Poétique*). Par refus de l'emphase ou de l'obscurité des générations antérieures, précieuses et baroques, les classiques insistent sur la nécessaire adéquation de la forme à la pensée, pour atteindre la perfection ; ils refusent la subjectivité du jugement esthétique : « il y a dans l'art un point de perfection, comme de bonté ou de maturité dans la nature, celui qui le sent et qui l'aime a le goût parfait ; celui qui ne le sent pas et qui aime en-deçà, a le goût défectueux. Il y a donc un bon et un mauvais goût, et l'on dispute des goûts avec fondement ». D'où la notion de hiérarchie des œuvres, de chefs d'œuvre, d'effort de l'art vers la perfection, selon un schéma finaliste aristotélicien. L'art classique se veut conforme à la nature et à la vérité, mais pas à la manière du XIXe siècle. La vérité est celle de l'esprit : il s'agit de la vraisemblance ; d'autre part, le pouvoir de l'art serait bien de corriger la nature :

Il n'est point de serpent, ni de monstre odieux,
Qui, par l'art imité, ne puisse plaire aux yeux,
D'un pinceau délicat l'artifice agréable
Du plus affreux objet fait un objet aimable.
(Boileau, *Art poétique,* chant III.)

De l'horreur, du mal, du destin tragique, l'artiste classique pourra exprimer la grandeur, la noblesse, l'épopée, et fera naître la terreur et la pitié. Les XVIIIe et XIXe siècles, éperdus de beaux sentiments, perdront cette dimension de vue, mais Baudelaire viendra ensuite redéfinir la fonction rédemptrice de l'art (non pas platement moralisatrice) tout en condamnant l'association erronée du XVIIIe siècle entre nature, beauté et moralité.

L'artiste classique est enfin l'interprète d'un siècle moraliste qui se distingue du siècle moralisateur suivant. Morale aristocratique de la gloire, renoncement janséniste aux vanités terrestres, plus communément morale de l'honnête homme, sociable et cultivé : idéal supérieur aux conventions bourgeoises des « honnêtes gens » du XIXe siècle. Loin d'être un marginal contestataire, Molière exprime la morale classique de la mesure et ridiculise les excès et les manques du comportement psychologique et social. Sainte-Beuve avait ainsi bien vu l'accord de l'artiste avec son siècle. Au grand siècle, l'État national et souverain consent à une politique culturelle. Les règles classiques sont de bon sens (Boileau) et non contraignantes (Molière, *Critique de l'École des Femmes*). L'idéal est de plaire et de toucher, d'être reconnu par le public.

Modernité et subjectivité

L'artiste moderne exprime sa subjectivité dès la fin du XVIIIe siècle. Rousseau définit une littérature du moi irréductible : « Je forme une entreprise qui n'eut jamais d'exemple et dont l'exécution n'aura point d'imitateur »

(*Confessions)* ; et Diderot pressent dans la poésie nouvelle quelque chose de sublime, d'énorme, de barbare et de sauvage. Élargissement de l'intérêt littéraire dans l'espace et dans le temps, nostalgie et idéalisation du passé lié au mythe des origines, mode du primitif et du barbare, goût du spectacle et de la couleur locale : tels sont les traits de l'art romantique. L'univers romantique est fondé sur la nostalgie, le désir (*La Peau de Chagrin*), l'amour du jeu, le sentiment de l'échec (le suicide manqué de Chateaubriand), mais plus encore par l'ambition, l'énergie, l'affirmation de l'individu, qui se déploient dans le cadre du roman. Vers 1830, l'artiste s'enthousiasme pour le mouvement social et plaide pour un art missionnaire, utile, édifiant et moral : « Nous croyons que la mission de l'art est une mission de sentiment et d'amour », écrit G. Sand dénonçant le caractère épique et tragique d'un art jugé passéiste. C'est le romantisme qui retrouvera l'irrationnel de la vocation poétique ; avant Rimbaud et le poète voyant, Hugo définit le caractère visionnaire et prophétique du poète, associant cette fois inspiration et engagement :

Malheur à qui dit à ses frères
Je retourne dans le désert !
Honte au penseur qui se mutile.
Et s'en va, chanteur inutile
Par la porte de la Cité. (*Les Rayons et les Ombres*)

Plus tard, apparaîtra le refus du matérialisme dominant comme négation de l'art (Huysmans, dans *À rebours*, Gautier dans la Préface de *Mademoiselle de Maupin*, Baudelaire pour la modernité en art et contre le culte de la nature, Verlaine contre Monsieur Prudhomme). À l'art engagé ou utile, on préfère l'art comme fin en soi, l'esthétisme, l'artifice. L'art ne doit rien enseigner, tout ce qui est utile est jugé laid et bas[1]. Plaire à tout prix aliène l'artiste (Baudelaire, *Le Vieux Saltimbanque,* dans les *Petits Poèmes en prose ;* Leconte de Lisle et « Les Montreurs »).

Une activité désintéressée, une métamorphose de la nature

Certains philosophes ont vu dans l'art un enseignement, une dimension didactique : par l'art comme illusion selon Platon, nous pouvons remonter à l'intelligible, comme imitation de la nature selon Aristote, nous pouvons connaître le réel comme vérité objective et libérer notre humanité de ses passions par la *catharsis.* Avec l'art, Hegel montre la révélation de l'Esprit dans l'Histoire (*Esthétique*) et Marx révèle l'idéologie des classes sociales. Mais la conscience du sentiment proprement esthétique caractérise la modernité, dès la conception kantienne du jugement désintéressé. Il en va de même pour la subjectivité.

Par opposition à la théorie classique et aristotélicienne de la *mimésis* (l'imitation du réel) et de la saisie de la vérité interne à un objet, la modernité met l'accent sur l'art comme métamorphose, sur la vision subjective du monde par l'artiste. Le propre de l'art est de dépasser la nature. Le génie, la liberté créatrice postulent l'autonomie de l'artiste. Hugo visionnaire, Rimbaud voyant, Zola dépassent le naturalisme par l'évocation saisissante des mythologies de l'âge industriel. « La modernité, c'est le transitoire, le fugitif, le contingent », écrit Baudelaire saisi par la vision subjective d'un réel éphémère, immédiat,

1. Voir l'exposé : « Qu'est-ce qu'un bourgeois ? »

comme les impressionnistes aux paysages picturaux de liberté et de mouvement. (*Le Port* dans les *Petits Poèmes en prose* et *À une passante* dans les *Fleurs du Mal*.)

En peinture comme dans l'imaginaire collectif, on peut prendre ainsi l'exemple du paysage, certes configuration naturelle mais bien plus encore espace construit par la subjectivité selon des normes culturelles et esthétiques. Dans *Le Territoire du vide, le désir du rivage*, Alain Corbin révèle le goût préromantique pour le paysage maritime, les grèves solitaires, infinies, sauvages et mystérieuses. Le décor maritime, alpestre, exotique, colonial de prédilection est relatif aux cultures, le « jardin à la française » ou « à l'anglaise » faussement naturel, conçu sur le modèle de la peinture, révèlent telle ou telle idéalisation esthétique. Le paysage est le miroir de la sensibilité, le reflet de l'âme ; nous voyons souvent la nature à travers lui et c'est alors que nous pouvons dire que la nature imite l'art, renversant l'expression commune : « l'art imite la nature ». Nous disons, par exemple : c'est un paysage alpestre « à la Rousseau ».

L'art riche d'enseignement

L'art est donc riche d'enseignements quant à l'activité de l'artiste, quant à ses liens au public et à la société. Du point de vue philosophique, il révèle la capacité de l'homme à se représenter le monde par l'imaginaire, à livrer une production (*poïesis*), une fiction dépassant le divertissement pour atteindre une vérité plus forte, plus saisissante du réel. En dégageant son sens pour nous (avec, comme point extrême, la caricature comme révélation). En connaissant mieux le monde et nous-mêmes. L'artifice est illusion du vrai plus haute que le réel. « Le naturel, c'est le comble de l'artifice » (Céline). Quant à Camus, il cite Balzac dans *L'Homme révolté*, pour qui le roman était chose fort sérieuse.

L'art est enfin communication entre les cultures, expression du désir d'éternité, revanche sur la mort comme le montre Malraux dans *Les Voix du silence*. Être ouvert à l'art, c'est dépasser les frontières de l'espace et du temps. C'est par l'art que Baudelaire conjurait le spleen et par le style que Céline exprimait et dominait à la fois l'absurde existentiel. « Nous avons l'art pour ne pas mourir de la vérité[1]. » (Nietzsche)

Comment enfin présenter l'art si ce n'est dans les musées ? Pour certains, cimetière des œuvres d'art, dépôt factice de collections classées (cf. usine, prison, musée, caserne, école, voire dictionnaire...) décontextualisées, récupérées parfois par les pouvoirs, présentées selon les critères de l'ordre culturel ou idéologique dominant, le musée est au contraire pour d'autres au service de la mémoire des cultures, expression durable et mémorable des œuvres distinguées de simples produits.

G. G.

Lectures conseillées

L'Art, « Analyses et réflexions », collectif, Ellipses.
Anthologie des préfaces de romans français au XIXe siècle (10/18).
L'Esthétique romantique (anthologie), (Presses Pocket Agora).
Baudelaire, *Œuvres complètes*.

1. Voir l'exposé : « L'oubli ».

Qu'est-ce qu'un détail ?

« Dieu se cache dans le détail. » A. Warburg[1]

Un détail est d'une part une chose accessoire par opposition à ce qui est essentiel ou fondamental ; d'autre part ce qui n'est que partiel par rapport au tout dont il fait partie. En ces deux sens, le détail est toujours quantité négligeable. Il est ce à quoi il ne faut pas s'arrêter sous peine de perdre de vue l'ensemble à partir duquel seul il prend sens. Le détail, c'est toujours l'arbre qui nous cache la forêt. L'attirance naturelle de l'esprit pour le détail constitue, comme l'écrit Bachelard, un obstacle épistémologique sur la voie de la formation de l'esprit scientifique. Le détail est ce qui attire le regard vers l'étrange et le pittoresque, en détournant l'esprit de la quête de la loi qui seule les rendrait intelligibles. Bouvard et Pécuchet, dans le roman de Flaubert, nous font rire et nous inspirent à la fois de la pitié, parce que quel que soit l'objet de leurs recherches, ils se noient dans les détails, en passant systématiquement à côté de ce qu'il y aurait à comprendre. Comme l'a dit E. Mounier, « la bêtise, c'est le sens de l'inessentiel », c'est l'incapacité à tourner son esprit vers autre chose que l'accessoire, pour *découvrir ce par rapport à quoi il n'est précisément qu'accessoire*. En ce sens, une accumulation de détails ne fera jamais qu'une « tête bien pleine », jamais « une tête bien faite », selon l'opposition de Montaigne. Et c'est la tête *bien pleine* qui empêche que la tête soit *bien faite* : à partir d'un certain seuil, l'accumulation d'informations en tous genres peut empêcher l'esprit de les synthétiser et d'en faire ainsi la matière d'une véritable *connaissance*. Peut-être au siècle des médias triomphants n'est-il nul besoin de diffuser des informations *fausses* pour manipuler les foules ou les « désinformer » : peut-être suffit-il de les noyer sous une information suffisamment abondante et ne hiérarchisant jamais l'essentiel de l'accessoire, sous prétexte d'« objectivité », pour les rendre incapables d'accéder à une vision claire de la situation.

Le détail peut donc être égarant ou mystifiant pour l'esprit, il est ce qui est au sens propre *insignifiant*. Pourtant si le détail ne signifie rien par lui-même, c'est parce qu'*il n'est détail qu'en référence au tout ou à l'ensemble dont il fait partie*. Un objet ou une image, aussi petits soient-ils, seront peut-être des *miniatures*, jamais des détails si on ne les prend comme parties d'un ensemble. Un détail n'acquiert son statut de détail que par son rapport au tout auquel il est intégré : c'est toujours le détail d'un tableau, ou d'un récit, etc. Si le détail est sans importance ou sans valeur par lui-même, c'est qu'il ne vaut qu'à titre d'élément d'un ensemble plus vaste à partir duquel il prend sens. Il existe donc une relation *dialectique* entre le détail et le tout : en un sens, *le tout n'est rien d'autre que l'addition de tous les détails qui le constituent*. Un tableau de Jérôme Bosch, par exemple, n'est rien d'autre qu'un fourmillement de détails minuscules et apparemment insignifiants pris isolément, mais qui juxtaposés forment le tableau, évoquent une scène ou une saison. La richesse d'une toile, ou d'un récit, tient à la précision et à la minutie des détails. Le *sens du détail* est alors ce

1. Cité in G. Scholem, *Benjamin et son ange*, p. 31.

qui distingue, par exemple, un grand chroniqueur d'un conteur médiocre. La *perfection* d'une œuvre tient à l'attention apportée à chaque détail. La négligence des détails signifierait alors complaisance dans l'approximation, l'*à peu près*. Le détail est *le presque rien qui fait toute la différence* entre un grand peintre et un gâcheur de peinture. Un récit *détaillé* est un récit riche, précis, rigoureux. Si le tout n'est rien d'autre que l'addition de tous les détails qui le constituent, alors l'omission d'un seul détail modifierait qualitativement le tout. Chaque détail compte, chaque note par exemple, pour composer la symphonie. Bergson a montré qu'il y avait un développement de la phrase musicale dans la durée irréductible à la juxtaposition d'éléments dans l'espace, et que l'omission d'une seule note rejaillirait ainsi sur la symphonie tout entière. Les commanditaires de Mozart, dans le film *Amadeus*, disant apprécier sa musique mais déplorer qu'il y ait « trop de notes », ne nous font pas moins pitié que Bouvard et Pécuchet : ils font preuve de leur incapacité à accéder véritablement à la musique, en croyant qu'on peut apprécier une symphonie « en gros » sans en apprécier, par là même, les moindres détails. Swann au contraire, dans *À la recherche du temps perdu* de Proust, saisit parfaitement qu'aimer « la petite phrase de Vinteuil », c'est l'aimer inséparablement dans sa totalité et dans le moindre détail, c'est en aimer chaque note, chaque soupir, chaque nuance.

Mais l'importance du détail peut être plus grande encore : dans son *Interprétation des rêves*, Freud nous dit que suite au déplacement opéré par le « travail du rêve », c'est précisément un détail apparemment insignifiant du rêve manifeste qui est porteur de la clé permettant d'interpréter le rêve tout entier, et qui constitue donc la clé de voûte de son interprétation. L'importance démesurée que le contenu manifeste du rêve accorde aux autres éléments a pour fonction de détourner notre attention de ce détail insignifiant : c'est alors, si l'on peut dire, la forêt qui cache l'arbre. Néanmoins, on peut se demander si l'attention extrême accordée au détail ne se fait pas alors au détriment du tout, si le souci d'*interpréter* le rêve à partir d'un élément apparemment secondaire ne détourne pas notre attention du rêve manifeste lui-même, en tant que *récit* ou *histoire*. C'est l'objection que G. Jung, et R. Caillois, font à Freud. Indépendamment de l'exemple du rêve, ne convient-il pas de dire que la beauté en art, la vérité en philosophie, tiennent à la juste articulation entre le détail et l'ensemble, entre la partie et le tout ? Hegel écrit que *toute théorie*, quelle que soit sa vérité, *est déjà une erreur dans la mesure où elle se pense et se présente comme une explication globale de la réalité et non comme ce qu'elle est, à savoir un moment du vrai*. Il n'y a pas d'autre erreur que de prendre un détail pour le tout. Penser la vérité du platonisme ou du stoïcisme par exemple, c'est en faire sinon des détails, du moins des *moments* de l'histoire de la philosophie. Et en art, la place assignée au détail dans la totalité de l'œuvre n'est-elle pas ce qui permet de distinguer le classicisme du baroque ? L'art classique voit dans le détail ce qui vient distraire le regard, briser une symétrie. Le détail n'est qu'enjolivement ou parure. Il est ce qui attire le regard vers l'accessoire, ce qui le distrait de la contemplation de l'harmonie d'ensemble. *Le détail est la tentation du regard*. Pour l'art baroque au contraire, le détail est ce que l'artiste saisit au vol, ce que l'on n'aurait pas perçu sans lui, et qui est d'autant plus précieux qu'il est plus ténu et plus éphémère.

J. B. de R.

Lectures conseillées

G.F. Hegel, *Leçons sur l'esthétique* (Flammarion).
J. Derrida, *La Vérité en peinture* I, « Parergon » (Flammarion).
D. Arasse, *Le Détail, pour une histoire rapprochée de la peinture* (Flammarion).
G. Flaubert, *Bouvard et Pécuchet*.

Classique et baroque

Si l'on en croit une définition attribuée à Aulu-Gelle, l'adjectif classique désigne tout ce qui est susceptible de s'enseigner dans une *classe* parce que le temps l'a consacré et que l'on peut en faire l'objet d'un discours scolaire. Un auteur classique est, en ce sens, celui dont les œuvres peuvent être rapportées à des règles de composition connues parce qu'elles ont fait l'objet d'une théorie. L'acception historique de l'adjectif, désignant l'art et la littérature de la seconde moitié du XVIIe siècle, en France, illustre parfaitement cette signification scolaire du classicisme puisque cette période fut celle des Académies et des manifestes à vocation prescriptives, par exemple *L'Art poétique* de Boileau. Être classique, ce serait donc s'efforcer de connaître et respecter les règles qui permettront de réaliser une œuvre reconnaissable comme telle. À l'inverse, qualifier une œuvre de baroque, c'est, au premier sens, manifester qu'on ne peut y reconnaître un ordre régulier, qu'elle semble née, comme les monstres, sans faire la preuve de sa nécessité ou de sa pertinence. Depuis que le XXe siècle a dépassé l'usage purement historique de ces termes[1] pour en faire des catégories antagonistes, il semble que toute œuvre d'art doive s'inscrire dans l'une ou l'autre. Il convient donc de s'interroger sur la pertinence de ce dualisme aux accents parfois manichéens.

L'architecture est sans doute l'art où le terme baroque paraît le plus pertinent, désignant une volonté de briser les lignes par des courbures indéfinies, des déformations spectaculaires qui donnent au spectateur l'illusion du mouvement ou de la profondeur. Les églises romaines, espagnoles ou flamandes de la Contre-Réforme renforcent la mise en scène par des plafonds en trompe-l'œil, des fresques anamorphiques, des jeux de perspectives sur les colonnades et les statues, incluant les autres arts dans cette recherche de l'illusion théâtrale. Ce sont ces formes contournées que le Président de Brosses[2] appellera péjorativement « baroques », déplorant qu'on y perde « l'usage du rond et du carré ». Il se fera encore l'écho des réticences face au *Jugement dernier* de Michel-Ange dont il ne réussit à justifier l'amoncellement de couleurs et de corps contorsionnés qu'en supposant une volonté de terrifier, liée au sujet : « Toute cette pièce fait un grand fracas et étonne bien plus qu'elle ne plaît. » On voit combien la critique par l'esthétique classique de cet art qu'elle appelle « baroque » porte sur la recherche du spectaculaire, de l'effet, considéré comme le stigmate d'une absence de profondeur. Dénoncé comme superficiel, l'art baroque est taxé de mauvais goût par les Académies. C'est ce qui conduisit, par exemple, à l'éviction du projet de colonnade proposé par Le Bernin pour le Louvre et au rejet hargneux des bambochades de David Teniers par Louis XIV qui commanda « qu'on ôte de là tous ces gueux ».

---

1. Il est vrai que la délimitation d'une période baroque reste toujours très obscure puisqu'elle ne désigne pas les mêmes périodes lorsqu'il s'agit de la peinture (début du XVIIe siècle), la musique (du XVIe au XVIIIe siècle) ou la littérature (XVIe, XVIIe siècle). La complexité atteint son comble lorsqu'on fait de l'architecture baroque (liée à la Contre-Réforme) l'héritière de l'art gothique médiéval.
2. Charles de Brosses, *Lettres d'Italie* (1739). Cet érudit dijonnais est appelé « Président » en raison de ses fonctions de magistrat au Parlement de Bourgogne.

Héritière de « l'atticisme[1] » antique, l'esthétique classique suppose, en effet, que les règles qui contraignent l'artiste ont surtout pour fonction de l'aider à ne pas s'écarter du bon goût, de le soutenir dans l'expression de ces « je ne sais quoi[2] » que le spectateur raffiné sera seul à sentir. Unique fondement admis de toute œuvre, cet objet ineffable, mais concrètement perçu, distingue, sélectionne, l'esthète authentique du philistin cultivé qui se laissera impressionner par des effets spectaculaires, clinquants et colorés, ou bien par la virtuosité de l'artiste, incapable de percevoir la profondeur que recèle l'austère dépouillement d'un tableau de Poussin. Par opposition, une esthétique baroque sera précisément celle qui libérera les formes plastiques, littéraires ou musicales de toute règle pour se lancer dans des recherches indéfinies. En ce sens, l'art baroque opère une séparation entre les formes esthétiques et la signification, morale, religieuse ou historique, qu'elles doivent alors recevoir de l'extérieur. Ainsi, l'art de Rubens se montre capable d'exalter les mystères de la foi chrétienne (une descente de croix) mais aussi les rondeurs sensuelles de sa jeune femme ou la trivialité d'une scène de beuverie au cours d'une fête populaire. Coupé de toute vocation à éveiller le goût pour un sujet qui en soit digne, l'art pictural peut ainsi élire comme sujet esthétique n'importe quel objet, même le plus vil, comme des fruits et légumes, des scènes de la vie quotidienne ou de simples détails devenus sujet principal d'un tableau[3] qui n'a d'autre vocation que de laisser libre cours à l'exubérance de son auteur.

La pertinence de l'opposition entre classique et baroque ne réside peut-être pas dans le domaine strictement artistique puisque son enjeu semble plus moral qu'esthétique. La divergence porte, en effet, plutôt sur la destination morale d'une œuvre d'art, sa vocation à magnifier des actions notoires (dans l'ordre historique ou religieux), à révéler un aspect caché de l'âme humaine, etc., par le biais d'une représentation. Affirmer une telle vocation, c'est condamner les œuvres baroques ; la nier, c'est voir dans la culture classique du goût raffiné un épuisement inutile, voué à la désuétude dont on charge parfois les Académies.

P. D.

Lectures conseillées

E. d'Ors, *Du baroque.*
V.L. Tapié, *Baroque et classicisme.*
M. Fumaroli, *L'École du silence.*

1. Cicéron (*De oratore*) désigne par ce terme la tradition austère héritée des anciens Grecs et prolongée par les premiers Romains. Il oppose sa rigueur morale au relâchement sensuel venu d'Asie (« l'asianisme ») trop sensible à l'aspect superficiel des choses, à ce qui brille et fait de l'effet.
2. Expression qui se rencontre dans l'*Essai sur le goût* de Montesquieu.
3. Voir l'exposé : « Qu'est-ce qu'un détail ? »

7 • La raison

« Le sommeil de la raison engendre des monstres. » Francisco de Goya

« Sois maître de ton rêve : Pense. »
Claude Michel Cluny

Le libellé du sujet est le titre d'une gravure de Goya. Cette gravure devait servir de couverture à un recueil qui se serait appelé *Les Caprices*. Au bas de la gravure, Goya a inscrit : « L'auteur rêvant. Son unique intention est de bannir les lieux communs préjudiciables, et de perpétuer par cet ouvrage des *Caprices* l'inaltérable témoignage de la vérité[1]. » Goya s'identifie donc lui-même au personnage endormi, affalé sur sa table. Pendant son sommeil, nombre d'animaux inquiétants viennent l'assiéger : un chat noir, un chien allongé, au regard mystérieux. Autour de l'auteur planent des chauves-souris, des chouettes... Viennent-elles s'abattre sur lui à la faveur de son sommeil, ou bien sortent-elles plutôt de son crâne, produits de son imagination enfiévrée, vivantes incarnations des cauchemars qui le hantent ?

Tout d'abord le *sommeil* de la raison n'est pas l'*absence* pure et simple de la raison. Les animaux dépourvus de raison n'ont rien de monstrueux, ni n'enfantent des monstres. *Le monstrueux surgit là où, dans l'homme, la raison s'endort.* Mais déjà à ce niveau deux interprétations sont possibles : les monstres sont-ils produits par une puissance (l'imagination, ou l'inconscient par exemple) que la raison, en son état d'éveil, a pour tâche de tenir en respect, de juguler ? Les monstres en question consistent-ils en une remontée de peurs archaïques habituellement tenues en respect par une raison en éveil ? Ou bien au contraire est-ce la raison elle-même qui, pendant son sommeil, produit des monstres ? Goya nous dit que c'est le *sommeil* de la raison qui engendre les monstres. En espagnol, le même mot, *sueño,* signifie à la fois le sommeil et le rêve. Goya nous parle-t-il d'un *cauchemar de la raison* en proie à ses propres productions incontrôlées ? Kant, en particulier, *définit la raison comme la faculté des règles.* Le sommeil de la raison n'est-il pas un état de la raison dans lequel elle cesse de se donner des règles à elle-même, et donc ne produit que des monstres ? Le monstre est ce qui échappe à la règle, ce qui méconnaît les règles (de la nature par exemple), mais *nous ne pouvons le qualifier de monstre qu'en nous référant à une règle implicite.* Diderot[2], après Lucrèce[3], dit que les monstres ont été premiers sur la terre, que la nature ne pouvait tout d'abord produire que des monstres avant que l'introduction de règles ne permette de classifier les êtres en *espèces.* Le sommeil de la raison serait alors une raison qui aurait renoncé à sa tâche propre, qui est de fixer des règles : une raison assoupie, ce serait une raison devenue folle *si la* ***vigilance*** *est l'essence même de la raison.* Goya nous parle d'une raison qui vient manquer à son poste, à sa tâche.

Mais qu'est-ce qui *endort* alors la vigilance de la raison, si la raison n'est rien d'autre qu'une sentinelle dressée face à l'irrationnel que serait le débordement de la passion ou de l'ivresse ? Les présocratiques disaient du rêve qu'il était *une*

1. In Goya, *Dessins*, Éd. du Chêne, 1975, dessin 22.
2. *Lettre sur les aveugles à l'usage de ceux qui voient*, GF, p. 104-105.
3. *De la nature des choses*, Livre V.

petite folie, une *éclipse* de la raison. Ce qui endort la raison, sont-ce les opinions (Socrate), les préjugés (Descartes), les croyances (Voltaire), les habitudes (Bergson), les traditions ? Mais dans tous ces cas, *ce qui est censé « endormir » la raison l'a en fait précédé*. La vraie question n'est-elle pas alors : comment, malgré les préjugés et les habitudes, la raison peut-elle venir à *s'éveiller* en l'homme ? *Qu'est-ce qui peut réveiller la raison endormie*, sommeillant en chacun de nous ? Kant nous dit que c'est « l'avertissement » de Hume qui l'a « réveillé de son sommeil dogmatique[1]. » La raison est ici mise en éveil et inquiétée par la découverte du scepticisme et des contradictions des « dogmatiques ». On peut donc à la fois dire que le sommeil est l'état naturel et premier de la raison, et qu'elle n'est faite que pour s'éveiller. Ainsi l'esprit de Descartes est-il *alerté* et mis en éveil par les contradictions de ce que lui enseignent ses professeurs au collège de La Flèche. La raison a vocation à s'éveiller, et aussi beau que soit le rêve, vivre, ce sera toujours ouvrir les yeux. « *Car c'est proprement vivre les yeux fermés, sans tâcher de les ouvrir jamais, que de vivre sans philosopher* », écrit le même Descartes.

De même que selon Lucrèce et Diderot la nature ne peut d'abord réaliser que des productions désordonnées et « monstrueuses » pour ne se donner des règles que peu à peu, de même est-il inévitable que la raison sommeille d'abord en nous, que ce soit dans l'individu[2] ou dans l'espèce, produise d'abord des mythes et des croyances, pour ne s'aviser que dans un deuxième temps des règles dont elle est porteuse, et qui lui permettent de soumettre à la raison ses pensées et ses actes. Il y aurait alors un « âge de raison », pour l'individu comme pour l'espèce, nécessairement précédé par un état d'enfance. Le sommeil est peut-être l'état naturel et premier de la raison. Les contes et les mythes sont les produits désordonnés d'une raison encore assoupie. Pour Kant, l'accès de l'humanité à l'âge de raison correspond aux Lumières[3]. L'éveil de la raison correspondrait donc à une étape ou à un état de l'humanité, le troisième et dernier état chez A. Comte par exemple, l'âge positiviste[4]. Mais des rechutes sont toujours possibles. Faut-il voir une allégorie politique dans la gravure de Goya ? L'homme endormi, est-ce l'Espagne laissant se produire une véritable *régression* politique, le triomphe du retour à l'absolutisme, balayant sur son passage l'idéal de liberté et de rationalité animant l'esprit des Lumières ?

Ou bien au contraire Goya veut-il nous dire qu'une certaine mise en sommeil des règles trop rigides de la raison est nécessaire à l'élan de la création artistique ? L'artiste doit-il puiser dans les profondeurs de son âme, doit-il même laisser, pour un temps, libre cours à ses propres démons, pour pouvoir créer ? Le sommeil de la raison est-il la condition pour que *s'éveillent* les puissances créatrices en l'homme ? Rien ne se crée, en terme d'art, à partir de la raison seule, et il faut bien que l'artiste déjoue, d'une manière ou d'une autre[5], la vigilance de sa raison, pour pouvoir renouer avec ses forces élémentaires les plus profondément enfouies et refoulées, pour les façonner en œuvres d'art. À

1. *Prolégomènes à toute métaphysique future*, Préface (Pléiade, t. 2, p. 23).
2. Voir l'exposé : « L'enfance est le sommeil de la raison. »
3. Cf. *Réponse à la question : qu'est-ce que les Lumières ?* « La sortie de l'homme de sa minorité, dont il est lui-même responsable. »
4. Cf. *Discours sur l'esprit positif*, Vrin, § 12-16.
5. Tel Rimbaud préconisant un « lent dérèglement de tous les sens. »

l'esthétique classique privilégiant les valeurs de la raison (harmonie, symétrie, régularité, formes géométriques...) faut-il opposer *le baroque* et plus encore le rococo *comme esthétique du bizarre, de l'excès et du monstrueux ?*

Ce qui est monstrueux, est-ce alors l'homme privé de sa raison (le fou), ou au contraire l'homme réduit à sa seule raison (le froid calculateur ne prenant en compte que les contraintes économiques, imposant une rationalité dans l'organisation du travail par exemple méconnaissant profondément les aspirations légitimes des êtres humains)[1] ? S'il y a quelque chose de monstrueux à prétendre réduire l'homme à sa seule raison, c'est que persiste en lui, de façon indéracinable, la trace d'une humanité plus brute, élémentaire et archaïque, que l'on voit ressortir dans les *Minotaures* de Picasso par exemple, ou dans les productions incontrôlées des surréalistes, et qui rencontrent un écho en nous.

L'ambiguïté et le mystère du tableau et de son titre, c'est-à-dire leur beauté, restent donc entiers. Le tableau peut aussi bien figurer l'entrée dans le monde onirique avec lequel l'art nous fait communiquer, que le retour des forces obscures et de mort. Il peut signifier le déchaînement de l'irrationnel en l'absence de la raison qui fixe les règles, comme la réconciliation avec les sources les plus profondes de notre subjectivité. Il peut dénoncer le despotisme bafouant la rationalité en l'homme, tout comme il peut rappeler que l'homme est définitivement irréductible à sa seule raison, qu'il est un « rêveur définitif », comme disait André Breton. Faut-il voir entre le sommeil et l'éveil de la raison une alternance entre deux états de la raison, analogue à l'alternance de la vie diurne et de la vie nocturne ? Peut-être n'y a-t-il pas lieu alors de s'efforcer de bannir l'état de sommeil, *d'empêcher la raison de rêver.* Comme l'écrit L. Klima, « Le rêve est ce qu'il y a de plus beau : serait-ce possible qu'il fût également ce qu'il y a de plus terrible[2] ? » Car si le sommeil de la raison peut-être brutale régression vers ce qu'il y a de plus archaïque en l'homme, n'oublions pas qu'il peut être aussi la candeur et l'innocence précédant l'éveil de l'esprit.

J. B. de R.

Lectures conseillées

P. Calderon, *La vie est un songe* (Aubier/Flammarion).
B. Pascal, *Pensées* (Br.), § 386, 434.
P. Cheymol, *Les Empires du rêve* (José Corti).
A. Malraux, *Saturne, Essai sur Goya* (« NRF », La Galerie de la Pléiade).

1. Voir l'exposé : « La religion est le rêve de l'esprit humain. »
2. In *Instant et éternité*, Éd. de la Différence, p. 118. Voir l'exposé : « Le beau n'est que le commencement du Terrible. » (Rilke)

« Le supplice de l'ignorant est sa déraison. » Parole de Salomon

Cette sentence du roi Salomon, dans la Bible[1], conclut une série de proverbes où l'intelligence et la science sont une source de béatitude : « Bienheureux l'homme qui a trouvé la science. » Cela signifie que la science n'est pas un instrument utilisé en vue de devenir heureux, mais que sa possession constitue le bonheur même, puisque c'est son absence qui fait souffrir. La déraison de l'ignorant, c'est son impuissance à comprendre ce qui lui arrive, à discerner la situation. Le proverbe ne nous dit pas que son ignorance va, par exemple, le conduire à des actions mal appropriées dont les conséquences seront funestes et le feront souffrir. Il nous dit que, dans le succès comme dans l'échec, celui qui ne sait pas souffre de ne rien comprendre. Il n'y aurait donc de salut que dans l'usage de notre intelligence, celui qui déraisonne ne pouvant espérer une existence réussie.

Spinoza aime à citer cette parole de Salomon dans laquelle il voit l'expression de la vraie philosophie. La connaissance consiste, en effet, à savoir pourquoi une chose est nécessaire. Ainsi, celui qui connaît la cause de ses affections ou la nature du triangle est déjà plus savant que l'insensé qui se croit à l'origine de sa colère ou qui est incapable de déduire les propriétés du triangle à partir de son essence. Mais il sera encore plus savant s'il peut inscrire ces connaissances particulières dans la nécessité universelle de la nature, ce que Spinoza appelle connaître en Dieu. L'homme sage sera donc celui qui accepte les choses, non par fatalisme ou résignation mais parce qu'il sait la nécessité en vertu de laquelle elles doivent arriver. C'est pourquoi il y a de la joie à comprendre, cela nous apaise, alors que l'ignorant est triste car il voit sans cesse le monde lui échapper : « Tout ce à quoi nous nous efforçons selon la raison n'est rien d'autre que comprendre[2]. » Celui qui ne comprend pas bien la nécessité sera inévitablement triste car il cherchera à expliquer tout ce qui est par une volonté arbitraire contre laquelle il réclamera en pleurant. La principale conséquence de l'ignorance, c'est donc de nous faire vivre dans la crainte, peuplant la nature de forces et de volontés, d'esprits plus ou moins malfaisants dont il faudrait nous efforcer de nous concilier les bonnes grâces, ou simplement nous attrister de les voir se déchaîner contre nous. Ainsi le sage peut-il comprendre que pratiquer l'altruisme et se montrer juste avec les autres, favorise une vie sociale harmonieuse, mais l'insensé qui méconnaît cette condition nécessaire ne pourra vivre dans une société harmonieuse que par crainte de la loi et de la sanction liée à sa transgression. Le résultat sera à peu près le même, le sage comme l'insensé pratiqueront la justice et l'altruisme, mais l'un vivra dans la joie de savoir pourquoi il est nécessaire de vivre ainsi, alors que l'autre sera toujours rongé par la crainte de voir la puissance qui le contraint venir le frapper. L'erreur de l'ignorant réside donc dans sa méconnaissance de la nécessité. C'est pour cela que la plupart des hommes sont

1. Livre des Proverbes, chap. 16, verset 22.
2. *Éthique*, IVe partie, proposition 26.

gouvernés par la crainte du châtiment. Selon Spinoza, quand Moïse donna le décalogue aux Hébreux, il le présenta comme une volonté de Dieu, donnant de celui-ci l'image anthropomorphique d'un despote dont on doit craindre la colère et espérer la miséricorde. Mais cette représentation imaginaire était rendue nécessaire par l'impuissance des Hébreux à se représenter les dix commandements comme des règles nécessaires découlant de la nature elle-même. Un peuple de sages aurait sans doute la même conduite que des Hébreux sincères obéissant à la loi et leur société s'organiserait de façon similaire, mais la sagesse donnerait à cette pratique la sérénité attachée au fait de ne pas vivre dans la crainte. L'ignorant, même s'il ne nuit à personne en respectant sincèrement la loi, croit vivre dans un monde arbitraire où ce qui est aurait pu ne pas être si une volonté contraire l'avait emporté, il ne peut que sentir la misère de sa condition, ballotté entre crainte et espoir.

Liant l'ignorance à la superstition, Spinoza oppose le sage acceptant sereinement ce qu'il comprend comme une nécessité à l'insensé torturé par la contingence qu'il associe à des volontés, des promesses et des menaces. Cela conduit à dévaloriser celui qui obéit à une règle sans savoir pourquoi, car il sera toujours torturé par son ignorance. Ne peut-on pourtant ménager une place limitée à cette obéissance aveugle ? Car limiter la béatitude à la connaissance de la nécessité, c'est en exclure les esprits simples, incapables d'embrasser l'ordre de la création. À qui ignore, par exemple, les règles subtiles de l'hérédité, faut-il nécessairement prêter une attitude superstitieuse qui doit le conduire à craindre l'influence des astres ou des esprits de la terre quand il sème des graines dans son champ ? Lorsque Pascal oppose « le peuple », berné par son imagination au point de croire que les puissants de ce monde sont d'une nature supérieure, et « les demi-habiles » qui crient que la grandeur est fruit du hasard et dénoncent l'imposture sociale, il distingue deux catégories d'ignorants. L'une comme l'autre déraisonnent en plaçant la vie sociale soit dans la résignation face à l'arrogance des grands, soit dans la révolte contre leur superbe. Aussi leur ajoute-t-il une catégorie d'« habiles » qui ne savent pas plus que les autres quelle est la vraie grandeur, mais suivent les règles sociales et honorent les puissants « par une pensée de derrière », c'est-à-dire une sorte d'ironie consciente de voir le sens du monde lui échapper. Cette ironie peut constituer une forme d'ignorance qui, faute de comprendre la nécessité du monde, voit dans l'obéissance retenue à l'autorité ou à la règle, un substitut à la connaissance. Obéir n'est plus ici l'occasion d'une torture, liée à la crainte ou l'espérance, c'est une forme de détachement, de repli, qui tranquillise celui qui ne parvient à embrasser la vérité. Acceptant de n'être pas du nombre de ceux auxquels il est donné de savoir, l'ignorant trouve ainsi son salut dans une observation stricte des règles, sans en attendre rien d'autre que la tranquillité d'esprit.

Voir dans la connaissance la seule source de la béatitude, c'est exclure de celle-ci une large partie de l'humanité. S'il peut y avoir un salut des simples, ce n'est pas seulement dans une obéissance à la règle dont l'aveuglement les met à la merci de la superstition. Obéir parce qu'on ne comprend pas, c'est aussi adopter une attitude ironique de repli sur soi dans laquelle on accepte une forme particulière de nécessité, celle de voir le monde nous échapper toujours un peu. L'obéissance ne vise plus alors un but extérieur (une récompense, un

bénéfice, etc.), elle est une attitude intérieure qui, si elle n'est pas la sagesse, peut cependant constituer une autre source de sérénité.

P. D.

Lectures conseillées

B. Spinoza, *Traité théologico-politique,* chap. 4.
B. Pascal, *Pensées* (Br.), 337.
A. Matheron, *Le Christ et le salut des ignorants chez Spinoza* (Aubier).

« Plus on a de science, plus on a de tourment. » *L'Ecclésiaste*

Développant le thème de la vanité[1] du monde, le livre de l'Ecclésiaste[2] décrit toutes les activités humaines comme la poursuite inutile de ce qui ne changera rien sous le soleil : « J'ai appliqué mon cœur à discerner la sagesse et la science, la folie et la sottise : j'ai reconnu que cela aussi est poursuite de vent ; car en beaucoup de sagesse il y a beaucoup de chagrin et plus on a de science, plus on a de tourment[3]. » Lier la science et la peine n'a pas ici le sens que prendra, au XVIIIe siècle « la haine de la raison[4] » où le labeur nécessaire à l'acquisition des connaissances conduit à penser que le jeu n'en vaut pas la chandelle et qu'il vaut mieux rester ignorant comme les sauvages que perdre sa vie au travail intellectuel. Le tourment y est la contrepartie des bienfaits donnés par la science et il s'agit de calculer si la balance est équitable. Mais si l'on replace la formule dans le contexte de la vanité des actions humaines, le lien est plus énigmatique car il semble affirmer que c'est la possession de la science, et non l'effort pour l'acquérir, qui cause du chagrin et montre ainsi le ridicule de sa recherche.

Dénoncer la vanité de la connaissance scientifique peut d'abord signifier qu'il existe un autre type de savoir dont elle ne serait qu'une copie approximative. On en trouve un exemple dans le goût. L'homme de goût *sentira* infailliblement comment s'habiller, parler, se comporter, sans avoir à réfléchir et à connaître ce qu'il fait spontanément. Ce goût, résultat de son éducation, ses habitudes, ses impulsions personnelles, est une composition infinitésimale, un faisceau où il n'est pas possible de distinguer les éléments pour les connaître analytiquement. Mais cela donne un jugement sûr et efficace dans toutes les circonstances de la vie mondaine, une faculté d'adaptation jamais prise en défaut. Selon l'image de Pascal, il trouve le geste ou le mot juste comme une montre marque l'heure. Qui voudrait étudier les comportements mondains et en établir une connaissance rationnelle pour s'en servir de guide aurait le ridicule des snobs et s'épuiserait à la recherche de toutes les nuances auxquelles le goût rend sensible. Proust sentit un jour que le duc de Guermantes aurait été irrité qu'on vînt lui serrer la main et qu'il fallait donc le saluer de loin. Aucun calcul (même par une puissante machine) ne pourra jamais calculer ce que le goût perçoit immédiatement. « Ce sont des choses, dit Pascal, tellement délicates [= subtiles] et si nombreuses qu'il faut un sens bien délicat et bien net pour les sentir (...) sans pouvoir les démontrer[5]. » Se lancer dans une telle étude, c'est donc se vouer à une recherche indéfinie dont l'inachèvement perpétuel sera synonyme de peine, de labeur vain et désespérant. L'étude analytique reconstitue ce qu'on perçoit d'emblée quand on sent les choses. Pascal appelle « esprit de finesse », cette perception directe que la connaissance

1. C'est-à-dire le vide.
2. L'Ecclésiaste est l'auteur du livre de la Bible qui porte son nom.
3. *L'Ecclésiaste*, chap. I, 17-18.
4. Voir l'exposé : « La haine de la raison. »
5. *Pensées* (Br.), § 1.

rationnelle ne peut qu'approcher, imiter, jamais recouvrir exactement. Si le raisonnement démontre, c'est parce qu'il n'a la certitude de rien. Il poursuit donc ce que la finesse appréhende intuitivement : « Géométrie, finesse. La vraie éloquence se moque de l'éloquence, la vraie morale se moque de la morale ; c'est-à-dire que la morale du jugement se moque de la morale de l'esprit qui est sans règles[1]. » La fausse morale ou la fausse éloquence consistent à répertorier les procédés et à les appliquer. Cela ne garantit pas le succès au moment de décider (juger) ce qu'il faut dire ou faire et l'on est souvent sans repères (règles). Alors que l'homme moral est tellement imprégné de moralité qu'il jugera dans l'instant si, par exemple, la situation d'un ami commande de le consoler ou de le fustiger[2]. De même le vrai orateur saura trouver les mots pour émouvoir, parfois contre tous les procédés rhétoriques. La vraie connaissance suppose une telle familiarité avec son objet que la médiation d'une science constituée est inutile ; le recours à cette médiation suppose, au contraire, un esprit extérieur à son objet qui, tel Achille talonnant la tortue, s'épuisera dans une poursuite infinie et ne connaîtra pas de fin à sa peine.

L'opposition de la finesse à la géométrie donne sens au thème biblique de la vanité des sciences. Mais reprenant le même type d'analyse et voyant dans l'esprit scientifique la lourdeur face à la souplesse du goût artiste, Nietzsche lui a ajouté une dimension historique. Car si l'on admet que la recherche scientifique procède d'un manque de finesse face au monde, reste à expliquer la genèse de ce manque de finesse. Nietzsche a vu dans la « volonté de vérité » le signe d'une crainte face au réel : « Notre besoin de connaître n'est-il pas notre besoin de familier ? Le désir de trouver parmi tout ce qui nous est étranger, inhabituel, énigmatique, quelque chose qui ne nous inquiète plus[3]. » Vouloir la vérité, ce serait donc avoir peur des mystères du monde, ne pouvoir supporter son caractère énigmatique et ramener la singularité de toute réalité individuelle à une catégorie dans laquelle on peut la comprendre. L'origine de la connaissance scientifique serait ainsi une perte de confiance face au réel et la recherche d'une assurance qu'il ne nous prendra plus au dépourvu. Le tourment de la science est donc à sa racine, le besoin vital de ne plus avoir peur de rien, la volonté de se reposer paisiblement, symptôme d'une humanité fatiguée de la vie, qui ne veut plus faire face à rien. C'est cet homme, sans ressources face à l'imprévu, qui ne veut plus vivre dans la crainte et voit dans la science la solution de son impuissance à assumer les surprises de la vie. Nietzsche a cru trouver dans l'idéal scientifique de la vérité démontrée, le triomphe du « brave homme » dont le désir de vivre dans un monde où la science garantit contre l'imprévu, montre surtout l'asthénie de sa volonté et de son énergie. Le progrès indéfini des sciences ne pouvant que souligner toujours un peu plus cette déficience, il ne pourra qu'être perpétuellement renvoyé à son impuissance.

Héritier d'un courant réactionnaire qui a rejeté le progressisme des Lumières, Nietzsche a donné au thème de la vanité des sciences le sens d'un diagnostic sur l'évolution de l'Europe moderne. L'indépassable tourment de la quête de la vérité révèle le vice intrinsèque à la volonté de trouver le vrai : si on

1. *Pensées* (Br.), § 4.
2. C'est ainsi que Nietzsche peut écrire que lorsqu'on veut, comme Socrate, fonder la morale sur la raison, c'est que la vraie moralité, qui était d'instinct, a disparu.
3. *Le Gai Savoir*, § 355.

le cherche, c'est d'abord parce qu'on en est séparé et la démonstration « géométrique » ne fait que souligner la séparation. Mais cette volonté révèle aussi que l'origine de cette séparation réside dans une peur du réel qui nous devient étranger dès que nous n'avons plus confiance en notre capacité à réagir face à l'insolite. Si la science nous tourmente ce n'est pas parce que son objet échappe à nos calculs, c'est parce que nous perdons en eux l'innocence qui oublie la peur du lendemain.

P. D.

Lectures conseillées

B. Pascal, *De l'esprit géométrique et de l'art de persuader.*
B. Spinoza, *Éthique,* 4e partie, Proposition XVII, scolie.
F. Nietzsche, *Le Gai Savoir,* § 111, 355, 373.
V. Jankélévitch, *L'irréversible et la nostalgie.*

« Rien de trop » Solon l'Athénien

Cette maxime de Solon l'Athénien, législateur d'Athènes, l'un des sept Sages de la Grèce, nous est parvenue sous deux formes : l'une à l'indicatif, « Il n'y a rien de trop » ; l'autre à l'optatif : « Qu'il n'y ait rien de trop ». Étant donné l'antiquité de ces deux versions, sans doute n'y a-t-il pas lieu de choisir entre elles, mais faut-il plutôt y voir le déploiement de la pensée de Solon selon un double registre : d'une part *ontologique*, prise de position quant à la totalité de ce qui est : « Il n'y a rien de trop » ; d'autre part *éthique*, maxime destinée à orienter notre conduite : « Qu'il n'y ait rien de trop ».

Sous sa forme indicative, la maxime formule un jugement sur la totalité du réel : tout est bien, l'Univers est tel qu'il devrait être, et il est donc vain de lui opposer quelque idéal que ce soit, ou de vouloir le transformer. Il n'est rien qui ne concoure à l'harmonie générale et à l'ordre du Cosmos. La proposition ontologique n'est donc pas étrangère à une perspective « éthique » au sens étymologique du mot : elle invite à une certaine attitude devant l'existence, elle exhorte à adopter sur les choses le point de vue du tout qui est en même temps celui de la rationalité. C'est en nous élevant à la considération du « Tout » que nous découvrirons que « Rien », pas même ce dont peuvent pâtir nos existences singulières, n'est de trop dans l'Univers. La maxime se situe donc aux antipodes de la prise de conscience qui sera à la source de la philosophie de Sartre : celle de la radicale contingence et de l'absurdité de toute réalité. « *De trop* : c'était le seul rapport que je pusse établir entre ces arbres, ces grilles, ces cailloux. [...] *De trop*, le marronnier, là en face de moi, un peu sur la gauche. *De trop*, la Velléda... Et *moi* – veule, alangui, obscène, digérant, ballottant de mornes pensées – *moi aussi j'étais de trop*[1]. »

Sous sa forme optative, « qu'il n'y ait rien de trop », la proposition nous invite à fuir l'excès en toutes choses. Il n'est rien qui, poussé à l'extrême, pratiqué sans mesure, ne devienne un mal. On peut la rapprocher d'une maxime d'un autre des sept Sages, Cléobule de Lindos : « La mesure est la meilleure des choses » ou « Excellente est la mesure ». Le seul mal absolu, c'est l'*hubris*, la démesure ou l'outrance. La seule règle de conduite, c'est de fuir l'excès en toutes choses. Ainsi, il ne serait pas sage d'être excessif dans sa sagesse ; il serait contraire à la sagesse d'être *trop* sage, dans un monde gouverné par la folie des hommes. Aucune vertu ne peut rester bonne lorsqu'elle est pratiquée avec excès, hors de propos, c'est-à-dire sans art ni mesure. Tout est dans la manière, dans l'*à propos*, dans la *modération* que l'on met à exercer même le meilleur. Comme l'écrira Montesquieu, « le mieux est l'ennemi du bien ». La morale classique rejoint ici la sagesse antique. Ainsi que l'a montré Michel Foucault[2], l'éthique grecque ne consistait nullement en une liste d'actions prescrites ou proscrites, en un catalogue de péchés et de vertus : elle s'apparentait plutôt à une *diététique*, elle consistait en un juste équilibre dans la recherche des plaisirs,

1. Sartre, *La Nausée*, Folio, p. 181
2. Cf. *Histoire de la sexualité*, Gallimard, en particulier le tome 2 « L'usage des plaisirs ».

et par dessus tout dans la préservation de la maîtrise de soi, de la libre disposition de soi, qui sied seule à l'homme libre. En effet, tout excès en une chose (le courage, la vertu, l'honneur) trahit une carence en une autre. Seul importe de garder la mesure, de se tenir à égale distance des excès contraires. C'est ainsi qu'Aristote théorise la morale du juste milieu : la vertu tient toujours le milieu entre deux vices, c'est-à-dire entre deux extrêmes ou excès. Ainsi le courage se tient à égale distance entre la couardise et la témérité. Et le courage seul est une vertu, puisque la témérité implique une inconscience du danger et la couardise une méconnaissance de ses pouvoirs et une incapacité à se commander à soi-même. Le courage est plus difficile que la témérité puisqu'il implique une conscience du danger. La vertu – c'est-à-dire le juste équilibre entre les extrêmes – est toujours plus difficile que le vice qui consiste à s'abandonner à l'un ou l'autre extrême[1].

On voit que la formule « Rien de trop » se situe aux antipodes d'une morale de type chrétien. Comment, pour la pensée chrétienne, les vertus pourraient-elles être *trop* cultivées ? Comment le chrétien pourrait-il être *trop* vertueux, ou *trop* charitable, ou *trop* croyant, ou *trop* juste ? Le Christianisme implique une éthique de l'infini. Toutes les perfections coexistant en Dieu, elles sont postulées compatibles[2], elles ne peuvent par définition entrer en conflit les unes avec les autres, ni se limiter mutuellement. Il s'agit pour le croyant, à travers la pratique sans réserve des vertus théologales que sont la foi, l'espérance et la charité, de rejoindre le divin, c'est-à-dire l'Absolu. Comme le dit le Christ à ses disciples lors du *Sermon sur la Montagne* : « Soyez donc parfaits comme votre Père céleste est parfait. » Toute l'éthique chrétienne repose sur le postulat d'un modèle divin dont nous ne pouvons que nous approcher. L'idéal du chrétien est donc posé hors de soi, dans l'infini, alors que la créature est par nature finie. Ainsi apparaît une tension qui est la dynamique même de la vie chrétienne. Comme l'écrira saint Augustin : « La mesure de l'amour, c'est d'aimer sans mesure[3]. »

Alors que l'éthique grecque consiste en une esthétisation de l'existence, l'homme libre étant comme l'artiste et le styliste de sa propre vie, le chrétien, comme l'écrit saint Paul, est « tendu vers un seul but[4]. » Alors que la morale antique enseigne à l'homme à trouver sa place dans un cosmos fini, et donc à ne fuir qu'une seule chose, l'*apeiron*, ce qui est sans limite et informe, véritable figure du chaos et envers du monde, l'éthique chrétienne suppose constamment la transcendance et l'ouverture de la vie humaine à l'appel de l'infini. À l'homme grec qui s'aventurerait à « passer la mesure » pour rivaliser (de bonheur, de succès ou de gloire) avec les dieux, la religion grecque oppose la *Némésis*, c'est-à-dire l'intervention vengeresse de la divinité qui fait rentrer le mortel téméraire dans les limites de sa condition, qu'il n'aurait jamais dû franchir. *Le précepte « Rien de trop »*, en invitant l'homme à *n'exceller que dans la mesure*, *signe-t-il alors la mort du tragique* à travers lequel s'affrontent les hommes et les dieux, pour

---

1. Voir l'exposé : « L'extrême ».
2. Voir l'exposé : « Qu'est-ce que Dieu ne peut pas ? »
3. Cf. « Il faut que l'amour soit sans bornes, alors Dieu peut agir suivant la mesure de l'amour » (Maître Eckhart, *Sermons et Traités*, « Tel » Gallimard, p. 33).
4. Épître aux Philippiens, 3 : 14.

définir les limites d'un monde proprement *humain* : celui de la Cité et de ses lois ?

J. B. de R.

Lectures conseillées

Solon, in *Les Penseurs grecs avant Socrate* (GF, p. 25).
Sextus Empiricus, *Esquisses Pyrrhoniennes* (« Points », p. 60, 154, 176).
La Fontaine, *Fables*, Livre IX, fable XI.
F. Nietzsche, *Les Philosophes préplatoniciens* (Éd. De l'Éclat, p. 104-105).
Aurore, § 559.
V. Jankélévitch, *L'Ironie*, p. 152.

L'enfance est le sommeil de la raison.

L'étymologie du mot enfant (du latin *in-fans*, privé de parole) doit s'entendre dans un sens juridique. L'enfant n'est pas dénué de langage (à sept ans, on parle et l'on est un enfant), mais il n'a pas droit à la parole, son témoignage, par exemple n'est pas fiable et son jugement peu crédible. Pourtant l'enfant n'est pas fou ou débile et, selon une belle remarque de Rousseau[1], il y a une différence de nature entre éduquer un enfant et soigner un handicapé mental : l'école affranchit l'enfant de sa puérilité, l'asile aide le patient à subir sa condition sans souffrir. L'enfance constitue donc la période de l'histoire des individus durant laquelle on provoque l'éveil des facultés intellectuelles. Cela suppose que la raison n'est pas une faculté comme les autres puisqu'on peut la posséder sans pouvoir s'en servir. La vue ou les membres nécessitent une éducation, voire un dressage, mais ils sont d'emblée fonctionnels. La raison demanderait, pour remplir sa fonction, un travail, une action, comme pour réveiller un dormeur. Cette idée, popularisée par les Lumières, fait de l'enfance une situation transitoire où l'humanité, en assurant son éveil, doit se donner elle-même sa condition humaine.

L'image du sommeil est différente de celle des entraves au libre exercice du jugement. Il signifie plutôt qu'en l'absence d'une activité décidée, on s'assoupit. Il faudrait donc, pour sortir de l'enfance, un acte comparable à celui de l'éveil. On peut le comprendre par opposition à l'endormissement : s'endormir c'est s'abandonner à des mécanismes corporels ou psychiques, dans une sorte de relâchement qui nous rend absents à nous-mêmes. À l'inverse, s'éveiller, c'est se ressaisir soi-même, redevenir le sujet de ses actions et de ses pensées. C'est un tel acte que décrit Descartes lorsqu'il affirme que « Sitôt que l'âge [lui] permit de sortir de la sujétion de [ses] précepteurs », il décida d'aller affronter le monde[2]. Car dans la suite de ce récit autobiographique, Descartes précise la différence entre un enfant et un homme : on rencontre des hommes chaque fois qu'on voit un de nos semblables faire des raisonnements « touchant les affaires qui lui importent et dont l'événement le doit punir bientôt par après, s'il a mal jugé ». Ainsi, on devient homme lorsqu'on est mis en demeure de trancher, d'exercer son jugement. Descartes oppose cet acte personnel du jugement aux spéculations « que fait un homme de lettres dans son cabinet ». Celles-ci sont bien, si l'on veut, un usage de la raison, mais il ne s'agit alors que de la faire tourner à vide, dans des exercices d'école où la virtuosité est d'autant plus spectaculaire qu'on n'est pas personnellement engagé dans les constructions rationnelles produites. Les spéculateurs sont de grands enfants, qui utilisent leurs facultés pour explorer, comme par jeu, toutes les possibilités de la raison humaine. C'est alors que celle-ci est en sommeil, comme notre cerveau dans nos rêves : il fonctionne sans nous. Construire des raisonnements subtils, y briller par la précision et l'exactitude de leur enchaînement, c'est une

1. *Émile*, Livre I.
2. *Discours de la méthode*, Ire partie.

activité d'enfant, c'est un exercice nécessaire mais préparatoire à l'instant décisif où cette belle machine intellectuelle sera conduite par un sujet. On comprend alors pourquoi c'est un acte, une décision, qui met un terme à cette situation, l'acte par lequel le sujet s'engage directement dans ses propres pensées. Mais on comprend aussi pourquoi cette enfance peut se prolonger indéfiniment. Sortir de l'enfance, ce n'est pas grandir, ce n'est pas accéder à un stade supérieur du développement de l'intellect, c'est décider soi-même de devenir le sujet de ses jugements. Si cet acte n'a pas lieu une fois dans la vie, la raison peut bien fonctionner, atteindre des sommets de subtilités, comme dans les constructions logiques ou les disputes médiévales, elle reste assoupie tant que ses conclusions ne sont pas assumées dans un acte personnel de jugement.

Mais l'expression « sommeil de la raison » accepte aussi un sens plus historique. Les Grecs s'étaient distingués des barbares par l'exercice de « la vraie raison[1] », c'est-à-dire un retour critique sur soi qui ne se contente pas de posséder des techniques efficaces. Mais les Lumières y ont ajouté une perspective historique en voyant dans le développement de l'Europe une « sortie de l'homme de sa minorité » (Kant). Développer, dans un peuple, l'instruction, donner à chacun la force d'exercer lui-même son jugement, ce serait donc sortir de l'enfance de l'humanité. Tant que les hommes s'en remettent à l'autorité d'un livre, d'un directeur de conscience, voire d'un médecin, ils restent, selon Kant, infantiles. Aussi peut-on lire l'histoire sur un axe où chaque événement qui exprime que l'humanité assume un peu plus la conduite de son destin montre que celle-ci devient majeure. Kant a insisté sur la difficulté, pour les peuples, de s'émanciper de la tutelle d'une autorité dont la protection dispense de chercher soi-même la direction à suivre, il l'a comparée aux premiers pas d'un enfant lorsqu'il se dégage des lisières qui le soutiennent. Comme Descartes dans la vie individuelle, Kant a fixé le moment historique où l'humanité est sortie de l'enfance, le jour où Copernic a expliqué le monde en plaçant le soleil au centre. Avant Copernic, le géocentrisme raisonnait en étant attentif au réel, se laissant guider par lui pour conclure que le soleil tourne autour de la terre puisque nous le voyons se lever. La raison sommeillait[2] en essayant de discerner les articulations internes du réel, attendant d'une observation plus fine des phénomènes qu'ils l'éclairent. Lorsque Copernic s'est demandé à quelles conditions un observateur peut voir bouger le soleil pour conclure que c'est le mouvement du spectateur qui est la cause de ce spectacle, il a éveillé la raison, en exigeant que le phénomène observé corresponde à des règles rationnelles. Kant a salué cette « révolution copernicienne », non comme une grande découverte scientifique, mais comme l'aube de l'humanité, le moment où l'esprit humain a cessé de se régler sur les phénomènes observés pour imposer à la nature ses principes explicatifs, où il a cessé de chercher la cause réelle des phénomènes observés pour s'en tenir à des lois qui permettent de les comprendre.

Dans son sommeil, la raison fonctionne sans notre initiative. L'enfance est alors cette période de minorité où nous ne sommes pas encore responsables de nos raisonnements. Mais placer l'usage de la raison dans l'exercice actif du

1. Aristote, *Éthique à Nicomaque*, L. VI, chap. 4.
2. Voir l'exposé : « Le sommeil de la raison engendre des monstres. » (Goya)

jugement, c'est inévitablement introduire une dimension temporelle dans la rationalité, qui fait de l'enfance une catégorie plus qu'un âge de la vie et appelle l'humanité à la tâche historique d'accéder à la virilité de notre intelligence.

P. D.

Lectures conseillées

R. Descartes, *Discours de la méthode*, 1re partie.
E. Kant, *Critique de la raison pure*, Préface à la 2e édition.
Réponse à la question : Qu'est-ce que les lumières ?
F. Bacon, *Du progrès et de la promotion des savoirs* (« Tel » Gallimard).

La haine de la raison

L'expression résonne comme une sorte d'antithèse à l'étymologie usuelle donnée à la philosophie (amour de la sagesse[1]). Elle désigne une attitude courante de rejet des raisonnements, taxés de verbalisme creux et vain, incapables d'aboutir à une certitude irrécusable, ni dans l'action ni dans la réflexion. Le savoir-faire de l'homme d'expérience est alors préféré aux « idées fumeuses » du raisonneur. De même l'homme d'action suivra ses sentiments, son *feeling*, plutôt que des théories abstraites. Il ne s'agit pas d'un simple scepticisme (Montaigne, par exemple, se méfiait des excès du rationalisme au nom même d'un libre exercice du jugement), mais du rejet d'une faculté jugée malfaisante, néfaste, uniquement propre à nous détourner du réel pour nous perdre dans des chimères.

Ainsi conçue, la haine de la raison ou *misologie*[2] apparaît déraisonnable, excessive. Platon comparait le misologue au misanthrope qui accorde trop légèrement sa confiance, se voit berné et conclut que tous les hommes sont déloyaux. De même, nous dit-il (*Phédon*, 90b), si l'on se mêle de raisonner « sans s'y connaître en matière de raisonnement », on se noie dans les arguments « pour et contre » et le libre examen que permet l'usage de la raison semble un jeu stérile. La déception du misologue peut être la notre chaque fois que, voulant entrer dans le détail, par exemple, d'un événement historique, nous nous apercevons que chacune des opinions émises à son sujet possède sa part de vérité (l'histoire a donné tort au cardinal de Retz, car la Fronde a échoué, mais son analyse des faits n'est pas entièrement fausse ; tel apologiste de Néron nous éclairera sur celui-ci et son époque, mais ses contempteurs aussi). « La route qui monte est la même que celle qui descend » (Héraclite) puisque la réalité peut prendre plusieurs sens selon la perspective adoptée. Le réel coule entre les doigts qui veulent le saisir une fois pour toutes.

C'est précisément dans cette recherche d'un argument pour clore le débat, pour affirmer ce que personne ne pourra plus nier, que Platon voyait la marque des « faibles raisonneurs ». Fidèle en cela à l'une des plus profondes racines de la pensée grecque, il nous rappelle que l'usage de la raison suppose un amour des distinctions toujours plus subtiles, une jubilation à en voir naître de nouvelles dans la discussion. Socrate va même jusqu'à comparer, dans le *Banquet*, cette excitation devant le raffinement de la réflexion à la jouissance érotique dans le raffinement des plaisirs sensuels. Dans ces conditions, le misologue déçu par la raison montre surtout qu'il est impuissant à jouir de cette étroite connivence avec les plus cachées des subtilités du réel auquel son esprit trop lourd reste étranger. Platon appelait « opinion » cette forme du raisonnement qui veut seulement affirmer sa conclusion contre celle des autres. L'homme de l'opinion ne peut qu'être déçu par la raison puisque celle-ci sert

1. Du grec *philô* = j'aime ; *sophia* = la sagesse, la connaissance rationnelle.
2. Du grec *misô* = je hais ; *logos* = la raison.

autant à démontrer qu'à objecter, montrant que son véritable usage est dans l'ouverture d'un examen, non dans sa clôture.

Voir dans la haine de la raison une maladie mentale n'épuise pourtant pas le sens de l'expression. Car une autre forme de déception se manifeste aussi au cœur même des succès remportés par la raison dans le développement des sciences et des techniques dont la prolifération sauvage semble parfois confiner à l'absurde. Dès le XVIIIe siècle, Rousseau voyait dans les progrès de la médecine l'occasion de craindre les nouvelles maladies connues et la seule cause de la peur de la mort. Il dénonçait aussi dans l'amélioration du bien-être acquis par les progrès techniques une funeste préoccupation pour laquelle des populations entières sont prêtes à sacrifier leur dignité. Opposant cette misère morale au farouche souci de soi des sauvages, Rousseau conclut « que l'état de réflexion est un état contre nature et que l'homme qui médite est un animal dépravé » (*Discours sur les sciences et les arts*). Une telle charge montre qu'à limiter la raison aux bénéfices vitaux de son usage instrumental, les hommes finissent par s'apercevoir, comme l'écrira Kant, « qu'en réalité ils se sont imposé plus de peine qu'ils n'ont recueilli de bonheur ». Cette déception indique à l'homme rationnel un autre usage de sa faculté de raisonner : le questionnement sur les fins à viser dans son existence. Loin d'être une maladie, la haine de la raison apparaît alors comme le sursaut d'une humanité en passe de s'oublier dans l'exercice aveugle des calculs rationnels. Kant y a vu le signe de notre humanité parce qu'elle nous révèle un usage paradoxal mais essentiel de la raison : faire retour sur elle-même, s'inquiéter de ses propres réalisations pour ne pas s'y perdre, ajouter au calcul des moyens une interrogation sur la valeur des fins.

On peut même, avec Kant, attribuer à cette déception un rôle historique dans la civilisation européenne : il fallait que l'humanité développât le « luxe » des inventions techniques et des bienséances sociales, poussée par des intérêts égoïstes et orgueilleux, car cela seul pouvait nous arracher à la paresse de la sauvagerie primitive. Mais il fallait *ensuite* que la futilité décevante de ce développement nous permît de découvrir que le bien-être, dans la satisfaction des organes, surtout sous sa forme la plus raffinée, nous faisait souvent regretter l'innocence sauvage. Car ce cheminement historique était la seule voie pour nous révéler notre aspiration à une existence plus *digne*.

Ainsi, jusque dans ses manifestations parfois violentes et choquantes, la haine de la raison, entretient dans la raison même le souci d'éviter la démesure et la monstruosité que peuvent engendrer l'ivresse de son efficacité.

P. D.

Lectures conseillées

Platon, *Phédon*, 88c-91c.
J.-J. Rousseau, *Discours sur les sciences et les arts.*
E. Kant, *Fondements de la métaphysique des mœurs*, 1re section.

Qu'est-ce qu'un exemple ?

L'exemple est habituellement ce dont on se sert pour parler d'autre chose, ou pour faire comprendre autre chose, une idée par exemple. L'exemple est d'ordinaire ce à quoi on ne s'arrête pas, ce à quoi on ne s'intéresse jamais pour lui-même, mais dont on use pour autre chose. Arrêtons-nous donc, pour une fois, à l'exemple lui-même : en quoi consiste-t-il, quelle est sa fonction, quels usages en fait-on ?

À Socrate qui lui demande de définir la vertu, Ménon répond que la vertu de l'esclave consiste à bien obéir, celle du maître à bien commander, etc. Bref, au lieu de produire une définition, il propose une liste d'exemples. Socrate ironiquement se prétend comblé : il n'avait demandé qu'une vertu unique, Ménon lui en propose tout un essaim ! Le mauvais usage de l'exemple est celui qui prétendrait nous dispenser d'une définition. L'esprit incapable d'abstraction procède d'exemple en exemple, sans jamais s'élever à la compréhension de la notion en elle-même. Et Socrate a beau jeu de montrer à son interlocuteur qu'on ne pourra jamais définir l'abeille en tant que telle en insistant sur ce par quoi elles diffèrent les unes des autres, mais que définir ce qu'est une abeille suppose de s'attacher à ce que, en dépit de toutes ces différences, elles ont en commun et qui fait d'elles des abeilles. On n'atteindra jamais la définition de la notion en multipliant les exemples, mais au contraire en se détournant de ce que chaque exemple a de particulier pour ne considérer que la notion en elle-même. C'est ainsi que Platon peut dire que « le géomètre est celui qui raisonne juste sur des figures fausses ». Est géomètre celui qui a compris que les exemples ne sont que des exemples, et qu'il raisonne sur « tout triangle quel qu'il soit », et non sur tel triangle dessiné sur le sable, qui n'est qu'un support pour l'imagination.

Certes, à la rigueur, une énumération *exhaustive* d'objets singuliers pourrait valoir comme définition *en extension* de la notion. Mais s'agirait-il encore d'exemples en ce cas ? Il s'agirait plutôt de la liste complète de toutes les occurrences correspondant à la définition *en compréhension*. L'idée d'exemple comporte précisément *la précaution d'avertir qu'il ne s'agit que d'exemples*, qu'on ne sera pas exhaustif et qu'on se contente de produire quelques *spécimens d'une liste virtuellement infinie*. En effet, tout concept renvoie à un nombre infini d'objets singuliers possibles. C'est précisément parce qu'on sait qu'on ne pourra jamais produire l'énumération de tous les triangles ou de tous les arbres possibles qu'il convient d'en fournir une *définition*.

Qu'est-ce alors qu'un exemple ? Une chose à la fois *singulière* et *représentative* de toute une classe d'objets dont elle n'est qu'un représentant ou un spécimen. L'exemple est un cas de *coïncidence des opposés*, selon l'expression de Nicolas de Cues : chose à la fois singulière et universelle, *elle ne peut être exemple que dans la mesure où elle est* ***exemplaire*** *de quelque chose qui la dépasse*, où elle est appréhendée non en vertu de sa singularité propre mais en tant que représentant une catégorie universelle qu'elle ne fait que figurer. Le simple fait de *l'invoquer à titre d'exemple lui fait transcender sa singularité* de simple chose ou événement sensible : ce qui n'était qu'anecdote est aussitôt revêtu d'une signification qui la dépasse et acquiert un statut d'*exemplarité*. Une chose absolument singulière ne saurait être exemple de rien. *Il n'y a pas d'exemple pour penser Dieu, ou un individu dans sa singularité, ou une œuvre d'art, et eux-mêmes ne sont les exemples de rien.*

On comprend donc qu'il y a une *fonction pédagogique* de l'exemple : réalité à la fois singulière et universelle, l'exemple est un support idéal pour permettre à l'esprit de s'élever vers l'abstraction, à condition que ne soit pas perdu de vue son statut d'exemple. Celui qui s'arrêterait à l'exemple sans accéder à l'idée qu'il rend tangible ne verrait plus *en quoi* ni *de quoi* il est exemple, et n'aurait plus affaire qu'à une réalité singulière. Mais d'un usage simplement *pédagogique* de l'exemple (l'exemple comme *illustration* pour faire comprendre une idée), il convient peut-être de distinguer un recours proprement *épistémologique* à l'exemple. Si les lois de la science sont toujours générales, les expériences à partir desquelles on les établit sont, elles, singulières. Mais comment peut-on, à partir d'expériences singulières en nombre fini, établir une règle prétendant à l'universalité (« *Tout* corps... », « *toutes* les fois que... ») ? Le problème de la généralisation scientifique semble être insoluble, impliquant un saut qui est, en toute rigueur logique, injustifiable. À moins que la science n'expérimente jamais sur de pures singularités, et que le protocole expérimental élaboré par le chercheur ait pour but de dégager un objet ou une situation *exemplaires*, qui sont *par avance* représentatifs de tout objet ou de toute situation de même nature. Peu importe l'objet singulier que Galilée fait tomber du haut d'une tour : *il vaut pour tout objet plus lourd que l'air quel qu'il soit*. La science n'a pas à généraliser à partir d'expériences singulières parce qu'elle n'expérimente que sur des exemples, c'est-à-dire sur des situations types représentant une classe de phénomènes. Telle est la véritable différence entre l'observation empirique et l'expérimentation scientifique. Comme le disait Aristote, « la science ne porte que sur du général », jamais sur des singularités, et lorsqu'elle expérimente, elle appréhende les événements singuliers *comme de simples exemples de la loi*.

L'exemple est en sciences plus qu'un artifice pédagogique : *il est la loi universelle en acte*, il est le lieu d'effectivité de la loi. Une loi scientifique dont on ne pourrait fournir aucun exemple serait une loi sans objet. Il n'en va pas ainsi dans le domaine moral. On parle parfois d'une conduite *exemplaire*, on *donne en exemple* tel comportement héroïque, on exhorte quelqu'un à *prendre exemple* sur quelqu'un d'autre. Un comportement exemplaire est un comportement qui incarne *presque* parfaitement une vertu morale. Mais Kant fait remarquer qu'il n'y a probablement jamais eu dans l'histoire humaine d'exemple d'action *purement morale*, c'est-à-dire d'action dénuée de toute arrière-pensée ou de tout mobile intéressé. Et il ajoute aussitôt que quand bien même on pourrait démontrer qu'il n'y a jamais eu d'exemple d'action morale dans le monde, on n'en serait pas moins absolument tenu de faire son devoir. La morale ne repose pas sur des exemples, car il peut y avoir de bons et de mauvais exemples, et il faut donc que nous disposions par ailleurs de la loi morale pour pouvoir juger les exemples. La morale est l'exemple d'une *loi dont il n'existe aucun exemple* empirique, et qui n'en commande pas moins impérieusement. Le rapport entre l'exemple et la loi s'est donc inversé : alors que la loi scientifique n'est rien d'autre que l'exemple devenu intelligible et transparent à la raison, la loi morale au contraire exprime non ce qui est mais ce qui doit être conformément aux exigences de la raison. L'absence d'exemple en morale manifeste non le caractère irréaliste de la loi mais sa transcendance par rapport à tout comportement empirique.

J. B. de R.

Lectures conseillées

Platon, *Ménon*.
Aristote, *Topiques*, Livre VIII.
E. Kant, *Fondements de la métaphysique des mœurs.*

« Je ne formule point d'hypothèses. » Isaac Newton

« *Hypotheses non fingo* » : « Je ne formule pas d'hypothèses », chacun connaît cette phrase, sans doute la plus célèbre, de Newton, figurant dans le Scholie général de ses *Principes mathématiques.* La phrase semble claire et catégorique, surtout si on la rapproche du conseil de méthode donné par le même Newton au physicien : « *Rejette toutes les hypothèses.* » Elle semble consacrer l'image d'un Newton empiriste : il faut partir non pas d'hypothèses mais des seules expériences, et s'en tenir à ce qui se laisse démontrer à partir des expériences. Elle semble accréditer la version qui fait de Newton un précurseur du positivisme : le savant doit s'en tenir strictement aux faits et se garder de toute spéculation gratuite.

Pourtant, il suffit d'ouvrir n'importe quel livre de Newton pour voir que les hypothèses n'y manquent pas. Ainsi, la première édition des *Principes mathématiques* contient au livre III une section intitulée « Hypothèses » qui ne compte pas moins de 9 propositions explicitement qualifiées d'« hypothèses ». Dans la deuxième édition, cette section s'appelle désormais « Règles pour philosopher » – expression cartésienne. Les deux premières hypothèses sont maintenant appelées « Règles », la troisième hypothèse disparaît complètement, la quatrième garde son nom d'hypothèse, et ce qui était le lemme[1] 4 de la proposition 38 de la première édition devient une hypothèse. Les hypothèses 5 à 9 de la première édition deviennent des « phénomènes ». Plus généralement, on constate que les mêmes propositions, d'un livre de Newton à un autre, voire d'une édition à l'autre d'un même livre, changent fréquemment de statut sans que Newton s'en explique ou justifie ces changements, et que les hypothèses ne disparaissent jamais de ses ouvrages : *la physique de Newton*, quoi qu'il dise, *formule bel et bien des hypothèses.* Que signifie alors l'affirmation de Newton ? Quel type d'hypothèses entend-il bannir de la « *philosophie naturelle* » (c'est-à-dire, en langage de l'époque, de la *physique*) et par quel autre type d'hypothèses entend-il les remplacer ?

Le contexte immédiat de la célèbre citation permet d'en préciser le sens. Newton vient d'affirmer qu'*il ne sait pas quelle est la nature de la force gravitationnelle*, et qu'*il ignore à quelles causes sont dues ses propriétés* décrites dans sa théorie. Il justifie cette abstention de toute prise de position quant à la nature et aux causes de la gravitation en disant qu'il « n'imagine point d'hypothèses. Car tout ce qui ne peut être déduit des phénomènes est une hypothèse : et les hypothèses, qu'elles soient métaphysiques ou physiques, mécaniques ou portant sur des qualités occultes, ne doivent pas être reçues dans la philosophie expérimentale. Dans celle-ci, on tire les propositions des phénomènes, et on les rend ensuite générales par induction. » Le sens premier de la phrase semble donc tout à fait clair : des hypothèses qui se risqueraient au-delà de ce que l'observation des phénomènes permet d'affirmer seraient hasardeuses et n'auraient rien à faire dans la « philosophie expérimentale ». De telles hypo-

1. Lemme : proposition que l'on tient pour accordée, et qui sert de prémisse dans un raisonnement.

thèses ne feraient pas partie intégrante de la théorie, n'y joueraient aucun rôle, et donc y seraient comme un corps étranger. *Une théorie n'autorise à formuler que les hypothèses qui lui sont nécessaires pour rendre compte des phénomènes.* Une hypothèse en sciences n'est *admissible* que si elle est *nécessaire ;* elle n'est *pertinente* que si elle est *impliquée* par l'ensemble de la théorie. Comme l'écrit encore Newton : « il suffit que la gravité existe, qu'elle agisse selon les lois que nous avons exposées et qu'elle puisse expliquer tous les mouvements des corps ». *En physique, n'est possible que ce qui est nécessaire*, toute autre hypothèse serait gratuite ou aventureuse. En physique, il n'y a pas lieu de poser la question : en quoi consiste la gravitation ? Comment agit-elle ? Comment des corps peuvent-ils interagir à distance ? Risquer une hypothèse pour répondre à ces questions, ce serait sortir de la théorie physique elle-même, pour en avancer une *traduction* ou une interprétation possible en termes de compréhension de l'univers. Cela, Newton ne dit nullement qu'il ne faille pas le faire, ni même que lui-même ne le fasse jamais, mais simplement que de telles hypothèses ne sauraient être introduites en « philosophie expérimentale ». *La cosmologie newtonienne ne peut pas se prononcer sur la nature de la force gravitationnelle* (cette question étant rejetée comme « métaphysique ») *parce qu'elle n'en a aucun besoin*, et qu'une assertion sur cette nature *ne jouerait aucun rôle* dans cette cosmologie. De telles hypothèses ne font pas partie du fonctionnement d'une théorie scientifique mais en sont des tentatives d'interprétation que le physicien peut avancer à titre privé, en son propre nom, *sans que rien ne soit changé à la théorie* elle-même.

Newton nous dit ainsi qu'un physicien en tant que physicien n'a pas à se demander en quoi consistent les forces qu'il fait intervenir dans ses équations, ou encore qu'un biologiste en tant que biologiste n'a pas à se demander en quoi consiste la vie, mais qu'il doit se borner à observer et à expliquer les phénomènes du vivant auxquels il est confronté. Ainsi lorsque Newton lui-même, suite à de nouvelles expériences, fut amené à formuler une théorie toute nouvelle de la lumière, il maintint très fermement la distinction entre cette théorie et tout ce qui y intervenait à titre d'explication des phénomènes observés d'une part, et d'autre part une *hypothèse* qu'il fut amené à formuler, à titre personnel, pour tenter de comprendre pourquoi la lumière pourrait avoir les propriétés qu'on lui découvre : celle de la réalité matérielle de la lumière, ou « hypothèse corpusculaire ». Et l'on comprend l'agacement qui fut celui de Newton lorsqu'il vit les plus grands « virtuoses » de son époque émettre les plus vives réserves sur sa théorie de la lumière, et parfois les mêmes embrasser avec enthousiasme son hypothèse corpusculaire ! « *Comme si ma théorie*, rétorque-t-il, *avait besoin d'une hypothèse pour lui servir de fondement !* » Newton ironise sur ces savants qui rejettent soigneusement le bon grain de la théorie pour recueillir précieusement l'ivraie de l'hypothèse ! Car l'*hypothèse* corpusculaire, « permettant d'expliquer les propriétés de la lumière et des couleurs[1] », *n'est légitime que pour autant qu'elle n'intervient pas dans la théorie*, qu'elle n'y joue aucun rôle. Elle n'est que l'expression d'une *croyance* personnelle de Newton, elle est ce qu'il croit tout en sachant qu'il ne pourra jamais la démontrer, et en sachant qu'il n'est pas nécessaire qu'il puisse la démontrer pour que la théorie

1. Lettre de Newton à Oldenburg de 1675, citée in A. Koyré, *Études newtoniennes*, p. 69.

fonctionne. Dès que le physicien s'aventure au-delà de ce que l'expérience lui enseigne, il ne parle plus qu'en son propre nom. L'*interprétation* d'une théorie ne peut jamais devenir un *moment* de cette même théorie.

Ce qui serait illégitime, ce qu'il faut rejeter hors de la « philosophie expérimentale », ce serait d'*échafauder des théories sur des hypothèses prises en ce sens*. C'est ce qu'il reproche en particulier à Descartes et aux cartésiens, entreprenant par exemple de « déduire » la conservation du mouvement de l'immutabilité divine (donc d'une hypothèse *métaphysique*) ou les lois de la mécanique de l'hypothèse des « tourbillons » (donc d'une hypothèse *physique*). Pour Newton comme pour Bacon ou pour Galilée, seule la nature peut nous renseigner sur la nature. Pour la découvrir, il faut « lire le grand livre de la Nature », c'est-à-dire faire des expériences. Comme l'écrit magnifiquement Galilée, on ne peut partir des hypothèses d'Aristote ou d'un autre, parce que « nos recherches portent sur le monde sensible, et non sur un univers de papier[1] ». La définition de l'hypothèse selon Newton est « ce qui ne se déduit pas des phénomènes ». L'*autre voie* d'entrée dans la science, la bonne, la *seule*, c'est donc de partir des phénomènes. **Rejeter les hypothèses, c'est ouvrir enfin les yeux et se laisser instruire par l'expérience.**

Pourtant Newton sait mieux que quiconque qu'il ne suffit nullement d'observer correctement pour faire œuvre de science : le « savant », comme on dit à l'époque, est celui qui, partant des phénomènes, formule une théorie, et donc fait intervenir des concepts (tels ceux de masse, de force, d'inertie, etc.) pour rendre compte de ces phénomènes, c'est-à-dire pour les rendre intelligibles à la raison. Comme dit Newton lui-même, en « philosophie expérimentale », « on tire les propositions des phénomènes, et on les rend ensuite générales par induction. » La démarche scientifique procéderait donc en deux étapes : observation et description des phénomènes, puis formulation de propositions universelles par généralisation – ou « induction ». Or il est tout à fait remarquable que *ce à quoi Newton oppose le fait de « forger des hypothèses »*, ce au nom de quoi il rejette les hypothèses hors de la science, *est précisément ce qu'après lui on nommera « hypothèse » au sens scientifique* ! Ainsi Poincaré peut-il écrire que « toute généralisation est une hypothèse[2] ». *Loin que l'apport de Newton à l'histoire des sciences ait été de rejeter toutes les hypothèses hors de la science, cet apport a au contraire consisté à définir pour la première fois la structure propre de l'hypothèse scientifique.*

Néanmoins, les choses sont moins simples qu'il n'y paraît au premier abord. Car n'oublions pas que si Descartes est amené à formuler son « hypothèse » des tourbillons, c'est précisément *parce que l'idée d'une action à distance*, sans aucun contact, d'un corps sur un autre, idée qui semble mystérieuse à Newton lui-même, *lui paraît obscure et suspecte*, et devoir être rejetée par une science véritablement rationnelle. Une telle idée ne pourra jamais devenir une idée claire et distincte, c'est une idée superstitieuse qui introduit dans les corps une « qualité occulte » et *Descartes aurait trop bien soupçonné les vrais motifs conduisant Newton à s'abstenir de l'examiner plus avant.* Aussi les cartésiens retournent-ils le compliment à Newton : les deux écoles

1. G. Galilée, *Dialogue sur les deux grands systèmes du monde* (1632).
2. H. Poincaré, *La science et l'hypothèse*, chap. IX « Les hypothèses en physique ».

s'accusent mutuellement d'avoir recours à des hypothèses arbitraires voire confuses. C'est ainsi qu'A. Koyré peut comparer l'usage du mot « hypothèse » au XVIIe siècle à celui du mot « hérésie » : c'est toujours l'*autre* qui « feint des hypothèses », comme c'est toujours l'*autre* qui est hérétique[1]...

Il existe malgré tout une dissymétrie véritable entre la physique de Descartes et celle de Newton. Car Descartes admet que certaines des hypothèses qu'il est amené à formuler puissent être de pures fictions, sans que les propositions qui en sont déduites laissent d'être vraies : « Je désire que ce que j'écris soit seulement pris pour une *hypothèse*, laquelle est peut-être fort éloignée de la vérité ; mais encore que cela fût, je croirais avoir beaucoup fait si toutes les choses qui en sont déduites sont entièrement conformes à l'expérience. [...] Et même je supposerai ici quelques hypothèses que je crois fausses, et que leur fausseté n'empêche point que ce qui en sera déduit ne soit très vrai[2]. » C'est une telle disjonction entre la théorie et la vérité qui est inacceptable en « philosophie naturelle » aux yeux de Newton, et le fait de recourir pour expliquer les phénomènes observables à des hypothèses qui ne sont que de pures *fictions*[3]. Car, écrit R. Cotes dans la *Préface* aux *Principes mathématiques*, la philosophie naturelle ne doit expliquer la nature « qu'en recourant à des causes véritablement existantes ; elle ne doit pas chercher les lois par lesquelles le Tout-Puissant *aurait pu* produire l'ordre admirable qui règne dans cet univers, mais seulement celles qu'il a réellement établies : la vraie cause pour un philosophe est celle qui produit *actuellement* l'effet dont il est question[4]. »

Et pourtant, on ne peut nier qu'il existe dans la physique de Newton *au moins une hypothèse* qui ne peut nullement être présentée comme une proposition sinon déduite, du moins inspirée par l'observation des phénomènes : c'est celle qui figure au livre III des *Principia* et que Newton énonce ainsi : « Le centre du système du monde est en repos. » Hypothèse centrale, clé de voûte de toute la cosmologie newtonienne, hypothèse spéculative s'il en est ! *L'hypothèse la plus spéculative qui soit coïncide ici avec le comble de la contrainte théorique* : c'est l'hypothèse sans laquelle toute la théorie

1. A. Koyré, *Études newtoniennes*, p. 73. Il faut même aller plus loin : car ce que reproche véritablement Newton à l'hypothèse cartésienne des tourbillons, ce n'est pas de constituer une théorie trop hasardeuse et spéculative : c'est au contraire de présenter une explication purement matérielle des phénomènes physiques et qui donc rend inutile le recours à une Providence supra-naturelle. Descartes n'est pas aux yeux de Newton un mauvais physicien, mais un blasphémateur et un impie, un *matérialiste*, qui ne sait pas voir dans l'espace le *sensorium dei*. « Il convenait à Celui qui les a créées [les choses matérielles] de les mettre en ordre. Et s'il le fit, il est antiphilosophique de chercher pour le monde une tout autre origine, ou de prétendre qu'il pourrait surgir du Chaos en vertu des seules lois de la Nature. » (Newton, *Optique*, cité in A. Koyré, *Du monde clos à l'univers infini*, « Idées » Gallimard, p. 262) « Jusqu'à présent je n'ai assigné nulle part la cause de cette gravitation. Cette force vient de quelque cause qui pénètre jusqu'au centre du soleil et des planètes sans rien perdre de son activité [...] » ; et plus haut : « Tous ces mouvements réguliers n'ont pas pour origine des causes "mécaniques" [Attaque directe contre Descartes]. Cet arrangement aussi extraordinaire du Soleil, des planètes et des comètes n'a pu avoir pour source que le dessein d'un Être intelligent et puissant. Si de plus les étoiles fixes sont les centres de systèmes semblables, toutes dépendront de la seigneurie d'Un Seul, puisqu'elles sont construites selon le même dessein. » (Newton, *Principia mathematica*, Christian Bourgois, p. 113-117). En dernière analyse, si la « philosophie naturelle » ne doit pas s'aventurer à scruter plus avant les causes ni la nature de la gravitation universelle, c'est parce que *cette gravitation n'est dans l'esprit de Newton rien d'autre que l'action toute-puissante de Dieu. Par où l'on découvre que le plus « métaphysicien » des deux n'est pas toujours celui qu'on croit.*

2. R. Descartes, *Les Principes de la philosophie*, Troisième partie, § 44-45. Cité in A. Koyré, *Études newtoniennes*, p. 59.

3. D'où le problème de la traduction du *fingo* dans l'expression : « *Hypotheses non fingo* ». Mme du Châtelet traduit en français : « je n'*imagine* pas d'hypothèses ». Koyré conteste cette traduction en proposant : « je ne *feins* pas d'hypothèses ». Il s'appuie en particulier sur un passage parallèle de l'*Optique* où Newton lui-même traduit en anglais : « I do not *feign* hypotheses. » Cité in Koyré, *Du monde clos à l'univers infini*, p. 274. La phrase de Newton signifierait alors non pas « je n'ai pas recours à des hypothèses », mais au contraire : « mes hypothèses à moi ne sont pas de simples fictions ».

4. A. Koyré, *Du monde clos à l'univers infini*, « Idées » Gallimard, p. 278.

s'effondre. Rarement hypothèse aura été *aussi peu gratuite* ou arbitraire, et pourtant *en même temps aussi indépendante de l'observation* des phénomènes, dont Newton prétend faire découler toutes ses propositions. Force nous est alors de *mesurer l'écart entre ce que Newton prétend faire et recommande de faire* (« Rejette toutes les hypothèses ! ») *et ce qu'il fait véritablement lorsqu'il construit sa propre cosmologie* : de fait, il est contraint de recourir au moins à une hypothèse qui ne peut d'aucune façon être considérée comme une simple généralisation à partir d'observations expérimentales. *L'examen de l'architecture de sa théorie cosmologique nous enseignerait alors précisément le contraire de ce qu'il nous dit* lorsqu'il déclare que le physicien ne formule pas et ne doit pas formuler d'hypothèses.

Mais si l'on s'en tient maintenant à l'*intention* qui anime Newton, il est clair que sa découverte majeure, *la « gravité », n'est pas* à ses yeux *une hypothèse mais un fait patent, pour peu qu'on s'en tienne à ce que nous livrent effectivement les expériences, sans s'aventurer dans une quelconque spéculation concernant sa nature ou ses causes.* La science, pour Newton, n'échappe aux hypothèses qu'en s'en tenant à ce que l'expérience lui permet d'établir, et en renonçant par conséquent à prononcer quelque affirmation que ce soit quant à la nature de la réalité : tel est le prix à payer. Ne font partie de la théorie scientifique que les éléments conceptuels ou mathématiques la constituant. Tout le reste n'est qu'interprétations étrangères à la théorie et, dans l'esprit de Newton, à la science.

J. B. de R.

Lectures conseillées

F. Bacon, *Novum Organum*, § 26, p. 104-106.
I. Newton, *Principes mathématiques de la philosophie naturelle*, Scholie Général (Christian Bourgois).
A. Koyré, *Études Newtoniennes* (« NRF » Gallimard), p. 51-84, 94.
Du monde clos à l'univers infini (« Idées » Gallimard), chap. IX et X.
W. Heisenberg, *La Nature dans la physique contemporaine* (« Idées » Gallimard), p. 128, 135-137.
E. Husserl, *La Crise des sciences européennes* (« NRF » Gallimard), § 9 e.
M. Heidegger, *Qu'est-ce qu'une chose ?* (Gallimard), Section B, chap. 1.
Questions IV (Gallimard), p. 289.

8 • La mémoire et le temps

L'avenir nous appartient-il ?

L'existence de la causalité, de la prévision, la connaissance des déterminismes m'assurent un pouvoir sur le temps ; en ce sens l'avenir m'appartient, même si je ne peux l'annexer.

Alors que l'Antiquité avait intégré le destin à la vie, de la fatalité à la destinée rationnelle de l'homme selon les stoïciens, le rationalisme classique a pu montrer ensuite que l'homme peut choisir sa destinée, bien user de sa volonté dans le temps, comme le héros cornélien. Pour l'humanisme et les Lumières, l'homme inscrit sa destinée dans le temps intelligible. Kant espère un progrès de la rationalité, fondement d'un avenir meilleur. Le postulat d'une liberté idéale et abstraite est affirmé. Condorcet écrit l'*Esquisse d'un tableau historique des progrès de l'esprit humain* (1795). Puis les perspectives intellectuelles dominantes au XIXe siècle sont rationalistes, déterministes et progressistes. Nous comprenons et nous maîtrisons le monde et ainsi les déterminismes sont accordés à notre liberté. La science, l'action historique et politique nous ouvre un espace de pouvoir et de liberté.

Une formule comme « notre temps viendra » peut prendre tout son sens à la lumière des idéologies du XIXe siècle, grands récits messianiques d'émancipation, volontaristes et optimistes, promettant la victoire de tel mouvement politique ou esthétique, d'un Peuple, d'une classe ou d'une Nation, pour l'avenir, au terme d'une lutte, de contradictions surmontées, selon une histoire finalisée. La modernité, avec le temps profane, est liée à cette idée d'un avenir ouvert à l'ambition, à la volonté du pouvoir. Le meilleur exemple est le roman d'apprentissage balzacien de l'âge romantique. L'avenir nous appartient : il est ce que nous en ferons, comme le montre Vautrin à Rastignac, selon notre volonté, au-delà de notre « capital culturel » d'origine, concept cher à Bourdieu. Au plan religieux, la question du sujet menait à la prédiction et à la prophétie, dont le marxisme au XIXe siècle a été un exemple, comme succédané laïc d'une perspective religieuse, sacré de remplacement.

Toutefois, on peut considérer que le temps et l'avenir ne sont pas des propriétés au sens d'un avoir, d'un objet, posé devant moi, mesurable et défini. Il en va de même pour le passé. Certes, je « perds » mon temps de façon irréversible, mais je peux retrouver le passé par la mémoire, je ne perds que le présent, le « temps perdu » est une illusion idéaliste et perfectionniste, sur fond de morale activiste du travail : le temps sans travail serait un « temps mort », perdu. Cette urgence matérielle était peu considérée dans les sociétés traditionnelles où la vie s'articulait plutôt autour de « temps forts » supérieurs au temps profane. Aujourd'hui, Dominique Méda parle du travail, « une valeur en voie de disparition ».

De même, pour le présent et l'avenir, à quoi bon emplir, employer notre temps en activités illusoires extérieures à nous ? Toute la tradition antique a contesté l'activité pensée sur le mode de l'avoir. Tout en prônant un engagement politique lucide, les stoïciens sont conscients des limites humaines et dénoncent la vanité de la gloire. Sceptique, Montaigne montre que le temps est ouvert sur la contingence. L'essentiel est de « vivre à propos » de bien vivre le présent. « Régner, thésauriser, bâtir » est le sort vain des « petites âmes, ensevelies du poids des affaires » (*Essais*, III). Chacun connaît le thème du divertissement pascalien, la critique du passe-temps qui révèle notre misère, celle de l'agitation vaine, du mouvement vide.

Si l'avenir est ouvert, contingent, comme pour les empiristes, alors tout fluctue et tout engagement est impossible à tenir, d'où la remise en cause, en toute logique, de l'idéologie aristocratique de la fidélité par Don Juan (Acte I, scène 3), et sa défection lorsqu'il doit payer sa dette à Monsieur Dimanche. Le temps est fait alors d'instants et d'occasions. L'avenir reste à faire, d'ailleurs contre le risque de l'habitude. Sa contingence s'articule à la liberté et à la subjectivité. Cette contingence nous revient mais pour autant l'avenir n'est pas un objet de propriété ; il est lié au présent comme « présent du futur » selon saint Augustin, comme ce qui advient au présent, dans la durée. Nous appartenons au temps comme donnée transcendantale et aussi force de dégradation, et, si nous visons l'avenir, c'est par la conscience, le projet, le désir, la source de vitalité mais aussi d'épuisement (Balzac, *La Peau de chagrin*). Et nous restons toujours issus des déterminations du passé, comme l'ont souligné les positivistes. Je peux attendre, anticiper l'avenir. Mais je le pense toujours dans les termes du présent. Je ne connais l'avenir, devenu présent ou passé, qu'a posteriori. Par exemple, les fictions prospectives de Verne exprimaient surtout les aspirations de son temps, le messianisme saint-simonien du XIXe siècle (Jean Chesneaux, *Verne, une lecture politique*, La Découverte). De même, les passions idéologiques suscitées par le passé me révèlent dans le présent par ce que je dis ou ce que je tais.

On peut parler au nom de l'avenir (tout comme la prosopopée donne la parole aux défunts) mais on ne peut dire qu'un avenir « objectif » nous oblige… à ceci ou à cela. Dans *Fragments, Cool Memories*, III, Jean Baudrillard dénonce le « chantage à la raison historique » qui nous obligerait d'avance à l'Europe de Maastricht. De même, je ne peux conférer à l'inattendu une volonté de « nous attendre », mais tout au plus de nous rencontrer…

Dépassant l'appropriation de l'avenir, et le corps à corps d'un combat avec le temps, nous pouvons envisager d'autres rapports à lui. J'appartiens au temps comme donnée a priori. Mais me libérant de la temporalité, du regret (« J'ai plus de souvenirs que si j'avais mille ans », écrit Baudelaire, dans Spleen, *Les fleurs du mal*), je peux me laisser porter par le courant, comme les moralistes antiques, dans la plénitude de l'instant, ou bien je me soustrais au flot, j'oublie le temps par la contemplation, la transcendance, la connaissance de l'intelligible, par l'utopie, l'éternel présent ou l'acceptation du devenir.

G. G.

Lectures conseillées

K. Pomian, *L'Ordre du temps.*
F. Nietzsche, *Le Gai Savoir*, § 287.
M. Heidegger, *Être et Temps*, § 41, 64-65.

Le pouvoir, maître du temps ?

Le temps est un enjeu politique. Même si le temps dégrade le pouvoir comme le montre la fin des empires, tout pouvoir se fonde sur le temps. Le pouvoir périodise l'Histoire qu'il célèbre ou qu'il enseigne, rappelle le passé pour fonder la légitimité du présent. Les fêtes, les rites transgressent l'ordre traditionnel mais réactualisent souvent l'origine par le mythe, dans un rituel de régénérescence. Tout ce qui existe doit être rajeuni.

L'agenda politique, la « police du temps » par le pouvoir, qualifie le temps, celui de la société et de la Nation. Au-delà des cycles et des renouvellements, l'emporte l'idée de la permanence du pouvoir. L'irréversibilité du temps doit être annulée. Le passé doit préfigurer le futur. Rien n'est jamais définitif et en même temps, tout est toujours identique. Le pouvoir est essentiellement lié à la temporalité. Aujourd'hui mène à demain, à la société attendue. « Non content de présenter un caractère de virtualité, maintenant présente un caractère de nécessité et un caractère d'identité... Si l'éternité du pouvoir donne un sens au temps politique en projetant sur lui l'image d'un possible intemporel, le temps politique légitime de son côté le pouvoir » (Philippe Ségur, *Temps et pouvoir*, 1996, Albin Michel). Tout pouvoir vise la durée et la cohésion, la pérennité du groupe ou du système contre toute dispersion.

Il en va naturellement ainsi des pouvoirs traditionnels qui s'inscrivent dans une tradition. L'hérédité, le temps accumulé, l'expérience éclairée, l'éducation politique par la philosophie ou la sagesse, dans la tradition de Bossuet ou de Fénelon, pouvaient légitimer ce type de pouvoir. Le pouvoir traditionnel requiert une science, une connaissance des valeurs, des fins justes dans l'intelligible intemporel, un sens de la prudence au sens aristotélicien. Mais la modernité, âge des crises et des rivalités a frappé d'obsolescence cette philosophie du pouvoir. « Tout ce que les masses, naguère, accordaient de crédit à la fonction ou à la naissance, elles le reportent à présent sur ceux-là qui ont su s'imposer. Ce n'est point affaire de vertu et la perfection évangélique ne conduit pas à l'empire » (Ch. de Gaulle, *Le Fil de l'épée*).

La modernité, âge des crises et des révolutions, introduit, en effet, une nouvelle conception machiavélienne de l'action politique. Plus qu'une « science » au sens antique ou une technique en son sens technocratique, le pouvoir serait plutôt un art, comme sens des rapports de force, des oppositions, des affinités, des opportunités. Déjà le *kaïros* antique évoquait les moments à saisir. Des circonstances et conditions favorables, les habiles tirent parti, dans le temps devenu un espace de rivalité, et où s'exprime la volonté subjective du politique. L'attente tactique, l'usure, l'accélération, les « coups d'éclat » dans l'urgence sont le propre du pouvoir, maître du temps. Les modalités des jeux du pouvoir dans le temps sont infinies : s'abstenir, ne rien décider, faire attendre ou bien créer l'événement. Donc le temps n'agit pas « naturellement ». On ne réussit pas en parlant de chaque chose en son temps, en se disant que « tout vient à point à qui sait attendre », formule par excellence des notables « qui ont fait leur temps ». Sans tout faire d'un seul coup, sans s'affairer dans l'activisme, il faut cependant agir. On s'illusionne en attendant son heure, en laissant le temps au temps. L'avenir dure-t-il en effet si longtemps ? Il n'y a donc pas d'ordre naturel, tout dépend de l'art subjectif de l'action, celui du dirigeant ou de l'opposant, leur pouvoir n'excédant pas leurs seules forces, tout étant toujours remis en jeu : rien n'est jamais perdu, mais rien n'est jamais gagné. On doit donc ainsi employer son temps de manière volontariste et pragmatique, ce qui relègue la perspective normative et éthique des fins. Nous sommes face à une conception active et polémique de la politique, comme exercice de la rivalité, distinguée à la fois de la visée du Bien commun antique et de la gestion technocratique contemporaine. Cette conception intègre les concepts de conflit et de désignation de l'ennemi. Le temps est ouvert aux épreuves de force, où il faut maîtriser la contingence, déstabiliser l'adversaire, « avancer ses pions » pour l'obliger à se définir en fonction de l'attaquant, comme dans les situations de guerre révolutionnaire. Le dirigeant comme l'opposant peut jouer tous les rôles dans cette action dramatique, rassembler, jouer tactiquement l'arbitre, le père, invoquer le passé au nom de l'unité, ou bien la conjoncture difficile, les contraintes nécessaires, mais aussi l'avenir radieux, en prophétisant la sortie de la crise, « le bout du tunnel ». Crypto-religieux et eschatologique, le messianisme marxiste évoquait aussi la fin de l'Histoire.

C'est aussi par l'idéologie que la modernité politique entend l'emporter sur le temps, dans une perspective volontariste à caractère messianique : croyant à l'avenir, elle entend transformer le présent en son nom, et souvent, rompre avec le passé en le brisant. C'est pourquoi, depuis les positivistes et les contre-révolutionnaires, toute une tradition réaliste et conservatrice a dénoncé le caractère abstrait et utopique de l'idéologie révolutionnaire, dont les constructions doctrinaires sont rattrapées et infirmées par le réel et le temps qu'elles prétendent « surplomber » en imposant « ici et maintenant » un nouvel ordre, longuement préparé et « mûri » par ailleurs. Ceci les oppose aux autres traditions politiques : le libéralisme classique qui accepte l'évolution « naturelle » ou le réformisme qui consent des compromis avec l'ordre en place. Mais avec le temps, les idéologies venues au pouvoir n'échappent pas à leurs faiblesses, à leurs contradictions internes. Elles résistent ou elles implosent, lorsqu'elles renoncent, au terme d'un choix, d'une évolution ou des contraintes, à ce qui constitue pour elles l'essentiel, le cœur de leur système.

Dans le contexte contemporain post-moderne, à l'âge du déclin de ces idéologies volontaristes, certains sociologues mènent une réflexion intéressante sur le statut actuel du temps, sur sa déréalisation, sa dégradation aliénante, sur l'évanouissement de l'Histoire comme de la politique : Jean Chesneaux, *De la modernité* ; Jean Baudrillard, *L'Illusion de la fin* ; Guy Debord, *La Société du spectacle*, Régis Debray, *L'État séducteur*.

G. G.

Lectures conseillées

N. Machiavel, *Le Prince*.
J. Chesneaux, *Habiter le temps*.
R. Sue, *Temps et ordre social*.

L'oubli

Ce « sujet-mot » qu'il faut faire parler est celui de la mémoire. Un savoir peut être oublié parce que je ne peux plus me le rappeler, parce que je perds le passé, j'ai un « trou de mémoire ». La mémoire serait alors une trace matérielle localisable, selon la théorie matérialiste de Ribot, « un ensemble d'objets mentaux » (Changeux), de souvenirs appris, actualisables par l'habitude (Piéron), l'association. Par la technique, la rime et la ritournelle, je peux acquérir une mémoire « sportive », pratiquer le « par cœur ». Ainsi, l'habitude devient une « seconde nature » : on oublie d'ailleurs que l'on marche ; l'artifice est devenu naturel, avec ces automatismes dont on ne sait parfois si on les a bien accomplis : « ai-je fermé le gaz ? » Pour éviter les avatars de l'oubli ramené à la « distraction », je constitue des mémentos et des aide-mémoire...

Mais pourquoi l'oubli ? Si j'oublie, c'est plutôt parce que je ne veux plus me rappeler : ce fatras de savoirs et d'images m'est inutile ou insupportable, même s'ils resurgissent inopinément au détour d'une phrase ou d'une expérience sensible, me restituant alors l'intégralité d'une situation. Dans *Cinq leçons sur la psychanalyse,* Freud évoque les oublis, les lapsus, les actes manqués, ou au contraire les obsessions, les réminiscences dont souffrent les névrosés, qui n'en ont jamais fini de liquider leur passé dont ils sont prisonniers, d'où leur « inadaptation » au réel. Différent d'une simple déficience de la mémoire, l'oubli est donc motivé, même si le souvenir refoulé réapparaît dans le rêve : l'oubli fait donc sens dans l'économie psychique de l'individu. Il faut donc digérer le passé, libérer le patient de sa pathologie. Je n'oublie pas n'importe quoi, l'oubli comme le non-dit sont donc signifiants. Je refoule le passé pour me défendre, mais le souvenir mal dominé peut réapparaître.

L'oubli s'inscrit donc dans un travail de l'esprit, et non comme déficit d'un contenu de la mémoire. Dans *Matière et Mémoire,* Bergson avait défendu l'ordre de la durée et de la mémoire pure, contre l'idée de la matérialisation du souvenir. La vraie mémoire se forme par le jeu de l'oubli, elle pense, ordonne par l'intelligence, ne conserve pas l'information inerte ; elle est donc sélective. « L'homme qui ne se souvient de rien n'oublie rien » (Beckett). Et, pour reprendre Montaigne, une « tête bien pleine » peut-elle l'être sans être « bien faite », et réciproquement ? La mémoire va souvent de pair avec l'intelligence, ce qui montre la vanité de la critique des connaissances, de l'encyclopédisme. La mémoire et l'oubli forment un jeu permanent d'écriture et de ratures, dans la relation de l'homme au monde, comme l'évoque Rousseau dans le livre I des *Confessions,* où il retrace les expériences marquantes de l'enfance dont il se souvient le mieux et où il évoque ce qu'il a oublié, comme telle chanson du temps jadis, « fantôme » qui lui échappe et qu'il ne souhaite pas retrouver. Nous ne pouvons nous souvenir de tout et donc il nous faut oublier, à moins de périr sous l'accablement, l'étouffement d'une mémoire infinie : « J'ai plus de souvenirs que si j'avais mille ans » (Baudelaire, « Spleen », *Fleurs du mal*). Dans *Fictions*, Borges évoque l'histoire de Funès, qui se souvient de tout. Si je suis incapable d'oublier, je suis incapable de penser, d'abstraire, de généraliser. Une mémoire vivante oublie, assimile, pour que je puisse m'adapter au présent et au réel. Thémistocle, cité par Cicéron, affirmait que le don d'oublier valait mieux que la capacité de se rappeler. L'oubli et la recherche impliquent la tension de l'esprit : « J'ai le mot sur le bout de la langue ». Mnémosyne, muse de la mémoire, nous oblige par ses défaillances à faire preuve d'inventivité, de poésie. De même, Nietzsche, dans les *Considérations inactuelles*, montre qu'il est possible de vivre heureux presque sans se souvenir. Mais il est impossible de vivre sans oublier. L'oubli n'est pas une force d'inertie, mais une faculté vitale active (*Généalogie de la morale*) indispensable au présent. Mais pouvons-nous volontairement actualiser nos souvenirs, pouvons-nous également oublier, en retrouvant l'innocence nécessaire au renouvellement de la vie, obtenir la grâce du pardon chrétien ?

Comment juger l'oubli et la mémoire ? L'oubli peut être négligence, faiblesse, lâcheté, comme le silence complice. Au nom du devoir de mémoire, nous devons avoir le courage de nous souvenir, de penser au passé. Mais de quoi nous souvenir, si l'Histoire est écrite, et relue par les idéologies ? De même il nous faut penser à la mort, comme vérité nécessaire de la vie, pour les moralistes antiques, face aux vanités mondaines et terrestres. La mémoire est avant tout sociale et culturelle. Elle garantit la permanence et l'identité individuelle et collective. L'amnésique est un déraciné. L'amnésie collective des sociétés occidentales livrées à la « culture de masse », le déracinement mental nous rend indifférents aux « lieux de mémoire » des peuples, à l'épaisseur historique des repères, des inscriptions, des symboles occultés par les images, dans ce processus décrit par R. Debray comme par Baudrillard. L'oubli, comme le silence, peut être distance salutaire, puissance, résistance, défense. Il peut être légèreté et délivrance, au risque d'une illusion artificielle, un divertissement factice dévalorisant le réel avant de devoir y revenir durement, comme le montre l'exemple des romans idéalistes d'évasion ou la fête foraine évoquée par Baudelaire dans « Le Vieux saltimbanque » (*Petits Poèmes en prose*) qui meuble le temps. L'oubli peut nous libérer des souvenirs obsédants, des valeurs établies, du passé-refuge qui dispenserait l'homme d'affronter la contingence de la vie. L'illusion divine de l'art, « oubli » apparent du réel, peut même nous mener vers une vérité plus haute du monde, par l'ivresse baudelairienne (« Enivrez-nous ! » et « La chambre double » dans les *Petits Poèmes en prose*). Et loin d'être une évasion factice, l'imaginaire romanesque et mythologique nous communique une vérité du réel. « Nous avons l'art pour ne pas mourir de la vérité » (Nietzsche). L'oubli du monde au sens religieux est également salutaire ; ainsi, l'ascétisme, le mysticisme, nous libèrent du sensible. Dieu nous parle dans l'absolu silence. Dans les *Rêveries,* Rousseau vit l'extase existentielle loin du monde. L'oubli nous libère du temps même si j'oublie ainsi que je suis en train de le « perdre ». Je peux certes édifier des barrages plus ou moins précaires contre le temps : l'art, l'engagement, le pouvoir... Je peux me laisser porter par le courant (Épicure ou les stoïciens) ou bien je me soustrais au flot par l'utopie, l'imaginaire ou l'oubli qui m'en sauvent. « Nous ne sommes jamais chez nous, nous sommes toujours au-delà » (Montaigne). Ainsi, je me libère de la temporalité, de la nostalgie comme de l'espoir. Je jouis d'un éternel présent avant d'être oublié moi-même, de cesser peut-être d'exister sans que ne cesse le devenir.

G. G.

Lectures conseillées

Saint Augustin, *Les Confessions* (GF), Livre X.
F. Nietzsche, *Généalogie de la morale*, Deuxième dissertation.
H. Bergson, « La conscience et la vie », in *L'Énergie spirituelle.*
S. Freud, *Psychopathologie de la vie quotidienne* (PBP), chap. 1 § 4.
« Un trouble de mémoire sur l'Acropole » in *Résultats, Idées, Problèmes,* II (PUF).

9 • La valeur – le travail et la technique

« Le temps, c'est de l'argent. » Benjamin Franklin

« Time is waste of money. » O. Wilde[1]

« Time is money », « Le temps, c'est de l'argent ». La formule de B. Franklin est faite pour frapper, pour devenir proverbiale. Extraite de l'*Advice to a Young Tradesman*[2], elle peut passer pour un bon résumé du « *credo* » capitaliste. Mais *comment le temps peut-il « être » de l'argent ?* Quelle attitude à l'égard du temps, de l'argent et du travail, est préconisée par cette formule ?

Pour un homme de l'Antiquité, *la valeur de l'argent était tout entière dérivée de celle du temps.* Un homme libre est celui qui possède suffisamment de bien pour pouvoir disposer de son temps à sa guise. Être libre, c'est être libéré du fardeau que constitue pour l'homme le fait de devoir subvenir à ses besoins. La liberté consiste avant tout à pouvoir disposer librement de son temps. L'*otium*, le temps libre, est de toutes les choses la plus précieuse, car c'est elle qui nous permet de disposer effectivement de toutes les autres. C'est pourquoi Sénèque stigmatise le comportement de ses contemporains qui gaspillent leur temps comme s'il était chose de nulle valeur : pourquoi, s'agissant du temps, est-on « inconsidérément prodigue, dans le seul domaine où l'avarice n'aurait rien de déshonorant[3] ? » Pourquoi, pour une personne à qui nous ne serions pas prêts à donner de notre argent, sommes-nous prêts à donner sans compter de notre temps en bavardages ou activités oiseuses ? « Fais la soustraction », nous invite Sénèque : combien de ton temps consacres-tu à ce créancier, à ce personnage important, etc. ? Au lieu de nous plaindre de la brièveté de la vie, Sénèque nous invite à découvrir que *la vie est longue si nous savons user de notre temps comme de la chose la plus précieuse* en notre possession.

C'est donc à un complet retournement de la relation entre le temps et l'argent que nous invite la citation de Benjamin Franklin. Loin que la valeur de l'argent soit dérivée de celle du temps, c'est *maintenant la valeur du temps qui découle de celle de l'argent.* Il ne convient pas de perdre son temps parce que le temps est ce qui permet de gagner de l'argent. Alors que Sénèque nous invitait à une soustraction, Franklin nous invite à une addition : additionne tout l'argent que tu aurais pu gagner si tu étais allé travailler au lieu de rester dans ta chambre ou d'aller te promener. Franklin s'adresse au jeune homme, aussitôt réputé « jeune commerçant » parce que dans la société mercantile tout un chacun se fait marchand, chacun exerce en quelque sorte deux activités : la sienne propre, et le commerce. Et il invite ce jeune commerçant à se comporter comme *le capitaliste du temps de sa propre vie.* Chacun, même le plus démuni, a un capital à faire fructifier : son temps.

Opposée à la conception antique du travail et du temps, l'éthique puritaine dont témoigne la phrase de Franklin ne heurte pas moins les conceptions

1. « Pensées philosophiques » in *The Complete Works of Oscar Wilde* (Collins), p. 1205.
2. *Conseils à un jeune marchand* (1748).
3. Cf. « L'avarice du temps ne déshonore pas. » Christine de Suède, *Maximes*, Rivages Poche, p. 34.

médiévales. Au Moyen Âge, l'Église Catholique considère *que le temps n'est pas une chose dont nous puissions disposer à notre guise*. Le temps n'appartient qu'à Dieu, ou ce qui revient au même, est un don que Dieu dispense à tous les hommes sans distinction. Il ne doit donc pas être détourné au profit de certains et au détriment d'autres hommes. C'est pourquoi le *Droit Canon* condamne l'*usure*, en ne visant pas le seul recours à des taux « usuraires » mais *le fait même de prêter de l'argent contre intérêt*. Ce qui est dénoncé dans le fait de faire « travailler » son argent en le prêtant contre intérêt *n'est pas l'appât du gain* mais *le fait de considérer le temps comme une chose* dont on pourrait disposer au même titre que tel ou tel autre bien. Si le temps n'est pas une « chose » qui nous appartienne parce que « cette nuit même, notre âme peut nous être redemandée[1] », de quel droit en faire usage pour gagner de l'argent ? Prêter de l'argent, c'est au fond *vendre du temps*, permettre à l'autre de jouir d'une chose avant qu'il soit en mesure de se la procurer. Appropriation du temps qui consiste à y voir une *chose disponible* à la discrétion des hommes, et non pas l'étoffe même de nos vies. Pour B. Franklin au contraire, l'argent produit de l'argent moyennant du temps. Si c'est le temps qui rend l'argent fécond, *alors perdre son temps, c'est rendre l'argent stérile*. Gaspiller son temps est donc moralement condamnable, puisque c'est refuser de contribuer à l'enrichissement de tous. C'est ce jugement moral qui est, selon Max Weber, caractéristique de l'« esprit du capitalisme », et non pas la soif de l'or qui a toujours existé et n'est pas plus intense dans les sociétés capitalistes que dans les autres[2]. Mais cette soif de l'or est ailleurs moralement condamnable ou du moins moralement indifférente, alors que dans la société capitaliste elle devient le moteur permettant à chaque individu d'apporter sa contribution à l'édifice social.

Ce qui caractérise au fond la société mercantile moderne, c'est le fait que l'argent y est devenu un médiateur universel, permettant de tout rendre commensurable[3]. Aristote trouvait suspecte la *chrématistique*, l'enrichissement ayant pour origine le commerce et non la production de biens nouveaux. Il y voyait le mode d'acquisition le moins naturel et le moins productif. Pour Franklin au contraire, la *chrématistique* fait apparaître le mécanisme de l'enrichissement à l'état pur, elle est productrice de richesse. Rien n'échappe dans la société à l'étalonnage rendu possible par l'argent. Le travail salarié fixe la valeur précise du temps de façon rigoureuse. Franklin conseille même au « jeune commerçant » d'*acquérir* une bonne renommée, parce qu'elle lui permettra d'emprunter de l'argent plus facilement et à des taux inférieurs. La bonne réputation et l'honneur entrent donc à leur tour dans le système de l'échange, qui recouvre ainsi la totalité de champ social et ne régit plus la seule circulation des biens matériels[4]. L'argent devenant le médiateur universel

1. Évangile selon saint Luc, chap. 12, v. 20.
2. « On manquerait le point essentiel si l'on pensait que Franklin déguise ici l'intérêt en vertu. Il va au contraire jusqu'à dire que Dieu se sert de l'intérêt pour ramener à la foi. S'il écrit que *le temps c'est de l'argent*, c'est d'abord parce qu'il a appris de la tradition puritaine que, spirituellement, le temps est précieux et que nous sommes au monde pour témoigner à chaque instant de la gloire de Dieu. L'utile n'a pu devenir une valeur qu'après avoir été sanctifié. » M. Merleau-Ponty, *Les Aventures de la dialectique*, « Idées » Gallimard, p. 23.
3. « Pour se procurer le nécessaire, les forces de chacun ne suffiraient guère si les hommes ne se rendaient de mutuels services. L'*argent* est devenu l'instrument par lequel on se procure vraiment toutes choses et *le résumé de toutes les richesses*, si bien que son image occupe d'ordinaire plus qu'aucune chose l'âme du vulgaire. » (c'est nous qui soulignons) Spinoza, *Éthique*, 4e partie, chapitre XXVIII.
4. Voir l'exposé : « Tout s'achète-t-il ? »

permettant de satisfaire tous les besoins, le gain est devenu la fin immédiate que tous les hommes se proposent, et dont la réalisation est symbole d'une vie réussie. Ce renversement est le moteur même des sociétés capitalistes modernes.

La rage mise par l'homme moderne à « faire » de l'argent est d'autant plus virulente qu'est plus indéterminée la fin visée à travers cette réussite sociale. Le travail est devenu une valeur au point qu'on a presque honte de s'accorder du repos. Comme l'écrit Nietzsche, « une longue réflexion nous donne presque du remords. On pense montre en main, comme on déjeune les yeux sur le bulletin de la bourse. *Plutôt faire n'importe quoi que ne rien faire du tout* : voici encore un des principes chargés à balle qui risquent de donner le coup de grâce à toute culture supérieure[1]. » Cette frénésie du *faire*, à l'œuvre dans la citation de Franklin, nous rend à peine pensable le fait évoqué avec nostalgie par Nietzsche, qu'*autrefois c'était le contraire* : c'était travailler qui donnait du remords ; un homme bien né dissimulait son travail, lorsque la nécessité le contraignait de travailler. Et c'était alors la question : *à quoi sert-il de méditer ?* qui était incompréhensible.

J. B. de R.

Lectures conseillées

Sénèque, *Sur la brièveté de la vie* (Mille et Une Nuits).
M. Weber, *L'éthique protestante et l'esprit du capitalisme* (Agora), chap. I.
M. Merleau-Ponty, *Les Aventures de la dialectique* (« Idées » Gallimard), chap. 1.
H. Arendt, *Condition de l'homme moderne* (Calmann-Lévy), p. 20-26.
K. Löwith, *De Hegel à Nietzsche* (« Tel » Gallimard), IIe partie, II, 5.
M. Tournier, *Vendredi ou les limbes du Pacifique* (Folio).

1. F. Nietzsche, *Le Gai Savoir*, § 329.

« L'homme est le seul animal voué au travail. » Emmanuel Kant

L'affirmation apparaît comme un paradoxe, puisqu'au contraire l'observation des animaux les montre sans cesse occupés à une activité de chasse, de pêche, de construction ou défense de leur gîte. La formule de Kant suppose donc que le travail reçoit une signification particulière lorsqu'il s'inscrit dans l'horizon humain. Elle renvoie au mythe que Platon met dans la bouche du sophiste Protagoras et selon lequel, à l'origine du monde, une distribution aurait permis à chaque espèce vivante de recevoir un organe vital propre. Les crocs, les griffes, les cornes, la vitesse, la puissance, autant de qualités réparties équitablement entre les animaux pour garantir l'équilibre naturel. L'homme serait le seul à n'avoir rien reçu et se trouve donc démuni, nu et sans organe spécifique. Prométhée, volant le feu aux dieux pour le donner aux hommes, leur permit de forger des outils, puissance technique infinie, pouvoir de détruire l'équilibre naturel par les transformations qu'ils y apportent. Le travail humain se définit ainsi par son absence de bornes : né de la pénurie et de la précarité, il semble vouer l'humanité à une exclusion aussi grande par la destruction de la nature.

Le problème posé par le mythe de Prométhée est celui de la place du travail humain dans l'ordre naturel. L'animal, enchaîné à un milieu par la complexion de ses organes, participe à l'entretien de celui-ci par son activité : le prédateur évite la prolifération des espèces chassées, les insectes permettent la pollinisation en butinant, etc. L'animal est adapté à un milieu par ses organes spécifiques, l'homme n'est destiné à aucun. Chez l'animal, toute activité prolonge sa forme corporelle ; il exerce directement ses forces physiques sur une partie de la nature destinée à subir leur action (le poisson dans l'eau, le ver dans le bois, le castor dans les rivières). Aussi est-il limité par la puissance physique dont il dispose. Le travail prend chez l'homme un tout autre sens puisqu'il doit commencer par nier son propre corps pour le plier à un exercice qui consiste à manipuler des outils ou faire tourner des machines, lesquels vont ensuite nier la nature pour y instituer un ordre proprement humain (assécher des marais, irriguer des terres désertiques, déboiser, reboiser). Le travail est proprement humain dans la mesure où il introduit entre notre corps et la nature la médiation d'outils dont le nombre, la forme et les améliorations sont infinies. Si l'on pense simplement à la variété d'outils utilisés au cours de l'histoire, par exemple, par les cordonniers, aux différents gestes auxquels il leur a fallu rompre leur corps pour être efficaces, on peut dire, avec Marx, dans *L'Idéologie allemande*, que « les hommes se distinguent des animaux dès qu'ils commencent à produire leurs moyens d'existence ». L'animal tire sa pitance et son gîte de la nature, il s'active à se défendre, il ne crée jamais des moyens qui vont instaurer une relation inédite à la nature et modifier les conditions de son existence. C'est pourquoi l'hirondelle fait son nid aujourd'hui comme il y a deux mille ans, limitée par la forme et l'habileté de son corps, alors que l'homme n'habite plus dans les maisons de ses ancêtres, ayant introduit une dimension historique qui le distingue radicalement des animaux. Cette forme originale du travail outillé ou mécanisé donne à la distinction entre l'homme et l'animal une forme moins catastrophique que le mythe prométhéen : l'homme au travail n'est pas seulement besogneux (c'est-à-dire lié à ses besoins), il est aussi ingénieux, c'est-à-dire capable d'utiliser son intelligence pour donner à un matériau une fin possible introuvable dans la nature. Travailler l'osier pour en faire des paniers et transporter d'une seule main plusieurs douzaines d'œufs, c'est ajouter à notre préhension un amplitude inédite en découvrant la fin possible des baguettes d'osier. La main, partie du corps sans fonction précise, appelle l'invention d'outils, indéfiniment améliorables. Selon la formule d'Aristote, « l'homme a des mains parce qu'il est intelligent », c'est-à-dire capable d'user d'une multitude d'outils, ce qui suppose un usage réfléchi puisqu'aucun ne lui est adapté spontanément.

Vouer l'humanité au travail, ce n'est pas seulement voir dans son ingéniosité le ferment de son histoire. Kant écrit sa formule au début d'un *Traité de pédagogie*, où il donne au travail une fonction éducative. Travailler, ce n'est pas seulement produire, c'est aussi s'imposer un labeur pénible et parfois humiliant. Les peuples les plus développés dans les techniques de travail sont aussi ceux qui vivent selon les règles les plus contraignantes au point d'y soumettre les jouissances les plus simples : Kant cite souvent les plaisirs de la table en relevant combien ils sont tributaires du labeur de menuisiers, d'orfèvres, de cuisiniers, dont l'art est l'héritage d'une longue histoire, mais aussi de la discipline que s'imposent les convives pour faire preuve d'une agréable sociabilité, héritage d'un long et souvent pénible travail de dressage. L'opposition est facile avec le Tahitien jouissant avec insouciance des fruits, des jeux de la plage ou de l'amour, ou le mythique berger d'Arcadie vivant d'amour et d'eau fraîche en suivant ses moutons. Le mépris affiché par Kant pour tous ces « bons sauvages[1] » veut nous montrer ce que l'humanité apprend sur elle-même par le travail. Sa fonction n'est pas seulement de pourvoir à nos besoins, il est le moyen de nous faire découvrir la vraie fin de notre existence. L'animal qui dévore sa proie jouit de son estomac rassasié. L'homme qui déguste du gibier jouit du raffinement culinaire et social qui préside à son alimentation. La vie de contraintes que nous impose la condition décrite dans le mythe de Protagoras ajoute à la simple jouissance du bien-être le sentiment d'avoir *mérité* ce que nous nous sommes donné. Ce sentiment du mérite est la seule chose que l'éducation humaine ajoute aux données naturelles et c'est le travail qui nous l'enseigne. Prenant le contre-pied de son époque, Kant voit donc dans la vie de « l'insulaire des mers du sud » racontée par les marins, l'exemple d'une humanité aveuglée sur elle-même, incapable de sentir sa destination morale parce qu'impuissant à éprouver la satisfaction d'un bien-être qu'on a mérité par le travail qui nous l'a donné.

Interprétant à sa façon le mythe biblique d'Adam voué au travail après la chute, Kant y voit moins une peine infligée à l'homme, que l'instrument de sa Rédemption. Abrutis par la paresse et la jouissance, nous serions voués à l'aveuglement et à l'angoisse si le travail ne nous faisait pas *ressentir* la satisfaction de mériter ce que nous goûtons, nous révélant que nous sommes élevés à une autre destination que récolter et consommer.

P. D.

---

1. « Leur existence n'a guère plus de valeur que les troupeaux qu'ils font paître. » (E. Kant)

Lectures conseillées

Platon, *Protagoras*, 320d-322d.
Aristote, *Les Parties des animaux*, Livre IV, 687a.
E. Kant, *Idée d'une histoire universelle au point de vue cosmopolitique*, prop. 4.
Définition du concept de race humaine.

L'intérêt des machines

Face à un tel sujet, les candidats doivent se garder de tomber dans l'approche moralisatrice limitée à des banalités affligeantes sur les drames et méfaits liés au développement de la machine, posant comme *a priori* que la technique serait un rapport objectif, naturel, immédiat et non déterminé que l'homme entretiendrait avec la nature. La technique serait ainsi évidente, autonome au regard de son environnement, en allant jusqu'au mythe du savant fou et de la machine devenue autonome.

Il est plus intéressant de définir ce que la machine nous dit de l'humanité, ce qu'elle révèle comme choix de société productiviste et ce qu'elle pose comme « modèles » contestables.

La machine se distingue de l'outil artisanal qui se limite à reprendre les mouvements naturels mais elle s'interpose, comme l'outil, entre l'homme et la Nature. C'est un moyen artificiel et réglé de parvenir à une fin, particulièrement de transformer l'énergie. Elle révèle la capacité de l'homme à conceptualiser des dispositifs savants interposés entre lui et la Nature. Par la transmission des acquis technologiques, l'humanité exprime sa dimension historique. Plus spécifiquement, la machine procède d'une volonté particulière, celle de la modernité occidentale, de transformation systématique de la Nature, d'un choix prométhéen et productiviste, et généralement utilitariste.

En dépit des mécaniciens de l'école d'Alexandrie, l'Antiquité s'intéresse plus aux Principes qu'aux machines et aux techniques ; l'idéal antique est surtout philosophique, politique et civique, et l'esclavage dispense de l'innovation technologique. « Si les navettes marchaient toutes seules, on pourrait se passer d'esclaves » nous dit Aristote. Le Moyen Âge préfère la perfection du travail humain, idéalisée plus tard par Péguy, aux machines ; c'est donc la Renaissance, avec Vinci, qui va figurer un monde artificialisé et mécanisé.

Avec l'âge cartésien, la Nature devient un espace neutre où s'établissent des relations mécaniques privées ensuite, pour les matérialistes du XVIIIe siècle, d'origine et de finalité divines. L'ordre mécanique moderne supplante l'ordre organique vitaliste et finaliste issu de l'Antiquité ; c'est l'âge du « corps machine » (Descartes, *Traité de l'Homme*), puis celui de l'Encyclopédie, de la Révolution industrielle issue de la conjonction du capital, de la main d'œuvre, et de la technologie des machines venue appelée par la mentalité moderne prométhéenne. Au XIXe siècle, à l'âge de la thermodynamique, c'est la force de travail qui, pour Marx, fonde la valeur. On peut parler du « corps-outil ». Marx juge la machine comme incarnation technique du capital (*Le Capital*, I, 4e section) mais fait l'apologie de la technique humanisant l'homme et la Nature : en réponse à ses manques, il est dans la nature de l'homme de transformer la Nature.

Comme le saint-simonisme, le marxisme est l'idéologie de l'âge industriel, âge loué par Jules Verne et dénoncé par Baudelaire dans la croyance mystificatrice au Progrès. Le marxisme est à la racine de l'industrialisation soviétique et aux antipodes de l'écologie du Contrat Naturel.

Tout peut-il s'expliquer par le mécanisme ? Il ne peut rendre compte de la formation des êtres car la force mécanique est seulement motrice. « On a dit trop peu de la nature et de son pouvoir pour des productions organisées, quand on l'appelle *un analogue de l'art*[1]. » Ramenant la Nature à l'art, Hobbes assimile la société politique à une constitution artificielle avec de multiples articulations, le « Léviathan ». Depuis le XVIIe siècle, l'explication artificialiste et mécaniste gagne dans tous les domaines ; médecine, économie constituée de circuits pour les physiocrates du XVIIIe siècle, thermodynamique, physique, économie et division du travail. La société, l'Histoire et la politique se pensent en analogie à la machine.

Déjà dans *Surveiller et punir*, Foucault avait théorisé le concept de système de pouvoir mettant en ordre les mouvements et les corps, à l'âge de la normalisation classique. La prison panoptique est une infaillible machine de pouvoir. Plus tard, l'Histoire est lue par le matérialisme mécaniste de Marx comme une physique sociale ; la connaissance des déterminismes historiques rend possible une action « objective » à caractère révolutionnaire. La politique dépend des « forces » économiques. Héritiers du saint-simonisme, les technocrates revendiquent une compétence « objective », prétendent dépasser les idéologies, escamotent tout débat sur les fins, se veulent les organisateurs, les régulateurs, les gestionnaires de la « machine » sociale dont toutes les activités deviennent programmées par informatique (Jean Chesneaux, *De la modernité*). Le gouvernement des hommes cède la place à l'administration des choses. La politique peut-elle vraiment se réduire à ce pilotage, à cette combinatoire, à cette recherche d'optimums de comportements appuyée sur le *credo* de la pseudo-infaillibilité et neutralité du corpus des machines ? Pour une lecture critique de ces « machines sociales » occidentales contemporaines que les candidats ne soupçonnent guère, nous conseillons la lecture des sociologues qui font partie intégrante du programme d'histoire des idées, lequel ne saurait se réduire à quelques « moments philosophiques » jusqu'à Kant... Il faut lire Bourdieu et Baudrillard, *Le Système des objets, La Société de consommation*, et leurs études sur les médias, considérer le rôle des oligarchies et machines technocratiques et médiatiques si l'on veut défendre le politique et l'éthique.

G. G.

Lectures conseillées

M. Heidegger, « La question de la technique » in *Essais et conférences* (« Tel » Gallimard).
G. Simondon, *Du mode d'existence des objets techniques* (Aubier).
K. Axelos, *Marx, penseur de la technique* (Les Éditions de Minuit).
G. Friedmann, *Le Travail en miettes* (« Idées » Gallimard).
L. Mumford, *Le Mythe de la machine* (Fayard).
B. Stiegler, *La Désorientation* (Galilée).

1. E. Kant, *Critique du jugement*.

La technique est-elle neutre ?

Il convient d'interroger ce sujet en essayant de définir ce que serait la neutralité appliquée à la technique et de réfléchir à l'essence de celle-ci, sans se limiter à d'affligeantes banalités sur ses bienfaits et ses méfaits. Il ne faut pas hésiter à suspecter l'idéologie techniciste, productiviste, industrialiste de possession et de transformation de la Nature, posant comme a priori que la technique serait un rapport naturel, immédiat, évident, indiscutable et non déterminé que l'homme entretiendrait avec son environnement, Tout se passe comme si la technique se voyait dotée d'une autonomie extraordinaire (cf. le mythe du savant fou et de la machine devenue autonome...). On se limite à dire que la technique n'est pas neutre puisqu'on peut l'utiliser pour le meilleur et pour le pire. Or, il faut réfléchir au mot neutralité et au type de rapport au monde supposé par la technique. Peut-on la poser comme extérieure à la société, à l'idéologie, à la culture dont elle est issue ? Neutralité signifie objectivité, autonomie, caractère positif pour tout le monde, au-delà de la subjectivité. La technique bénéficie du préjugé favorable de l'opinion qui y voit une objectivité bénéfique, une perspective nécessaire et salutaire qui l'opposerait à la subjectivité politique, esthétique, littéraire ou idéologique.

Des exemples contemporains : architecture et habitat, dans leurs projets de société comme dans leurs conséquences humaines et sociales, l'éthique médicale, la bioéthique, les nouvelles technologies de communication et leurs conséquences humaines et sociales peuvent être utilisés pour montrer le caractère particulier et engagé de la technique. De même, la technocratie est une idéologie particulière du XIXe siècle, même si elle prétend enseigner la supériorité d'un choix technique neutre et salutaire à toute l'humanité (cf. la pensée de Saint-Simon), au-delà des cultures et des idéologies. L'humanité serait réconciliée par la science et la technique, la politique deviendrait gestionnaire, à l'issue du déclin des idéologies.

Le corps du développement doit examiner le statut de la technique dans l'histoire de la pensée. L'idéal antique est plus politique, civique et philosophique que technicien. L'esclavage antique révèle l'infériorité du travail servile et permet de faire l'économie de l'innovation technologique. L'Antiquité n'a pas mis en œuvre de révolution industrielle dans la modernité occidentale. Celle-ci s'appuie sur une nouvelle représentation du monde, artificialisé et mécanisé.

Avec l'âge cartésien, la Nature devient un espace neutre où s'établissent des relations mécaniques : l'ordre mécanique moderne supplante l'ordre organique, vitaliste et finaliste antique. La découverte des lois de la Nature va permettre une action sur elle. C'est l'âge de l'*Encyclopédie*, de la Révolution industrielle, du marxisme comme idéologie de la technique et du travail artificialisant, transformant et « humanisant » la Nature.

Aux antipodes de l'écologie fondamentale ou « radicale » qui n'est pas qu'un simple aménagement du système, le marxisme est l'idéologie de l'âge industriel, de la thermodynamique, de la machine à vapeur, du jeu des forces et des classes. Le matérialisme marxiste lit dans l'Histoire une physique sociale, à l'image même du mouvement de la matière. Toujours au XIXe siècle, avec le saint-simonisme se constitue une idéologie messianique, techniciste, avec ses corrélats de la modernité et du progrès, impératifs posés *a priori*, comme nouveau salut de l'humanité.

L'idéologie du XIXe siècle est prométhéenne, productiviste, industrialiste, rationaliste : elle a été radicalement remise en cause par l'écologie dite « profonde » ou fondamentale, qui plaide pour la démocratie participative, la défense des peuples et des cultures et qui conteste le rationalisme, le productivisme, la réduction de la nature à une marchandise. Cette réduction du monde à une nature-objet, désenchantée, est issue d'une vue mécaniste, anthropocentrique, du monde. Loin de voir l'homme comme élément organique du cosmos dont il convient de défendre la bio-diversité, l'anthropocentrisme vante une posture d'affrontement entre l'homme et la nature.

Au-delà de la critique des seuls « dérapages » du système menée par l'écologie « environnementaliste », l'écologie radicale remet en cause la fausse évidence de la technique. Loin d'être neutre, c'est-à-dire objective et universelle, voire indépendante de son environnement, la technique est issue, en fait, de l'idéologie moderne occidentale universaliste, comme Lévi-Strauss et les sciences humaines l'ont montré, en la contestant avec ses corrélats : mythe du progrès, qui n'est qu'une représentation de l'Histoire, raison hégémonique… La technique n'est qu'un rapport particulier de l'homme à la nature, même si, par le travail, l'homme comble des manques (cf. l'intérêt des machines). Il y a des peuples et des cultures sans technique. Toute technique est l'instrument d'un projet de domination et de transformation ; elle procède de ce projet et comporte des conséquences humaines ou culturelles précises dans sa mise en œuvre. Les choix techniques déguisent souvent des projets sociaux ou politiques. Il suffit de songer à l'habitat, à la ville, aux transports, aux médias, à la médecine, à l'aménagement du temps et de l'espace social, à l'organisation de l'entreprise, aux « sciences de l'éducation » pour en être convaincu.

Notre rapport au monde n'est donc pas essentiellement technique. L'idéologie occidentale techniciste fondée sur l'instrumentalisation de la Nature, sur le pouvoir comme fin en soi, escamote des dimensions essentielles de la vie : métaphysique (notre questionnement sur les fins), religieuse, poétique voire ludique, pour la valeur du sacré, du jeu, de l'imaginaire et du symbole.

G. G.

Lectures conseillées

M. Serres, *Le Contrat naturel*.
D. Méda, *Le Travail : une valeur en voie de disparition*.
A. Caillé, *Critique de la raison utilitaire*.
M. Heidegger, « La question de la technique » in *Essais et conférences*.
Cahier de l'Herne sur Heidegger (Livre de Poche), chap. « L'Époque de la technique ».
G. Simondon, *Du mode d'existence des objets techniques* (Aubier).
G. Hottois, *Le signe et la technique* (Aubier).
J. Ellul, *Le Système technicien* (Calmann-Lévy).

Tout s'achète-t-il ?

« Tout s'achète » : telle est l'évidence sur laquelle repose la société marchande. Tout, qu'il s'agisse de biens ou de services, pourrait s'acheter, pour peu qu'on consente à y mettre le prix. Or le principe de l'achat et de la vente est celui de l'*équivalence* entre les choses échangées. On entre dans la société marchande lorsque, du fait de la division du travail, chaque homme ne peut subsister que par un système d'échanges, et devient ainsi, de fait, une sorte de commerçant[1]. Or l'échange n'a de sens économique que si l'on échange des choses dissemblables et *hétérogènes* les unes aux autres. Pourtant, le principe de l'échange suppose en même temps que ces choses soient en quelque manière *équivalentes*, ou du moins qu'il soit possible de les rendre commensurables en les rapportant à un étalon commun. De la *valeur d'usage* de l'objet, par où les biens sont hétérogènes les uns aux autres, il faut donc distinguer la *valeur d'échange*. Par exemple si la valeur d'usage d'une paire de bottes renvoie au fait qu'on puisse les porter, marcher avec, et mesure le temps pendant lequel je pourrai les porter, leur résistance, etc., sa valeur d'échange renvoie à ce contre quoi je pourrais les échanger (telle quantité de nourriture par exemple). L'argent n'est que la matérialisation de cette valeur d'échange, et permet de rapporter tout bien ou tout service, quel que soit son usage par ailleurs, à un étalon commun permettant *de rendre commensurable ce qui est par nature hétérogène*.

Tout pourra donc s'acheter si tout est susceptible d'être rapporté à un étalon commun, à une unité de mesure. Or telle est précisément la vocation de l'argent : l'argent est un commutateur ou un *médiateur universel* entre toutes les choses en circulation dans la société, susceptibles d'être échangées. Le principe de la société marchande est donc qu'il est possible pour toute chose de fixer un prix, ou plutôt que c'est le marché lui-même qui fixe le prix ou le cours d'un produit, c'est-à-dire que le prix ou le cours ne préexistent pas à l'échange pour le rendre possible, mais au contraire résultent du niveau auquel les transactions vont effectivement avoir lieu. Les cours du sucre ou du café fluctuent en raison de l'offre et de la demande. Le travail humain lui-même n'échappe pas à cette règle : le travailleur vend à l'entreprise sa force de travail, sur un marché du travail qui est un véritable marché, soumis lui aussi aux fluctuations de l'offre et de la demande. Comme l'a montré Marx dans *Le Capital*, la transformation de la chose en marchandise a pour conséquence la transformation de l'homme lui-même, en tant que travailleur salarié, en marchandise. On peut donc comparer le coût d'un travailleur au coût d'une machine capable d'effectuer les mêmes tâches, cette comparaison pouvant être favorable tantôt au travailleur, tantôt à la machine. Il est donc dans la logique de la société marchande que *rien n'échappe au destin de sa transformation en marchandise*, et donc que tout puisse s'acheter. L'utilitarisme, qui théorise sur le plan philosophique cette vision des choses, va permettre à l'individu d'appliquer la même rationalité à son existence.

---

1. Voir l'exposé : « Le temps, c'est de l'argent. »

En partant du principe que tout est commensurable, on va pouvoir se livrer à *un calcul des plaisirs et des peines*, en se demandant combien on serait prêt à payer pour obtenir un plaisir ou éviter une peine, ce qui permettra de rationaliser la prise de décision individuelle[1].

Toute la logique de la société marchande suppose donc qu'une stricte équivalence entre les choses échangées soit toujours possible. Or échappent à la logique de cette équivalence toutes les choses qui sont irremplaçables ou dont la perte serait irréparable. Certaines choses peuvent n'avoir de valeur que pour moi, ainsi en va-t-il par exemple de la *valeur sentimentale* attachée à un objet du fait de la personne qui me l'a offert. Il ne s'agit là à proprement parler ni d'une valeur d'échange, ni d'une valeur d'usage. Par ailleurs, une chose peut avoir une valeur d'usage infinie et une valeur d'échange nulle : l'exemple classique est celui de l'air. Sa valeur d'usage est infinie car sans lui la vie serait impossible, mais qui achèterait de l'air, tant que celui-ci est à la disposition de tous en quantité suffisante ? Ne peut donc s'acheter non seulement que ce qui a quelque valeur aux yeux de ceux qui pratiquent l'échange, mais aussi ce qui fait l'objet d'une relative rareté ou de moins ce dont on se représente qu'il pourrait venir à manquer. Qui eût songé à acheter de la terre tant que celle-ci semblait s'étendre à l'infini autour du village ? Qui songerait à acheter de l'air ou de l'eau si ces éléments n'étaient menacés de raréfaction ou de pollution ?

Plus fondamentalement, ne peut être acheté ni vendu tout ce qui est *inaliénable*, c'est-à-dire tout ce dont un individu ne peut se séparer sans renoncer à lui-même. C'est ainsi que Rousseau montre qu'il n'est rien contre quoi l'on puisse échanger avec autrui sa liberté, puisque dès lors que je la lui aurais abandonnée, quoi qu'il puisse m'offrir en échange, c'est encore lui qui en disposerait puisqu'il resterait maître de l'usage que je pourrais en faire[2]. Il faut donc distinguer deux ordres de choses : *celles qui ont un prix et celles qui ont une valeur ou une dignité.* « Tout a un prix ou une dignité. Ce qui a un prix peut aussi bien être remplacé par quelque chose d'autre, à titre d'*équivalent* ; au contraire, ce qui est supérieur à tout prix, ce qui par suite n'admet pas d'équivalent, est ce qui a une dignité », écrit Emmanuel Kant. Ce qui est sans prix est ce qui n'a pas d'équivalent et donc met en échec l'argent comme médiateur universel. Le prix nous inscrit toujours dans le relatif (avoir un prix, c'est valoir *plus* que telle chose et *moins* que telle autre : il y a une *échelle* des prix) alors que la dignité ne se négocie pas et ne se divise pas : elle relève de l'absolu. A une dignité tout ce qui constitue notre humanité, c'est-à-dire ce qui fait de nous des personnes douées d'une liberté et d'une responsabilité morale. Le cynisme consiste à confondre les deux niveaux, et plus précisément à rabattre le registre de la dignité sur celui du prix. « Le cynique est un homme qui connaît le prix de tout et la valeur de rien. » (Oscar Wilde) Être cynique, c'est par exemple ne voir dans un tableau que sa valeur marchande, et être aveugle à sa valeur intrinsèque, **à sa beauté**. C'est refuser de voir que cette valeur d'échange n'est que dérivée par rapport à sa valeur propre. La meilleure façon de manifester que la valeur d'échange n'est pas ce qui fait la vraie valeur d'une chose et de lui retirer son caractère de marchandise, c'est le don. La société marchande ne peut au mieux

1. Cf. John Stuart Mill, *L'Utilitarisme*.
2. J.-J. Rousseau, *Du contrat social*, Livre I, chapitre 4.

que *tolérer* le don comme phénomène marginal, puisque la généralisation du don saperait cette société à la base et désamorcerait le moteur de la vie économique : le désir d'accroître sa richesse. Il y a donc une force subversive du don. Alors que l'échange, comme l'a montré Marx, dégrade la chose au rang de marchandise, le don au contraire l'élève au rang de signe (d'amitié, d'amour, de reconnaissance...). Tout ce qui compte vraiment dans une vie d'homme ne peut, par nature, pas s'acheter. C'est ainsi que Nietzsche écrit : « Ce qui se paie n'a guère de valeur ; voilà la croyance que je cracherai au visage des esprits mercantiles[1]. » Et il fait dire à Zarathoustra : « A peu de valeur ce qui a son prix[2]. » On ne peut acheter ni l'amour, ni l'estime de quelqu'un, puisque *le seul fait de tenter de les acquérir nous les ferait perdre à jamais.* Ainsi que l'écrit Jünger, « *Les plus beaux présents des dieux sont gratuits*[3]. »

J. B. de R.

Lectures conseillées

Sénèque, *Lettres à Lucilius*, Lettre 71 : 33.
E. Kant, *Fondements de la métaphysique des mœurs*, Deuxième section.
K. Marx, *Le Capital*, Livre I.

1. *Volonté de puissance*, t. 2, § 720, p. 214.
2. *Ainsi parlait Zarathoustra*, « D'anciennes et de nouvelles tables », 12.
3. E. Jünger, *Sur les falaises de marbre*, « L'imaginaire » Gallimard, p. 59.

Quelle est la valeur du travail ?

Il ne s'agit pas ici d'envisager un descriptif économique, mais d'examiner le travail comme valeur, au centre de la modernité occidentale et de certaines idéologies. Les animaux réalisent des aménagements dans la nature selon leurs intérêts et leurs besoins, mais le travail semble spécifiquement humain. Convient-il pour autant de défendre un pur rapport instrumental et utilitaire de l'homme à la nature, travaillée par celui-ci ? L'homme a-t-il « naturellement » vocation à transformer le monde ou est-ce la conséquence de l'idéologie techniciste et industrialiste issue du XIXe siècle ?

Dans les sociétés antiques, traditionnelles ou « primitives », le travail comme contrainte est jugé inférieur au loisir (*otium* romain, *scholè* des Grecs), temps de la sociabilité, de la culture, de la politique, jugées supérieures aux activités et aux biens économiques, qui ne sont que des moyens pour Aristote. Le loisir antique n'a rien à voir avec les loisirs de la modernité, avec les « congés » qui correspondent seulement au temps laissé libre après le travail, temps vide trop souvent, ou « meublé » rationnellement : ne parle-t-on pas de l'« industrie des loisirs » ? Dans l'Antiquité, l'esclavage, l'absence de révolution industrielle et d'innovation technologique s'expliquait par l'absence de l'idéologie productiviste et techniciste plus tard caractéristique de la modernité. De même le Moyen Âge n'accorde au travail qu'une place relative parmi d'autres activités, artistique, ludique, militaire, religieuse. Les jours fériés sont nombreux et le travail, facteur d'intégration, est encadré par les corporations. Ce qui est travaillé est autant une œuvre d'art qu'un produit marchand[1]. Idéalement, on se réalise par le travail. On travaille beaucoup moins dans les sociétés « autoritaires » traditionnelles que dans n'importe quelle entreprise moderne.

L'accent mis par la modernité sur la maîtrise du monde avec la Renaissance, le rôle du protestantisme, du calvinisme qui enseigne que l'élu de Dieu doit réussir par son labeur, comme signe de son élection, contribuent à valoriser le travail. Par ailleurs, dans l'*Histoire de l'idée de nature*, Robert Lenoble explique le passage d'une lecture vitaliste, finaliste et organique, à la conception cartésienne d'un espace fait de relations mécaniques, compris par l'esprit humain et la science. Nous pourrions « nous rendre comme maîtres et possesseurs de la nature » (*Discours de la méthode*). La connaissance scientifique implique une posture de pouvoir au bénéfice de l'homme[2].

Le calcul économique, l'idée de la valeur-travail élément du prix, celle du travail et du profit désormais accordés à la morale se font jour au XVIIIe siècle. Les théoriciens libéraux anglo-saxons néo-bibliques justifient l'appropriation de la nature par l'homme selon la place que Dieu lui aurait dévolue. Dans la perspective de la révolution industrielle, se constitue une idéologie du progrès et de la technique, posés comme avenir positif et incontournable de l'humanité[3].

---

1. Voir l'exposé : « Qu'est-ce qu'un artiste ? »
2. Voir l'exposé : « Savoir, croire, ignorer. »
3. Voir l'exposé : « la technique est-elle neutre ? »

Marx établit la spécificité du travail humain, anticipé et conceptualisé par l'esprit, médiation indispensable humanisant la nature et l'homme lui-même. Par le travail, l'homme s'affranchit de la nature et le prolétariat acquiert un rôle historique. Préféré à la rente, le travail est la valeur-clé du socialisme productiviste. L'idéologie du travail s'impose avec l'exaltation prométhéenne du pouvoir humain sur la nature, futur *credo* des régimes marxistes aux antipodes de l'écologie, comme pour le saint-simonisme, origine de la perspective technocratique. Marxistes et saint-simoniens sont convaincus de la légitimité du développement des forces industrielles, même si Marx conteste le caractère privé des moyens de production comme facteur d'aliénation. La morale du travail (désormais fin en lui-même) devient dominante au XVIIIe siècle dans toute la bourgeoisie libérale, voltairienne et conservatrice (« Le travail éloigne de nous trois grands maux : l'ennui, le vice et le besoin », Voltaire, *Candide*). On préfère le salut par le travail et l'épargne à l'ostentation, à la dépense aristocratique dans le loisir et à la « paresse » des misérables.

De la révolution industrielle à la fin des Trente glorieuses la modernité est caractérisée par la mobilisation des travailleurs, encadrés alors par le mouvement ouvrier, au service d'une économie à croissance régulière, dominée par l'État keynésien. Au XIXe siècle, l'univers manufacturier est organisé et contrôlé sur le mode militaire (Foucault, *Surveiller et punir*) et aujourd'hui, l'entreprise requiert une adhésion toute consensuelle à ses objectifs. Traditionnellement, le travail confère revenu et statut, corrélé à une culture d'entreprise stable, à valeur d'intégration. La part de temps libre repris sur le travail s'accroît peu à peu.

Mais le travail comme ascèse a été remis en cause par l'évolution même du capitalisme, par les valeurs de plaisir issues des années 60. La crise a discrédité le productivisme, la précarité structurelle s'est installée. La mondialisation et l'expression de nouvelles identités (hors du travail, des classes, de la citoyenneté classique) délégitiment l'État-Nation. Les sciences humaines ont contesté le « Progrès », qui n'est plus tenu pour posé comme évidence mais comme représentation de l'Histoire particulière à l'Occident. L'« homo œconomicus », travailleur pour les marxistes, consommateur pour les libéraux, a été depuis longtemps contesté comme idéal. La réflexion de l'écologie profonde (ou « radicale ») en rupture avec les idéologies dominantes depuis le XIXe siècle, matérialistes et scientistes, insiste sur la dimension humaine et sociale du travail. On développe les travaux « d'utilité sociale ». Le productivisme, qui implique une posture d'affrontement entre l'homme et la nature, est remis en cause. Au nom même des intérêts de l'homme, du respect de la bio-diversité, et aussi de ceux des êtres vivants et sensibles (la sensibilité, autant que la raison, ne fonde-t-elle pas le droit et le respect ?) on peut contester l'anthropocentrisme, le rapport purement technique et instrumental de l'homme à une nature-objet, dont certains posent l'origine dans la Bible (« Emplissez la terre, soumettez-la », *Genèse*, 1, 28). Au nom de quoi l'homme possède-t-il le droit de disposer du vivant, de « travailler » la nature à sa guise de manière totale ? Et le travail ne distrait-il pas l'homme des dimensions de la vie non strictement économiques : la métaphysique, le sacré, l'imaginaire et le symbolique ? Déjà au XIXe siècle, Charles Fourier avait tenté d'accorder le travail, le jeu et les passions.

G. G.

Lectures conseillées

Dominique Méda, *Le Travail, une valeur en voie de disparition ?*
Alain Caillé, *Critique de la raison utilitaire.*
Paul Lafargue, *Le Droit à la paresse* (Mille et Une Nuits).
Bob Black, *Travailler ? Moi, jamais !* (L'esprit frappeur, 1997).
Jean Paul II, *Le Travail humain*, Laboreur exercens, 1981.

« Le droit à la paresse. » Paul Lafargue

Lorsque Paul Lafargue, le gendre et disciple de Karl Marx, publie, en 1880, son pamphlet intitulé, *Le Droit à la paresse*, le mouvement ouvrier européen vient de faire du « droit au travail » l'une de ses revendications primordiales. C'est donc contre cette revendication ouvrière que l'expression a été forgée. La paresse n'y est pas seulement conçue comme un refus de travailler, une sorte de grève larvée. C'est la remise en cause plus fondamentale de l'orientation des sociétés européennes issues de la révolution industrielle, où le travail est devenu la valeur essentielle, au point d'être revendiqué par ceux-là mêmes qui semblent en souffrir le plus. Les Lumières avaient popularisé l'idée d'un progrès lié à la prise en main par l'humanité de son destin, en particulier par le développement des sciences et des techniques, capables de nous affranchir des servitudes naturelles. Un siècle plus tard, la révolution industrielle semblait s'inscrire dans cette perspective puisque la découverte d'énergies nouvelles (le charbon) accréditait l'idée d'un homme en train de modifier la nature pour se la rendre plus favorable et supprimer la misère. Le maître de forge, le marteau-pilon, la locomotive, autant de symboles de cette nouvelle humanité en train de naître. Les premiers soulèvements ouvriers ont brisé cette belle représentation historique en révélant que la révolution industrielle avait engendré une forme nouvelle de la misère humaine. Dans ce contexte, revendiquer la paresse, c'est voir dans le travail la forme moderne d'une aliénation propre aux sociétés contemporaines.

Le travail n'est pas une invention moderne et l'on peut objecter que la situation de l'esclave antique n'est pas enviable. Mais on peut, avec Marx, établir une différence entre l'esclave et le salarié. Propriété de son maître, l'esclave conserve pourtant une réalité positive dans la mesure où c'est son habileté ou sa force, qui fait sa valeur. Dans le monde antique ou médiéval, l'esclave produit pour les besoins de son maître et son travail consiste à donner à ses semblables ce qui est nécessaire à leur vie. Le travail moderne ne produit plus pour les besoins, mais pour le commerce et le produit du travail salarié, devenu marchandise, ne vaut que ce qu'on en retire sur le marché. Ainsi, le travail humain devient une abstraction variable selon les lois du marché qui donnent leur valeur au travailleur, non en vertu de son habileté ou de sa force, mais en fonction de la valeur marchande de sa production, laquelle lui échappe absolument. La véritable misère ouvrière n'est donc plus la dureté de l'effort dans le labeur, mais l'abstraction de sa condition : un homme peut voir sa valeur au travail réduite à néant si ce qu'il produit ne se vend plus. Comme le disait le neveu de Rameau (Diderot), « l'or est tout », c'est-à-dire que l'œuvre produite, devenue marchandise[1], perd toute relation avec le travail qui l'a engendrée. Le travail n'est plus que le moyen de fournir au marché de quoi réaliser des profits financiers, il n'y a aucun rapport entre la valeur du travail accompli et celle de l'œuvre réalisée. La situation du capitaliste n'est pas vraiment différente puisqu'il

1. Voir l'exposé : « Tout s'achète-t-il ? »

doit, lui aussi, être l'instrument, le rouage de cette grande machine à réaliser des profits. Contrairement au père Grandet, thésauriseur poussé par sa passion de s'enrichir, le chef d'entreprise est un homme déshumanisé dont la valeur est fixée par celle des marchandises qu'il commercialise et que les hasards du marché peuvent, comme pour le salarié, réduire à néant. Cette critique du monde industriel découvre donc une évolution historique de la nature du travail qui n'est plus l'art par lequel un homme se fait reconnaître des siens en leur fournissant de quoi vivre, mais le moteur d'un processus au cours duquel les conditions concrètes de l'industrie humaine s'effacent devant l'abstraction de la marchandise. L'homme (patron ou salarié) ne vaut que dans la mesure où il permet à un capital de prospérer, hors de ce capital, il n'est rien. Aussi, la marque la plus spécifique des sociétés modernes, c'est la misère de l'homme privé de salaire : sa force de travail est intacte et pourtant il ne vaut rien, le chômage signifiant que son existence n'a plus de valeur puisqu'elle est séparée de la production des marchandises.

Paradoxalement, la critique marxiste de la société industrielle rencontre celle que Kierkegaard adresse aux philosophes modernes. Celui-ci reproche aux penseurs spéculatifs de se satisfaire de constructions intellectuelles cohérentes (par exemple, la théorie hégélienne de l'histoire) sans tenir compte des angoisses du sujet existant et conclut à la nécessité d'inverser les termes en partant de l'existence concrète pour chercher la véritable voie du salut. Marx a constaté lui aussi l'échec des doctrines du progrès, qu'il dénonce comme des constructions chimériques incapables de nous dire la vérité de notre monde concret. Dans ce contexte, la revendication de la paresse, pied de nez au monde du travail, provocation affichée à son égard, est une tentative pour nous ramener à une interrogation sur la nature réelle du travail. Élevé par les Lumières au rang d'instrument du salut de l'humanité, le travail est devenu la source d'un bonheur plus facilement accessible. Rousseau s'étonnait de constater « comme l'homme est incroyablement paresseux » et y voyait la preuve de ce que le progrès des sciences et des techniques n'épouse pas un développement normal de l'humanité. Renvoyer les hommes à leur paresse, c'était déjà mettre en garde contre les représentations fastes du progrès. L'homme qui travaille, ce n'est pas seulement celui qui transforme la nature, c'est aussi celui qui a l'ambition d'améliorer sa condition et qui construit toujours des représentations intellectuelles pour justifier le labeur qu'il se donne. C'est pourquoi une société du travail est le plus souvent une société de l'idéologie du travail où la nécessité de répondre à ses besoins s'efface progressivement pour laisser la place à une déshumanisation dans l'épuisement intellectuel et moral. Dans ces conditions, l'appel à la paresse n'est pas l'appel à la jouissance, ou à une tranquillité d'âme épicurienne, c'est une formulation polémique visant à contester l'évolution historique dans laquelle s'engage l'humanité moderne fascinée par le progrès technique.

Revendiquer la paresse, c'est toujours ramener l'humanité à la dimension concrète de l'existence, c'est-à-dire à la façon dont notre vie peut nous satisfaire. La paresse souligne la misère que peut engendrer une représentation du travail comme valeur salvatrice. Dès que le travail est séparé de la nécessité de bien vivre, il devient une machine déshumanisante. Invoquer la paresse, c'est

donc refuser de voir dans le travail une dimension historique qui en ferait l'instrument du salut de l'humanité.

P. D.

Lectures conseillées

K. Marx, *Les Manuscrits de 1844* (10/18).
P. Lafargue, *Le Droit à la paresse* (Mille et Une Nuits).
J.-J. Rousseau, *Discours sur les sciences et les arts*.
I.A. Gontcharov, *Oblomov*.

10 • La vérité

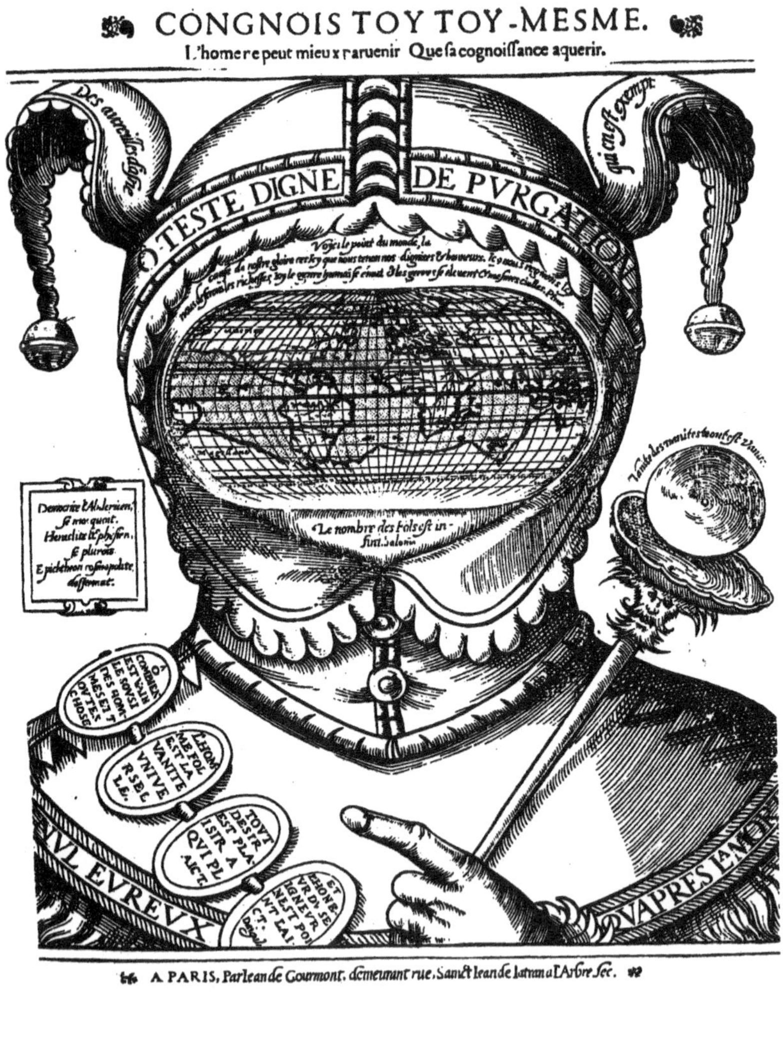
CONGNOIS TOY TOY-MESME.
L'home ne peut mieux paruenir Que sa cognoissance aquerir.
Des aureilles digne
qui n'est exempt
O TESTE DIGNE DE PVRGATION
Le nombre des Fols est infini. Salom.
A PARIS, Par Iean de Gourmont, demeurant rue Sainct Iean de Latran a l'Arbre sec.

Peut-on être sceptique ?

Peut-on être sceptique ? Étrange question, à laquelle l'histoire semble avoir répondu avant même que nous ayons eu le temps de la poser. Chacun sait que Montaigne s'est mis à l'école des sceptiques, que Pyrrhon a fondé une célèbre école sceptique dans l'Antiquité... Pourtant, que valent ces réponses ? En quoi peut bien consister une « école sceptique » ? Que peut bien avoir à enseigner qui fait profession de ne rien savoir, pire : qui dit qu'il n'y a pas de vérité, ou qu'elle est inaccessible aux hommes, ou encore que tout est douteux ? Peut-être, précisément, enseigne-t-il à *s'en tenir toujours au doute*, en toutes choses. Mais *s'en tenir au doute, est-ce possible* ? L'homme peut-il ne pas croire, n'accorder son adhésion à rien ? Le scepticisme est-il une position tenable, ou bien consiste-t-il précisément en l'abstention de toute prise de position ? Mais le sceptique n'a-t-il pas alors qu'à se taire ? Qu'opposer à qui dit que tout est douteux, sinon que son affirmation s'emporte elle-même ? Peut-être n'est-il pas alors nécessaire de lui opposer quoi que ce soit, et suffit-il de le laisser se réfuter lui-même ? La vraie réfutation du scepticisme n'est-elle pas à chercher chez les sceptiques eux-mêmes ?

Une surprise attend qui se tourne pour la première fois, après avoir lu Pascal et Montaigne, vers les *Esquisses pyrrhoniennes* de Sextus Empiricus, notre source principale pour découvrir le scepticisme antique. D'entrée de jeu, Sextus Empiricus présente la *voie sceptique* comme la voie moyenne entre les dogmatiques et les académiciens. Les dogmatiques sont ceux qui prétendent avoir découvert la vérité, et qui par conséquent *enseignent une doctrine* : tels les partisans d'Aristote, d'Épicure ou encore les stoïciens. Les académiciens sont ceux qui disent que la vérité est insaisissable et qui donc se résolvent à se contenter de conventions. *Les sceptiques*, selon la superbe formule de Sextus Empiricus, *sont ceux qui continuent à chercher*[1]. Le sceptique est celui qui, sans faire profession d'avoir trouvé la vérité, se *refuse à prendre son parti de son absence et qui continue de chercher.* Peut-être la beauté et la grandeur du scepticisme consistent-elles précisément à *aimer la vérité en son absence*. Si l'on s'en tient à cette définition du scepticisme, la question devient plutôt : comment ne pas être sceptique ? Le scepticisme apparaît alors, *plus que comme une position philosophiquement défendable, comme la seule attitude qui demeure fidèle à l'inspiration philosophique*. De l'impulsion donnée par Socrate à la philosophie, les sceptiques sont ceux qui se tiennent au plus près de la source, ceux qui s'en tiennent au « *je sais que je ne sais rien* » socratique. Alors que Platon et plus encore Aristote vont voir dans cette « docte ignorance » socratique le simple point de départ d'une science à naître, la philosophie, pour les sceptiques au contraire il s'agit d'une attitude d'esprit à laquelle il convient de se conformer en tout temps. Sombrer dans le dogmatisme, abandonner la recherche, sont alors les deux écueils qui guettent le philosophe.

1. Définition conforme à l'étymologie : scepticisme dérive d'un verbe signifiant *scruter, examiner*, et non pas douter.

Pourtant, on aurait tort d'identifier hâtivement le scepticisme avec la philosophie elle-même : il y a bien une spécificité du scepticisme. Toute la démarche sceptique repose sur l'idée qu'à un argument *on pourra toujours opposer un autre argument de force égale et d'égale portée*. Si le sceptique continue à chercher, c'est seulement pour montrer que les arguments s'équilibrent de part et d'autre, et donc qu'il n'est raisonnable de donner son assentiment ni à l'un, ni à l'autre. Le *résultat* de la recherche est donc en un sens tout *négatif*, il consiste simplement à obtenir la *suspension de l'assentiment*. Mais cette suspension de l'assentiment doit être éclairée et découler d'une quête de vérité, pour qu'elle ne soit pas ébranlée ou troublée par des arguments ultérieurs. Et cette suspension entraîne à son tour la *tranquillité de l'âme*, qui est ce qu'en vérité recherchent les sceptiques, qui est *la vérité pratique du scepticisme*. Alors que les épicuriens fondent leur accès à la tranquillité de l'âme sur un certain nombre de certitudes quant au monde, aux hommes et aux dieux, *pour les sceptiques* au contraire *la tranquillité de l'âme découle du fait qu'il est absolument impossible d'accéder à quelque certitude que ce soit*.

Cependant, qu'est-ce qui peut assurer à l'avance le sceptique qu'à un argument donné, on pourra toujours opposer un autre argument d'égale valeur ? D'où tient-il cette certitude ? Tout l'effort philosophique d'un Descartes a pour objectif de battre en brèche cette certitude *sur laquelle repose toute la démarche sceptique*. Car Descartes *ne doute jamais que pour démontrer qu'il est impossible d'être sceptique*, parce qu'il existe au moins une vérité dont il est impossible de douter. « Je suis, j'existe » est non seulement une phrase vraie : c'est *une phrase qui n'a pas de contraire*. Sans doute puis-je *dire* : « je n'existe pas », mais cette phrase, nul ne peut la *penser*[1]. Aussi les sceptiques font-ils à Descartes l'effet d'un Christophe Colomb qui se serait arrêté au beau milieu de l'Océan pour proclamer qu'il n'existait aucune terre de l'autre côté. Nul ne peut aller véritablement jusqu'au bout du doute sans découvrir ce dont il est impossible de douter, et donc que le scepticisme est une position intenable. Car si les sceptiques reprochent aux dogmatiques de toujours reconstruire « trop tôt » une doctrine en abandonnant la voie de l'examen, Descartes leur reproche à son tour d'asseoir leur doute sur une certitude jamais interrogée. Le doute ne garde son sens que tant qu'il est orienté vers la recherche de la vérité. Mais si l'examen de l'esprit nous permet de nous confronter à l'évidence, comme c'est le cas avec le *cogito* cartésien, le moment n'est-il pas venu où *continuer de douter deviendrait contraire à la vérité ?* Qu'est-ce qu'un doute qui ne se rendrait pas à l'évidence, qui n'admettrait aucune vérité devant laquelle il serait prêt à céder, sinon un entêtement dans une « *pose* » sceptique ? Le doute perd alors toute sa grandeur pour n'être plus que *fuite devant la vérité et refus de la reconnaître lorsqu'elle se présente*. La complaisance dans le doute, coupée du souci de la vérité, devient un simple trait de caractère, une curiosité psychologique. Le scepticisme pourrait bien être *une idolâtrie de la vérité*, le sceptique un amoureux transi de la vérité qui la fétichise pour se dispenser de s'engager dans le travail de pensée d'où elle pourrait surgir. Il ne s'agit plus alors de *douter en toutes choses*, mais au contraire, selon le mot de Pascal, de « savoir douter où il faut, assurer où il faut, se soumettre où il faut ». Ou encore, pour reprendre une

1. Voir l'exposé : « Qu'est-ce que Dieu ne peut pas ? »

belle image de Wittgenstein, de soustraire certaines affirmations au doute, pour en faire « comme les gonds sur lesquels tournent nos questions et nos doutes ».

J. B. de R.

Lectures conseillées

Sextus Empiricus, *Esquisses pyrrhoniennes* (« Points Seuil »).
M. de Montaigne, *Les Essais*.
B. Pascal, *Pensées* (Br.), § 392, 394-395, 432, 434.

Savoir, croire et ignorer.

Ce sujet nous invite à réfléchir sur la vérité et la connaissance. Le rapport de l'esprit au réel, son adéquation au monde, la saisie de la vérité objective ou bien la vraisemblance peuvent fonder et légitimer la connaissance.

Inversement, le manque de sens critique, de jugement, de connaissance peut engendrer l'ignorance et la naïveté. La croyance ou la crédulité ne seraient-elles pas issues d'une défaillance de la raison ? Ne croit-on pas, faute de savoir vraiment[1] ? L'ignorance déterminerait ainsi la naïveté. Le sujet nous invite, au passage, à préciser les relations de la foi et de la raison. Traditionnellement, pour les théologiens médiévaux, foi et raison entrent en dialectique : il faut croire pour comprendre, et comprendre par la raison pour croire. Prenant ses distances face à l'illumination augustinienne par la Grâce, saint Thomas d'Aquin part de la raison pour parvenir à la Révélation. Mais la faiblesse de la raison établie au XVIe siècle implique le scepticisme pour Montaigne et le fidéisme pour Pascal. La « théologie négative » de Pascal prône le dépouillement humain et l'élévation mystique vers Dieu. Dieu devient « sensible au cœur ». Sans fondement rationnel, la foi est un au-delà de la raison. Je ne peux prouver que Dieu existe, mais je ne peux pas plus prouver qu'il n'existe pas. Au-delà du scepticisme définitif ou du fidéisme, ce sont les philosophes du XVIIIe siècle qui s'emploient ensuite à retourner la raison contre la foi, pour accuser la faiblesse de cette dernière. « La Raison finira toujours par avoir raison. » (Diderot). Les rationalistes, puis les scientistes vont constituer une *religion de la raison* à caractère messianique, substitut laïc à la perspective religieuse traditionnelle, à la croyance désormais caricaturée en crédulité. Il est vrai que croyance et crédulité peuvent converger. De même, le scepticisme, le doute, la révolte, le refus d'abdiquer son libre-arbitre peuvent motiver l'incrédule comme l'incroyant. Mais être croyant n'est pas « raisonnable », requiert une conversion, et *être incrédule n'est pas rationnel*, fait l'économie d'une démonstration. Et il y a des croyants incrédules, et aussi des esprits crédules, influençables, conformistes et pourtant athées.

C'est en fait en référence au savoir et à la culture, source de jugement et de liberté, que l'on peut parler d'« ignorance ». On serait alors ignorant et naïf, faute de savoir, pour la tradition rationaliste, depuis l'apologie platonicienne de l'éducation émancipant l'esprit de l'illusion, jusqu'à Condorcet et l'instruction du citoyen. « La liberté est impossible à l'ignorant. » écrit A. Finkielkraut. Mais si l'ignorance détermine la naïveté, on peut en revanche être ignorant sans être naïf et crédule, ou bien être naïf sans être ignorant. Même si elle revendique l'esprit critique, la culture intellectuelle ne prémunit pas contre la naïveté : on peut penser à un certain idéalisme, ou à la naïveté du scientisme, au rôle de la « désinformation » médiatique... La naïveté est une disposition d'esprit non

---

1. « Dira-t-on qu'il n'est pas besoin de *connaître* les attributs de Dieu, mais *uniquement de croire*, simplement et sans démonstration ? C'est là pure frivolité. Car les *choses invisibles*, et qui sont objets de la seule *pensée*, *ne peuvent être vues par d'autres yeux que les démonstrations.* Qui donc n'a pas de démonstration ne voit absolument rien de ces choses. » (Spinoza, *Traité théologico-politique*, chap. 13) Voir l'exposé : « Je crois parce que c'est absurde. »

corrélée à la culture, tandis que l'« ignorance » est un jugement de valeur à partir de la définition humaniste intellectuelle de la culture. L'« ignorant » ne détiendrait pas cette culture[1].

C'est cette même culture qui établit le savoir comme pouvoir. Ces deux concepts peuvent donc être mis en dialectique. Le savoir au sens antique est une connaissance des fins justes. La tradition humaniste venue de Platon, défendue par Érasme et Thomas More, plaide pour un pouvoir politique éclairé par la justice. Puis avec la modernité, le savoir scientifique va se constituer en pouvoir. De Descartes à Marx, il va s'agir de connaître et transformer la nature, puis ensuite de constituer une approche scientifique de l'Histoire, des sociétés et de la politique. La logique du pouvoir social, scientifique comme technocratique est de se poser comme « objectif », hors de tout débat philosophique ou politique. L'existence même des sciences politiques pourrait laisser penser que la politique serait devenue scientifique. C'est ici que la conscience critique et donc le savoir réfléchi, peuvent suspecter ces pouvoirs et les techniques qu'ils déploient et instrumentalisent, en se constituant en systèmes, comme Foucault l'a montré dans son étude des institutions, et d'autres également, dans leurs analyses des totalitarismes. Le savoir peut donc constituer un pouvoir, mais aussi un contre-pouvoir.

De même, paradoxalement dans cette perspective, nous pouvons relire la naïveté, l'ingénuité, l'innocence non comme des manques mais comme des valeurs de référence. Pour leur part, les romantiques valorisèrent la sensibilité comme faculté première, contre la raison et le calcul, jugés artificiels et abstraits. Dans *Émile*, Rousseau dénonça la vanité d'un savoir livresque, théorique, encyclopédique, lui préférant pour l'élève le concret et l'« éveil ». Proches de l'origine, l'enfant comme le primitif deviennent des figures mythiques positives. De son côté, l'esprit religieux avait contesté l'orgueil du savoir, valorisé la naïveté, les simples d'esprit, l'esprit d'accueil et de pauvreté. La « sainte ignorance » des humbles est un thème cher aux spiritualistes de la fin du XIXe siècle (Léon Bloy, Barbey d'Aurevilly au début de *L'Ensorcelée*). Enfin, le candide, l'ingénu sont ceux qui, comme le bouffon ou le voyageur, savent prendre une distance face au monde en dégonflant salutairement les fausses grandeurs. Mais ce n'est pas là un regard tout à fait neuf, mais plutôt calculé selon des fins critiques. L'usage de la naïveté et du relativisme peut alors former un scepticisme critique, au-delà du scepticisme habituellement conservateur, qui reconnaît seulement l'impossibilité de toute vérité nouvelle et supérieure, en se limitant au maintien sans illusions du statu quo.

L'enjeu social et politique de la connaissance apparaît enfin avec le secret, ce qui est volontairement occulté, à distinguer du mystère que l'on va élucider. Le secret joue un rôle important dans la construction de la personnalité comme dans le fonctionnement social, avec la communauté par la connivence et l'initiation. On pense aux sociétés secrètes (*Histoire des Treize* de Balzac, *Le mythe et l'homme* de Caillois). Dans une perspective politique, le sujet ouvre une réflexion sur la communication et l'exercice du pouvoir. Le secret devient alors l'information officieuse et la rumeur, dans tous les contextes : État démocratique « transparent » revendiquant le soutien d'une opinion publique

1. Voir l'exposé : « Le cultivé et le culturel ».

« éclairée », « raison d'État » affirmée depuis le XVIIe siècle, ou bien désinformation, surveillance sociale propres aux systèmes contemporains.

G. G.

Lectures conseillées

M. Foucault, *Surveiller et punir* (Gallimard).
C. Kintzler, *Condorcet, l'instruction publique et la naissance du citoyen.*
J. Pouillon, *Le cru et le su* (Seuil).
Jean Paul II, *Foi et raison*, Fides et ratio, 1998.

« Tout ce qui est vérité est *ma* vérité » Sénèque

Dans ses *Lettres à Lucilius*, Sénèque a pris l'habitude d'inclure dans chaque lettre, comme « cadeau » fait à son disciple, une citation d'un auteur à méditer. Or à de nombreuses reprises, c'est à l'œuvre d'Épicure que Sénèque emprunte une citation, et ce, non pour la réfuter, mais pour proposer à Lucilius de s'en nourrir. Lucilius s'en étonne : comment Sénèque, penseur stoïcien, peut-il nourrir sa réflexion et celle de son disciple de citations empruntées au fondateur de l'école rivale, Épicure lui-même ? À cette manifestation d'étonnement, Sénèque répond : « tout ce qui est vérité est *ma* vérité ». Si quelque chose est vrai, cela l'est non pour telle ou telle école, mais pour tous, universellement. La vérité est universelle ou n'est pas. La vérité n'appartient à personne, on ne peut pas déposer de « droits d'auteur » sur la vérité, et à ce titre peu importe qu'une vérité, si du moins c'en est vraiment une, ait été formulée pour la première fois par Socrate, Épicure, Aristote ou un autre. *Il n'y a que les erreurs qui soient particulières*, qui spécifient et opposent les écoles ou les auteurs entre eux. Ce qu'il y a de vrai dans l'épicurisme n'est pas spécifiquement épicurien mais public, commun, appartient à tous. *La vérité de l'épicurisme n'est pas épicurienne* mais humaine, universelle.

Et c'est précisément parce que la vérité n'appartient à personne qu'elle peut devenir mienne, que je peux, en la repensant, en faire *ma* vérité[1]. Justement parce que personne n'est dépositaire de la vérité, tout homme peut se l'approprier, l'assimiler en la pensant, l'inscrire dans sa réflexion comme réponse aux questions qu'il se pose. À l'étonnement de Lucilius, Sénèque oppose sereinement que le caractère appropriable de la vérité est précisément ce qui fonde la possibilité du dialogue, de la compréhension, ou de l'échange épistolaire. On peut donc indifféremment dire qu'une vérité n'est une vérité que si elle peut être pensée par tous, ou inversement que les hommes ne peuvent se comprendre et s'instruire mutuellement que parce que la vérité est par essence appropriable. S'approprier une vérité n'est donc pas se faire le disciple de tel ou tel, mais comprendre qu'une vérité ne pourra devenir une vérité pour moi que dans la mesure où je la repenserai par mon propre esprit. Sénèque ne cherche pas à faire de Lucilius un stoïcien, l'adepte d'une « secte » philosophique, mais à lui apprendre à découvrir par son propre esprit ce que contient de vérité toute pensée, d'où qu'elle vienne.

Parce que la vérité n'appartient à personne, elle peut appartenir à chacun dans la mesure toutefois où il fait l'effort de la comprendre et de la vivre. Loin de l'attitude sectaire qu'adopte spontanément Lucilius (« que nous importe ce qui ne vient pas de chez nous ? »), Sénèque enseigne qu'il s'agit non de devenir stoïcien ou épicurien, d'adhérer à tel ou tel corps de doctrines, mais d'apprendre à discerner ce que contient de vérité chaque affirmation. L'accent

1. « La quête de l'originalité est un *grossier* égoïsme savant. Quiconque refuse de traiter toute pensée étrangère comme la sienne propre, et la sienne propre comme une pensée étrangère, n'est pas un vrai savant. » (Novalis, *L'Encyclopédie*, Les Éditions de Minuit, p. 57) Voir l'exposé : « La distinction » et, sur la même idée, B. Pascal, *Pensées* (Br.), § 14, p. 325-326.

principal de son enseignement est donc mis non pas sur l'esprit critique, qui apprendrait à discerner dans l'épicurisme *ce qu'il a de spécifique et donc d'erroné* ou du moins de contestable, mais de chercher en quoi Épicure, ou Sénèque, ou un autre, peuvent nous donner à penser. On est toujours chez soi dans la vérité, on n'y est jamais en terre étrangère, si du moins on fournit l'effort nécessaire pour penser ce qui mérite d'être pensé.

Il n'en va donc pas pour la vérité de la même manière qu'en art. Dans le domaine artistique, je ne puis nullement m'attribuer ou m'approprier une œuvre sous prétexte que je la trouve belle. L'œuvre reste liée à son créateur dont elle porte la marque et dont elle trahit le style et le génie. Un courant artistique peut se propager, son influence peut s'étendre dans le temps et dans l'espace. L'universalité de la vérité n'est pas de cette nature, elle ne s'apparente pas à une expansion qui, toujours, reste ancrée dans une origine. Comme l'écrit Levinas, « l'idée qui se propage se détache essentiellement de son point de départ. Elle devient, malgré l'accent unique que lui communique son créateur, du patrimoine commun. Elle est foncièrement anonyme[1]. » Anonymat de la vérité qui n'est vérité que dans la mesure où elle est capable de se maintenir comme vérité tout en se détachant de son origine. Universalité de la vérité dont la propagande et le prosélytisme ne sont que de pâles et dangereuses caricatures. Comme le disait Socrate, la vérité est ce qui ne peut passer de l'un à l'autre selon le modèle de l'influence, mais qui a son origine en chacun de nous. Le disciple qui l'accepte en devient aussitôt le maître tout autant que le maître qui l'expose. Convaincre, c'est se créer des pairs et non pas s'assujettir des disciples. Étrange pouvoir du langage qui, en rendant possible la mise en commun des vérités, constitue une communauté de maîtres.

Toutefois, n'y a-t-il pas une histoire de la vérité ? N'y a-t-il pas des traditions et des courants de pensée tout comme il y a des traditions picturales et des courants musicaux ? Certes Sénèque n'ignore pas ces courants mais il voit dans la vérité ce qui les transcende ou les traverse. Peut-on pousser le parallèle avec l'art, où la beauté pourrait être ce qui excède chaque courant artistique ? Le risque est ici de sombrer dans l'*éclectisme*, c'est-à-dire de puiser ici ou là des idées sans voir qu'elles ne prennent tout leur sens qu'à l'intérieur d'une démarche de pensée qui les a produites ou à l'intérieur d'un système philosophique au sein duquel elles ont une fonction bien précise. Seule une approche *dialectique* permet d'échapper tant au sectarisme qu'à l'éclectisme. Elle consiste, au lieu de considérer les vérités une par une, abstraites de leur contexte, à les appréhender comme un moment d'une démarche de pensée se déployant et à les saisir ainsi comme des vérités vivantes mais aussi partielles et parcellaires, et à surmonter ainsi par son propre effort de pensée ce qu'elles avaient de particulier et d'unilatéral en faisant valoir aussi les droits d'autres vérités qui ne pouvaient apparaître dans la perspective de cette école. Au lieu de saisir les vérités comme des faits isolés que l'on pourrait prélever ici ou là pour ensuite les juxtaposer dans sa pensée, il s'agit pour chaque homme de refaire surgir par son esprit le mouvement de la vérité.

J. B. de R.

1. E. Levinas, *Quelques réflexions sur la philosophie de l'hitlérisme* (Rivages Poche, p. 22-23).

Lectures conseillées

Sénèque, *Lettres à Lucilius*, Lettre 12.
M. de Montaigne, *Les Essais*.
G.F. Hegel, *Précis de l'Encyclopédie des sciences philosophiques*, Introduction, § 13.
E. Weil, *Logique de la philosophie* (Vrin), p. 352.

Avoir raison tout seul

Il s'agit ici de surmonter l'opposition de la singularité et de l'universalité. *A priori*, la contingence et la particularité (« tout seul ») se distinguent de la nécessité et de l'universalité. Toute subjectivité paraît arbitraire au regard d'une objectivité qui s'imposerait de l'extérieur au sujet.

Il est difficile d'avoir raison tout seul. Il faut donc justifier l'opposition que nous avons esquissée et défendre l'universalité de la raison. Des stoïciens aux cartésiens, tous les hommes possèdent le libre exercice de la raison, l'intelligence, avec l'aspiration à la vertu et le sens de la justice. Pour les Anciens, les hommes appartiennent à la *Cosmopolis*[1] et participent au *logos*. C'est le *logos* qui peut fonder la vérité et permet la communication des esprits. Aristote affirme le lien naturel et essentiel de l'homme à la Cité, saint Thomas d'Aquin le caractère naturel et rationnel de la communauté sociale. Quant à la vérité, c'est l'adéquation de l'esprit au monde. Pour Descartes, c'est moi seul qui peut douter et juger, mais le jugement du sujet ne relève pas de l'arbitraire et du sensible, mais plutôt de la soumission aux exigences de la raison. Le sujet est volontairement attentif à la reconnaissance de l'idée vraie, même s'il peut refuser de regarder du bon côté. Spinoza se méfie de la subjectivité de la volonté et du jugement pour fonder la connaissance sur l'objectivité de l'idée.

Surmontant le paradoxe du sujet, il est permis de se demander si la majorité constitue la vérité et d'invoquer la tradition critique de l'intellectuel éclairé de la perspective platonicienne, qui se distingue de ceux qui méconnaissent la vérité de l'intelligible et regardent ailleurs, trompés par leurs sens, leurs habitudes, leurs illusions rassurantes, leur confort intellectuel. Elle s'exprime avec Socrate et en d'autres termes avec Montaigne puis avec l'esprit d'examen du XVIIIe siècle. Cette tradition critique est une tradition qui ne se satisfait pas de la tradition.

Par ailleurs, la problématique peut être éclairée par la relativité et la subjectivité propres à la modernité. Premier des modernes, Pascal avait bien senti la faillibilité de la raison traditionnelle, objective et universelle, les limites de l'humanisme optimiste. Tout devient affaire de perspective ; il y a diverses entrées de la raison et « le cœur a ses raisons que la raison ne connaît point » (*Pensées,* 277). Nous sommes parvenus au relativisme et au scepticisme provisoire de Pascal, témoin de l'imperfection de la condition humaine. La raison s'éparpille dans les raisons particulières. Allons un peu plus loin : avoir raison tout seul, ne serait-ce pas être le seul à avoir raison ? Il en va ainsi de la modernité qui revendique la subjectivité : avant-gardes esthétiques en rupture, figure romantique du génie, du moi incompris ou ambitieux, attitude de défi...

Mais derrière la subjectivité, ne peut-on voir la figure de la raison ? Second renversement dialectique du développement. Je peux lire un ordre de raisons, cohérent et non arbitraire dans telle position singulière et solitaire, voire la

1. Voir l'exposé : « Qu'est-ce qu'être citoyen du monde ? »

raison derrière les passions pour Hegel. Abusivement amalgamé au pangermanisme qui lui est postérieur, Herder, défenseur du *Volksgeist* et des identités culturelles, au XIXe siècle, voit en chaque peuple une concrétisation particulière de l'essence humaine fondamentalement diverse. Particulier et universel entrent en dialectique. C'est par des voies singulières que l'on accède à l'universel et à partir de celui-ci que l'on distingue mieux les particularités. Chaque singularité peut se poser comme universelle et tel universalisme n'est peut-être que particulier. Ce sont donc des concepts relatifs.

Mais comment avoir raison tout seul ? Peut-on revendiquer l'universalité de droit des principes, sans intégrer les contingences historiques extérieures, l'ordre des faits ? Ainsi la politique est-elle réductible à une morale intérieure ? De plus, telle position particulière peut se réclamer de la raison ou des principes idéalistes de la « belle âme » mais ne masque-t-elle pas des raisons ou des intérêts radicalement particuliers ? Loin d'être neutre, la raison n'est-elle pas une arme idéologique ou subversive au XVIIIe siècle ? « La Raison finira toujours par avoir raison » écrivait Diderot. Comment par ailleurs avoir raison sans affronter la confrontation à la réalité, la diversité de l'expérience, à moins de sacrifier à l'utopie ou à l'idéologie abstraite, cohérente mais « déconnectée » du réel comme devenir. Ce qui pose la question de la vérité, de son origine, de son extension. Ou bien j'érige mes principes transcendants, issus de la Nature ou de Dieu, en absolus, ou bien, faute de fonder la vérité, je me résous au relativisme utilitaire et fonctionnel, au consensus pratique. À chacun selon ses raisons, selon le relativisme post-moderne (Lipovetsky, *Le Crépuscule du devoir*). Tous se rangent à un consensus « objectif » d'indifférence et de tolérance, sans horizon des vérités nécessaires, sans débat ni polémique. Les phénomènes se sont substitués aux valeurs (Finkielkraut, *La Défaite de la pensée*). Chacun est seul dans ses raisons.

Ayant renoncé à la Raison objective issue des Lumières, la conclusion peut parvenir à l'idée de la vérité, de la cohérence, de l'intérêt de la subjectivité comme participation à la vérité. On peut utiliser l'exemple de l'historien (l'Histoire comme discours sur l'Histoire), de l'artiste, avec la question de la subjectivité de la création ou du jugement esthétique. Pour autant, la subjectivité ne peut se dispenser d'un travail de réflexion, de confrontation, sans s'abandonner à l'évidence première, à « l'intime conviction ». Mais la vérité ne sera pas au milieu des divers points de vue car la subjectivité reste transcendantale. La vérité reste un risque à courir. À ce terme, rappelons toujours l'exigence de réflexion conceptuelle à partir des mots du sujet : ici, la vérité dans la subjectivité singulière prise comme totalité et limite.

G. G.

Lectures conseillées

R. Descartes, *Discours de la méthode*.
Règles pour la direction de l'esprit.
J.-J. Rousseau, *Les Confessions*, § 1.2.3.
G.F. Hegel, *La Raison dans l'histoire* (10/18).

11 • Le langage

Parler pour ne rien dire.

« Il y a des chances, disait Socrate[1], qu'un bavard soit une créature étrange et déplaisante. » La séparation entre parler et dire semble, en effet, s'accomplir en lui. Les sons articulés, l'expression orale ou écrite selon le code d'une langue ne réalisent plus la fonction de la parole, par laquelle un homme s'adresse à un autre pour lui *signifier* quelque chose. Or, cette parole qui semble sans objet n'est pas forcément sans effet puisque le technicien de la parole peut s'en servir efficacement en négligeant délibérément son sens. Ainsi, le sophiste Gorgias se prévalait de convaincre n'importe quel malade de subir n'importe quel traitement, sans connaître la médecine. Mais « le pouvoir de persuader par ses discours[2] » fait justement scandale par son caractère trompeur. Avec le sophiste, « parler pour ne rien dire », c'est jouer gratuitement avec le langage, utiliser sa force sans en respecter l'usage. Dissocier la parole du sens qu'elle exprime est alors une faute et plus seulement une négligence. C'est une perversion du langage car on utilise sa puissance évocatrice, sa fonction de signifier, à des fins détournées (la domination). Mais cet aspect péjoratif du hiatus entre langage et signification révèle peut-être l'incommensurabilité entre le langage et la pensée qu'il exprime. Si la parole peut ainsi échapper à la signification, c'est sans doute qu'elle ne lui est pas parfaitement homogène, qu'un écart subsiste toujours entre elles et qu'une parole authentique doit assumer le risque de s'enliser dans le verbiage.

Parler, c'est toujours utiliser un code linguistique préexistant au locuteur qui le fait fonctionner. Cette langue est une institution dont le caractère arbitraire n'a cessé d'être mis en relief par les linguistes contemporains. Aussi pouvons-nous nous laisser porter par cette institution qui met à notre disposition des formes d'expressions qu'il nous est loisible de débiter mécaniquement. C'est en ce sens que Descartes avait imaginé qu'à l'instar de certains animaux (la pie, le perroquet), « on peut bien concevoir qu'une machine soit tellement faite qu'elle profère des paroles (...) ; mais non pas qu'elle les arrange diversement pour répondre au sens de ce qui se dira en sa présence, ainsi que les hommes les plus hébétés peuvent le faire[3]. » « Proférer des paroles », c'est faire fonctionner le mécanisme d'une langue, parfois avec virtuosité, comme une machine programmée pour répondre à certaines situations. Le perroquet, l'ordinateur utilisent une langue et manipulent des mots, ils ne s'adressent pas vraiment à nous pour nous dire quelque chose. La différence entre « proférer des paroles » et les « arranger diversement » réside dans *l'intention* manifestée d'utiliser le mécanisme linguistique pour signifier sa pensée. Dès qu'on peut soupçonner une telle intention, on est sorti de la mécanique de la langue. Mais toute la difficulté de la parole réside précisément dans l'effort pour s'arracher au mécanisme de la langue et réussir à ne pas

1. *Théétète*, 195b.
2. *Gorgias*, 452d.
3. *Discours de la méthode*, V^e^ partie.

simplement énoncer des mots. C'est pourquoi, contre Montaigne qui déclarait les bêtes douées d'une meilleure pensée que certains hommes, Descartes voit une différence de nature entre le plus stupide des hommes et un animal. L'homme stupide voit son effort échouer, mais il reste pourtant humain dans la mesure où son échec atteste de sa tentative. Il y a bien, chez lui, une intention de manifester, à travers sa parole, la subjectivité de sa pensée. Mais l'enlisement de cet effort montre que le saut qualitatif passant de la logorrhée mécanique à une parole authentique n'est jamais gagné d'avance et que toute parole s'expose à l'échec de son intention de dire une pensée. D'autant que la tentation est grande de préférer la perfection d'un mécanisme à l'effort toujours approximatif de la signification, comme dans les machines formelles de la logique où, selon Descartes, « la raison se met en vacances[1] » pour se dispenser d'avoir à considérer avec attention les enchaînements qu'elle énonce.

Parler pour ne rien dire n'est pourtant pas toujours l'échec d'une parole à signifier une pensée. Car s'il y a dans l'énonciation une solidification du dire en mots et expressions, ne rien dire, ce peut être aussi tenter d'exprimer ce qui ne se verbalise pas. C'est, si l'on veut, dire le rien, ce qui ne peut être désigné par des mots. Rousseau voyait dans les « accents » de nos paroles, ceux qui signifient la colère ou l'amour, la vraie signification du langage. Quand un enfant pleure, sa mère sait reconnaître à ses cris s'il a mal, s'il a faim ou s'il fait un caprice. Cette interprétation du sens des cris et des larmes se retrouve dans tout langage articulé qui n'a jamais la neutralité d'un simple énoncé. Un regard d'amour est assurément plus éloquent que n'importe quel discours : il ne dit rien, mais ce rien est justement l'expression de ce qui a un sens tellement subtil qu'il ne peut pas se prononcer sans être irrémédiablement édulcoré. Vouloir dire explicitement l'amour, la haine, le désespoir ou la joie intense, c'est inévitablement les trahir, aussi faut-il trouver le moyen de les exprimer sans chercher à dire ce qui, de toute façon, échappe à la verbalisation. En ce sens particulier, ne rien dire, c'est élever la parole au-dessus de l'information où les mots désignent des choses et solidifient ainsi ce qui n'est pas chose. L'usage poétique de la parole est la tentative pour épurer le langage de nos habitudes qui en font la simple transposition des choses en mots. Si, selon la formule de Mallarmé, la fleur exprimée par le poète est « l'absente de tous bouquets », celui-ci ne désigne pas, par ses mots, les végétaux colorés que nous trouvons dans la nature : il cherche, au contraire, à désigner ce qui *n'est pas* dans les bouquets mais leur donne une signification. Même le botaniste le plus expert saura lire dans le bouquet reçu ou offert l'expression d'autre chose que ce qu'il apprend dans sa science. Réussir à trouver les mots pour exprimer cela, c'est très exactement dire le rien. Quand Félix de Vandenesse offre un bouquet à Madame de Mortsauf[2], elle sait qu'il signifie son amour pour elle, mais *rien*, dans le bouquet n'est cet amour, même à la manière d'un code à déchiffrer. Il est ce qu'il ne peut pas dire et qu'elle ne voudrait d'ailleurs pas entendre.

Bergson opposait le caractère fonctionnel du langage, inapte à dire comment l'odeur d'une rose peut nous faire respirer des souvenirs d'enfance[3], à

1. *Règles pour la direction de l'esprit*, X.
2. Balzac, *Le Lys dans la vallée*.
3. *Essai sur les données immédiates de la conscience*, chap. 3.

l'intimité de nos états de conscience qu'aucun langage ne pourra dire. Parler pour ne rien dire, ce n'est pas forcément consacrer l'échec du langage, c'est souligner que nos paroles expriment beaucoup plus que ce que nous disons.

P. D.

Lectures conseillées

R. Descartes, *Discours de la méthode*, V[e] partie.
Lettre au marquis de Newcastle, 23 nov. 1646.
S. Mallarmé, *Vers et prose*, préface.
J.-J. Rousseau, *Essai sur l'origine des langues*.

La conversation

La conversation consiste-t-elle en *un langage à l'état sauvage*, en une discussion « à bâtons rompus », qui n'est finalisée par rien (ni par le souci de trouver la vérité, ni par celui de triompher de son adversaire), ou bien la conversation consiste-t-elle au contraire en un *usage extrêmement codifié du langage*, et aux codes d'autant plus implacables qu'ils doivent toujours rester implicites ? La conversation n'est ni le *dialogue socratique* rigoureusement ordonné à la quête en commun de la vérité, ni le *dialogue sophistique* qui a pour objectif de triompher de ses adversaires pour imposer son point de vue ou son intérêt. *La conversation n'a pas d'autre but qu'elle-même*, elle est avant tout *plaisir* de parler entre amis. *La conversation est l'acte propre de l'amitié*. Aussi a-t-elle comme lieu privilégié l'espace privé : conversation avec les convives, chez soi, au café, ou au pub. La discussion publique, le débat démocratique ne sont pas à proprement parler des conversations. La conversation ne débouche sur rien, sur aucune décision, mais elle se suffit à elle-même dans la mesure où, à travers elle, nous éprouvons la possibilité de nous comprendre entre amis, quelques soient les différences qui peuvent nous opposer par ailleurs. La conversation est *vérification que le dialogue peut se perpétuer envers et contre tout*, et peut constituer par lui-même un plaisir, et probablement le plus grand plaisir que puisse nous procurer l'amitié.

Le fait que la conversation ne soit pas ordonnée à la quête de la vérité mais constitue un usage en quelque sorte *libre* du langage peut la rendre suspecte aux yeux des philosophes. C'est ainsi que G. Hegel s'irrite que la philosophie ait sombré, à son époque, au rang de sujet intéressant pour les discussions de salon. Il lui oppose le sérieux et la rigueur du travail solitaire qui seul rend possible la philosophie comme science véritable. Plus profondément que par son caractère collectif, ce en quoi la conversation contrevient au travail de la pensée, c'est en ce qu'*une conversation ne commence ni ne finit jamais* : elle constitue un entretien par définition infini, où les thèmes, se croisant et s'entrecroisant, peuvent être repris et approfondis d'une fois sur l'autre. Aux antipodes du souci cartésien d'un fondement absolu de la connaissance et d'un ordre rigoureux des raisons, la conversation se déploie au rythme des humeurs et des associations d'idées. On aurait bien tort pourtant de croire que la conversation n'obéit à aucune *règle*. Il y a *un art de la conversation* sur lequel Kant ne dédaigne pas de se pencher dans son *Anthropologie*[1]. La règle d'or d'une conversation réussie est d'abord le nombre des convives, qui, dit-il en citant Chesterfield, ne doit pas être « inférieur au nombre des Grâces ni supérieur au nombre des Muses » : le nombre de convives idéal se situe entre trois et neuf, l'hôte lui-même excepté. En effet, dans la conversation à l'âge classique, l'hôte n'est pas un convive comme les autres : c'est à lui qu'incombe le soin de veiller à ce que *la conversation ne languisse pas* et à ce que *le fil de la conversation* ne soit pas rompu. La conversation est donc un art dont l'hôte serait comme le chef

1. E. Kant, *Anthropologie du point de vue pragmatique*, Vrin, p. 128-131.

d'orchestre. Partition écrite à plusieurs, libre improvisation, elle est malgré tout soumise à des règles comme celle de la bienséance, de la finesse d'esprit, du refus de la facilité que serait le passage du « coq à l'âne ». La deuxième règle de la conversation réussie consiste bien sûr dans le choix des convives : hommes de bon goût et d'esprit, raffinés. Dans la conversation à l'âge classique, la femme est par définition exclue : elle n'intervient que comme référence académique (les Muses, les Grâces), et bien entendu comme sujet de conversation privilégié. La pratique du fumoir, des clubs, consacre la réalité d'une société exclusivement composée d'hommes. Ce n'est qu'au dix-neuvième siècle que vont apparaître les salons constitués au contraire autour de femmes brillantes et d'esprit : George Sand, Mme de Staël, Madame Récamier. L'œuvre de Proust nous dévoile les derniers feux de ces salons mondains constitués autour de femmes d'exception : celui de la Duchesse de Guermantes, et celui de Mme Verdurin, qui en est la caricature bourgeoise et grotesque. Au dix-neuvième siècle, la femme cesse d'être la muse ou l'égérie pour devenir la partenaire de la conversation à l'égal de l'homme.

La conversation, c'est avant tout le plaisir de converser *entre soi*. Kant flétrit les banquets politiques ou les festins solennels comme passant à côté du véritable charme de la conversation. Celui-ci suppose un devoir sacré : « celui de taire ce qui pourrait, ensuite et au dehors, porter tort à l'un des convives[1]. » Le plaisir tient essentiellement à l'opportunité de se laisser aller, avec des proches, à des confidences ou des aveux qui seraient impossibles dans un autre contexte. Par là *la conversation s'apparente au jeu* qui, quelque sérieux qu'on y mette, ne constituera jamais qu'une parenthèse après laquelle la vie normale reprendra son cours[2]. Seul l'hôte ne peut pas se laisser aller, responsable qu'il est du bon déroulement de la conversation. Caractéristique est le souci kantien que *le fil de la conversation* ne soit pas perdu. De même que « le "je pense" doit pouvoir accompagner toutes nos représentations » et est le garant de l'unité d'un sujet, de même une conversation est une sorte de sujet constitué en commun, et *détourner la conversation* semblerait la violation d'une règle implicite, donc impérieuse, de la conversation.

La conversation comporte donc des contraintes, mais celles-ci n'en diminuent pas les plaisirs, bien au contraire, elles en font des plaisirs subtils de fins connaisseurs. Freud faisait remarquer que le *mot d'esprit* dans lequel culmine sans conteste le *plaisir* de la conversation supposait la présence chez les convives des mêmes inhibitions internes que le mot d'esprit consiste précisément à lever à demi[3]. Le mot d'esprit fait rire parce que chacun y sent levées, provisoirement, les inhibitions qui contiennent d'ordinaire ses pulsions. Le mot d'esprit est un raccourci qui suscite un plaisir du fait de l'effort épargné pour exprimer une idée complexe ; du fait que chacun sent bien que les inhibitions qui pèsent sur lui d'ordinaire sont en partie déjouées : chacun peut dire sous la forme d'un mot d'esprit ce qu'il n'oserait jamais exprimer autrement. Le mot d'esprit s'apparente par là au travail du rêve qui déjoue en partie la censure qui s'impose dans la vie courante : *converser* et rivaliser de traits spirituels

1. E. Kant, *Anthropologie*, p. 129.
2. Cf. le sujet : « Qu'y a-t-il de sérieux dans le jeu ? »
3. Freud, *Le mot d'esprit et ses rapports avec l'inconscient*, « Idées » Gallimard, p. 247-248.

audacieux, *c'est un peu comme rêver en commun.* Le mot d'esprit fait plaisir enfin par la complicité qu'il crée entre les membres d'un auditoire qui se comprennent sans qu'il soit besoin d'expliciter ce qui les réjouit. Ce plaisir redouble encore si le mot d'esprit est exprimé en présence de personnes incapables de le saisir. Il instaure une confrérie de l'esprit.

Dans la conversation se rejoignent donc les deux sens du mot esprit : le dandy fait seulement le bel esprit, l'homme de goût peut lancer des traits spirituels qui ne seront saisis que par un public averti, mais l'esprit comme intelligence est aussi ce qui donne son sérieux et son poids, voire sa gravité, à la conversation. Selon le mot cruel de Joseph Joubert, le pédant mobilise la totalité de ses forces intellectuelles pour parvenir à produire un mot d'esprit, alors que pour l'homme de lettres au contraire, le mot d'esprit est comme un délassement de l'esprit après l'effort intense de la production intellectuelle. Toujours est-il que la conversation est un *phénomène social*, dont les conventions sont susceptibles de varier au cours des siècles, impliquant l'intersubjectivité et la rencontre des êtres. Les dialogues littéraires ou philosophiques, de Platon à Locke, Hume, Galilée, Leibniz ou Malebranche, relèvent quant à eux *d'un genre littéraire* qui n'est qu'un *pâle substitut du dialogue véritable*. Platon écrit ses dialogues alors que pour Socrate la vérité ne peut surgir que de la conversation vivante entre les êtres. Encore *cette conversation avec des interlocuteurs n'est-elle que l'image du « dialogue silencieux de l'âme avec elle-même » en quoi consiste la pensée* selon Platon. Quelle que soit la justification des dialogues comme genre littéraire, qu'il s'agisse d'un souci pédagogique comme chez Locke ou Leibniz, d'un souci d'échapper à la censure chez Galilée, d'une mise en scène d'une improbable conversation entre Dieu et le philosophe chez Malebranche, le dialogue écrit, rompant tout lien avec l'intersubjectivité vivante, trouve sa vérité dans le *dialogue avec soi*, que ce soit celui de Rousseau avec Jean-Jacques se trouvant « seul sur la terre[1] », ou celui de Nietzsche « se racontant sa vie à lui-même » faute de trouver un interlocuteur digne de lui et capable de le comprendre. Saint Augustin au contraire, s'adressant à Dieu « qui sait tout d'avance » pour lui raconter sa vie, qu'il connaît mieux que lui-même, trouve dans ce confident intérieur la force d'aller au bout de ses *Confessions*[2]. Le soliloque de l'âme avec elle-même se mue alors en méditation portée par l'écoute de Celui qui sait tout.

Mais la vérité de la conversation se trouvera toujours dans le dialogue verbal entre humains. La conversation est comme la circulation du sens à travers la parole. Non pas que platement les idées *passent* de l'un à l'autre : il n'y a aucun transfert dans la conversation, mais la parole est le moyen de réveiller l'idée en l'autre[3]. La plaisanterie consistant à dire : « Nous avons échangé quelques idées et c'est drôle, depuis, je me sens tout bête », est elle-même bien plate et bête. Car les autres ne peuvent jamais donner naissance en nous, par le moyen de la conversation, qu'à des idées à la mesure de notre propre capacité à

1. *Les Rêveries du promeneur solitaire*, Première promenade.
2. « Mais pour qui fais-je ce récit ? Ce n'est pas pour vous, mon Dieu ; mais en vous contant ces choses, je les conte à mes semblables, aux hommes, mon livre ne tomberait-il qu'en de rares mains. Et pourquoi l'écrire ? C'est afin que quiconque le lise, et moi-même, nous concevions la profondeur de l'abîme d'où il faut crier vers vous. » (*Les Confessions*, Livre II, chap. 3).
3. Voir l'exposé : « Tout ce qui est vérité est *ma* vérité. »

penser. La conversation ne consiste pas à exercer des influences sur autrui, ou pour mieux dire seul celui qui dispose de facultés exceptionnelles est susceptible de se laisser authentiquement influencer par un grand penseur ou un grand artiste. La vérité de la conversation ne réside donc jamais dans la joute ou l'éristique où chacun tenterait d'extorquer à l'autre son assentiment ou son approbation. Schopenhauer, mettant « le langage en état de guerre », selon la belle expression de D. Raymond, en formulant toute une série de stratagèmes plus ou moins ingénieux, détourne sans doute la conversation de son orientation véritable[1].

Le souci d'être enrichi par la conversation peut nous détourner des joutes éristiques et de la polémique[2], en nous incitant à nous tourner vers les plus grands esprits de l'humanité, de tous les temps, pour recevoir d'eux toute la mesure que comporte notre propre faculté de compréhension. Peut-être se tourne-t-on vers les livres par dégoût ou lassitude de ses contemporains ? Selon l'admirable interprétation de la reine Christine de Suède, « l'oracle qui ordonna de consulter les morts voulait sans doute parler des livres[3]. » Toutefois, si les morts peuvent encore nous parler à travers leurs œuvres, ils ne nous parlent que de ce dont ils ont cru bon de nous entretenir : ils ne peuvent ni répondre à nos questions, ni se défendre, comme le dit Socrate, de nos fausses interprétations. *La lecture* des livres, si elle permet de nous entretenir avec les plus grands esprits de l'humanité, *ne sera jamais qu'un succédané de la conversation véritable*, c'est-à-dire vivante. Socrate, au seuil de la mort, défend que l'on pleure et puise la force d'affronter le trépas dans l'idée que tout à l'heure, il pourra interroger Homère en personne sur un passage de son œuvre qu'il ne parvient pas à comprendre. La conversation avec les morts, telle la communion des saints dans le Christianisme, nous propose une figure du bonheur par delà la mort.

J. B. de R.

Lectures conseillées

A. Schopenhauer, *L'art d'avoir toujours raison* (Mille et Une Nuits).
K.-O. Appel, *Éthique de la discussion* (Cerf).
É. de Fontenay, *Diderot ou le matérialisme enchanté*.
J. Hellegouarc'h, *L'Art de la conversation* (« Classiques Garnier »).
M. Blanchot, *L'Entretien infini* ; *L'Amitié* (Gallimard).
T. de Quincey, *Les Derniers Jours d'Emmanuel Kant*.
Conversations de Goethe avec Eckermann (Gallimard).
N. Sarraute, « Conversation et sous-conversation » in *L'Ère du soupçon*, (« Idées » Gallimard) chap. 3.

1. Voir l'exposé : « Toute discussion est le commencement d'une guerre. » La conversation n'est justement pas la discussion.
2. Voir l'exposé : « La polémique est-elle vaine ? »
3. Christine de Suède, *Maximes*, Rivages Poche, p. 38.

Le pouvoir des mots

Avec le *Cours de linguistique générale* de Saussure, la réflexion linguistique définit le langage comme une structure, un système de signes arbitraires, sans valeur nécessaire. Un mot ne vaut que par le réseau de relations qui le situent par rapport à d'autres mots. Déjà dans le *Cratyle*, Platon s'était interrogé sur le caractère conventionnel du lien du mot à ce qu'il signifie. Aujourd'hui selon Chomsky, le langage est une structure étudiable indépendamment de sa fonction de communication. Pour Lacan, l'inconscient paraît dans le discours ; le non-dit, l'implicite, la structure font sens, autant que ce qui est dit.

Peut-on penser sans le langage ?

L'idée d'une pensée pure inexprimée ne relève pas de l'idéologie du discours classique, pour qui le langage permet l'expression claire de l'idée. Dans le chant III de l'*Art poétique*, Boileau prône une économie du langage, une parfaite adéquation de la forme au contenu. Exprimer une pensée c'est la soumettre à l'épreuve des mots. Une expression confuse est le signe d'une pensée confuse. Au XVIIe siècle, le langage littéraire obéit à une exigence d'ordre et de raison dans un siècle de normalisation, de codification qui constitue grammaires et dictionnaires (celui de l'Académie fondée en 1635), arts d'écrire, de penser, de prier. L'esthétique baroque est contestée, on veut « imiter la nature » avec vérité. De même, le rationalisme moderne enseigne que c'est par les mots que nous pensons ; ainsi la pensée devient claire : « l'ineffable, c'est la pensée obscure. Le mot donne à la pensée son existence la plus haute[1]. » Par opposition, selon Bergson, dans *l'Essai sur les données immédiates de la conscience*, les mots ne suffisent jamais à restituer la durée intérieure vécue par la conscience. Nietzsche dénonce l'illusion essentialiste du langage qui substitue une unité, une raison factice au devenir.

Les romantiques de la première génération sont convaincus que le langage, par sa rationalité, épuise, dégrade la sensibilité. Dans *Les Confessions*, Rousseau évoque son bonheur, indicible et inexprimable, aux Charmettes, affirme la faiblesse du discours rationnel dans la troisième lettre à Monsieur de Malesherbes, condamne la sophistique et la rhétorique comme facteur de décadence des sociétés « avancées » : elles y corrompent le sentiment et les vertus populaires et patriotiques, dans la prosopopée de Fabricius (*Discours sur les sciences et les arts*). Un autre texte de Rousseau admire la prière extatique d'une vieille femme : « O ! », préférable à une expression formalisée et ritualisée. Le bonheur perdu s'exprime parfaitement dans l'allusion à la tante Suzon évoquée dans le livre I des *Confessions* : certaines paroles de la chanson aimée de Rousseau dans sa petite enfance ont disparu et c'est ainsi que cet air prend encore plus de charme à mesure que Rousseau vieillit.

Le langage romantique n'est pas nécessairement nostalgie du sens ou de l'unité perdue, il peut être l'expression volontariste d'une rupture radicale avec

---

1. Hegel, *Philosophie de l'esprit.*

les convenances, et d'un souci de livrer une vérité exemplaire par un livre témoignage : on pense au tout début des *Confessions*, où Rousseau se défie de l'imitation et des civilités littéraires. Le texte peut être opposé au début des *Caractères*, où La Bruyère rend hommage aux Anciens : « Tout est dit... » Après 1830, le langage romantique se fait affirmatif, poétique et lyrique (« le lyrisme est le développement d'une exclamation », écrivait Valéry). On passe du mal du siècle à l'expression de l'ambition et de l'énergie. La fortune de certains genres littéraires s'explique dès lors : le roman, genre libre, synthèse des autres genres (Marthe Robert, *Roman des origines et origine du roman*), convoque, parcourt, évoque comme il entend le monde réel, en établit une somme par l'investigation réaliste (Balzac, Avant-Propos de *La Comédie humaine*). Il le métamorphose par la fiction, le dépasse par la mythologie, enfante des personnages. Le roman recourt volontiers au discours lyrique, théâtral et prophétique, comme dans la conclusion des *Mémoires d'outre tombe* de Chateaubriand qui veut surplomber son temps, la harangue d'Enjolras sur la barricade dans les *Misérables,* les tirades de Vautrin et de Lousteau sur la vie dans *Le Père Goriot* et *Illusions perdues*.

Avec le discours politique, le verbe devient action. On pense aux interventions de Hugo, aux engagements des romantiques « missionnaires » en faveur des peuples autour de 1830 et de 1848. L'Histoire prend un sens spirituel, la Révolution devient illusion lyrique, prise de parole : les romantiques « inventent » le Peuple (Hugo, Michelet). On parle en son nom, on lui donne la parole et ce discours acquiert une force mythique. Le langage revêt un caractère religieux, il est moyen d'évocation, d'invocation et d'action (Hugo, *Contemplations*, I, 7, Réponse à un acte d'accusation). Il donne la vie et, réactualisant le mythe d'Orphée, avec la poésie, il éveille le monde, anime la nature organique et vivante (Hugo *Châtiments*, « Stella » et Rimbaud, *Illuminations*, « Aube »). Cette primauté du langage actif et affirmatif est révélé, toujours au XIXe siècle, dans d'autres domaines : pamphlet, genre polémique, chanson politique, de Bérenger à la Commune de Paris, presse d'opinion enfin, dans son développement sans précédent.

Un lien est souvent établi entre parole et pouvoir politique comme le montrent les exemples de la rhétorique, de la sophistique, de la démocratie antique, ou, plus tard, celui des conseillers éclairés qui s'adressent au pouvoir. Parler c'est partager le pouvoir. Dans ses romans, Céline tourne en dérision la rhétorique convenue des notables et les illusions optimistes et idéalistes qu'elle véhicule. Bourdieu a révélé dans *La Reproduction,* la force de l'institution oratoire, « l'office », au sens quasi religieux, du professeur dans le cours magistral. Parler possède un caractère performatif : je décide, je déclare, je félicite, je baptise, je sermonne, je menace... Le langage est performatif au sein d'une institution. Le discours politique rassemble et mobilise, rappelle le passé, évoque mythiquement les amis et les ennemis, le peuple et le complot dans le discours de la Terreur, invoque les défunts, « la terre et les morts », les héros disparus mais présents dans l'âme de chacun, s'emploie à prophétiser, à créer la souveraineté par le serment, la proclamation fondatrice, l'énoncé des immortels principes. Le langage est souvent investi de connotations, les mots sont idéologiquement piégés (tel « fanatisme » discrédité, au XVIIIe siècle). Le discours a lui-même été modelé par les formes des régimes contemporains : discours tonitruant et dictatorial, « langue de bois » conformiste des totalitarismes, exigeant délation et confession pour briser les « ennemis du peuple », enfin communication consensuelle des démocraties post-modernes, intégratrices et normalisatrices par le jeu des modes et des médias[1].

G. G.

Lectures conseillées

Le Langage, ouvrage collectif (Ellipses).
J. L. Austin, *Quand dire, c'est faire* (Seuil).

1. Voir les exposés : « La communication » et « Le déficit démocratique. »

« La nature est écrite en langage mathématique. » Galilée

Chacun connaît la célèbre phrase de Galilée, que l'on pourrait considérer comme *l'acte de naissance de la science moderne* : « La philosophie est écrite dans ce livre immense perpétuellement ouvert devant nos yeux (je veux dire l'Univers), mais on ne peut le comprendre si l'on n'apprend pas d'abord à connaître la langue et les caractères dans lesquels il est écrit. *Il est écrit en langue mathématique* et ses caractères sont des triangles, des cercles et d'autres figures géométriques sans l'intermédiaire desquelles il est humainement impossible d'en comprendre un seul mot. » (Galilée, *L'Essayeur*[1]) La phrase est devenue pour nous une évidence, qui risque d'une part de nous masquer ce qu'elle avait de révolutionnaire voire de provocateur, et d'autre part de nous empêcher de mesurer ce qu'elle a de décisif pour une époque qui est pour une grande part encore la nôtre, et ce, pour le meilleur comme pour le pire.

Comment la nature peut-elle être *écrite* ? La phrase repose sur une *métaphore*, celle qui fait de la nature *un grand livre*[2], ouvert devant nos yeux, et qu'il nous est loisible de déchiffrer. Cette métaphore est devenue au XVIIe siècle un lieu commun. On la rencontre chez F. Bacon (1605), et R. Descartes nous relate sa résolution, dans la première partie du *Discours de la méthode* (1637), « de ne chercher plus d'autre science que celle qu'il pourrait trouver en [lui]-même, ou bien *dans le grand livre du Monde*. » Ce que la formule peut avoir de convenu ne doit pas nous faire oublier sa charge polémique à l'époque. Consulter « le grand livre de la Nature », c'est se détourner des écrits d'Aristote, de ceux de la Scolastique, et même de la Bible[3], le Livre par excellence. Le physicien ou le « savant » en général n'a pas à se faire exégète, et, comme l'écrit Galilée, il n'a pas à partir des écrits d'Aristote ou d'un autre car « son étude porte sur le monde sensible et non sur un univers de papier[4]. » L'argument invoqué par ces auteurs est que le même Dieu qui a inspiré la Bible est aussi le Dieu créateur de l'Univers, et que Dieu ne peut pas se contredire. Argument spécieux pour déjouer la censure, ou conviction sincère ? Difficile d'en décider trois siècles après, et sans doute les réponses ne seraient-elles pas les mêmes pour Bruno, Copernic, Galilée[5], Descartes, Newton ou Kepler. Toujours est-il que le livre de la nature est mis en regard, à égalité, sinon en concurrence, avec les Saintes Écritures. Désormais pour le savant, *seule la nature peut nous renseigner sur la nature.* Or la nature ne peut répondre qu'aux questions que nous lui posons, et ces questions, ce sont les expériences. « Une expérience est une question posée à la nature », écrit encore Galilée.

---

1. *El Sagiattore*, 1623.
2. Sur cette métaphore, voir F. Bacon, *Du progrès et de la promotion des savoirs* (« Tel » Gallimard) p. 54, 84, 293 (note 7), 295 (note 29) ; G. Bachelard, *Le Rationalisme appliqué* (PUF) p. 23-24.
3. *Ta Biblia* en grec signifie « Les livres », sous-entendu : les écritures saintes.
4. Galilée, *Dialogue sur les deux grands systèmes du monde*, 1632. Voir l'exposé : « Je ne formule pas d'hypothèses ».
5. Sur ce point, s'agissant de Galilée, voir l'extrait de l'admirable *Lettre à Diodati* du 15 janvier 1633, rapporté par W. Heisenberg in *La nature dans la physique contemporaine*, « Idées », p. 100-102.

Cependant, tout cela ne suffit pas à définir la science *moderne* dans sa spécificité. Démocrite, et bien plus nettement encore Lucrèce dans son *De natura rerum*, affirmaient déjà que seule la nature peut nous renseigner sur la nature, que pour expliquer un phénomène naturel, il ne faut jamais recourir qu'à un autre phénomène naturel, jamais à une intervention divine, à un miracle, ni renvoyer à une cause surnaturelle. La nature est donc un système clos, rien n'agit du dehors sur elle, tout phénomène y est à la fois cause et effet, et elle seule peut nous fournir tous les éléments nous permettant de la comprendre. Ce qu'ajoute Galilée, c'est que si les hommes de l'Antiquité disposaient bien comme nous du « Livre[1] », ils ignoraient en revanche le code ou la clé qui leur aurait permis de le déchiffrer. Tel un Champollion perplexe devant des hiéroglyphes qu'il n'aurait pas encore appris à décrypter, l'homme de l'Antiquité ou du Moyen Âge serait devant la nature comme devant un texte qu'il serait incapable de déchiffrer parce qu'il en ignore les caractères et l'« alphabet ». Entendons bien : Galilée est en train de nous dire qu'une théorie scientifique exprimée sous sa forme mathématique n'est rien d'autre que la formulation rationnelle, dans leur langue *naturelle*, des phénomènes dont il s'agit de rendre compte. Une théorie scientifique *n'est pas la traduction* en langage mathématique des lois naturelles de l'Univers. *Il n'y a rien à traduire*, il y a au contraire, pour le savant, *à apprendre la langue que parlent les phénomènes* pour pouvoir les déchiffrer et les « épeler », et cette langue, c'est la langue mathématique.

La première objection qui vient à l'esprit quand on accueille dans sa radicalité la phrase de Galilée, est que les anciens Grecs ont développé simultanément, et comme en parallèle, la science mathématique et les sciences de la nature. Toutefois, il faut bien accorder à Galilée que la science antique reste pour l'essentiel *une physique des qualités*, jouant avec des concepts et des couples de contraires, et ne recourant que de façon exceptionnelle aux mathématiques pourtant fort développées (Ex. : le principe d'Archimède). Seule l'École pythagoricienne semble faire exception à cette règle. Mais le rapprochement des théories pythagoriciennes avec la formule galiléenne est en grande partie illusoire : loin de voir dans le nombre et la figure un instrument permettant au savant de poser rigoureusement ses questions à la nature en parlant le même « langage » qu'elle, Pythagore postule une harmonie universelle dont les rapports entre les nombres et les figures ne sont que des manifestations permettant d'établir toutes sortes d'analogies entre musique, astronomie et organisation politique par exemple. Tout au plus peut-on raisonnablement supposer une filiation de Pythagore à Galilée en passant par Platon, le néoplatonisme et Léonard de Vinci en particulier. Mais chez Léonard de Vinci lui-même, les recherches sur les nombres et les proportions sont encore des efforts laborieux pour montrer que les formes naturelles (anatomiques en particulier) se rapprochent imparfaitement des formes géométriques qui les sous-tendent et qui constituent l'idéal de la beauté.

Tout autre est, indiscutablement, l'usage que Galilée fait des mathématiques. *En formulant l'équation correspondant à la loi de la chute des corps graves, Galilée exprime tout ce qu'il y a et tout ce qu'il y aura jamais à savoir sur la chute des*

1. Galilée n'accorde donc pas une importance fondamentale à la découverte d'instruments d'observation nouveaux comme la lunette astronomique (1609) ou le microscope (1612).

corps. La véritable théorie scientifique est désormais constituée par l'ensemble des équations mathématiques qui la composent. La formulation de la théorie en langue vulgaire n'est jamais que *la traduction pour le profane*, ou en termes de vision du monde, *de la théorie véritable*[1]. Les mathématiques ont supplanté le latin dans le rôle de langue savante qui avait été le sien durant tout le Moyen Âge, et l'ont ravalé au rang d'une langue vulgaire comme une autre. *La seule véritable langue universelle, ce sont les mathématiques parce qu'elles sont la langue que parle l'Univers lui-même*. Dès lors, les jeux sont faits : la science moderne sera mathématique ou ne sera pas. La formule de Galilée, avec Descartes[2] et bien d'autres[3], nous fait basculer *d'une physique des qualités à une physique des quantités*. Elle opère ce que Husserl a appelé une « brutale idéalisation de la nature tout entière ». Cette idéalisation ne va cesser de conquérir des domaines nouveaux, y compris ceux qui y sont les plus impropres : travailler de façon scientifique, c'est pour l'homme moderne, aborder son objet (l'histoire, la sociologie, la psychologie...) à l'aide d'outils mathématiques, sans que soit véritablement posée la question de la confiance en partie illusoire que peut procurer ce recours à l'outil mathématique. Une telle confiance aveugle dans le recours aux mathématiques comme gage de « scientificité » invite à poser la question naïve : « *qui* a écrit la nature en langage mathématique ? » Une telle question peut prêter à sourire, mais elle fit l'objet d'un véritable enjeu dans le débat scientifique du XVIIIe siècle. Physiciens et géomètres s'étant penchés sur la structure géométrique des alvéoles bâties par les abeilles, découvrirent à leur plus grand étonnement que l'angle formé par les alvéoles correspondait précisément à l'agencement dont la symétrie permettait au mieux de remplir l'espace disponible. Or le calcul exact de l'angle optimal supposait le recours au calcul infinitésimal. R. A. Réaumur, dans *Des gâteaux de cire*, s'émerveille que les abeilles, dans un souci louable d'épargne de la cire, soient parvenues à calculer de façon aussi précise un angle supposant le recours au calcul infinitésimal qui venait à peine d'être découvert par les hommes, par Newton et Leibniz en l'occurrence, au XVIIe siècle ! Ce à quoi B. Fontenelle répond qu'il est prêt à admettre que les abeilles maîtrisent « la géométrie commune » (celle de l'Antiquité grecque), mais qu'il ne peut parvenir à croire que les abeilles soient capables de « recourir aux toutes nouvelles méthodes fondées sur la théorie de l'Infini » ! C'est pourquoi, conclut-il, il faut remonter des abeilles « jusqu'à une Intelligence infinie qui les fait agir aveuglément sous ses ordres[4]. » Comme le conclut plaisamment F. Jacob rapportant la querelle, « pour le mathématicien, trouver chez un animal quelques connaissances de géométrie élémentaire, passe encore. Mais le calcul infinitésimal, non[5] ! » On voit dans la réponse de Fontenelle à Réaumur comment *le présupposé idéaliste dissimulé dans la*

1. De plus, *l'écart entre la théorie formulée mathématiquement et sa « traduction » en langage usuel ne cesse de se creuser* à mesure que la science se développe. Cf. B. d'Espagnat, *À la recherche du réel*, Presses Pocket, chap. X.
2. « Toute la nature n'est rien d'autre qu'étendue et mouvement [...] Ma physique n'est rien d'autre qu'une géométrie. » (R. Descartes).
3. « Le monde est issu des calculs divins. » (Leibniz) Faire œuvre de savant et comprendre le monde, ce n'est donc rien d'autre que de refaire les calculs divins. Cf. « Leibniz retraduit en langage mathématique », in M. Serres, *Hermès III : La Traduction* (Les Éditions de Minuit).
4. Fontenelle, *Histoire de l'Académie royale*, 1739.
5. F. Jacob, *La Logique du vivant*, « Tel » Gallimard, p. 46-47.

mathématisation de la nature refait surface[1]. Ne vaut-il pas mieux laisser le merveilleux – et le mathématique – à leur juste place, et montrer, comme le fera Buffon, que la forme régulière des hexagones résulte tout simplement de l'action mécanique des pressions égales auxquelles est soumise la cire de toutes parts ? Il n'y a donc de calcul ni dans l'esprit des abeilles, ni dans l'Intelligence infinie qui les dirige, mais *seulement dans l'esprit du physicien* qui mesure les angles et cherche à comprendre. *Peut-être ne trouvons-nous du mathématique dans la nature que dans l'exacte mesure où nous l'y plaçons nous-mêmes.*

Cette mathématisation, donc cette *idéalisation* sans retenue du réel, peut prendre des formes ludiques ou délirantes, comme on voudra, chez un Charles Fourier par exemple, qui se fait le prophète « d'un Dieu mathématicien, mécanicien, équilibriste et ennemi des intempérances[2]. » Et Fourier de se lancer dans de savants – et apparemment, pour lui, sérieux – calculs, basés sur le fait que les passions sont au nombre de 810 pour chaque sexe, et que l'harmonie sociale repose sur une combinatoire de la totalité de ces passions. Chercher à contrarier ou à réprimer quelqu'une de ces passions sous des prétextes moraux, *c'est fausser les calculs divins*, enrayer l'harmonie voulue par la divine Providence, et donner naissance à la « civilisation », c'est-à-dire à la frustration et au malheur.

La mathématisation du réel semble consacrer le triomphe de la science moderne et sa supériorité sur la science antique et médiévale. Le scientifique contemporain oublie un peu facilement que cette mathématisation repose sur une idéalisation radicale de la nature[3]. Berkeley écrivant que « le monde est une grammaire que Dieu nous parle » ; Newton écrivant que « l'espace et le temps sont comme les *sensoria Dei*, les sens de la divinité[4] », ne font qu'exprimer plus nettement que Galilée cette idéalisation à l'origine de la science moderne. Mais si l'on voit bien ce que la *physique*, essentiellement, a gagné à se « mathématiser », quelles ont été les conséquences du point de vue des mathématiques elles-mêmes ? La mathématisation de la science à l'époque moderne semble faire la part belle aux mathématiques, puisqu'elle en fait *l'instrument privilégié, sinon exclusif, de notre approche scientifique du monde*. Mais *réduire les mathématiques à n'être qu'un langage, c'est dire qu'elles n'ont pas d'objet propre*, si le propre d'un langage est de n'être solidaire d'aucun contenu déterminé. La mathématisation des sciences naturelles s'est soldée aux yeux des mathématiciens, bon gré, mal gré, par la réduction de leur discipline à n'être qu'une science *formelle* et sans objet, *ou pour mieux dire pas même une science* autonome

1. Roger Cotes (1682-1716), disciple de Newton et auteur de la deuxième édition des *Principia mathematica*, ne s'y trompe pas, accusant nommément Galilée de réintroduire, sous couvert d'une « géométrisation de la nature », les qualités occultes que tout physicien se doit d'écarter. Après avoir appelé de ses vœux un philosophe « plus fin et plus adroit », qui expliquerait « les phénomènes de la nature d'une manière plus claire, et *enfin par des causes plus mécaniques* : la matière et le mouvement. *Qui ne rira au contraire de ce pauvre Galilée qui emploie le grand appareil de géométrie pour ramener de nouveau des qualités occultes que la philosophie a, si heureusement, rejetées. Mais j'ai honte de m'attarder à de telles vétilles.* » (cité in A. Koyré, *Du monde clos à l'univers infini*, « Idées » Gallimard, p. 277) Sur ces accusations croisées de recourir à des « qualités occultes », voir la note 1 p. 194 dans l'exposé sur : « Je ne formule pas d'hypothèses. »
2. C. Fourier, *Vers la liberté en amour*, « Idées », p. 51. Cf. R. Barthes, *Sade, Fourier, Loyola* (« Points » Seuil).
3. À de notables exceptions près, il est vrai, tels W. Heisenberg ou A. Einstein écrivant que « Ce qui demeure à jamais incompréhensible dans l'univers, c'est que l'univers soit compréhensible. » Le scientifique qui est capable de cultiver cet étonnement ou cet émerveillement, se situe au point à la fois précis et inconfortable où savoir scientifique et interrogation philosophique se rencontrent.
4. Voir le commentaire, très éclairant, d'A. Koyré in *Du monde clos à l'univers infini*, chap. IX-X.

à part entière, faute d'un objet propre à explorer, mais simplement la servante des autres sciences, leur fournissant les outils mathématiques qu'elles réclament. C'est contre cette *instrumentation des mathématiques* par les autres sciences que se sont élevés les mathématiciens regroupés sous le pseudonyme collectif de « Nicolas Bourbaki ». « N. Bourbaki[1] » commence par réaffirmer le primat des *mathématiques pures* sur les *mathématiques appliquées*. À vrai dire, si l'on prend la phrase de Galilée au pied de la lettre, on ne peut même plus parler de mathématiques pures, ni non plus, par conséquent, de mathématiques appliquées. Si les mathématiques constituent la structure même du réel, alors prétendre en construire la théorie de façon *a priori* en se détournant du réel, c'est-à-dire de l'expérience, devient une entreprise insensée. *Comment l'esprit humain, livré à lui-même, pourrait-il à partir d'axiomes librement choisis, développer une théorie qui se trouverait comme par miracle coïncider avec la structure du réel[2] ?* Or c'est pourtant bien ainsi que les mathématiciens travaillent : les mathématiciens du XIXe siècle comme Riemann ou Lobatchevski qui ont développé les premières géométries non-euclidiennes l'ont fait non pas pour contribuer à résoudre des problèmes qui se seraient posés en physique, mais simplement en tentant de remplacer le Ve postulat d'Euclide par d'autres postulats, et en découvrant à leur propre stupéfaction que cela les conduisait non pas à développer une théorie mathématique contradictoire, mais au contraire une autre géométrie, concurrente de celle d'Euclide, mais tout aussi cohérente que celle-ci. Et ce n'est qu'après coup que les physiciens ont découvert l'usage qu'ils pouvaient faire, dans le cadre de la théorie de la relativité en particulier, de ces géométries non-euclidiennes. Il n'est donc nullement besoin d'imaginer une harmonie préétablie ou une conjonction miraculeuse entre les productions de l'esprit humain (les théories mathématiques) et la structure du réel. Les mathématiciens ne font que développer librement toutes les structures théoriques possibles : le primat des mathématiques pures est donc bien respecté. Libre ensuite aux physiciens, ou aux biologistes, de venir puiser librement dans ce « stock » de théories possibles celles qui leur permettent de poser et de résoudre les problèmes auxquels ils sont confrontés.

Par rapport à l'exaltation de Galilée proclamant que « la nature est écrite en langage mathématique », force nous est d'en rabattre. Pour la science contemporaine, les mathématiques constituent « simplement », mais c'est déjà capital, « le langage à l'aide duquel une question peut être posée et résolue[3]. » Les mathématiques ne sont pas le langage de la *nature*, mais celui de la *physique*. Les mathématiques ne sont pas la structure du réel mais le langage qui nous permet de dialoguer avec lui. Elles sont le canal privilégié de notre rapport à la

1. *Éléments d'histoire des mathématiques*, Masson.
2. « La géométrie traite d'objets qui sont désignés par les mots : droite, point, etc. Une connaissance quelconque de ces objets n'est pas supposée ; la seule supposée est la validité de ces axiomes, qui doivent être également conçus comme purement formels, c'est-à-dire dépourvus de tout contenu intuitif. *Ces axiomes sont des créations libres de l'esprit humain*. Toutes les autres propositions géométriques sont des déductions logiques des axiomes. Ce sont *les axiomes qui définissent* en premier lieu *les objets dont traite la géométrie*. [...] Cette conception des axiomes, qui est celle de l'axiomatique moderne, débarrasse la mathématique de tous les éléments qui ne lui appartiennent pas, et dissipe ainsi l'obscurité mystique qui enveloppait auparavant les fondements de la mathématique. Une telle exposition épurée rend de même évident que *la mathématique comme telle est incapable d'énoncer quoi que ce soit ni sur la réalité*. Par les mots "point, droite", etc., il ne faut entendre dans la géométrie axiomatique que des concepts schématiques vides de contenu. Ce qui leur confère du contenu n'appartient pas à la mathématique. » (A. Einstein, *La géométrie et l'expérience*, 1921).
3. W. Heisenberg, *La nature dans la physique contemporaine*, « Idées » Gallimard, p. 67.

nature. Les mathématiques en elles-mêmes ne nous apportent aucun renseignement, aucune information sur la réalité. En cela elles ont leur objet propre : les figures et les nombres. Les mathématiques ne peuvent se substituer à l'expérience pour nous renseigner sur la réalité. En revanche, le physicien ou le biologiste aura recours à l'outil mathématique pour « dialoguer » avec la nature, pour lui poser des questions et interpréter ses réponses. Dès lors, le statut des théories scientifiques a changé : elles ne sont plus la formulation directe des lois de la nature, mais des constructions ou des modèles pour rendre compte des phénomènes. « *Les formules mathématiques ne représentent plus la nature mais la connaissance que nous en possédons*[1]. »

J. B. de R.

Lectures conseillées

G. Galilée, *Dialogues et lettres choisies* (Hermann).
E. Husserl, *La crise des sciences européennes* (Gallimard), § 9 et Appendice I.
M. Heidegger, *Qu'est-ce qu'une chose ?* (Gallimard), p. 76-108.
W. Heisenberg, *Physique et philosophie* (Albin Michel), chap. X.
La nature dans la physique contemporaine (« Idées » Gallimard), p. 64-67.
Philosophie : Le manuscrit de 1942 (Seuil).
J.-M. Lévy-Leblond, *Penser les mathématiques* (Seuil).
L. Brisson et F. Walter-Meyerstein, *Inventer l'Univers* (Les belles lettres).
I. Stengers, « Les affaires Galilée », in *Éléments d'histoire des sciences* (Bordas).

1. W. Heisenberg, *La nature dans la physique contemporaine*, p. 30.

12 • Cultures et civilisation

Voyez la page 14. —

Les Mexicaines dont le Cacique de Tabasco fit présent à Cortez. —

Autre pays, autre nature ?

Pouvons-nous parler de la nature comme référence juridique et politique ? Cette réflexion a été menée en troisième partie et sera reprise dans « le corps, métaphore politique ? ».

Au risque de renvoyer le social au naturel, peut-on parler de « nature d'un pays » ? La nature renvoie à l'origine, à l'autonomie, à l'ordre ou au désordre et ici, à un caractère constitué. Le mot pays est vague, désignant les régions mais plus précisément les États comme structures juridiques et administratives, les nations comme sociétés (au sens médiéval de nation) et enfin les peuples qui y vivent. Ces concepts ne sont pas équivalents, un État ou un Empire peuvent regrouper plusieurs peuples, et un peuple peut vivre sans État constitué.

Est-il pertinent de parler de nature propre d'un pays ? On fait alors référence à la nation, en naturalisant le politique, en insistant sur les déterminations géographiques, comme les frontières naturelles « objectives » définissant légitimement le territoire, et aussi sur la psychologie des peuples, liée à des déterminations matérielles et à une typologie des régimes (despotisme oriental, monarchie modérée occidentale selon Montesquieu). De Gaulle évoquait les Russes et non le marxisme soviétique et une certaine opinion s'accommode du fait que certains peuples vivent sous le despotisme, l'ayant toujours connu. Ce qui peut faire l'unité d'un peuple, c'est la nation comme héritage, origine, patrimoine historique issu de déterminations ethniques et culturelles constituant une identité définie (lieux mythiques, enracinement, mémoire des générations, « âme » d'un peuple, souci de « vivre et travailler au pays »). Déjà les romantiques allemands, au XIXe siècle, étaient attachés au *Volksgeist*, au passé, aux cultures populaires, contre l'universalisme et le rationalisme issus des Lumières.

Pour Barrès, le nationalisme est « l'acceptation de déterminismes ». On peut au contraire minorer ces derniers, car c'est le devenir politique qui fait la « nature » d'un pays. Les hommes dans l'Histoire, par la culture et la politique, l'emportent sur la nature. Tracer des frontières est une démarche politique. Selon la lecture idéaliste, universaliste et républicaine de la nation, pour Michelet ou Renan, celle-ci est issue d'une volonté, d'un projet, d'un contrat au-delà des déterminismes. Déjà Rousseau envisageait la création d'un nouveau corps politique. Dans l'introduction à l'*Histoire universelle*, Michelet affirmait que de siècle en siècle, l'influence de la race et du climat avait décliné ; il défendait le rôle universel de la France et sa capacité d'assimilation. Sans nature prédéterminée, la France serait une construction progressive, rassemblerait sans référence aux communautés d'origine. La colonisation comme assimilation et « civilisation », les manuels scolaires laïques ont été inspirés par cette philosophie de la nation. Si l'on envisage alors l'unité d'un peuple, la nation devient volonté collective et le peuple acteur mythique dont l'idéalisme républicain proclamait l'unité (Michelet, *Le Peuple*, 1846), sans référence aux différences sociales et culturelles réelles de la France du XIXe siècle.

Dépassant la réflexion sur la nature, le sujet peut maintenant s'ouvrir sur la problématique de la différence. Parler de « nature d'un pays » est discutable car cela implique des clichés réducteurs, conformistes et rassurants. L'« autre » est réifié. Sartre et Barthes[1] ont par exemple contesté les images convenues entretenues sur certains pays par les guides touristiques des années 50. Déjà dans les *Lettres persanes* de Montesquieu, les Parisiens réagissaient ainsi : « Il a l'air bien persan ! » Mais l'altérité comme différence peut impliquer aussi l'interrogation (« Comment peut-on être persan ? »), le relativisme sceptique, critique (le « bon sauvage », l'autre, nous interpellent) ou conservateur, dans le respect des cultures. Si les défenseurs de l'universalisme issu des Lumières pensent les identités comme enfermement (Finkielkraut dans *La défaite de la pensée*), ses détracteurs pensent au contraire que l'universalisme nie la diversité des cultures et mène au cosmopolitisme sans racines. Le racisme est alors du côté de la négation des identités et des différences. Chaque culture doit donc défendre sa différence y compris face à la perspective occidentale des droits de l'homme. L'échange avec l'autre, n'est possible que par la différence ; la division de l'humanité en cultures est donc une chance. Même si l'on peut dialectiser universel et particulier, un débat semble opposer aujourd'hui l'universalisme occidental aux défenseurs de l'identité des peuples et des cultures, thème étranger au jacobinisme assimiliationniste et expansionniste français mais popularisé par les sciences humaines, proches du tiers-mondisme dans les années 50-60, alors que la colonisation avait reçu l'adhésion de la génération précédente. L'État-Nation représentait un universalisme subjectif relatif, mais à prétention universelle.

Après avoir envisagé les liens d'un pays avec des cultures différentes, nous pouvons porter la réflexion sur ce qui le relie à ses éléments internes, peuples et régions. En effet, les démocraties universalistes ont voulu s'imposer à l'extérieur comme à l'intérieur (aux Indiens, aux Vendéens...). L'État-Nation républicain se distingue du modèle pluriculturel anglo-saxon, pour qui l'appartenance à une culture structure l'individu : la diversité culturelle est une richesse reconnue dans la sphère publique. Aux États-Unis, le multiculturalisme et la critique de l'assimilation l'ont emporté sur le modèle universaliste, sur l'idéal du « melting-pot » dominant entre les années 1920 et 1960. Se référant à des valeurs néo-républicaines, la classe intellectuelle en France conteste le multiculturalisme, invoquant l'école contre le communautarisme et le « ghetto ».

Mais le modèle français d'assimilation dominant au XIXe siècle, soutenu par les promesses de la modernité et des idéologies, est en crise, face à la nouvelle immigration de peuplement, à la scission entre l'oligarchie et la classe moyenne précarisée. Face à la mondialisation, à la fin des modèles, l'État-Nation classique, posé comme absolu, semble avoir fait son temps pour certains. Le marché, les médias l'emportent maintenant sur une citoyenneté invoquée à tout propos mais très floue et très abstraite. L'épuisement de l'État-Nation ne provient-il pas de son refus d'exprimer le bien commun autrement que par la négation des cultures, des appartenances régionales et particulières ? Faut-il rappeler que l'enracinement dans une culture, dans une société organique, dans une communauté est la meilleure arme contre l'incivilité et qu'accepter les

1. Dans *Mythologies* (« Points » Seuil).

différences sans les refouler ne contraint nullement à les adopter ? Et la référence aux identités culturelles n'est pas incompatible avec l'ouverture à l'universel.

G. G.

Lectures conseillées

C. Lévi-Strauss, *Race et Histoire* (Médiations).
Tristes Tropiques (Plon).
M. Wieviorka, *Une société fragmentée ? Le multiculturalisme en débat* (La Découverte).
R. Breton, *Peuples et États* (Flammarion).
Y. Terrades, *Les Modes de l'évolution dans l'*Histoire des deux Indes *(1770) de Guillaume-Thomas Raynal* (Université d'Orléans, déc. 1997).

Qu'est-ce qu'être citoyen du monde ?

La rhétorique de l'extrême droite qui a fait de « cosmopolite » le masque pitoyable d'une insulte raciste n'était sans doute pas consciente d'affubler les individus qu'elle entendait rejeter hors de la communauté nationale d'un des plus beaux titres qui soient : celui de *citoyen du monde*. Car le terme *cosmopolite* (du grec *cosmos*, monde et *polis*, Cité) a acquis ses lettres de noblesse et était fièrement revendiqué bien avant que n'existent aucune des nations au nom desquelles on le détourne ainsi de son sens : les anciens stoïciens ne se voulaient pas autre chose que *citoyens du monde*, alors que les cyniques faisaient profession de ne vivre en société qu'avec eux-mêmes[1], et les épicuriens avec le cercle étroit de leurs amis. Car pour le sage stoïcien, la sagesse ne peut consister qu'à comprendre et accepter la place qui est la nôtre dans le grand Tout ordonné qu'est le cosmos. Alors que les passions consistent toujours à mettre une partie du monde en discordance avec une autre[2] (ainsi les passions nationalistes dressent-elles par exemple les hommes les uns contre les autres), la sagesse consiste au contraire à *comprendre que je n'accepte rien si je n'accepte pas tout*, le monde formant un tout dont je ne suis qu'une infime partie. Mais ce Tout, je puis le comprendre par ma raison et l'approuver par ma conduite. Le sage qui surmonte ses passions se réconcilie donc avec le monde, avec la réalité tout entière, tandis que ses passions consistaient en une crispation sur une chose érigée en absolu. Faisant allusion à une tragédie qui nous est inconnue, Marc Aurèle nous rapporte les paroles d'un Athénien retrouvant sa Cité après un long voyage : « Tel a dit : "Chère Cité d'Athènes !" Ne diras-tu pas, toi, "chère Cité de Zeus ?"[3] » Si la passion était une rupture de l'harmonie qui aurait dû exister entre mon être et le monde, surmonter ses passions, c'est se sentir comme un homme longtemps exilé qui rentre enfin au pays, qui est enfin, à nouveau, *chez lui* dans l'Univers, la « Cité de Zeus ».

Me revendiquer « citoyen du monde », c'est donc proclamer que le monde seul est ma patrie, que *je ne suis chez moi nulle pas ailleurs que partout dans le monde*. Où que me portent mes pas, je ne me trouverai jamais en dehors du monde, ni en dehors de l'humanité : je ne suis nulle part en terre étrangère. Le monde seul est ma patrie, cela veut donc indirectement dire : et non pas telle ou telle nation particulière, telle appartenance nationale. Se revendiquer citoyen du monde, c'est refuser de se laisser enfermer dans quelque frontière que ce soit : géographique, politique, linguistique, ethnique, religieuse, etc. Comme

1. Le cynique se qualifie fréquemment d'*a-polis* (sans cité), d'*a-oikia* (sans maison), et parfois de *cosmopolitès* (citoyen du monde). Mais il semble qu'il faille ici prendre ce dernier terme uniquement dans son acception négative : n'étant d'aucune cité, *le cynique n'est en exil nulle part* ; n'ayant pas de maison, il est « *chez lui* » partout, et Diogène se comporte sur la place publique d'Athènes comme s'il était chez lui, dans un espace privé. Cratès écrit : « Ma patrie n'est pas faite d'une seule muraille ni d'un seul toit ; mais c'est la terre entière qui constitue la cité et la maison mises à notre disposition pour que nous y séjournions. » Le cynique n'acceptant pas les entraves à la liberté individuelle que représentent l'appartenance à une cité ou à une famille, à plus forte raison refuserait-il de voir dans le monde lui-même un Tout auquel l'existence individuelle serait ordonnée. Voir l'exposé : « Qu'est-ce qu'un cynique ? »
2. F. Alquié, *Le Désir d'éternité* (PUF).
3. Marc Aurèle, « Hymne à l'Univers » in *Les Stoïciens*, (Pléiade) p. 1163 ; cité par Jean Brun, *Le Stoïcisme* (PUF), p. 112-113.

l'écrit Spinoza, « *toute détermination est une négation* ». Se revendiquer citoyen de tel ou tel pays, c'est renoncer à la citoyenneté de tous les autres pays du monde. Au contraire, se revendiquer citoyen du monde, c'est dire que les frontières nationales ne nous concernent pas, qu'elles sont artificielles ou du moins relatives.

Or se revendiquer citoyen de tel ou tel pays, ce n'est pas seulement s'exclure de tous les autres, c'est se déclarer virtuellement ou *potentiellement l'ennemi* de tous les autres. Car les États vivent les uns par rapport aux autres dans un *état de nature qui ne demande qu'à dégénérer en état de guerre*. Or sortir de cet état de nature, que ce soit pour les individus ou pour les États, est selon Kant non pas une nécessité hélas inéluctable, comme elle l'est pour Rousseau, mais un *devoir* assigné à l'humanité. Kant voit dans la *rotondité de la terre* le *signe* que la nature appelle les hommes à vivre ensemble : ils auront beau se fuir mutuellement, leur fuite même les renverra les uns vers les autres. C'est dire que toute conception nationale ou impériale de l'État ne peut être, en dernière analyse, qu'insuffisante pour la raison. Le sage est habité par l'intuition d'un État qui serait coextensif au monde habité, et à l'humanité tout entière. Encore faut-il qu'un tel État reçoive un *contenu véritablement universel*, le stoïcisme, le Christianisme puis les Lumières et la Révolution française ayant prétendu tour à tour, et chacun à sa manière, incarner ce contenu universel. Toute l'histoire humaine, y compris avec ses déchirements et avec ses guerres, peut être déchiffrée comme les efforts désordonnés pour faire naître enfin cette concorde entre les hommes qui, étant plus qu'une simple trêve entre deux conflits, mériterait seule d'être qualifiée de « paix perpétuelle ». Mais l'histoire humaine tâtonne comme à l'aveugle vers ce but, seule le sage étant habité consciemment par l'aspiration à une citoyenneté universelle.

Cette revendication d'une citoyenneté universelle nous place donc devant le paradoxe d'un *citoyen sans État*. Le cosmopolitisme correspond-il alors à un dépassement de l'aspect étroitement « nationaliste » de toute vie politique, ou au contraire à une *régression en deçà de la dimension politique* de l'existence humaine ? Le cosmopolitisme peut-il être autre chose qu'une rechute à un niveau infra-politique de l'existence humaine, c'est-à-dire en deçà du souci d'organiser de manière rationnelle la coexistence des hommes sur Terre ? Le monde peut-il être pensé comme une Cité autrement que métaphoriquement ? Alors que Hegel voit dans le cosmopolitisme une idée creuse entièrement coupée de la vitalité éthique des peuples effectivement existant[1], pour Kant au contraire il s'agit d'un *idéal de la raison* en l'absence duquel l'histoire humaine serait non seulement absurde, mais incompréhensible. La tentative pour comprendre l'histoire universelle « d'un point de vue cosmopolitique », c'est-à-dire supranational, nous oblige à postuler que le dessein de la nature en ce qui concerne l'espèce humaine est que soit un jour entièrement surmonté le règne de l'arbitraire, c'est-à-dire de la force dans les relations humaines, et que le règne de la raison, par l'entremise des lois, finisse enfin par s'imposer sous la forme d'un « État cosmopolitique universel », permettant à toutes les « dispositions primitives de l'humanité » de se développer[2]. Sans cet espoir,

1. Hegel, *Le Droit naturel*, Vrin, p. 102
2. *Idée d'une histoire universelle*, 8e proposition.

nous ne pourrions plus espérer dans le plein développement de l'humanité *que dans un autre monde*. Le véritable citoyen du monde, ce pourrait être alors celui qui, contrairement aux prédicateurs des arrière-mondes et des « Au-delà » que stigmatise le Zarathoustra de Nietzsche[1], se sent pleinement et irrémédiablement *le citoyen de ce monde-ci*, de *cette* terre.

J. B. de R.

Lectures conseillées

E. Kant, « Idée d'une histoire universelle » Proposition 5, p.7-9, in *La Philosophie de l'histoire* (Médiations, Denoël/Gonthier).
Traité de paix perpétuelle (Vrin).
G.F. Hegel, *Principes de la philosophie du droit* (« Idées » Gallimard), § 330-340.
E. Jünger, *L'État universel* (Gallimard).
H. Arendt, « Karl Jaspers, citoyen du monde ? », in *Vies politiques* (Gallimard).

1. *Ainsi parlait Zarathoustra*, 1re partie, « De ceux des arrière-mondes ».

Qu'est-ce qu'une crise ?

Dans le vocabulaire médical, la crise désigne le moment où la maladie atteint son paroxysme et doit nécessairement basculer, soit vers la guérison, soit vers une lésion définitive ou la mort. Hors de son contexte d'origine, le mot désigne toute situation dans laquelle on ne peut plus attendre le déroulement normal d'un processus, mais où les contradictions sont telles qu'il faut qu'advienne quelque chose de nouveau pour trancher. La crise sépare deux périodes de nature différente : cela renvoie à l'étymologie plus juridique où le grec *krisis* désigne l'acte de séparer (le vrai du faux ou le grain de l'ivraie) à l'instant du verdict. Le juge, arbitre d'un conflit, intervient lorsqu'un accord amiable n'est plus possible et qu'il faut trancher entre les deux parties qui s'opposent. Dans les deux cas, on suppose qu'au sein d'un corps ou d'un groupe social, les rapports sont devenus tellement contradictoires qu'ils ne peuvent plus continuer ainsi et qu'on est parvenu au moment décisif, celui où précisément une décision s'impose. La crise révèle donc que la réalité est précaire, que l'ordre est traversé par un désordre qui le frappe de contingence. Reste à savoir si cette contingence est elle-même un accident ou si la crise n'est pas le révélateur du caractère instable de toute réalité.

Le premier aspect de la crise est son rapport problématique à la norme. Le développement normal d'un organisme, c'est l'évolution prévisible qu'engendrent les conditions actuelles dans lesquelles il se trouve. Ainsi, Auguste Comte voit-il dans l'esprit religieux ce qui devra nécessairement donner naissance à une forme plus métaphysique de la pensée, au cours d'une évolution normale de l'humanité. Dans cette perspective, la crise est le signe d'un dérèglement, d'un empêchement de continuer à évoluer selon un processus ordonné. Un accident contingent surgit, qui remet en cause tout prolongement de la situation actuelle. On peut alors l'envisager de deux façons.

D'une part, la crise s'entend comme le révélateur du caractère incomplet ou erroné de l'ordre tel qu'on le concevait jusque-là. Par exemple, la crise provoquée dans les mathématiques grecques par la découverte des nombres irrationnels a pour cause l'idée antique du nombre comme réalité finie, achevée : un, trois, le quart ou la moitié sont des entités achevées, des êtres. Aussi, l'apprentissage du calcul passe-t-il par la manipulation de cailloux (les « calculs ») ou de buchettes. La découverte, au Ve siècle av. J.-C., de $\sqrt{2}$ provoqua une crise dans la mesure où l'existence avérée de nombres inachevés (puisqu'il y a une infinité de chiffres après la virgule) révéla que la conception des mathématiques comme calcul d'entités finies est insuffisante et doit s'inclure dans un ensemble plus vaste dont elle ne constitue qu'un cas particulier. La crise est ici le moment où un ordre (les nombres identifiés à un ensemble de réalités achevées) est perturbé par l'apparition d'un élément qu'il ne peut pas inclure et qui oblige donc à recomposer un autre ordre, plus satisfaisant. Mais la crise est, en ce sens, le révélateur du caractère insuffisant, inexact ou trompeur de l'ordre qu'elle vient perturber. Elle est le moyen de restituer un ordre plus vrai.

La crise est aussi le symptôme de l'apparition dans un ordre, d'un élément étranger qui ne devrait pas s'y trouver et le met en péril. Elle est alors plus radicalement synonyme de désordre. Platon voit dans toute crise politique un échec imputable à l'impuissance des chefs d'État à faire régner la justice. L'image de la société malade désigne ici le manque d'attention à ce que réclamait sa situation. La force et l'énergie ne suffisent pas à éviter la crise, encore faut-il les appliquer avec discernement, à l'instar du bon médecin dont l'action procède d'une connaissance précise de ce qui doit être. La crise est ce moment irrationnel où, dans un ordre, on a perdu de vue ce qui constitue son identité, par exemple lorsqu'un homme abandonne son âme aux plaisirs sensuels, ou une société sa justice au désir de pouvoir : ce qui devait rester immuable devient alors précaire. S'abandonner aux excès, c'est se mettre dans une contradiction invivable qui ne pourra durer. La crise de foie consécutive à l'excès de boissons ou de chocolat fait paradigme de cette vision catastrophique du moment décisif où une action violente s'impose pour rétablir ce qui a été perdu. Mais on voit aussi combien la crise joue alors un rôle régulateur dans la mesure où elle manifeste l'impuissance du mal à s'installer durablement et appelle le remède en rendant invivable la contradiction. La crise de l'État athénien est patente, selon Platon, à quiconque a vécu la défaite de 404, les proscriptions, le gouvernement des Trente tyrans : elle est le symptôme de la maladie des cités grecques qu'il appartiendra aux chefs d'État de restituer à elles-mêmes.

Faire de la crise un symptôme, c'est déjà l'affranchir d'une vision totalement négative : elle indique la présence de ce qui n'aurait pas dû être. Mais il y a dans la crise une autre dimension qui en fait le moment nécessaire d'un organisme créant lui-même ses propres normes, au cours de son devenir. La crise d'adolescence et toutes les formes de crises « de croissance » constituent à la fois le signe d'un ordre mis en difficulté par des contradictions, et en même temps la mise en chantier d'un nouvel ordre. Lorsque Nietzsche écrit que « vouloir se conserver soi-même est l'expression d'une vie en détresse » (*Le Gai Savoir*, § 349), il souligne par là combien la bonne santé ne consiste pas à développer un ordre normal et à résister à tous les agents perturbateurs pour ne pas mourir, mais au contraire à pouvoir se permettre tous les excès, les gaspillages. C'est le malade qui craint les situations critiques, l'homme en bonne santé y verrait plutôt l'occasion de trouver un usage à sa vitalité. Sans crises, les corps (biologiques ou sociaux) n'auraient pas l'occasion de déployer leur énergie créatrice. Cela conduit à un autre sens médical de la crise : elle est le signe du caractère contingent de toute situation. Rien n'est jamais normé, mais demande au contraire une attitude normative, expression d'un organisme en pleine santé, capable, dans les conditions les plus précaires, d'inventer des normes inédites. Lorsqu'un homme triomphe face à un climat insoutenable, lorsqu'une société surmonte une crise sociale ou économique, cela signifie qu'aucun possible n'est exclu et qu'il n'existe pas vraiment de nécessité dans la vie individuelle ou collective.

Une crise signifie toujours qu'un ordre est sur le point de basculer. Mais le caractère précaire qui caractérise une situation critique ne signifie pas que la crise soit un moment anormal. Les moments de crise sont ceux où nous sommes appelés à faire preuve de normativité, c'est-à-dire à inventer une norme qui n'existe que par notre décision et nous renvoie donc à notre contingence.

P. D.

Lectures conseillées

Platon, *Théétète,* 147a-148b.
La République, Livre VIII.
H. Bergson, « La conscience et la vie », in *L'Énergie spirituelle.*
F. Nietzsche, *La Volonté de puissance* (Livre de Poche).
G. Canguilhem, *Le normal et le pathologique.*

La communication

Voilà un mot magique qui doit être resitué d'abord dans un contexte historique : on parlait dans les années 30 de propagande militante et populaire, dans les années 60 d'information gouvernementale ; le mot communication est apparu dans le discours des années 75-80.

L'Ancien Régime connaissait la rumeur publique, forme diffuse et incontrôlée de communication, comme le montre l'exemple de la grande peur (1789). L'information officielle disposait de moyens infiniment plus restreints que ceux de l'âge contemporain démocratique. Ensuite, le XVIIIe siècle vit la naissance de l'opinion « éclairée », des « faiseurs d'opinion », acquis aux Lumières, constituant un contre-pouvoir culturel, entendant exercer un nouveau magistère moral et donner le ton idéologique. Diderot entend faire de *l'Encyclopédie* une arme métapolitique de conversion des élites aux idées neuves, libérales et critiques. Armés de la rhétorique, ce sont les notables libéraux et éclairés, juristes, avocats, législateurs, se recommandant du peuple et de la nation, qui animent ensuite dans la période suivante les structures parlementaires issues de la Révolution, nouvel espace de communication caractéristique du XIXe siècle, après l'agitation de la rue et des clubs.

À côté de l'éloquence parlementaire, de l'estrade magistrale, se développe dans la seconde moitié du siècle, la grande presse, formidable industrie « créant plus de mythes en un jour que la religion créait de croyances en un siècle » (Marx, Lettre à Kugelman). Fasciné par ce pouvoir d'accréditer des idées, Balzac fait s'exprimer ainsi Lousteau devant Rubempré, dans *Illusions perdues* : « vous êtes à la veille de devenir l'une des cent personnes privilégiées qui imposent des opinions à la France ». Dans *Bel-Ami*, Maupassant montre que grâce à l'intrigue, à la coulisse et à la presse, « il est plus facile de devenir ministre que chef de bureau » sous la IIIe République.

Au règne des notables et de la presse politique s'ajoute la grande presse d'information à la fin du XIXe siècle, à dimension bientôt internationale et mondiale. Dans *Faire de l'Histoire*, P. Nora et J. Le Goff montrent qu'apparaît avec elle un certain type d'événement mythique, lié aux crises, aux guerres, aux faits divers, aux catastrophes, aux révolutions. La grande presse née au tournant du siècle confère certains contours à l'événement, sensible, parfois polémique, toujours spectaculaire. De même, au XXe siècle, tel type de médias appelle telle génération de discours (arène parlementaire, radio des années 40, télévision des années 60, 70 ou 80, discours solennel, gaullien, technocratique « expert », ou plus naturel et passionné, avec substitution de l'animateur décontracté appelé par son prénom à l'intellectuel ou à l'homme politique classique, la vidéosphère remplaçant la graphosphère selon R. Debray). La communication n'est pas neutre, le message prend les contours du média qui le véhicule.

La communication est-elle démocratique ? Communiquons-nous réellement ? La démocratie suppose la participation et le partage de la parole comme forme de pouvoir[1]. Or les oligarchies médiatiques concentrent le pouvoir de communiquer comme le montre R. Debray dans *Le Pouvoir intellectuel en France*. la conquête du pouvoir politique passe par celui de la culture, des médias, de l'institution scolaire, comme l'a montré Antonio Gramsci, ce fait ayant été illustré par exemple par la stratégie des Lumières et de l'*Encyclopédie*. Détenue souvent par des minorités actives, la communication est un enjeu naturel de pouvoir si l'on considère que la politique est l'expression des conflits. Les références mythiques à la « majorité silencieuse », « profonde », au « pays réel » ne pèsent rien.

Il est habituel aussi de relever l'influence implicite des médias, plus puissants que les pouvoirs du passé, et qui « font » l'opinion. Les modes intellectuelles, esthétiques, les sondages normalisent cette même opinion. On parvient au « prêt à penser ». Mais le pouvoir des médias, par nature subjectif, est moins à contester que le pluralisme insuffisant pour certains, que le caractère implicite de ce même pouvoir, que sa prétention à l'objectivité. La vérité scientifique elle-même est-elle objective ? Puissant vecteur de la culture de masse, l'empire des médias s'inscrit dans une stratégie de pouvoir, fondé sur une pédagogie de séduction et d'incitation. Mais il vrai que tout pouvoir contribue à former un imaginaire public[2] et que l'image, même sensible et subjective, communique une intelligibilité du réel.

Or, R. Debray et J. Baudrillard ont montré que « l'hyper réalité » incontournable de l'image et du virtuel éclipse le réel social, communautaire, historique et politique. On crée l'événement par le simulacre, tout comme on peut occulter l'essentiel[3]. Tout en escamotant la complexité de l'Histoire, le sens critique de la distance et le sens spirituel de la transcendance, le virtuel tient lieu de réel et de vécu. Qui n'est pas sur l'agenda des médias n'existe pas.

Enfin, la communication est un leitmotiv du discours dominant néo-scientiste depuis vingt ans, qui glorifie les plus récentes avancées technologiques, un processus religieux, prestigieux et salvateur dont l'inflation devrait magiquement remédier à tous les maux sociaux. Comme le remarque ironiquement J.-C. Milner, dans *De l'École*, tout échec politique, pédagogique, comme dans l'entreprise ou dans l'Église serait un « raté » de la communication. On gère, on explique, on séduit, on sensibilise par la communication. Les médias évoquent eux mêmes la communication dont l'euphorie a balayé le sentiment de l'incommunicable et de l'absurde de la génération des années 30-50 (Céline, Sartre, Camus, Beckett), au moment où la communication sociale spontanée était en fait plus active, avec la polémique et le rire, que l'indifférence post-moderne[4].

Le contenu culturel de la communication est-il corrélé à l'inflation récente des mêmes technologies, au centre de tous les propos ? Dépourvus de ces moyens, les intellectuels de l'Antiquité et de l'âge classique parvenaient, en leur temps, à l'autonomie critique, dans la Cité comme dans la retraite (les épicuriens) et les communautés philosophiques (l'Académie, le Lycée, le Jardin). Les médias se recommandent sans cesse du dialogue, de l'interactivité, de la

1. Voir l'exposé : « Le pouvoir des mots. »
2. Voir l'exposé : « Quelle est la valeur du mythe en politique ? »
3. Voir l'exposé : « L'historien fabrique-t-il l'événement ? »
4. Cf. G. Lipovetsky, *L'Ère du vide*, et J.-F. Lyotard, *Le Différend*.

convivialité. Or, les solitudes réelles se sont aggravées avec le déclin des relations de proximité, de l'espace public, des grands débats collectifs, avec la montée de l'indifférence, avec le dialogue fictif des médias. Dans cette opacité sociale, nos contemporains sont-ils vraiment écoutés ? Et n'entendons-nous pas seulement ce qu'il convient d'entendre ?

G. G.

Lectures conseillées

R. Debray, *L'État séducteur.*
M. Serres, *Hermès I : La communication* (Les Éditions de Minuit).
J. Habermas, *Morale et communication* (Cerf).
J.-M. Ferry, *Philosophie de la communication* (Cerf).

La distinction

La distinction s'oppose d'une part à ce qui est confus, vague ou indistinct : c'est en ce sens que Descartes parle d'*idée claire et distincte*. D'autre part, la distinction s'oppose à ce qui est vulgaire ou commun. Dans les deux cas, la distinction est le terme valorisé, le terme positif. Aussi chacun cherche-t-il à se distinguer, à se démarquer des autres. Mais *rien n'est plus vulgaire que de chercher à se distinguer. Chercher* à se distinguer est le comble de la vulgarité, puisque c'est précisément l'aveu d'une indistinction primitive, donc définitive. La quête de la distinction sera d'autant plus frénétique que sera plus grande la hantise d'être absolument comme les autres, interchangeable avec n'importe qui[1]. « O fureur de se distinguer, que ne pouvez-vous point[2] ? » L'acharnement à se distinguer à tout prix, l'extravagance, les parures des « *incroyables* », autant de tentatives pitoyables et désespérées pour s'arracher à sa propre indistinction. *L'anticonformisme n'est jamais qu'un conformisme honteux*, que la tentative toujours avortée de surmonter son propre conformisme. Car le dandy ou le snob font de leur anticonformisme une règle, et des plus implacables. Le snob est dominé par la terreur de l'écart, par l'effroi de *n'être pas dans le coup*, et donc d'être exposé au ridicule.

À quelles tendances l'individu est-il donc confronté pour réagir ainsi par la frénésie de la distinction ? À la pression sociale qui assure la cohésion du groupe par l'imposition de normes qui caractérisent tous les membres de ce groupe. La sanction qui s'abattrait aussitôt sur qui oserait s'écarter des normes définies par le groupe est *le ridicule*[3]. Est *ridicule*, par définition, quiconque ne se conforme pas en tout point aux normes *implicites* du groupe, alors qu'est *coupable* qui ne se conforme pas à ses normes *explicites*. Honte à qui ne porterait pas, par exemple, des pantalons à « pattes d'éléphant » l'année où cela se fait ; honte à qui en porterait encore l'année où « cela ne se fait plus du tout » ; honte à qui n'aurait pas le goût assez flexible pour embrasser de bonne foi, et *comme d'instinct*, la mode du moment. Notre plus ou moins grande capacité à nous adapter aux modes vestimentaires, culturelles, idéologiques, etc. mesure notre plus ou moins grande intégration au groupe dont nous faisons partie. L'individu parfaitement adapté serait celui qui *ne ressentirait plus comme des contraintes* ces normes imposées par la société, mais aurait *l'impression d'avoir l'initiative des revirements* de son goût et de ses opinions. Dans son *désir éperdu* de se voir reconnu et accepté comme membre d'un groupe, il aurait abdiqué purement et simplement sa prérogative d'individu d'être à l'initiative de ses choix et de ses comportements. Derrière la *peur du ridicule*, du *qu'en dira-t-on*, se manifeste donc toute la violence des *instincts grégaires*, comme les appelle Nietzsche, qui règnent de façon d'autant plus tyrannique que le groupe y joue sa cohésion et sa survie. Ce n'est qu'en réprimant impitoyablement toute velléité d'affirmation d'un goût

1. Cf. R. Girard, *Mensonge romantique et vérité romanesque*, Pluriel.
2. Rousseau, *Discours sur les sciences et les arts*, GF, p. 49.
3. Bergson, *Le Rire*, chap. 1, PUF, p. 396, 428, 450, 453.

ou d'un choix personnels que le groupe peut gagner cohésion et consistance. Les instincts grégaires nous font sombrer dans ce que M. Heidegger appelle *l'anonymat du « on »* : ce qu'*on* pense, *ce qui se fait*, ce qui est conforme aux convenances, etc. En s'abandonnant à cet anonymat, l'individu humain ne fait rien d'autre que *déserter sa propre vie* pour ne vivre plus que d'une vie grégaire et impersonnelle.

Mais cette prétention d'être à l'origine de ses goûts et de ses choix n'est-elle pas une simple *illusion du sujet*, et même *l'illusion en quoi consiste le sujet* ? P. Bourdieu, dans *La distinction*, tente de montrer que les jugements de goût par exemple ne sont nullement naturels et universels comme le prétend Kant, mais sont au contraire le *signe distinctif* de l'appartenance à un groupe ou à une catégorie sociale. Être un bourgeois, c'est aimer une certaine musique (la musique classique), c'est fréquenter certains musées, c'est s'habiller d'une certaine façon, parler d'une certaine façon, passer ses vacances à certains endroits, etc. De même pour le hippie, pour le skinhead, etc. Se faire accepter comme membre d'un groupe suppose un certain mimétisme, l'adoption par l'individu de l'uniforme vestimentaire au travers duquel se reconnaissent entre eux les mêmes d'un même groupe, mais aussi les « uniformes » idéologiques, le choix d'une certaine musique, etc. Chaque groupe tente de *se distinguer* le plus possible des autres groupes. À moins que certains ne déploient tous leurs efforts pour pénétrer dans un groupe qui n'est pas le leur, telle Madame Verdurin tentant désespérément de s'introduire dans l'univers des Guermantes, dans *La Recherche du temps perdu* de Proust. Plus le bourgeois s'efforcera à se faire « gentilhomme[1] », plus l'aristocrate s'ingéniera à marquer l'infinie distance qui le sépare, à ses yeux, d'un simple bourgeois.

Toutefois, à la recherche de la différence la plus grande possible peut s'opposer la quête de la distinction à peine visible, presque imperceptible, et qui donc n'est décelable que par les « *happy few* », comme disait Stendhal. La distinction peut alors se faire toute « métaphysique », comme dit R. Girard, et n'apparaître, à la limite, qu'à celui pour qui elle est l'unique objet de son désir. C'est le caractère « métaphysique » du désir qui introduit une distinction elle aussi toute « métaphysique » entre l'objet désiré et tout autre objet, distinction qui donc n'apparaîtra même pas à un tiers[2]. Ainsi le *distinguo* est-il la distinction pédante. Aussi en va-t-il du *distinguo* comme des habits neufs de l'empereur : chacun feint de le percevoir de peur de passer pour un sot ou un fat.

Tout à l'opposé se situe l'authentique *sentiment de la distance*[3]. F. Nietzsche fait remarquer qu'ont été systématiquement calomniés et persécutés « tous les instincts qui tendaient à séparer les hommes supérieurs des hommes inférieurs, *tous les instincts qui créent des fossés*[4]. » La véritable distinction ne consiste donc ni à s'efforcer de se distinguer des autres[5], ni à tenter de réduire la distance qui existe entre moi et l'autre. Est vulgaire la tentative de *rapprocher* les hommes,

1. Cf. *Le Bourgeois gentilhomme*, de Molière.
2. R. Girard, *Mensonge romantique et vérité romanesque*, chap. 11.
3. L'expression est de Nietzsche. Voir par exemple *La Volonté de puissance*, Gallimard, t. 2, p. 201.
4. F. Nietzsche, *La Volonté de puissance*, Gallimard, t. 2, § 407, p. 126. Ces instincts ont été flétris sous les noms d'orgueil, d'égoïsme, d'attitude hautaine, d'arrogance, etc.
5. J.-J. Rousseau ne s'y est pas trompé, qui disait que « cette fureur de se distinguer nous tient presque toujours hors de nous-mêmes. » (*Discours sur l'origine de l'inégalité parmi les hommes*, GF, p. 231) Elle nous rend, au sens propre, *excentriques*.

de les rendre *semblables*, et Zarathoustra oppose à l'amour du prochain *l'amour du lointain*. Le processus de nivellement de l'humanité est irréversible, et il est vain de tenter de s'y opposer[1]. Il importe en revanche d'autant plus que ce mouvement s'accompagne d'une tendance inverse « à creuser des fossés, à établir des distances et des hiérarchies ». L'homme distingué ne se cherche pas des amis – ou des ennemis – qui soient comme lui, qui soient proches de lui. Au contraire, pour lui entrer en contact avec un autre être humain, c'est toujours jeter des ponts par dessus des abîmes. L'homme distingué ne veut pas que les autres lui ressemblent, il ne veut faire ni des émules, ni des disciples[2]. « Ce que je combats, c'est l'exception qui fait la guerre à la règle, au lieu de comprendre que c'est le maintien de la règle qui donne sa valeur à l'exception[3]. » Au fond, *il n'y a de vulgaire que ce qui est commun. Il n'y a pas d'autre distinction que celle qui consiste à être soi-même*. Être fidèle à soi-même au prix du mépris et de la réprobation sociale, oser « *devenir ce que l'on est* » en dépit de tout ce qui, dans la société, tente de nous en dissuader ou de nous en empêcher, constituent la seule authentique distinction.

Leibniz écrivait que si deux choses étaient rigoureusement identiques, elles ne seraient pas deux mais une seule : c'est ce qu'il nommait, dans sa philosophie, le « principe des indiscernables[4] ». Ce par quoi nous sommes distincts de tous les autres hommes est ce qui nous fait exister, ce qui nous confère un poids ontologique. D'un soldat qui s'est illustré au combat, on dira qu'il « a été distingué par ses supérieurs », c'est-à-dire qu'il a été remarqué, repéré. Être distingué, c'est sortir du lot, sortir du rang, devenir un individu. *La distinction est ce qui assure la visibilité de l'être*.

J. B. de R.

Lectures conseillées

G. W. Leibniz, *La Monadologie* (Livre de Poche), § 8-9.
F. Nietzsche, *Par delà le bien et le mal* (Aubier), Neuvième partie.
La Volonté de puissance (Livre de Poche).
M. Heidegger, *Être et Temps* (Gallimard), § 25-27.
P. Bourdieu, *La Distinction* (Les Éditions de Minuit).
R. Girard, *Mensonge romantique et vérité romanesque* (Pluriel).

1. F. Nietzsche, *La Volonté de puissance*, Gallimard, t. 2, p. 277.
2. Voir la fin de l'exposé : « Nuire à la bêtise ! »
3. F. Nietzsche, *La Volonté de puissance*, Gallimard, t. 2, § 266, p. 293.
4. Leibniz, *La Monadologie*, § 8-9.

Le cultivé et le culturel

Au sens classique et humaniste, la culture est celle de l'homme cultivé, mais les sciences humaines ont promu le culturel et ont élargi la définition de la culture.

La culture a été traditionnellement le privilège de l'intellectuel. Alors que le fabriquant se soucie plutôt du « comment », l'intellectuel pose la question des fins et des valeurs. « Science sans conscience n'est que ruine de l'âme[1]. » : c'est un savoir réfléchi qui est ici légitimé. La culture intellectuelle est théorique, veut s'élever au-dessus de l'intérêt et de l'opinion, des lieux-communs et des fausses évidences. Elle est critique et entend tout examiner. Pour l'intellectuel, rien ne va de soi. Désintéressée, cette culture ne vise pas l'utilité pratique. Culture vient du verte latin *colere* : honorer, respecter. On cultive bien les esprits comme on cultive les plantes. La culture désintéressée est issue du *studium* médiéval, de l'étude distincte du monde, dans son espace, de type religieux, et dans son temps spécifique. L'idéal antique était le loisir studieux, l'*otium* des Latins, ou *scholè* pour les Grecs. L'école est donc une forme de loisir, supérieure au travail servile.

Depuis la décennie 1950-1960, les sciences humaines ont valorisé le culturel. La culture devient alors l'ensemble des modes de représentation, d'organisation, de transformation du milieu par les hommes et les peuples. Tous les usages sont culturels au sens ethnologique comme le montre Lévi-Strauss. Tout homme appartient à une culture. Le « barbare » n'est plus alors qu'une représentation négative, envers de la « civilisation ». Les cultures sont relatives et, dans *Race et histoire*, Lévi-Strauss dénonce l'ethnocentrisme, la tendance de la civilisation occidentale à conférer à certaines normes un caractère universel : individu, intérêt, raison, science et techniques, droits de l'homme, Histoire vue comme « Progrès ». La colonisation issue des Lumières a imposé ces normes aux autres peuples dans une perspective émancipatrice et libératrice. Le cultivé et le culturel sont bien distincts : le premier vise l'universel dans l'esprit de l'humanisme et des Lumières, le second renvoie aux cultures particulières, traditionnelles, populaires et communautaires.

La définition ethnologique de la culture, l'idée qu'« une paire de bottes vaudrait Shakespeare » dénoncée d'ailleurs par Finkielkraut, dans *La Défaite de la pensée*, et l'irruption de la culture de masse ont relativisé la définition de la culture. Le romantisme allemand, le nationalisme barrésien hostile à l'universalisme abstrait, avec *Les Déracinés*, les sciences humaines enfin ont défendu les identités culturelles, le droit à la différence : la définition humaniste de la culture est alors mise en cause. Inversement les défenseurs de l'universalisme ont vu dans l'enracinement le risque d'un enfermement.

Historiquement, l'idéologie occidentale de la « civilisation » issue des Lumières est acceptée jusqu'aux années 1950-1960, jusqu'à la remise en cause de la colonisation par le tiers-mondisme. Les années 1980 ont vu le retour de

1. Rabelais, *Pantagruel*, chap. VIII.

l'occidentalisme avec les « droits de l'homme », la génération humanitaire et « morale », face aux droits des peuples et des cultures à être eux-mêmes, défendus par l'écologie radicale ou la « nouvelle droite », contre l'universalisme laïc ou religieux, le « droit à l'indifférence » ou l'intégration comme priorité du discours dominant.

Une troisième acception du mot culture, avec la culture de masse, doit être prise en compte dans le débat. L'expression désigne un contexte de dissolution des communautés organiques traditionnelles, devenues archaïques et « folkloriques » avec l'industrialisation, l'extension du marché et le salariat, la mondialisation, l'inflation des médias, la société matérialiste et indifférente. La diversité des cultures au sens ethnologique est alors niée. Les différences et les identités s'effacent. Déjà dans les années trente, des intellectuels spiritualistes et anticonformistes comme Bernanos et E. Mounier contestaient la dépersonnalisation, l'atomisation sociale, l'individualisme de masse, la fin des communautés au profit d'ensembles d'individus identiques et isolés, l'atomisation sociale, dans le contexte de la modernité matérialiste et utilitaire.

Dans la culture de masse post-moderne, depuis dix ou vingt ans, les sociologues tels Baudrillard ou R. Debray ont remarqué l'inflation des marchandises et des images, du virtuel et du divertissement, de l'hédonisme individualiste, dans un contexte de mobilité et de déracinement, tandis que les vrais enjeux communautaires, collectifs, politiques et sociaux ne sont plus guère posés.

Les intellectuels héritiers de l'humanisme comme Jean-Marie Domenach s'interrogent et mettent en cause la culture de masse. Dans *La Défaite de la pensée*, Finkielkraut dénonce le relativisme et l'indifférence, mortels pour les chefs-d'œuvre classiques. J. Baudrillard, dans *La Société de consommation*, met en avant le conformisme des modes et des médias, le conditionnement social. Dans la culture de masse, tout passe par l'influence et la séduction, plus efficaces que la contrainte ou l'autoritarisme archaïques. Les médias triomphent, le virtuel est donné pour réel, l'image éclipse l'ordre du discours et de la politique défendus par R. Debray, dans *L'État séducteur*. Mais pour d'autres, comme Gilles Lipovetsky, la culture de masse, l'extension du marché, l'individualisme hédoniste permettraient le choix, l'exercice de la liberté et de la démocratie.

Le mot culture est donc riche de définitions et de débats. Tout comme le mot civilisation, lui aussi proche des définitions proposées de la culture : civilisation au sens moral, universaliste et humaniste, civilisation au sens sociologique, avec la civilisation américaine de masse. Et l'on pourrait opposer les définitions : la culture des Allemands et la civilisation au sens français et universaliste.

G. G.

Lectures conseillées

J. Burckhardt, *La Civilisation de l'Italie au temps de la Renaissance*.
J.-M. Domenach, *Approches de la modernité*.
J. Baudrillard, *Amérique. L'Illusion de la fin. Fragments. Cool memories*.
E. Morin, *Europe, le défi culturel*.
G. Steiner, *Les Passions impunies*.
N. Elias, *La Civilisation des mœurs* (Presses Pocket).
O. Wilde, *Quelques maximes pour l'instruction des personnes sur-éduquées*.

Le Christianisme est-il la fin de la culture antique ?

Quels furent, quels sont les rapports entre le Christianisme et la culture antique ? Le Christianisme appartient-il lui-même à l'Antiquité, comme la date de son émergence tendrait à le faire penser, ou bien est-il comme un corps étranger au sein de l'Antiquité, qui *annonce voire précipite son déclin*, et *prépare la transition vers une autre époque*, celle du Moyen Âge ? Dans quelle mesure le Christianisme est-il *l'héritier* de la culture antique, et dans quelle mesure introduit-il une *rupture* par rapport à cet héritage ?

Le mot « fin », dans le libellé du sujet, peut s'entendre de plusieurs manières. Le Christianisme est-il l'aboutissement et l'apothéose de la culture antique ? Telle a été *la perception médiévale* du rapport entre Christianisme et Antiquité. Il est particulièrement frappant que dans nombre de peintures représentant la Nativité, l'arrière-plan du tableau soit constitué de ruines gréco-romaines. L'acte de naissance du Christianisme coïncide ainsi avec l'effondrement du monde antique « païen » auquel le Christianisme va succéder. Dans le musée du Vatican, des philosophes comme Platon et Aristote font face aux prophètes de l'Ancien Testament comme Esaïe ou Jérémie, comme si la venue du Christ avait été doublement annoncée et « appelée », si l'on peut dire : d'une part par le monothéisme hébreu, d'autre part par la philosophie « païenne ». M. Heidegger insiste sur le fait que l'adoption du Christianisme par pratiquement la totalité du monde antique n'est pas une cause mais une conséquence de la décadence de ce monde[1]. À ses yeux, ce n'est que parce que la philosophie grecque elle-même avait déjà commencé à oublier et à recouvrir *la question de l'Être*, qui était en un sens la *seule* question des présocratiques, qu'a été possible au Moyen Âge ce qu'il appelle « l'*ontothéologie* », c'est-à-dire la confusion entre la question de l'Être et la question de Dieu comme étant suprême ou cause ultime de toute chose. De la même façon, M. Foucault, en particulier dans *Le Souci de soi*, a montré comment s'étaient mises en place durant l'Antiquité tardive toute une série de pratiques de soi, d'ascèse et de domestication de son propre désir, en particulier dans le stoïcisme tardif où les maîtres tendaient à devenir les « directeurs de conscience » de leurs élèves, qui allaient rendre possible ou du moins faciliter la transition vers les pratiques chrétiennes de la confession, par exemple. Le Moyen Âge est donc, d'une certaine façon, l'aboutissement de la culture antique sous sa forme tardive. L'Église est la seule institution qui ait survécu à l'effondrement du monde antique, et il est tout à fait significatif que l'évêque de Rome, devenant le Pape, ait revendiqué pour son propre compte les titres – tel celui de Souverain Pontife – qui étaient ceux des empereurs romains païens. L'Église assume donc incontestablement quelque chose de l'Antiquité, dans un geste complexe puisqu'elle s'en démarque aussitôt pour la qualifier de « païenne ». Il est frappant que, de nombreux auteurs de l'Antiquité, nous ne possédions plus que les fragments de leurs œuvres cités dans les ouvrages des Pères de l'Église destinés à les réfuter. Transmission

1. M. Heidegger, « Qu'est-ce que la métaphysique ? », in *Questions* I, Gallimard, p. 40.

paradoxale donc, mais transmission tout de même, puisqu'à l'évidence l'art paléo-chrétien, l'architecture (avec l'autorité d'un personnage comme Vitruve), le droit canon inspiré du droit romain, doivent presque tout aux époques antérieures à celle du Christianisme triomphant. L'architecture – et même jusqu'au nom de la *basilique* – doit tout aux édifices païens où siégeait le *basileus*, le roi, et où il rendait la justice. La basilique est maintenant tout simplement la maison du Roi des Rois, de Dieu en personne. Qu'il est symbolique de visiter, en Italie, des églises construites avec la récupération d'anciennes colonnes ayant manifestement appartenu à des Temples « païens », en ruines ou démolis pour l'occasion ! On n'en finirait pas de montrer à quel point les fêtes chrétiennes, les lieux sacrés, les légendes des saints, sont des reprises et des réinterprétations de croyances antérieures, préchrétiennes. En fait, une divinité adorée en un lieu où s'implantait peu à peu le Christianisme, c'est-à-dire le monothéisme, n'avait d'autre choix que de devenir un diable ou un démon dont le culte serait pourchassé comme une « abomination », ou de se transfigurer en une figure chrétienne, saint ou ange selon les cas[1].

D'un point de vue philosophique, le rapport du Christianisme médiéval à l'Antiquité « païenne » est double : d'une part, les philosophes païens nous montrent jusqu'où la raison humaine peut aller portée par ses seules forces et posent les questions auxquelles le Christianisme et la Révélation vont apporter la réponse. D'autre part, les philosophes et tout particulièrement Aristote fournit à la théologie les concepts et les règles de l'argumentation qui vont lui permettent de se structurer et de penser rationnellement le contenu du dogme chrétien. C'est le motif classique de « *la philosophie, servante de la théologie* ».

Toutefois le Moyen Âge – qui n'est d'ailleurs pas un bloc monolithique mais est plutôt fait d'une succession de « renaissances » – n'a pas le monopole sur la question du rapport entre Antiquité et Christianisme. La Renaissance et l'humanisme ont vu dans le Moyen Âge une période qui les séparait de la source antique, et ont donc entendu renouer avec les richesses de l'Antiquité, qu'elles soient philosophiques, littéraires ou artistiques, par dessus et contre le Moyen Âge, dont la scolastique était perçue comme une sclérose de la pensée vivante. Des personnages aussi divers qu'Érasme, Guillaume Budé, Pic de la Mirandole, redécouvrent les langues antiques, veulent retrouver un accès direct et vivant aux textes, en se passant des commentaires dont le Moyen Âge les avait recouverts. Du Moyen Âge ne domine plus l'image de la transmission mais celle de la trahison. Le Moyen Âge est ce qui nous sépare de l'Antiquité et non plus ce qui nous y relie. La Réforme de son côté reproche elle aussi au catholicisme d'avoir produit un étrange amalgame entre Antiquité païenne et Christianisme, mais c'est cette fois pour retrouver, à travers les textes seuls et sans la tradition, le Christianisme sous sa forme originelle, dépouillé de tous les apports étrangers empruntés à l'Antiquité païenne. Le rejet, par Luther, des philosophes, est surtout et avant tout un rejet du projet chimérique de la scolastique consistant à tenter de mettre d'accord le contenu de la Révélation et les découvertes de la raison, oubliant que « la sagesse de Dieu est folie aux yeux des hommes[2]. »

1. Voir en particulier de S. Freud « Grande est la Diane des Éphésiens » et J. Seznec, *La Survivance des dieux antiques.*
2. Voir l'exposé : « Sagesse des fous, folie des sages. » Sur l'impossible rapport entre Luther et Érasme, voir L. Febvre, *Martin Luther, un destin*, PUF, p. 170-174.

Chaque époque a eu son Moyen Âge, comme chaque époque a son Antiquité. Les Lumières ont vu dans le Moyen Âge tout ce qu'elles rejetaient, en imposant une image qui pour une part dure encore, celle de siècles obscurs et de stagnation. C'est oublier un peu vite la profondeur des évolutions, la richesse de l'art médiéval (en musique, le chant grégorien, en architecture, le roman puis le gothique, en peinture, l'invention de l'icône et du tableau tel que nous le connaissons encore aujourd'hui) et faire de mille ans d'histoire le simple faire-valoir des « Lumières naturelles » de la Raison. La Révolution française a voulu renouer avec la République antique – en remettant en vigueur le bonnet phrygien – en rejetant le despotisme honni.

Notre rapport au Moyen Âge est aujourd'hui devenu plus serein, et avec lui notre appréciation du rapport entre le Christianisme et l'Antiquité plus nuancée. En un sens, *le Christianisme est la part de l'Antiquité qui a survécu* à sa décadence et à son effondrement sous la poussée des invasions barbares. Mais le Christianisme a aussi profondément, et peut-être définitivement, marqué notre rapport à l'Antiquité, en imposant ses thèmes et ses problématiques propres. C'est en grande partie le Moyen Âge, à travers la civilisation occidentale et la civilisation arabe, qui a décidé quel part de l'Antiquité il était en droit et en état de nous transmettre. Que cette transmission se soit faite en grande partie de façon inconsciente et aveugle, grâce à l'humble travail des copistes, alors même que, de ces textes, il n'était fait qu'une lecture très unilatérale et étrangère à l'esprit dans lequel ils avaient été écrits, est peut-être paradoxalement un gage de la fidélité de cette transmission. Nous avons, nous aussi, notre propre Antiquité, et notre propre Moyen Âge. Nous savons que nos goûts esthétiques, que les langues dans lesquelles nous pensons, que les concepts qui structurent notre droit, que nos modes de vie en général ne seraient pas ce qu'ils sont sans ce double héritage de l'Antiquité gréco-latine d'une part, du monothéisme hébreu d'autre part. De l'infléchissement qu'a subi la culture antique du fait de sa reprise à l'intérieur du monde chrétien, nous n'avons pas fini de mesurer les retentissements et les implications. À peine peut-être avons-nous commencé à en démêler les fils.

J. B. de R.

Lectures conseillées

Saint Augustin, *Les Confessions* (GF).
P. Valéry, *Variétés.*
S. Freud, « Grande est la Diane des Éphésiens » in *Résultats, Idées, Problèmes* (PUF), t. 1, p. 171-173.
M. Foucault, « Le souci de soi » in *Histoire de la sexualité* (« NRF » Gallimard), t. 3.
J. Seznec, *La Survivance des dieux antiques* (« Champs » Flammarion).
Celse, *Contre les chrétiens* (J.-J. Pauvert).

Inviteriez-vous un anthropophage à votre table ?

On connaît l'histoire : un anthropologue cherche à rencontrer des anthropophages. Il croise des autochtones à qui il demande s'il en reste dans la région : « Non, lui répond-on : nous avons mangé les derniers la semaine dernière ». Pourquoi l'histoire fait-elle rire ? L'anthropophage, c'est toujours par définition l'autre absolu, jamais celui à qui je parle, à qui je demande mon chemin. L'anthropologue cherchait des anthropophages pour les étudier, alors que ses interlocuteurs cherchaient peut-être un homme pour le... manger ? L'anthropophage est-il un mangeur d'*homme* ou un mangeur... d'anthropologue ? Si les derniers anthropophages ont été mangés la semaine dernière, peut-être l'anthropologue ne pourra-t-il assister lui-même à un repas cannibale qu'à titre de... plat de résistance ?

Serais-je prêt à inviter un anthropophage à ma table ? À mes risques et périls ? Que lui servir à manger : faut-il respecter ses coutumes, ou lui faire découvrir les nôtres ? L'anthropophagie nous semble le comble de la barbarie : le cannibale est l'étranger absolu, celui que je ne peux plus comprendre, malgré tous mes efforts. Y a-t-il des hommes avec qui je ne pourrais même pas m'asseoir à une même table ? Quelles sont les limites de la tolérance, de l'acceptation d'une culture autre ? Y a-t-il des différences culturelles qui ne doivent pas être tolérées, mais combattues dans toute la mesure du possible (l'asservissement des femmes, l'institution de l'esclavage, et bien sûr, le cannibalisme) ? Dans ce cas, s'agit-il encore de simples différences culturelles, ou d'une atteinte à l'humanité en tant que telle ? Au nom de quoi les combattre : au nom de ma propre culture de civilisé, ou au nom de l'idée que je me fais de la dignité humaine ? Mais cette idée peut-elle être posée comme universelle : n'est-elle pas plutôt un produit ou un trait de ma propre culture ?

L'anthropophage est le barbare absolu, celui que je ne parviens plus à comprendre. Mais pour que je puisse espérer le comprendre, encore faudrait-il que je *cherche* à le comprendre. Toutes les pratiques culturellement déterminées, des plus anodines aux plus fondamentales, ne peuvent être comprises que de l'intérieur de la culture qui les produit, c'est-à-dire en reliant les rites et les pratiques au mythes, aux croyances et à la conception du monde dont elles ne sont que l'expression en actes. Puis-je réellement souhaiter comprendre l'anthropophagie : mon refus de l'anthropophagie est-il rationnel, ou n'est-il *qu'un tabou* ou un préjugé *occidental* ? L'anthropophagie me met mal à l'aise, ce qui prouve qu'elle ne m'est pas entièrement étrangère mais que je crains ce qu'elle pourrait me faire découvrir. À la suite d'un krach aérien, les survivants se sont trouvés confrontés à l'alternative suivante, soit manger les victimes décédées, donc consommer de la chair humaine sans plus faire de tort ou occasionner de souffrance à personne, soit se laisser eux-mêmes mourir de faim. Quelle aurait été mon attitude, et pour quelle raison ? Sur quoi repose en définitive notre rejet de l'anthropophagie ?

Pour s'efforcer de comprendre l'anthropophagie et de surmonter le dégoût qu'elle nous inspire, il faut comprendre que le cannibalisme correspond à un repas sacré, ordonné dans des circonstances bien précises et selon des rites extrêmement codifiés. Le cannibale n'est pas celui qui mange de la chair humaine tous les jours, pour se nourrir : le repas totémique qui rassemble la tribu autour d'un mort ou de morts a une dimension religieuse et correspond, comme on a pu le dire, à une sorte de « faim sacrée ». On peut manger le corps de sa victime pour s'approprier sa force, son courage. On peut aussi manger ses ancêtres pour leur donner la sépulture la plus convenable et la plus digne possible. Montaigne, dans le chapitre des *Essais* intitulé « Des Cannibales », s'amuse à inverser les rôles et les perspectives, et à nous obliger à nous demander qui sont les vrais « barbares » : les « sauvages » sont horrifiés d'apprendre que les « occidentaux civilisés » abandonnent leurs morts au pourrissement dans la terre, et ne voient pas quelle sépulture plus digne ils pourraient leur donner que leur propre corps. Par ailleurs, qui sont les véritables « barbares » : ceux qui mangent qui ne peut plus souffrir et à qui plus aucun tort ne peut plus être fait, ou les Conquistadores qui mutilent et torturent à mort des êtres humains vivants ?

Dès lors qu'est dégagée la véritable signification du repas totémique, elle fait profondément écho à notre propre vécu psychologique. Freud n'a-t-il pas montré que lors du travail du deuil, le survivant « introjette » la personne disparue, il se l'incorpore symboliquement, allant jusqu'à parler comme lui, porter ses vêtements, s'identifier à ses gestes ou ses comportements. La seule façon de ne pas perdre complètement l'être cher, c'est de se l'incorporer.

La psychanalyse nous a fait découvrir, dans l'enfance de chaque individu, une phase orale, où se donnent libre cours les pulsions orales qui nous habitent. L'enfant a peur d'être dévoré et désire être dévoré, il désire dévorer qui il aime car il craint de le perdre, mais il sait que le dévorer serait une façon de le perdre. Une mère ou un père diront affectueusement à leur enfant qu'il est « à croquer », qu'« on en mangerait », etc. Manger l'autre, comme le nourrisson se nourrit de ce qui sort du corps de sa mère, c'est une des formes les plus archaïques de l'expression de l'amour, à la fois prototype de toute relation amoureuse et phase dangereuse qu'il faut apprendre à surmonter. L'amour peut être envahissant, dévorant, possessif, c'est-à-dire ne pas laisser à l'autre l'espace nécessaire pour qu'il soit lui-même et puisse vivre sa vie. Un conte comme celui d'*Hansel et Gretel* ne parle de rien d'autre que de la nécessité d'apprendre à maîtriser ses pulsions orales[1].

De la même façon, Auguste Comte ne prétendait-il pas que dans l'humanité, les vivants se nourrissent des morts ? Chaque génération bénéficie des découvertes, des inventions, des constructions des générations antérieures. Nous contractons ainsi une dette infinie envers l'humanité en général, dette dont il ne nous est possible de nous acquitter qu'en « vivant pour autrui », comme dit Auguste Comte, c'est-à-dire en contribuant à la mesure de nos talents à enrichir ce patrimoine de l'humanité. Enfin, au cœur de notre propre religion, celle qui a pétri et façonné l'occident, le Christianisme, ne trouvons-nous pas, avec la sainte cène ou l'eucharistie *un repas totémique symbolisé* ? « Ceci est mon corps, mangez-en tous ; ceci est mon sang, buvez-en tous », dit Jésus à ses disciples. Au cœur du Christianisme se trouve donc le sacrifice du

1. Voir B. Bettelheim, *Psychanalyse des contes de fées*.

Christ qui donne sa vie pour nous, à tel point que le chrétien ne vit plus de sa vie propre mais participe de la vie du Christ. « Ce n'est plus moi qui vis, c'est Christ qui vit en moi », écrit saint Paul.

L'anthropophagie nous est donc bien moins étrangère et extérieure que nous n'aurions pu le croire tout d'abord, et c'est peut-être pourquoi, précisément, elle nous met si mal à l'aise. Car si l'anthropophagie symbolisée, élaborée psychologiquement fait partie intégrante de notre culture, son retour sous sa forme réelle, dans le registre pathologique de la perversion, tel ce Japonais qui avait tué sa compagne, l'avait dépecée et l'avait dévorée, ne peut susciter en nous que la plus grande répulsion. L'anthropophagie ne nous fait peut-être pas sortir de l'humain, elle nous y ferait plutôt rentrer, si, comme le pensent Freud et de nombreux anthropologues[1], le repas totémique est un élément fondateur de la religion et du lien social en général. L'anthropophagie a à voir avec la vie et la mort, avec ce dont la vie se nourrit, et avec la mort qui lui fournit cette nourriture. « La croissance des enfants est la mort des parents », écrivait Hegel.

Mais si l'anthropophagie réelle suscite en nous un rejet d'une telle violence, n'est-ce pas le signe qu'un tabou est rencontré là, presque aussi virulent que le tabou de l'inceste ? Antigone choisit délibérément de mourir pour donner une sépulture à son frère, et que la dépouille de celui-ci ne soit pas dévorée par les chiens. L'horreur que nous inspire les pratiques des nazis, utilisant la peau, les dents, les cheveux humains pour fabriquer des abat-jour ou du savon, même s'il ne s'agit pas là à strictement parler d'anthropophagie, montre bien que le corps d'un humain défunt ne devient pas pour autant une simple chose du monde dont on pourrait disposer à sa guise. Le cadavre est encore quelque chose du mort, il atteste par sa présence même à la fois le départ de l'être aimé et malgré tout sa persistance, puisque c'est autour de cette dépouille que s'assemblent tous ceux qui l'ont aimé. Que le cadavre reste ce que le mort a laissé derrière lui en nous quittant, quelque chose de lui, c'est ce que symbolise le dogme de la résurrection des corps. Ce à quoi porte atteinte l'anthropophagie, c'est en dernière analyse au *droit des morts de reposer en paix*, au droit que l'on ne porte pas atteinte à leur dépouille mortelle.

J. B. de R.

Lectures conseillées

Dante, *La Divine Comédie*, « l'Enfer » (Pléiade, p. 1090 ss).
M. de Montaigne, *Les Essais*, chap. 31 « Des cannibales ».
S. Freud, *Totem et Tabou*, chap. 4 (PBP).
B. Bettelheim, *Psychanalyse des contes de fées* (Pluriel).
Roy Lewis, *Pourquoi j'ai mangé mon père* (Actes Sud).

1. Voir en particulier Frazer, *Le Rameau d'or*.

13 • L'Histoire

L'Histoire est-elle tragique ?

« Lorsque l'Histoire nous met devant les yeux le mal, l'iniquité, la ruine des empires les plus florissants qu'ait produits le génie humain, nous ne pouvons qu'être remplis de tristesse à la pensée de la caducité en général. Nous nous disons : il en a été ainsi, c'est le destin, on n'y peut rien changer... et nous nous retirons alors dans nos affaires » écrivait Hegel à propos de l'Histoire.

Ainsi, l'Histoire n'est pas le lieu du bonheur et chacun connaît le mot de Valéry en 1920 : « nous autres civilisations, savons maintenant que nous sommes mortelles ». Elle n'est pas non plus le lieu de la médiocrité : « rien de grand ne s'est accompli dans le monde sans passion » (Hegel).

Pouvons-nous comprendre l'Histoire et lui conférer une intelligibilité, un sens qui puisse éclairer notre propre condition ? Alors notre destinée individuelle, notre existence a-t-elle un sens si l'Histoire n'en a pas ? Un espace de liberté est-il ouvert aux hommes dans l'Histoire ? Existe-t-il enfin une vérité objective de l'Histoire comme récit du passé ?

Dans la Préface de *L'Esprit des lois,* Montesquieu adopte un point de vue rationaliste et déterministe : « J'ai cru que dans cette infinie diversité de lois et de mœurs, les hommes n'étaient pas uniquement conduits par leurs fantaisies ». Il y aurait donc des lois historiques, une causalité que les Lumières associent à une finalité : le bonheur humain. Dans ses œuvres historiques, Voltaire plaide pour une Histoire plus « scientifique » et exprime sa foi dans le Progrès, même discontinu (conclusion de *L'Essai sur les mœurs et le fondement des nations*). Kant espère en l'accroissement de la rationalité, fondement d'un avenir meilleur. Condorcet écrit l'*Esquisse d'un tableau des progrès de l'esprit humain.* Au XIXe siècle, on affirme avec optimisme l'existence d'un sens de l'Histoire. Comte établit la « loi des trois états » : l'humanité serait analogue à l'individu, dans son développement. Taine adopte le déterminisme conservateur du principe de la race, du milieu, du moment. Les idéologies de l'Histoire se constituent en grands récits. Hegel affirme l'intelligibilité historique, l'union de l'Esprit et du devenir, du rationnel et du réel, dévoilés peu à peu dans l'Histoire, elle-même jugement dernier du monde. Convaincu d'une analogie de l'Histoire à la matière, et renversant l'idéalisme hégélien, Marx établit une logique historique déterministe et optimiste et s'inscrit dans le messianisme d'une fin de l'Histoire : satisfaction des besoins, fin du politique. Mais le socialisme ne peut s'enfanter qu'au terme d'une lutte implacable. Marx est contemporain de Darwin, Zola et Georges Sorel, défend une lecture dramatique de l'Histoire, tissée de conflits nécessaires, moderne en ce sens qu'elle conteste l'idéalisme libéral anglo-saxon issu du XVIIIe siècle, convaincu de l'harmonie « naturelle » des intérêts.

Contre les philosophies constituées et téléologiques de l'Histoire, on peut invoquer une Histoire indéterminée : pour Cournot, qui admet le hasard, la contingence historique, l'Histoire est peu prévisible, imparfaitement rationnelle.

Le hasard peut constituer la part de tragique dans l'Histoire, dont l'horizon, pour Machiavel n'est plus celui du providentialisme chrétien mais celui, contingent sans transcendance, de la valeur personnelle du dirigeant. Il n'y a pas d'ordre naturel ou surnaturel, seulement des hasards dont les habiles savent tirer parti. Rien n'est jamais gagné ou perdu. Les limites du pouvoir sont celles des seules forces, faillibles, du dirigeant.

Le sentiment tragique de l'Histoire est né au XXe siècle des conflits, crises, mais surtout du discrédit des idéologies du Progrès et de la Raison, substituts laïcs à la religion traditionnelle, sacré de remplacement dénoncé par Nietzsche, alors que Marx, d'accord avec les principes de son temps, pensait encore que le développement de la technique et le culte du Progrès apporteraient le bonheur à l'humanité. La fin du XXe siècle, a apporté un démenti aux grandes vulgates progressistes et constructivistes issues du XIXe siècle, avec d'une part le retour de l'idéalisme moral (les nouveaux philosophes à la suite des déconvenues révolutionnaires) et avec d'autre part le retour des peuples et des cultures dans leur diversité, avec les sciences humaines et l'écologie radicale qui met en cause l'anthropocentrisme rationaliste, le productivisme, le technicisme et l'économisme dominants.

Face aux ruines, à l'universelle dégradation à la brièveté de la vie, les moralistes ont souvent conclu à la vanité des biens terrestres : pouvoir, savoir, gloire et richesse. Dans les années 1920, Spengler conclut pour sa part à la vanité de l'idée de Progrès : avec *Le Déclin de l'Occident*, dans une perspective réaliste et pessimiste, il montre que toute création est vouée à la disparition : la vieille civilisation occidentale, désormais universaliste et impérialiste, chargée de ses forces accumulées (cf. Valéry) éprouve tragiquement sa fin, posée comme limite, revers nécessaire de sa force.

La critique nietzschéenne nous enseigne à renoncer aux grands récits « progressistes », à tout sens illusoire de l'Histoire, à accepter le devenir, l'Histoire comme chaos tragique par définition même, sans recours à des théologies dissimulées.

Je peux croire en la perfectibilité de l'homme comme être historique, doué d'un langage symbolique, de la technique, de rituels, de conduites désintéressées. Je peux croire en la primauté cartésienne et kantienne du sujet humain autonome, en sa liberté accordée à la nécessité, comme les stoïciens. Je peux croire en la destinée spirituelle de la créature humaine, faible et magnifiée en même temps, dont la finalité du passage sur cette terre serait de glorifier Dieu par ses œuvres et ses prières. Avec le XVIIIe siècle, je peux croire aux nouvelles idoles : le Progrès, les Lumières par l'éducation (Condorcet-Kant).

Mais je peux souligner au contraire l'intérêt d'une philosophie tragique de la condition humaine : déjà, pour Pascal, l'homme est un être contradictoire et incompréhensible seul face à l'univers. « Le silence éternel de ces espaces infinis m'effraie[1]. » L'homme est faible dans le temps[2]. Avec la modernité, la révolution copernicienne ébranle l'anthropocentrisme, l'homme et la planète sont désormais sans privilège. Avec la diversité des cultures, le relativisme ruine l'universalisme.

1. *Pensées* (Br.), § 206.
2. Voir l'exposé : « L'oubli ».

Comment lire ensuite la condition humaine à la lumière de la nouvelle philosophie déterministe et « progressiste » du XIXe siècle ? La connaissance scientifique nous permet de comprendre et de maîtriser le monde, de transformer les obstacles en moyens par l'usage des déterminismes. L'action scientifique et historique nous ouvre un espace de liberté. À nous donc de constituer la vraie nature du monde. Mais le sens attribué à l'Histoire ne nous garantit pas nécessairement un espace de liberté, surtout lorsque l'on découvre, au XIXe siècle, que la destinée humaine serait régie par des facteurs biologiques (Darwin) par des déterminismes sociaux, ceux des classes avec Marx, ou par l'inconscient freudien ? L'homme serait-il l'auteur réel de ses actes, ou bien l'agent inconscient d'une destinée qui le dépasse ? Situation tragique, car la philosophie idéaliste du sujet est alors remise en question, tout comme la liberté défendue par Michelet contre la nature et la « fatalité ». Pour K. Popper, aller « dans le sens de l'Histoire », c'est confondre le réel et l'idéal, les faits et les valeurs.

Mais si Dieu ou le sens de l'Histoire s'effacent, il ne reste plus que l'homme seul face à lui-même, aux réalités tragiques de l'Histoire, au problème du mal (Voltaire, Camus) de la violence, de l'irrationnel, sans référence à une nature ou à une transcendance en proie au sentiment moderne de l'absurde éprouvé par Camus, Céline et Sartre : pour ce dernier, chaque homme est alors libre en ses projets, choisit ses valeurs, exerce une liberté en situation dans l'Histoire. À la tragédie de la fatalité succède la tragédie de la liberté. Pour Malraux comme pour Céline avec l'écriture, le salut peut alors passer par l'art comme « anti-destin ».

Enfin, le structuralisme a certes minoré le rôle de l'Histoire mais établi le règne des systèmes : la destinée individuelle résulte alors d'une syntaxe des cultures, expression de la diversité fondamentale du monde. L'homme s'inscrit dans des structures et le relativisme de sciences humaines met en cause l'universalisme occidental. L'écologie radicale dénonce les forces de la modernité : culture de masse, déracinement, technocratie, virtualisation du monde par l'image, rationalité économique dominante, tout comme l'affrontement prométhéen tragique de l'homme et de la nature, issu de l'anthropocentrisme. L'homme doit réaliser son identité dans sa culture, dans son rapport à la Terre.

L'Histoire ne peut être tragique en soi mais dans ce qu'en disent et en pensent les hommes et aussi dans la difficulté d'en établir une vérité objective, dans son opacité, son intelligibilité. Dans *De l'Histoire,* Valéry affirme que les historiens ne retenaient que les coupeurs de tête et les décapités, les autres disparaissent sans laisser de traces. L'Histoire « rend les nations superbes, insupportables et vaines » Nietzsche dénonçait la lourdeur de l'Histoire, et célébrait le bonheur de l'oubli. « L'Histoire est conception continuelle de fantômes qui planent sur les brouillards de l'insondable réalité... tous les historiens racontent des choses qui n'ont jamais existé, sauf dans la représentation ». Si l'Histoire est un récit, un montage narratif et causal d'événements, des relectures diverses du passé selon les méthodes et les idéologies du moment, comme l'Histoire romantique et républicaine selon Michelet, alors chaque siècle se révèle par ce qu'il nous dit du passé, l'Histoire n'est celle que de la représentation. Loin d'affirmer l'impuissance tragique des historiens qui « raconteraient des histoires » dans un attitude « insuffisamment scientifique », nous pouvons conclure à la vérité, à la légitimité de leur démarche subjective.

Les hommes doivent accepter de vivre à l'enseigne du devenir et de la diversité, non de l'harmonie et l'objectivité rationnelles et utopiques. « La vie est rupture, hérésie, dérogation aux normes[1]. »

G. G.

Lectures conseillées

F. Nietzsche, *Considérations inactuelles*, Seconde Considération.
O. Spengler, *Le Déclin de l'Occident.*
L.-F. Céline, *Voyage au bout de la nuit.*

1. E. Cioran, *Histoire et Utopie*, Folio.

L'historien fabrique-t-il l'événement ?

Le sujet risque de donner lieu à des récitations philosophiques sur les philosophies de l'Histoire. Or un examen théorique, un questionnement du sujet s'impose. Il faut voir que l'expression « fabriquer l'événement » peut inclure une contradiction, un non-sens. L'événement est ce qui survient en nous surprenant, faisant irruption dans le cours du temps, ce qui apporte une nouveauté, inaugure une époque. L'opinion commune identifie l'événement comme cause autonome, « naturelle » d'une évolution (1789, 1917...). L'Histoire traditionnelle restait événementielle, liée aux personnages importants, figures nationales mythiques et tutélaires, acteurs de cette histoire.

Par opposition, la fabrication est un artifice humain, un processus de production, une activité humaine consciente, réglée et maîtrisée.

Dépassant cette opposition, l'expression prend un sens lorsque nous songeons au travail de l'historien. L'Histoire est récit, détermination des événements, construction d'une narrativité. L'importance de l'événement nous apparaît rétrospectivement. L'historien établit le récit du passé, loin de collecter des faits neutres et objectifs existants d'eux-mêmes. Dans ce qui est retenu et expliqué, l'écriture de l'Histoire n'est pas neutre[1]. L'historien établit une périodisation, retient certains événements insérés dans une explication globale. C'est par exemple en fonction de la modernité et du Progrès comme idéologie que les historiens ont valorisé, « fabriqué » des événements significatifs, à valeur de rupture fondatrice.

Ainsi, 1789 a été fabriqué avec l'Histoire comme épopée de l'Humanité en marche, selon la vision idéaliste, mythique de Michelet, qui a « fabriqué » la prise de la Bastille comme événement, moment essentiel pour l'enseignement laïc républicain (G. Bruno, *Le Tour de France par deux enfants*). Inversement, Tocqueville, contemporain de Michelet au XIXe siècle, avait interprété la Révolution comme aboutissement d'une évolution libérale et égalitaire en France, première puissance européenne, à l'époque. En 1789, la Révolution était déjà faite implicitement, l'événement est ici lu comme une conséquence de cette évolution, il est relativisé, alors que Michelet l'avait valorisé, voire « fabriqué ». C'est bien l'historien qui établit et fabrique les liens de causalité.

L'Histoire nous apparaît alors comme un discours sur l'histoire, l'événement est construit par l'historien, qui se révèle par ce qu'il nous tait, ou nous dit du passé. Selon les diverses idéologies, des monarchistes ultras aux marxistes, la Révolution a été très diversement relatée et expliquée au XIXe siècle. Les préférences accordées à tel moment du passé sont révélatrices : ainsi les affinités qui liaient les romantiques « ultras » au souvenir du Moyen Âge « gothique » et idéalisé. De même, l'histoire marxiste a été inspirée par le messianisme prolétarien, l'histoire républicaine par l'apologie des Lumières, de la colonisation. De même les méthodes divergent : histoire événementielle et

1. Voir note 5 page 76.

nouvelle Histoire qui met en avant le rôle des évolutions économiques, sociales, idéologiques, et précisément des manières d'écrire l'Histoire, de choisir certains événements. Aux yeux des tenants de la nouvelle Histoire, l'histoire traditionnelle a été une reconstruction sélective *a posteriori* d'événements souvent mythiques, liée à l'« effet-génération » ou à l'idéologie laïque et étatiste du pouvoir en place.

« Fabriquant » l'événement, les historiens nous racontent-ils des histoires ? La question de l'objectivité doit être posée. Pour gagner en scientificité, l'Histoire devrait pouvoir se dépouiller de sa « subjectivité ». Si en histoire tout se fabrique, alors tout est permis : oublis ou négations inacceptables. Pourtant, l'Histoire est inséparable de l'historien, la subjectivité n'est pas l'arbitraire ; elle-même fait sens, en sympathie avec le passé. L'événement est bien « fabriqué » selon les méthodes de l'Histoire et les questions que se posent les hommes, à tel moment de l'histoire. L'Histoire est une série de réinterprétations. Ainsi, si l'on comprend la volonté de la justice de juger l'Histoire au nom de la morale, dans une société « surjudiciarisée » pour certains, en revanche, la prétention du droit à l'emporter sur l'histoire est contestable. Démarche critique, l'Histoire n'est pas l'auxiliaire du droit.

On doit aussi s'interroger sur le contexte médiatique où l'expression du sujet peut prendre un sens. Substitués à la réalité, l'apparence et le virtuel « fabriquent » l'événement, engendrent l'illusion participative. Les médias créent une nouvelle réalité. Pour Baudrillard, l'image est à la fois hyper-stimulation et hyper-réalité. Substituée au sacré, au signe, aux valeurs directrices, la simulation tient lieu du vécu. Pour R. Debray, « l'État séducteur » avec la vidéosphère, la fabrication de l'événement par sa médiatisation serait une menace pour la dimension historique, critique et politique du monde. L'immédiateté menace la distance comme la transcendance et ce qui n'est pas médiatisé n'existe pas.

Déjà, dans *Faire de l'Histoire*, Pierre Nora et Jacques Le Goff évoquaient l'extraordinaire présence de l'événement médiatisé, mais aussi le brouillage du sens et le simulacre participatif. Barthes, dans ses *Essais critiques*[1] étudiait le lien du fait divers et de l'événement. Enfin les sondages, moyen prétendu d'une nouvelle démocratie, tendraient à faire les élections, à fabriquer l'opinion.

G. G.

Lectures conseillées

H.-I. Marrou, *De la connaissance historique* (Seuil).
P. Nora et J. Le Goff, *Faire de l'Histoire.*
P. Veyne, *Comment on écrit l'Histoire* (Seuil).
M. de Certeau, *Histoire et psychanalyse entre science et fiction* (« Folio Essais »).
L. Valensi, *Fables de la mémoire* (Seuil).
J. Rancière, *Les Mots de l'Histoire* (Seuil).

1. « Points » Seuil, p. 188.

La décadence

Face à la brièveté de la vie, à l'universelle dégradation, les moralistes ont souvent conclu à la vanité des biens terrestres : pouvoirs, savoirs, gloire et richesse. De même, le thème de l'apogée, du déclin et de la chute des empires a préoccupé les intellectuels, de Montesquieu à Valéry...

Étymologiquement, la décadence est un mouvement vers le bas. Des philosophes antiques critiques du devenir, aux organicistes allemands du XIXe siècle, on a longtemps considéré que les pouvoirs et les civilisations auraient des âges qui les mèneraient de la maturité à la décrépitude. On pourrait s'abstenir de condamner cette décomposition. « Le phénomène de décadence est aussi nécessaire que l'épanouissement et le progrès de la vie » (Nietzsche, *La Volonté de puissance*), tout comme le concept de crise, moment décisif ouvrant la voie à une mutation[1]. Aussi général que le concept de crise, celui de décadence est péjoratif, dans une visée plus moralisatrice que vraiment politique, et qui dénonce le déclin des valeurs.

La décadence est une catégorie de toute interprétation historique et relève d'une lecture subjective de l'Histoire, en antithèse exacte à l'idéologie du Progrès. En effet, le temps est objet de discours, articulés à des idéologies implicites. Accomplissement spirituel avec l'humanisme chrétien, temps profane et moderne avec la Renaissance (K. Pomian, *L'Ordre du temps*), rationalisme des Lumières, grands récits historiques selon l'idéalisme hégélien et l'organicisme allemand au XIXe siècle, marxisme, évolutionnisme, positivisme français, tels sont les jalons successifs de l'idée de progrès, devenue mythe du Progrès (J. Baudrillard, « Idée de progrès », *Encyclopædia Universalis*). Au XXe siècle, les sciences humaines, dans leur relativisme, et aussi la nouvelle Histoire, ont contesté la conception occidentale du temps, cumulatif et linéaire, série de « plus et de mieux », l'illusion finaliste et anthropocentriste du Progrès. Celui-ci ne serait qu'une représentation. N'en est-il pas de même pour la décadence ? À nous de discerner maintenant la logique du discours sur ce dernier concept.

Celui-ci valorise l'origine idéalisée liée à l'unité, à l'identité. Inversement, le progrès est souvent défendu comme écart de l'origine. Dans la célèbre conclusion des *Mémoires d'outre-tombe*, Chateaubriand évoque l'ancien monde breton, aristocratique, paternel et communautaire, supplanté par les forces de la modernité.

Au début de *L'Ensorcelée*, Barbey d'Aurevilly, spiritualiste de la fin du XIXe siècle, évoque la lande de Lessay, sa « poésie primitive et sauvage », face à une époque qu'il déteste, « grossièrement matérialiste et utilitaire » et face à l'industrialisme moderne. Le vieux monde s'écroule et le prestige des origines est défunt. Le passé englouti inspire l'esthétique des ruines, chères à Hubert Robert et aux esthètes préromantiques qui érigeaient de fausses ruines dans leurs jardins au XVIIIe siècle. Cette esthétique est porteuse de nostalgie, de sentiment

1. Voir l'exposé : « Qu'est-ce qu'une crise ? »

étrange d'une présence-absence, de vertige du vide. Le thème n'est pas nouveau puisque du Bellay avait évoqué l'Antiquité disparue à travers les ruines de Rome ; plus tard, dans l'*Itinéraire de Paris à Jérusalem*, Chateaubriand oppose « la grandeur défunte de la Grèce antique et d'un peuple libre », à la « populace » devenue « esclave » à Athènes en 1811.

Le discours sur la décadence met aussi en cause la perte d'une énergie originelle. Dans le premier *Discours sur les sciences et les Arts*, par la prosopopée de Fabricius, Rousseau accuse la philosophie et les arts de précipiter la perte de la vertu romaine. Alors que Baudelaire vit dans le goût de la nature le signe d'une « récurrence de barbarie » et fit de l'art un idéal, c'est le dandysme à la fin du XIXe siècle et le culte de l'artifice qui peuvent être assimilés à la décadence. L'esthète ne peut s'épanouir dans un univers industriel d'utilité et d'efficacité, optimiste et volontariste comme dans *Chatterton*. Il doit donc exister contre, marginalement, sans ambition déployée, dans l'attente de la fin, puisque la masse l'emportera. Figure du désespoir, le dandy est « décadent », inadapté au changement comme au combat social, il perd tout contact avec le réel, comme des Esseintes dans *À rebours* de Huysmans, dénonciation de la suffisance bourgeoise au XIXe siècle, de la vulgarité moderne elle-même décadente... Plus tard au XXe siècle, les figures du dandy le montrent comme individu d'exception, mais incapable d'engagements à long terme, seulement en quête d'instants exceptionnels pour fuir l'ennui, l'absurdité de la vie. La vie devient un jeu avec la vitesse (Nimier) ou un théâtre, avec le seul style révolutionnaire ou activiste.

Le discours sur la décadence provient enfin de la crise des idéologies du Progrès et de la raison, comme théologies dissimulées, mises en cause par Nietzsche, alors que Marx y adhérait fortement. Baudelaire dénonça en son temps la fatuité et la crédulité de la religion du Progrès, Léon Daudet le conformisme de cette même religion dans le *Stupide XIXe siècle* (1922). Dans les années 20, O. Spengler conclut à l'illusion du Progrès, déjà défini par Georges Sorel comme idéologie des Lumières et de la bourgeoisie. *Le Déclin de l'Occident* montre, de manière réaliste et pessimiste, que toute création tend à sa fin. La civilisation occidentale, universaliste et impérialiste, a accumulé des forces, éprouve tragiquement sa fin, revers nécessaires de son pouvoir. « Nous autres, civilisations, savons maintenant que nous sommes mortelles », écrit Valéry en 1920. La décomposition sociale est le thème central du pamphlet de Lucien Rebatet, *Les Décombres*, qui marqua les années 1940. Et avec le *Voyage au bout de la nuit* en 1932, Céline fait la peinture achevée d'un univers de misère, de mort, de décadence, de décomposition, de l'Afrique à la banlieue sordide de son temps, en passant par la démythification du « Progrès » dans l'enfer matérialiste américain. Pour Céline, « tout est foutu »... et « tout fout le camp ».

G. G.

Lectures conseillées

J. Freund, *La Décadence*.
O. Spengler, *Le Déclin de l'Occident*.
A. Toynbee, *Une étude de l'histoire*.

La modernité se soucie-t-elle du passé ?

Concept attractif, la modernité qualifie des perspectives très différentes : relativisme sceptique de Montaigne, passage du « monde clos à l'univers infini », individualisme venu de la Réforme, capitalisme et libéralisme naissants, apparition de l'État-Nation, laïcisation, sécularisation, idéologie de la technique, évoquées par Baudrillard (*Encyclopædia Universalis*, article « modernité »).

La modernité postule une démarche de rupture avec le passé, d'abord dans l'ordre esthétique. Pour les Anciens (La Bruyère, Boileau) au moment de la querelle des Anciens et des Modernes, il faut prendre en compte l'effort de l'Antiquité, ses réussites esthétiques dans l'« imitation de la nature », ses réflexions d'intérêt universel sur la condition humaine identique à elle-même. Ce qui est du passé n'est pas pour autant dépassé. On doit rappeler le début des *Caractères* de La Bruyère : « Tout est dit, et l'on vient trop tard depuis plus de sept mille ans qu'il y a des hommes, et qui pensent ». Ainsi, il n'y a rien de nouveau sous le soleil[1]. En revanche, l'argument des modernes (Fontenelle, Perrault) est que la nature produit toujours autant de génies ; nous nous appuyons sur le progrès des connaissances (Pascal, *Préface au traité du vide*). Déjà au XIIe siècle, Bernard de Chartres définissait ses contemporains comme « des nains juchés sur les épaules des géants », ce qui accrédite la valeur des modèles et de l'imitation, mais ce qui permet aussi leur dépassement.

La physique cartésienne, la nature mathématisée, le relativisme critique de Bayle et Fontenelle, l'esprit d'examen, l'intérêt porté à l'Histoire par Montesquieu, la critique de la transcendance (Diderot : « la raison finira toujours par avoir raison »), le culte du bonheur humain, la philosophie libérale des droits sont autant de jalons divers et successifs de la modernité en rupture.

En rupture dans le domaine esthétique comme politique, l'avant-garde, expression de la modernité, est une figure militaire, élitiste et progressiste. L'avant-garde marche la première, progresse vers un but, ouvrant la voie à la masse et l'éclairant, selon une Histoire linéarisée mais semée d'embûches. En art ou en politique, être moderne, c'est manifester son autonomie critique, son individualité créatrice, son génie et sa volonté à l'encontre des convenances, des idées convenues, des obstacles au « Progrès ». On peut rappeler le rôle dévolu au « moi », par le romantisme et relire le début des *Confessions* de Rousseau.

La poésie, la liberté, le mouvement, l'aléa, l'imprévisible (Baudelaire évoquait « le fugitif, le contingent, le transitoire » à propos de la modernité) l'aventure, la vitesse (de B. Cendrars à R. Nimier), expriment la modernité par exemple à travers l'impressionnisme, le surréalisme, le futurisme italien, ces deux derniers mouvements ayant été liés aux expériences révolutionnaires des années 1920-1930.

1. Voir les exposés : « Qu'est-ce qu'un artiste ? » et « Le pouvoir des mots. »

Quant au constructivisme politique révolutionnaire lui-même, il se défiait du passé, voulait « faire table rase », tourné vers l'avenir de manière messianique et optimiste. L'homme nouveau était pour demain, à construire[1].

De la physique cartésienne à Marx et à Saint-Simon[2], la raison n'est pas étrangère à cette volonté de rupture de la modernité avec le passé, à ce pouvoir de l'homme sur la nature, à travers l'initiative critique, la science et le progrès, devenus nouvelle religion, substitut laïcs à la croyance traditionnelle qui enseignait les limites de la condition humaine. Dans le *Discours de la méthode* (II) Descartes utilise la métaphore d'une ville bâtie au long du temps, moins « cohérente » que celle d'un architecte. Faut-il mettre à bas l'ancienne, refaire commencement avec l'urbaniste, comme on le ferait avec le législateur (Rousseau, *Du contrat social*, ou avec la Déclaration américaine des droits[3], avec des villes idéales, des architectures utopiques, au mépris de l'ordre réel, humain, historique, identitaire et enraciné ?

Mais la modernité n'est pas extérieure à l'Histoire. Certes, elle « s'actualise » comme l'actualité, mais s'insère ensuite dans la temporalité. Elle est en avance mais le gros de la troupe la rejoint. Elle prend sens, mais devient ensuite « coquille vide ». Les grands hommes de Hegel, modernes à leur insu, disparaissent après avoir mené leur action. Ce n'est qu'a posteriori que l'on est jugé moderne, et les Anciens l'ont été en leur temps... La modernité ne peut se définir qu'en référence à des critères historiques, en référence au passé. Le moderne, le « dernier cri », les « dernières nouvelles » deviennent obsolètes, même si à l'âge contemporain le fait divers acquiert souvent le prestige de l'événement[4].

La modernité naît aussi d'une nostalgie, de la volonté de redonner naissance à ce qui était enfoui : intérêt porté par le Moyen Âge à l'Antiquité, par Rousseau aux Romains pour fonder un nouvel ordre politique (*Discours sur les sciences et les Arts*, prosopopée de Fabricius), par les monarchistes « ultras » de 1815 au Moyen Âge féodal et gothique, préféré à la monarchie déjà centralisée et « décadente » du XVIIIe siècle finissant. L'intérêt porté au passé caractérise le XIXe siècle, âge positiviste de la science, de l'ordre et du progrès comtien, âge des encyclopédies, des musées et des dictionnaires...

À l'âge post-moderne, la modernité paraît archaïque. Déjà au tournant du XIXe siècle et du XXe siècle, le pessimisme, l'esthétisme, le nietzschéisme avaient dénoncé le rationalisme comme le progressisme, l'utilitarisme, eux-mêmes modernes pour la génération précédente. La remise en cause de l'humanisme et de l'idéalisme issus des Lumières à travers la littérature de l'absurde (Céline, Camus, Sartre) marquent ensuite la génération suivante.

Le relativisme des sciences humaines, la remise en cause du rationalisme de l'universalisme, du technicisme, le discrédit des grandes idéologies, « récits historiques » issus du XIXe siècle, la fin du « développement », le renouvellement des modes jusqu'au « néo » ou au « rétro » (dans le style « piscine », « paquebot » des années 30), l'épuisement de la modernité devenue

1. Voir l'exposé : « L'avenir nous appartient-il ? »
2. Voir les exposés sur le travail et la technique.
3. Voir l'exposé : « Le pouvoir des mots ».
4. Voir l'exposé : « La communication ».

rhétorique formaliste, le virtuel anhistorique d'une part, le « retour » des identités et des cultures, avec l'essoufflement de l'État-Nation moderne, ne font-ils pas maintenant que nous connaissons une nouvelle ère ?

G. G.

Lectures conseillées

K. Pomian, *L'Ordre du temps.*
P. Virilio, *Vitesse et politique.*
J. Chesneaux, *Habiter le temps.*
Le Temps, ouvrage collectif (Bréal).
A. Touraine, *Critique de la modernité* (Fayard).
D. Bourdin, G. Guislain, P. Jacopin, *Le Temps* (Bréal).

À quoi reconnaît-on l'esprit d'une génération ?

Dans une première partie, il est possible de tenter un essai de définition, d'interroger le mot génération. Au-delà de l'étymologie exprimant la création et un espace de vingt-cinq ou trente ans, le mot génération satisfait divers critères : avoir eu le même âge à tel moment, avoir vécu des expériences marquantes à des âges différents – sur ce sujet les crises et les guerres font bien l'affaire – expériences mythifiées qui font l'unité d'une génération. Plus finement, l'appartenance à une génération se nourrirait du même air respiré, des mêmes mentalités, des mêmes codes, mots et modes adoptés. L'origine sociale, les déterminations économiques sont assez étrangères au concept de génération qui implique plutôt l'adoption d'une même symbolique, concept cher à Baudrillard et Bourdieu. L'existence de conflits de générations révèle que les mentalités sont plus influentes que les idéologies. L'esprit d'une génération désigne un champ mental parfois mal défini, aux contours flous, bref ce qui a du sens pour un groupe social. Plusieurs exemples peuvent le montrer : avoir participé à la guerre d'Algérie, au mouvement du Larzac dans les années 70, avoir été instituteur, normalien ou prêtre en 1900, scout en 1950-60 avec la mystique de la Route. Les nomenclatures descriptives, l'exposé – par le menu – des modes vestimentaires et musicales des jeunes à l'âge contemporain, ne peuvent répondre au sujet d'une manière crédible.

Comment se manifeste ensuite l'esprit d'une génération ?

La genèse de l'effet-génération peut être envisagée. Le climat intellectuel, mental voire idéologique contribue à former une même sensibilité. On peut citer le rôle des images, des signes, des codes de ralliement ou de connivence, des slogans ou des mots d'ordre, s'ils sont plus formalisés, de la formation, des professeurs ou des maîtres à penser qui laissent un héritage intellectuel, idéologique, politique, en constituant un avoir, un « capital culturel » au bénéfice de leurs héritiers. On peut citer les maîtres qui ont formé Charles Péguy, qui s'y réfère, dans *Notre Jeunesse*.

« L'esprit d'une génération » est souvent en rupture avec celle de la précédente. On peut poser ici, succinctement, la question de l'imitation, qui pousse plus loin l'héritage reçu, de son dépassement, ou de la négation du passé jugé conformiste et académique, en utilisant concepts de modernité, d'avant-garde, avec les courants esthétiques et intellectuels des XIXe et XXe siècles.

« En aval », l'esprit d'une génération forme un champ intellectuel susceptible d'influencer ceux qui suivent. Les Lumières, l'*Encyclopédie*, les mouvements idéologiques en France dans les années 50-60-70, le rôle des « laboratoires intellectuels », des clubs politiques ou de pensée, des « *newsmagazines* » des années 60 (*L'Express, Le Nouvel Observateur*), l'héritage de 68, libertaire, humanitaire, les droits de l'homme, les nouveaux philosophes, l'évolution (avec des intellectuels issus des années 60) peuvent être retenus.

En définitive, l'esprit d'une génération apparaît comme un concept lié à la réflexion historique et sociologique renouvelée par l'histoire des idées et des mentalités, avec la « nouvelle Histoire » issue des *Annales*, et par l'apport de Bourdieu, animateur de la revue *Actes de la Recherche*. L'histoire des idées, des modes s'est substituée à l'histoire événementielle. Jean-François Sirinelli a étudié par exemple *Les Khâgneux et normaliens dans l'entre deux guerres* (PUF, Quadrige), d'autres les engagements et manifestes des intellectuels aux XIXe et XXe siècles. Enfin, la culture des jeunes retient l'attention. Tout est affaire de jugements rétrospectifs, quand il s'agit de définir, d'évaluer le sens et l'héritage de telle ou telle génération, bruyante ou plus discrète, mais non moins influente, parmi les intellectuels, la classe politique...

Quelques exemples de générations bien définies suivent ici, dans une liste non exhaustive :

Les Encyclopédistes.
Les romantiques avant 1830.
Le romantisme engagé après 1830.
La génération socialisante de 1848.
Les réalistes naturalistes.
les catholiques sociaux au XIXe siècle.
Les « hussards noirs » de la République.
Les nationalistes depuis la fin du XIXe siècle.
Le premier avant-guerre.
Les écrivains face à la 1re guerre (Péguy, Apollinaire, Céline, Barbusse, Dorgelès, Duhamel, Valéry).
La Belle Époque.
Les années folles et Montparnasse.
Les intellectuels des années 30 : écrivains engagés, personnalistes, communautaires, planistes et technocrates.
La montée des périls avant 1940.
Le second après-guerre.
L'existentialisme.
L'anticolonialisme,
Le tiers-mondisme.
Clubs et nouvelle gauche dans les années 60.
Les appelés en Algérie.
Les « sixties ».
Les « hussards » (Nimier, Blondin...).
68.
Les « *newsmagazines* » des années 50 et 60.
Humanitarisme et années 80.
La « nouvelle droite ».
Les générations de gaullistes.
« La Génération Mitterrand ».

G. G.

Lectures conseillées

Hamon et Rotman, *Génération de rêve, génération de poudre*.
L. Ferry et A. Renaut, *La Pensée 68 : Essais sur l'antihumanisme contemporain* (Gallimard).
M. Henry, *L'Amour les yeux fermés* (Folio Gallimard).
C. Guerin, *L'Utopie Scouts de France* (Fayard).

14 • La liberté

« Si Dieu n'existait pas, tout serait permis. » Fédor Dostoïevski

Cette formule qui ouvre le roman des *Frères Karamazov* peut être entendue dans un sens nihiliste[1] : sans l'autorité attachée à la puissance divine, les hommes n'ont aucune obligation dans la conduite des actions. Tout est possible à qui ne craint pas la sanction divine. Sartre reprend la citation[2] pour affirmer l'absolu de la liberté dans un monde sans Dieu. L'homme, « condamné à être libre », ne trouve aucune force capable de lui imposer le choix de ses actions, il est donc renvoyé à sa responsabilité dans l'angoisse de la décision. Dans les deux cas, l'athéisme n'est pas revendiqué comme une libération de la coercition divine, mais plutôt constaté comme un abandon. Dostoïevski voit en Dieu une source d'interdits, de règles qui ne produiraient en nous aucun effet s'il ne les soutenait de son autorité. La puissance divine marquerait donc, par l'hypothèse de son absence, l'abandon d'un monde où *rien* ne peut venir nous faire signe, nous appeler et où Dieu se manifeste négativement par les limites qu'il pose à notre existence.

Si Dieu est source des interdits, l'idée antique de la vertu est remise en cause, car elle ne suffit pas à nous maintenir dans la voie du devoir. « Supposons, écrit Rousseau, qu'un cœur trop sensible brûle d'un amour involontaire pour la fille ou la femme de son ami ; qu'il soit maître d'en jouir (...) ; que sa figure charmante l'attire ornée de tous les attraits de la beauté et de la volupté : au moment où ses sens enivrés sont prêts à se livrer à leurs délices, cette image abstraite de la vertu viendra-t-elle disputer son cœur à l'objet réel qui le frappe ? (...) Non, Monsieur, il fermera les yeux et il succombera. » L'inefficacité pratique de la vertu vient de son caractère trop théorique : comme les règles de la diététique, elle nous indique où est le bien, mais nous laisse libres (c'est-à-dire impuissants) de les appliquer ou non. Pour donner à ces règles la force d'un *commandement*, il faut supposer une personne qui nous en demande un jour des comptes et fasse ainsi du manquement à la règle une faute à son égard. Ce recours à la culpabilité, en vivant « sous l'œil de Dieu », n'est pas destiné à forcer les méchants au bien, mais à donner un sens à l'action morale. Lorsqu'en effet, Kant nous dit que « la religion est la connaissance de nos devoirs en tant que commandements divins[3] », cela ne signifie pas que la crainte de Dieu rend plus forte la loi morale. Si l'on respecte une règle morale par crainte du châtiment ou espérance d'une récompense, elle n'a plus aucune valeur morale. C'est l'homme moral, respectueux par devoir de la loi qui, seul, peut comprendre le sens de la faute. Car s'il réfléchit sur son action vertueuse, sur la fin qu'elle vise, il doit conclure qu'elle consiste à vivre *comme si* nous avions à réaliser un monde composé d'êtres moraux. Selon Kant, nous ne déduisons donc pas l'obéissance à la loi de l'existence de Dieu, nous découvrons

1. Tourgueniev, dans *Père et fils* (1862), inventa le terme pour son personnage, Bazarov qui « ne s'incline devant aucune autorité et n'accepte aucun principe sans examen ». Être *nihiliste*, c'est poser que tout est discutable, donc que rien n'est interdit ; c'est, si l'on veut, ne croire en rien.
2. *L'existentialisme est un humanisme.* (Nagel).
3. *La religion dans les limites de la simple raison.*

au contraire qu'agir moralement postule que notre existence s'inscrit dans un projet divin, celui d'une communauté humaine d'êtres moraux. La moindre action vertueuse est ainsi la preuve pratique d'une destination morale de l'humanité et l'épreuve personnelle de la responsabilité individuelle de chaque homme dans la réalisation de cette tâche comme projet divin. C'est alors seulement que la vie vertueuse du sage antique prend tout son sens en ouvrant une perspective historique. La culpabilité, ce n'est pas craindre la colère divine, c'est prendre conscience que nos actions dépassent la simple hygiène de vie éthique pour s'inscrire dans un projet qui déborde notre existence personnelle.

Lorsque Kant donne au respect de la règle morale la dimension religieuse d'une tâche historique à réaliser, il interprète dans un sens qui lui est propre le passage de la découverte de la règle éthique, dans l'Antiquité, à la révélation de son sens moral et religieux, dans le christianisme. Mais peut-être la dimension historique d'une tâche à réaliser, celle d'une « communauté d'êtres raisonnables », n'épuise-t-elle pas le sens de la loi. Car si, comme l'écrit Rousseau, dans la *Profession de foi du vicaire savoyard,* la voix de la conscience morale n'est autre que celle de Dieu, le commandement qui s'y exprime appelle peut-être à autre chose qu'une simple obéissance. Le décalogue, par exemple, commande de ne pas assassiner, ne pas voler, ne pas commettre l'adultère, etc., ce que Kant synthétise sans doute définitivement dans l'obligation de « ne pas traiter autrui seulement comme un moyen, mais aussi en même temps comme une fin ». Or, celui qui, par obéissance à la loi, s'abstient de faire souffrir son voisin réalise par devoir ce qu'il ferait spontanément s'il *aimait* ce voisin. Obéir à la loi, c'est donc toujours imiter celui qui aimerait réellement les hommes. Se référer à la loi divine, y chercher un projet, c'est alors découvrir une autre dimension de l'humanité qui lui donne son sens religieux : l'amour des hommes. La formule de saint Augustin, « aime et fais ce que tu veux », signifie que l'amour permet de se passer des commandements divins, puisqu'il les réalise si parfaitement que l'écart mis par le devoir entre la loi et l'inclination se trouve supprimé. L'existence de Dieu, comme source de la loi n'est plus ici conçue sous la forme contraignante de l'interdit, mais sous la forme attractive d'un appel. Nous faire sentir le caractère impératif de la règle morale dans la conscience de la faute, c'est nous inciter à découvrir son aspect plus directement religieux lorsque nous réussissons à intérioriser la loi au point de nous identifier avec la volonté dont elle procède. Le vrai sens de la culpabilité, c'est simplement éprouver qu'on réalise imparfaitement le projet divin en imitant l'amour sans aimer vraiment. Lorsqu'Augustin raconte, dans ses *Confessions,* sa conversion, il ne rapporte pas comment il a découvert l'impératif de la loi ou la grandeur du devoir, il témoigne de la façon dont il a trouvé dans l'amour une force capable de l'entraîner sans contrainte.

Voir en Dieu la source de l'interdit, c'est supposer que sa loi nous impose ce que nous ne ferions sans doute pas sans elle. Mais c'est aussi nous interroger sur le projet que cherche à réaliser l'obéissance à cette loi religieuse. C'est une telle interrogation qui peut nous conduire à trouver en Dieu moins l'origine d'une contrainte qu'un appel à réaliser une humanité qui dépasse la quiétude d'une sagesse individuelle.

P. D.

Lectures conseillées

J.-J. Rousseau, *Lettre à M. de Franquière*, 15 janvier 1769.
E. Kant, *Critique de la raison pratique*, Livre II, chap. 2.
Matthieu, *Évangile*, chap. 5 à 8.
P. Ricœur, *Finitude et culpabilité*.

La fermeté

Antonyme de la mollesse et de l'indécision, la fermeté désigne une sorte de consistance dans l'action. Elle n'est pas forcément le gage de la raison, ni même de la certitude, mais signifie que la volonté ne varie pas dans la réalisation de son projet. À l'image de la fermeté d'un corps, l'homme ferme n'épousera pas les contours de ce qui s'impose à lui, il gardera la forme qu'il s'est donnée. La fermeté est donc moins attentive à la réussite de l'action qu'à la constance de la volonté qui l'entreprend. Elle dessine une perspective orientée vers le souci de soi-même, où l'action est l'occasion pour un homme d'éprouver ce qu'il est.

La sagesse antique nous a donné une figure de la fermeté dans la posture du sage stoïcien qu'aucun événement n'est capable d'ébranler. Tout son effort vise à acquérir une solidité telle qu'aucun événement ne sera capable de la briser. Ainsi, le Romain Lateranus, célébré par Épictète pour avoir gardé jusqu'au bout de la torture l'arrogance qui lui permettait de répondre ironiquement à ses bourreaux. Expression de sa force d'âme, la fermeté du stoïcien procède d'une sagesse pour laquelle la vie n'est qu'un décor dont nous devons nous sentir étranger : le succès, la victoire, la défaite, l'échec, une naissance, une mort, autant d'événements extérieurs à nous dont il convient avant tout de ne pas les laisser s'insinuer en nous pour nous ballotter au gré de leurs aléas et finalement nous mettre dans leur dépendance. Devant la mort, la maladie, le sage voit une incitation à se prouver sa force, sa capacité à ne pas se laisser ébranler par les circonstances extérieures, à l'image d'Hercule accomplissant ses travaux avec constance, sans jamais être abattu par l'ampleur et la difficulté de sa tâche.

Dans cette perspective, la fermeté est conçue comme une résistance. Le sage et le fou se distinguent face à la puissance dissolvante de l'événement en ce que l'un réussit mieux que l'autre à le traverser sans encombre. La fermeté stoïque semble le dernier moyen de survie dans un monde hostile. En ce sens, elle révèle bien une conscience malheureuse qui a perdu confiance dans le monde où elle vit. Né au moment de l'effondrement des cités grecques et de leur dissolution dans l'empire d'Alexandre, repris quand la république romaine disparaissait sous l'empire, le stoïcisme a perdu la certitude affichée par les philosophes classiques de pouvoir discerner dans le réel ce qui permettrait aux hommes d'y vivre harmonieusement. Lorsqu'Aristote distinguait de la science théorique, la « prudence », comme faculté de bien délibérer sur les singularités, les situations évolutives, il affichait par là une confiance absolue dans la capacité de l'esprit à épouser le réel, à le suivre dans ses moindres nuances pour en avoir l'intelligence et décider l'action qui convient, celle qui fera de l'homme l'acteur de son harmonie avec la nature. La fermeté stoïcienne, c'est à la fois la fin de cet effort pour connaître la réalité et pourtant la volonté de continuer à vivre en harmonie avec la nature. La fermeté se substitue ainsi à la prudence pour nous permettre de vivre même si la signification des événements nous échappe. En ce sens, être ferme, c'est ce qui reste à un homme qui ne se sent plus capable de se retrouver dans le monde où il agit.

La fermeté stoïcienne consiste à se rendre insensible à l'événement pour mieux pouvoir l'accompagner. Elle n'abandonne pas l'ambition antique de s'inscrire dans l'ordre de l'univers, même si elle a abdiqué toute ambition d'en connaître le mouvement. C'est pourquoi elle s'entend toujours dans un sens volontariste : l'homme ferme est celui qui, contre toute affection, émotion ou passion, réussit à triompher de lui-même pour s'inscrire dans le cours fatal des événements qu'il traverse. Une conception plus absolue de la fermeté consisterait à la centrer encore plus sur l'unité de la personne, en la débarrassant du volontarisme qui lui donne comme finalité de se rendre plus disponible à l'événement. Cela signifierait que le but de l'action est alors totalement indépendant de son résultat et entièrement fixé sur l'unité affirmée de celui qui n'a pas varié, restant en plein accord avec lui-même. Être résolu en ses actions, c'est ainsi rester soi-même, ne pas dévier de sa décision et goûter la joie d'éprouver que l'on est réellement le sujet de ses actions. La fermeté est ici un ressaisissement de soi, une sorte de recueillement grâce auquel nous éprouvons le contentement particulier que procure le sentiment d'assumer sa liberté. Il n'est plus question de se prendre en main pour se conduire dans le sens de l'événement, mais de jouir simplement du fait qu'on s'est pris en main, qu'on ne s'est pas laissé passivement imposer son acte, c'est-à-dire jouir de sa liberté. L'homme ferme est celui qui décide ce qui lui semble le meilleur tout en sachant qu'il se trompe peut-être, mais qui ne se laisse pas envahir par le remords s'il échoue, puisqu'il sait que, lors de sa décision, il ne pouvait tout savoir. Si, au moment de prendre la route, je juge que les conditions sont bonnes, la fermeté consiste à n'avoir aucun remords en cas d'accident imprévisible, mais à me dire, au contraire que j'ai exercé ma liberté dans sa plénitude. Comme l'écrivait Descartes à la princesse Élisabeth[1], « on n'a point sujet de se repentir, lorsqu'on a fait ce qu'on juge être le meilleur au temps qu'on a dû se résoudre à l'exécution, encore que, par après, y repensant avec plus de loisir, on juge avoir failli. Mais on devrait peut-être plutôt se repentir, si on avait fait quelque chose contre sa conscience, encore qu'on reconnût par après avoir mieux fait qu'on avait pensé ». Être ferme, c'est bien ici coïncider avec soi-même et surtout goûter la joie de cette coïncidence, lorsque, quel qu'en soit le résultat, on peut se dire que l'action a procédé d'un jugement dans lequel on persiste à se reconnaître. C'est pourquoi Descartes donnait comme principale vertu à la fermeté de nous « délivrer de tous les repentirs et les remords, qui ont coutume d'agiter les consciences de ces esprits faibles ». Le principal défaut de « ces esprits faibles », c'est de vivre dans la tristesse, du fait qu'ils ne coïncident jamais vraiment avec eux-mêmes, se demandant s'ils n'auraient pas dû décider autrement. La fermeté ne garantit pas la réussite, elle garantit que, quelle que soit l'issue, on en retirera toujours de la joie.

La fermeté affirme le caractère absolu du sujet libre dans l'action. Rester ferme, ce n'est pas seulement décider librement et se tenir résolument à sa décision. Le sens de la fermeté réside dans l'usage que l'on fait d'une telle résolution. Descartes lui a donné sa portée maximale en dévoilant que la fermeté n'est pas l'arme par laquelle notre volonté s'impose en nous, mais le moyen de découvrir la joie de vivre en pleine conformité avec sa conscience.

P. D.

1. Lettre du 6 octobre 1645.

Lectures conseillées

Aristote, *Éthique à Nicomaque*, L. VI, chap. 5 à 9.
Épictète, *Manuel*.
R. Descartes, *Discours de la méthode*, IIIe partie (2e maxime).
Lettre à Élisabeth, 4 août 1645.
B. Spinoza, *Éthique*, IIIe partie, Proposition 48, Explication.

Peut-on choisir son destin ?

L'idée de destin, l'ombre de la fatalité qui obscurcissait dans l'Antiquité la vie des hommes et des dieux peuvent paraître inactuelles, au moment où la culture techno-bureaucratique dominante entend réduire la contingence et le hasard, favoriser la liberté, tout en invoquant simultanément la fatalité neutre et objective du Progrès, les « contraintes » ou les « nécessités incontournables » du présent et de l'avenir, comme si celui-ci était déjà fait, sans alternative apparente possible.

Mais la relation du Destin à la liberté du choix constitue une problématique tragique posée par la Pensée antique et retrouvée par nos contemporains, sur fond de contingence et de déréliction. Un espace de liberté est-il ouvert aux hommes dans l'Histoire ? Peut-on reconnaître, choisir son destin, ou en finir avec le Destin ?

Le mot Destin désigne d'abord une puissance fixant irrévocablement le cours des événements, en dépit des efforts des hommes ou des dieux pour les éviter ; il fait référence ensuite à la fortune contingente des êtres, désigne enfin le cours d'une vie, la destinée, même librement conduite. Au premier sens, le Destin exclut la liberté comme absence de déterminations externes et pouvoir d'autodétermination ; on ne le choisit pas. La liberté et la raison s'opposeraient au Destin. Toutefois, c'est par opposition au Destin que l'homme peut penser sa vie comme liberté. Voir la condition humaine sous forme d'un cours prédestiné scandalise notre pensée.

L'Antiquité a reconnu et intégré le Destin, le rationalisme classique l'avait écarté en y opposant la liberté du sujet – celle du « généreux » cartésien – mais le Destin est réapparu autrement dans la réalité humaine contemporaine, non plus transcendant mais génétique, inconscient ou historique.

L'idéal antique d'autonomie dans une cité rationnelle se heurte à la figure mythique d'une loi supérieure imposée aux Dieux et aux hommes. La soumission au Destin explique la gravité de la sculpture grecque, pour Hegel dans l'*Esthétique*. Les trois Parques de la mythologie latine veillent sur notre vie, aux moments décisifs de notre existence. La *Moïra* des Grecs devient le *Fatum* des Latins, tout comme les Fées dans la culture populaire européenne, président à notre vie. *Fortuna* représente la contingence au regard de nos volontés et de nos mérites, détermine l'issue de nos entreprises. Mais en consultant les oracles, on peut s'efforcer de connaître notre destin, faute de le choisir. L'astrologie religieuse babylonienne le cherche à travers les étoiles.

Le Destin grec est expression de la nécessité, en contradiction avec la liberté, ce que manifeste la tragédie. Le héros tragique peut-il infléchir sa destinée ? ou bien n'est-ce qu'une illusion de liberté ? Recherchant un sens rationnel du Destin, avec le mythe d'Er, au livre X de la *République*, Platon montre que chacun choisit son destin avant d'y être soumis irrévocablement. La Fortune ne nous décharge donc pas de la responsabilité de notre destinée. Dans la *Physique*, Aristote ramène le hasard à une indétermination relative mais objective, liée à l'imperfection humaine, irréductible à notre ignorance, mais refuse pour autant de mythifier le Destin. Il ne reconnaît ni fatalité ni ordre divin providentiel. L'homme tient une place définie dans un Cosmos fini ; mais ce n'est pas une obscure fatalité. Imparfaitement libre, l'homme doit agir avec prudence, selon le possible et le convenable. Quant aux stoïciens, ils acceptent un ordre rationnel et nécessaire en reconnaissant la justesse du Destin, en nous libérant des passions ; nous pouvons exercer notre liberté pour ce qui dépend de nous. Avec le mouvement des atomes, les physiciens épicuriens affranchissent l'homme du poids du Destin. Lucrèce peint une Nature tantôt bienveillante tantôt inflexible. Les hommes doivent simplement assumer leur vie, leur destinée humaine dans tous ses aléas, le malheur comme le bonheur.

Le rationalisme classique a posé la question du destin à travers l'affrontement de la nécessité et de la liberté. Celle-ci, avec le généreux cartésien et cornélien, peut faire plier le pathos et le destin. L'homme peut choisir sa destinée. Il est conscient de la libre disposition de sa volonté et résolu d'en bien user. Je peux ainsi croire en la primauté cartésienne et kantienne du sujet humain autonome. Je peux croire en la destinée spirituelle de la créature humaine, dont la finalité du passage sur cette terre serait de glorifier Dieu par ses œuvres et ses prières. L'humanisme croit que l'Homme, sans oublier Dieu ou la Nature, peut choisir son destin, exercer sa liberté, dire le Droit, ériger des valeurs. Il est capable de cette démarche, il en possède le droit légitime. Les nouvelles idoles des Lumières : raison, idée de Progrès, morale et éducation impliquent que l'homme soit acteur de son destin. Quant à l'anthropologie contemporaine, elle m'enseigne que l'homme est un être historique, perfectible, doué d'un langage symbolique, de rituels, de conduites désintéressées, et aussi de la technique. La destinée de l'homme s'inscrit aussi dans une Histoire intelligible.

Dans la Préface de *L'Esprit des lois,* Montesquieu adopte un point de vue rationaliste et déterministe. Il y aurait donc des lois historiques, une causalité que les Lumières associent à une finalité : le bonheur humain. Dans ses œuvres historiques, Voltaire plaide pour une Histoire plus « scientifique » et exprime sa foi dans le Progrès, même discontinu (conclusion de *L'Essai sur les mœurs et le fondement des nations).* Kant espère en l'accroissement de la rationalité, fondement d'un avenir meilleur. Condorcet écrit l'*Esquisse d'un tableau de l'esprit humain.* Au XIXe siècle, on affirme avec optimisme l'existence d'un sens de l'histoire. Comte établit la loi des trois états : l'humanité serait analogue à l'individu, dans son développement. Taine adopte le déterminisme conservateur du principe de la race, du milieu, du moment. Les idéologies de l'Histoire se constituent en grands récits. Hegel affirme l'intelligibilité historique, l'union de l'Esprit et du devenir, du rationnel et du réel, dévoilés peu à peu dans l'Histoire, elle-même jugement dernier du monde. Convaincu d'une analogie de l'Histoire à la matière, et renversant l'idéalisme hégélien, Marx établit une logique historique déterministe et optimiste et s'inscrit dans le messianisme d'une fin de l'Histoire : satisfaction des besoins, fin du politique. Mais le socialisme ne peut s'enfanter qu'au terme d'une lutte implacable. Marx est contemporain de Darwin, Zola et Georges Sorel, défend une lecture dramatique de l'Histoire, tissée de conflits nécessaires, moderne en ce sens qu'elle conteste l'idéalisme libéral anglo-saxon issu du XVIIIe siècle, convaincu de l'harmonie « naturelle » des intérêts.

Comment lire la condition humaine à la lumière de la nouvelle philosophie déterministe et « progressiste » du XIXe siècle ? La connaissance scientifique nous permet de comprendre et de maîtriser le monde, de transformer les obstacles en moyens par l'usage des déterminismes. L'action scientifique et historique nous ouvre un espace de liberté. À nous donc de constituer la vraie nature du monde.

Mais le sens attribué à l'Histoire ne nous garantit pas nécessairement un espace de liberté, surtout lorsque l'on découvre, au XIXe siècle, que la destinée humaine serait régie par des facteurs biologiques (Darwin) par des déterminismes sociaux, ceux des classes avec Marx, ou par l'inconscient freudien ? L'homme serait-il l'auteur réel de ses actes, ou bien l'agent inconscient d'une destinée qui le dépasse ? Situation tragique, car la philosophie idéaliste du sujet est alors remise en question, tout comme la liberté défendue par Michelet contre la nature et la « fatalité ». Pour Karl Popper, aller dans le sens de l'Histoire c'est confondre le réel et l'idéal, les faits et les valeurs.

Enfin le structuralisme a certes minoré le rôle de l'Histoire mais établi celui des systèmes : la destinée individuelle résulte alors d'une syntaxe des cultures, expression de la diversité fondamentale du monde. L'homme s'inscrit dans des structures et le relativisme des sciences humaines met en cause l'universalisme occidental. L'écologie radicale dénonce les forces de la modernité : culture de masse, déracinement, technocratie, virtualisation du monde par l'image, rationalité économique dominante, tout comme l'affrontement prométhéen tragique de l'homme et de la nature, issu de l'anthropocentrisme. L'homme doit réaliser son identité dans sa culture, dans son rapport à la terre.

Et, du point de vue politique, dans les démocraties occidentales contemporaines, l'homme peut-il choisir son destin ? Peut on parler d'un pouvoir effectif du peuple ? L'insuffisante « circulation des élites », le poids des oligarchies bureaucratiques et technocratiques, le déclin du débat, le « consensus mou », le conditionnement passif issu des modes, des médias et des sondages, l'hégémonie du marché, de l'économisme dominant et des images ne montrent-ils pas nos contemporains dépossédés de leur liberté, voire de leur identité, par la culture de masse ? Pourtant, la critique de la « pensée unique » semble faire son chemin…

Je peux souligner l'intérêt d'une philosophie tragique de la condition humaine : déjà, pour Pascal, l'homme est un être contradictoire et incompréhensible, seul face à l'univers. « Le silence éternel de ces espaces infinis m'effraie[1]. » L'homme est faible dans le temps. Avec la modernité, la révolution copernicienne ébranle l'anthropocentrisme. L'homme et sa planète sont désormais sans privilège.

Contre les philosophies constituées et théologies de l'Histoire, on peut invoquer une Histoire indéterminée : pour Cournot, qui admet le hasard, la contingence historique, l'Histoire est peu prévisible, imparfaitement rationnelle.

Le hasard peut constituer la part de tragique dans l'Histoire, dont l'horizon, pour Machiavel n'est plus celui du providentialisme chrétien mais celui, contingent sans transcendance, de la valeur personnelle du dirigeant. Il n'y a pas d'ordre naturel ou surnaturel, seulement des hasards dont les habiles

1. B. Pascal, *Pensées* (Br.), § 206.

savent tirer parti. Rien n'est jamais gagné ou perdu. Les limites du pouvoir sont celles des seules forces, faillibles du dirigeant.

Le sentiment tragique de l'Histoire est né au XXe siècle des conflits, crises, mais surtout du discrédit des idéologies du Progrès et de la Raison, substituts laïcs à la religion traditionnelle, sacré de remplacement dénoncé par Nietzsche, alors que Marx, d'accord avec les principes de son temps, pensait encore que le développement de la technique et le culte du Progrès apporteraient le bonheur l'humanité. La fin du XXe siècle a apporté un démenti aux grandes vulgates progressistes et constructivistes issues du XIXe siècle, d'une part le retour de l'idéalisme moral (les nouveaux philosophes à la suite des déconvenues révolutionnaires) et avec d'autre part le retour des peuples et des cultures dans leur diversité, avec les sciences humaines et l'écologie radicale qui met en cause l'anthropocentrisme rationaliste. le productivisme, le technicisme et l'économisme dominants.

Face aux ruines, à l'universelle dégradation, la brièveté de la vie, les moralistes ont souvent conclu à la vanité des biens terrestres : pouvoir, savoir, gloire et richesse. Dans les années 1920, Spengler conclut pour sa part à la vanité de l'illusion du Progrès : avec *Le déclin de l'Occident*, dans une perspective réaliste et pessimiste, il montre que toute création est vouée à la disparition : la vieille civilisation occidentale, désormais universaliste et impérialiste, chargée de ses forces accumulées (cf. Valéry) éprouve tragiquement sa fin, posée comme limite, revers nécessaire de sa force. Ainsi, l'Histoire n'est pas le lieu du bonheur et chacun connaît le mot de Valéry en 1920 : « nous autres civilisations. savons maintenant que nous sommes mortelles. » Elle n'est pas non plus le lieu de !a médiocrité : « rien de grand ne s'est accompli dans le monde sans passion » (Hegel). La critique nietzschéenne nous enseigne à renoncer aux grands récits « progressistes », à tout sens illusoire de l'Histoire, à accepter le devenir, l'Histoire comme chaos tragique par définition même, sans recours à des théologies dissimulées. La fin des absolus scientifiques, la faillite de l'idéologie bourgeoise des Lumières et du Progrès, la faillite du scientisme triomphaliste interdisent les illusions optimistes et prométhéennes. Avec Nietzsche l'innocence du devenir nous libère de toute finalité providentielle et assume, en la dépassant, l'idée de destin. Le « oui au retour » est « l'*amor fati* », l'amour de la destinée à laquelle la liberté adhère de manière dionysiaque.

Si Dieu ou le sens de l'Histoire s'effacent, il ne reste plus que l'homme seul face à lui-même, aux réalités tragiques de l'Histoire, au problème du mal (Voltaire, Camus), de la violence, de l'irrationnel, sans référence à une nature ou à une transcendance, en proie au sentiment moderne de l'absurde éprouvé par Camus, Céline et Sartre : pour ce dernier, chaque homme est alors libre en ses projets, choisit ses valeurs, exerce une liberté en situation dans l'Histoire. À la tragédie de la fatalité succède la tragédie de la liberté. Pour Malraux comme pour Céline avec l'écriture, le salut peut alors passer par l'art comme « anti-destin ». Pour Malraux, l'aventurier étreint le Destin, tente de posséder le monde et de s'accomplir. Mais l'aventure est une illusion, un enjeu précaire. La Révolution est aussi une illusion lyrique souvent balayée par l'Histoire comme destin. Il faut donc renoncer à l'Histoire et en venir à l'art, comme forme suprême de la culture par son universalité.

G. G.

Lectures conseillées

R. Descartes, *Méditations métaphysiques.*
Discours de la méthode.
F. Nietzsche, *Le Crépuscule des idoles.*
I. Prigogine et I. Stengers, *La Nouvelle Alliance.*

Vivre libre, est-ce vivre seul ?

Associer liberté et solitude semble affirmer que les autres peuvent constituer un obstacle à l'exercice de la liberté. La vie en société serait ainsi conçue comme une vie de contrainte, certes acceptée, mais limitatrice de la liberté. Vivre libre prendrait donc un sens individuel et non politique. La figure de la liberté serait dessinée par le sauvage, le rebelle, rétif à l'ordre pour assurer son indépendance. La fleur sauvage, le blé sauvage, poussant seuls, hors des lieux prévus pour leur culture, semblent, en effet, constituer une image de la liberté : aucune restriction, aucune règle ne s'impose à eux, comme à l'homme qui vit hors des cités et peut ainsi jouir sans entraves de son existence sans avoir à tenir compte d'autrui. Il reste pourtant à examiner si la liberté reçoit une définition satisfaisante dans cette vision de l'homme libre comme celui qui reste en marge de toute règle. La liberté consisterait dans la possibilité de l'arbitraire, l'homme libre n'ayant de comptes à rendre à personne. Mais elle consisterait aussi dans un exercice gratuit puisqu'en l'absence d'autrui, l'acte libre ne réaliserait rien d'effectif, pur rapport à soi de celui qui ne sort jamais de son existence immédiate et de sa contingence.

La solitude de l'homme libre, c'est peut-être moins le refus des autres pour préserver sa liberté que le renvoi de chacun à la solitude de son choix au moment de prendre une décision. Faire un choix, c'est envisager l'avenir sous la forme d'une alternative dans laquelle il faudra trancher. Le logicien médiéval Buridan a représenté cette situation dans la fable d'un âne qui ne peut se résoudre à choisir s'il commence son repas par boire ou manger : soucieux de préserver sa liberté, il sait qu'une fois le choix fait, il sera fixé irrémédiablement, l'inscrivant dans une nécessité. La liberté serait donc limitée à cet instant du choix où, chacun, dans la solitude de sa décision, n'a pas encore déterminé dans quel possible il va se figer. Mais la solitude du choix ne consiste pas seulement dans cette indécision. L'indifférence de l'âne de Buridan s'étend même aux cas qui ne se présentent pas sous la forme d'une alternative. Chaque fois que nous considérons l'avenir comme un possible à réaliser, celui-ci est bien notre possible au sens où il semble inscrit dans l'horizon de nos actes. Pourtant, nous savons aussi qu'il nous incombe de le réaliser et que, sans notre effort, il ne se réalisera jamais. Selon la formule de Sartre, « je me rends compte que *rien* ne m'oblige à tenir cette conduite ». Cela veut dire que la liberté se révèle à nous essentiellement comme l'obligation de prendre l'action à notre compte. L'envers de la liberté, ce serait de voir notre action procéder de nous comme l'humeur est sécrétée par la glande. Nous pourrions ainsi penser que notre éducation, notre héritage génétique ou culturel, notre entourage, la société où nous vivons, déterminent notre comportement et que la liberté consiste à s'en tenir à distance. Or, c'est plutôt l'inverse qui a lieu puisque même la détermination la plus forte demande notre passage à l'acte, lequel nous éprouvons toujours comme pouvant ne pas avoir lieu. C'est en ce sens précis que notre liberté nous renvoie à notre solitude. Le soldat mobilisé, dans l'enthousiasme général de la déclaration de guerre, rejoint son poste conditionné par l'entourage social. Mais il peut aussi s'inquiéter à l'idée de ne pas être toujours à la hauteur, de voir son courage défaillir, etc. Il découvre alors que les déterminismes ne pèsent pas sur lui comme une cause mécanique puisqu'il ne peut se reposer sur eux en pensant que ce qu'il est produira inévitablement ce qu'il sera. La liberté n'est donc pas la solitude au sens d'une résistance aux déterminismes externes, mais plutôt d'une impuissance à s'abandonner, à se laisser porter par ceux-ci. Être libre c'est être seul parce que chacun est renvoyé à sa responsabilité, quelles que soient les causes invoquées à l'origine de nos actes.

On peut pourtant se demander si cette vision statique de la liberté à l'instant du choix épuise la définition de celle-ci. Car l'acte libre ne se résume pas à l'orientation d'une visée, il est aussi l'actualisation de son but. Être libre ce n'est pas seulement choisir, c'est s'engager dans un processus où le projet poursuivi entre en relation avec le réel qu'il se propose de nier. Ce qui manque à l'âne de Buridan pour être effectivement libre, c'est de s'élancer dans un acte où l'affirmation de la liberté consister à s'imposer au monde extérieur en le modifiant. « Il y a ce que nous voulons et ce que veut ce que nous voulons », disait Paul Valéry. Cela ne veut pas dire que notre volonté nous échappe, mais que sa réalisation nous conduit à une confrontation avec le monde qui déborde l'intériorité individuelle du choix. Le moment essentiel de la liberté sera donc celui de la confrontation avec tout ce que le hasard place sur le chemin d'un individu qui cherche à réaliser ce qu'il est. À la figure de la fleur sauvage, se substitue alors celle de la plante, en général, qui absorbe ce que contient le sol où elle pousse, le transforme et en fait l'élément de sa croissance. La liberté est ici la force de digestion dont un être est capable, l'orientation générale du monde relevant de la façon dont la confrontation des libertés s'accomplit dans l'absorption des unes par les autres. Voyant dans la liberté un dynamisme, une force spirituelle, Hegel, dans *La Science de la logique*, définit l'esprit libre par le fait de « ne pas accepter en lui quelque chose d'originellement autre et de ne pas laisser une cause se continuer en lui, mais au contraire de la briser et de la transformer ». Vivre libre, ce n'est pas le repli sur soi d'un vivant qui craint la vie, c'est au contraire l'effort qui n'exclut pas la confrontation. La vie, végétale ou animale, suppose des individus développant chacun leur liberté pour constituer avec les autres un monde, dans la confrontation du végétal à l'herbivore, de l'herbivore au carnivore ou au poison. La confrontation des hommes ou des peuples vient s'inscrire dans ce concert universel où l'instant du choix paraît moins décisif que celui de l'assimilation d'un processus par un autre.

L'image du sauvage, libre parce qu'aucune force extérieure ne le contraint, semble une représentation faible de la liberté. Le sauvage solitaire n'est libre que dans les limites d'une nature dont il subit les règles. La liberté prend sa vraie dimension lorsque le solitaire, niant son environnement naturel, transforme la nature par son travail, confronte sa volonté à celle d'autrui dans un ordre social qu'il modifie par l'action politique. L'homme libre est celui que sa pratique inscrit dans un monde qu'il fait évoluer.

P. D.

Lectures conseillées

R. Descartes, *Lettre à Mesland*, 9 février 1645.
J.-P. Sartre, *L'être et le néant*, Ire partie, chap. 1, § 5.
G.F. Hegel, *La Raison dans l'histoire* (10/18).

15 • La morale

L'intolérable

La tolérance n'est devenue une valeur, en Occident tout du moins, qu'aux XVIIe et XVIIIe siècles, sur fond de guerres de religion encore toutes récentes. Il est bon de rappeler que la tolérance ne peut valoir que comme idéal de substitution : dans la mesure où la pleine compréhension mutuelle et la concorde générale nous sont inaccessibles, la tolérance est la moins mauvaise solution inventée par les hommes pour parvenir à vivre ensemble et à faire coexister leurs libertés. Voltaire écrit dans l'article « Tolérance » du *Dictionnaire philosophique* : « Qu'est-ce que la tolérance ? C'est l'apanage de l'humanité parce que nous sommes tous pétris de faiblesse et d'erreurs. » La tolérance n'est pour nous une vertu que « parce que nous sommes faibles, inconséquents, sujets à la mutabilité, à l'erreur. » La tolérance est la rançon à payer pour nos errements, ou plutôt elle est le meilleur moyen de limiter au strict minimum les conséquences du fait que « l'erreur est humaine ». La tolérance, sans pouvoir se substituer à la compréhension, nous épargne du moins la discorde et la guerre civile : elle est simplement un moyen de « rendre la vie supportable[1]. » « La discorde est le grand mal du genre humain, et la tolérance en est le seul remède[2]. »

Toutefois, il ne faut pas oublier que tolérer n'est ni approuver, ni consentir, ni même comprendre. L'*Édit de tolérance* est bien ce que son titre indique : une simple faveur accordée par le bon vouloir du Prince, faveur sur laquelle il pourrait revenir à tout moment. *Une tolérance n'est pas la reconnaissance d'un droit légitime, mais seulement la décision* (peut-être provisoire, en tout cas par nature *révocable*) *de s'abstenir de sanctionner des actes ou des pratiques qui resteraient, d'un point de vue strictement juridique, condamnables.* Tolérer c'est supporter : on tolère ce qu'on renonce – ou ce qu'on ne parvient pas – à éradiquer.

Mais si la tolérance est malgré tout un moindre mal, si elle permet aux hommes de coexister sur la terre, voire au sein d'une même société, si elle leur évite d'en venir à s'exterminer au nom de ce qui les sépare, *l'idée qu'il y ait de l'intolérable n'est-elle pas une idée intolérante*, ne constitue-t-elle pas une régression par rapport à l'idéal qui était celui des Lumières ? Pourtant, fallait-il tolérer le génocide nazi, fallait-il tolérer les massacres dans l'ex-Yougoslavie, peut-on tolérer des propos visant à mettre en doute ou à relativiser les tentatives d'extermination dont ont été victimes les juifs, les tziganes, les arméniens ? Les progrès d'une civilisation se mesurent-ils aux progrès qu'y réalise l'idée de tolérance – et la réalité qui l'accompagne – ou bien au contraire l'idée de tolérance ne garde-t-elle tout son sens et toute sa force qu'à condition que soit réaffirmé avec la même force *qu'il y a de l'intolérable* ? La notion d'intolérable est-elle une négation de l'idée même de tolérance ? *Dire qu'il y a de l'intolérable, est-ce devenir moi-même intolérant ?* Ou bien une tolérance qui irait jusqu'à tout tolérer, y compris l'intolérance d'autrui, se détruirait-elle elle-même ?

---

1. Cf. la fin de *Candide, ou de l'optimisme*.
2. Voltaire, *Dictionnaire philosophique*, article « tolérance ».

L'affirmation d'une tolérance illimitée et sans borne correspondrait à la disparition pure et simple de l'idée de tolérance – et avec elle de la réalité qui l'accompagne. Dans une société où tout et n'importe quoi serait toléré, le lien social viendrait à se distendre indéfiniment au point de se rompre purement et simplement et l'on assisterait à une *régression vers l'état de nature*, vers un niveau infra-politique de l'organisation de la coexistence des hommes entre eux, qui à vrai dire ne mériterait même plus le nom d'« organisation ». Il ne peut donc y avoir de tolérance que sur fond d'acceptation de valeurs[1] ou de principes communs qui ouvrent un espace public où puisse se rencontrer et s'articuler l'action des hommes. L'idée de tolérance, loin d'être limitée par l'idée d'intolérance, se fonde au contraire sur l'idée qu'il y a des actes, des paroles ou des conduites qui doivent être rigoureusement bannis de l'existence sociale, qui sont donc intolérables, et qui, s'ils venaient à se produire, rendraient caduc le pacte social lui-même et renverraient chacun à son état de nature[2].

Si la notion d'*intolérable* est revêtue de nos jours de connotations largement péjoratives – le discours sur l'intolérable nous est d'emblée suspect et nous fait aussitôt soupçonner d'*intolérance* celui qui le tient – c'est qu'on confond, sous ce vocable, deux réalités bien distinctes. Une chose est de dire qu'en fonction de mon histoire personnelle, de mes croyances, de mes valeurs, il y a des choses que, quels que soient mes efforts, je ne *parviens pas* à tolérer : je parle alors de ce qui *m'est* intolérable, je parle d'un seuil de tolérance qui renvoie à la subjectivité et qui peut varier d'un individu à l'autre. Tout autre chose est de dire qu'une chose ne *doit* en aucun cas être tolérée, *qu'il serait intolérable de la tolérer*. Dans le premier cas, il s'agit du constat d'un fait (je me reconnais impuissant à modifier mon seuil de tolérance à l'égard de tel ou tel comportement) ; dans l'autre cas, il s'agit d'une décision : il s'agit de décréter ou de décider que certains propos ou certains actes ne doivent pas être tolérés dans une société digne de ce nom. Il y a des cas où tolérance vaudrait lâcheté, non-assistance à personne en danger, déni de justice, voire incitation ou encouragement au crime. Une certaine conception de la tolérance pourrait n'être que la façade ou l'alibi de toutes nos indifférences (que m'importe, à moi, si l'autre se trompe, persiste dans l'erreur, fait malgré lui son propre malheur ?). La tolérance ne peut devenir une vertu exigeante, et non plus une lâcheté ou une facilité, qu'à partir du moment où je distingue clairement ce qui *m'est* intolérable en raison de ma subjectivité propre, de ce qui est intolérable, parce que le tolérer serait capituler devant l'inacceptable, admettre que soit bafoué ce qui fait de nous des êtres humains. Comme l'écrit A. Etchegoyen, « dire qu'il y a de l'intolérable, c'est instaurer la tolérance comme volonté vertueuse ; c'est faire de la tolérance une décision toujours recommencée[3]. » La tolérance cesse d'être une facilité pour devenir une exigence à partir du moment où je comprends que *toute tolérance se fonde sur de l'intolérable*, sur le fait qu'il est intolérable que soit bafouée l'humanité, en moi ou en l'autre, pour parler un langage kantien[4]. Ce qui fait le prix de la tolérance, c'est précisément qu'elle se déploie à l'intérieur de cet espace d'humanité, qu'elle en explore et en respecte

1. Voir l'exposé : « Pouvoir et consentement ».
2. J.-J. Rousseau, *Du contrat social*, Livre III.
3. In *Magazine littéraire*, n° 363, mars 1998, p. 46-47.
4. Voir l'exposé : « L'inhumain ».

toutes les modulations possibles, *tant qu'il n'est pas porté atteinte à l'humanité elle-même*. C'est pourquoi H. Arendt peut écrire que le génocide nazi a porté atteinte non seulement au peuple juif mais à travers lui à l'humanité tout entière[1], et que c'est donc au nom de cette humanité et d'elle seule que les criminels contre l'humanité doivent être jugés.

Le pire service que l'on pourrait rendre à la notion de tolérance, ce serait donc de continuer à confondre ce qui est *ressenti et vécu* comme intolérable (ou insupportable) par tel ou tel individu, et ce qui est *déclaré ou décrété* intolérable, c'est-à-dire *ne devant pas être toléré* par la communauté humaine. La proclamation solennelle de cet intolérable (en particulier sous le vocable de *crimes contre l'humanité*) dessine toute l'étendue du champ des comportements auxquels peut légitimement s'étendre notre attitude de tolérance, et, si possible, mieux : notre désir de découvrir et de comprendre la diversité humaine.

J. B. de R.

Lectures conseillées

J. Locke, *Lettre sur la tolérance* (GF).
Voltaire, *Traité sur la tolérance* (GF).
J.S. Mill, *Essai sur la liberté*.
J. Lecler, *Histoire de la tolérance au siècle de la Réforme* (2 volumes).
M. Walzer, *Traité sur la tolérance* (« Essais Gallimard »).

1. H. Arendt, *Eichmann à Jérusalem*, Folio « Histoire », p. 17.

« Pleurer, c'est être déjà consolé. » Georg Friedrich Hegel

Pour Marguerite Sébire.

Pour le simple bon sens, tant que l'on pleure, c'est bien que l'on n'est pas encore consolé. Certes, on dit fréquemment que « pleurer, ça fait du bien », ou que « pleurer, ça soulage. » À un ami dans la détresse, on conseillera volontiers de « pleurer un bon coup. » Est-ce tout bonnement cela que veut dire Hegel ? Comment peut-il écrire que « pleurer, c'est être déjà consolé[1] ? » En quoi les pleurs peuvent-ils être *la consolation elle-même ?*

Les pleurs ne sont pas une simple réaction physico-chimique, une « simple sécrétion lacrymale ». Ce ne sont pas mes yeux, c'est bien *moi* qui pleure. C'est toujours *un sujet* qui pleure. Les pleurs n'ont rien à voir avec les cris arrachés à une personne sous la torture : ses cris lui sont extorqués comme une réaction émanant directement de son corps, court-circuitant sa subjectivité. Au contraire les larmes viennent toujours d'un sujet, et reviennent à un sujet. Si saint Augustin, à propos de la mort de son ami, peut parler de la « *douceur des larmes* », et s'interroger sur ce qu'a de mystérieux et de paradoxal cette douceur, c'est parce que les larmes, plus que de simples *effets*, sont des *signes*, déjà presque un langage. « *Les larmes seules m'étaient douces, et avaient succédé à mon ami dans mon cœur*[2]. » À preuve le fait qu'on puisse s'efforcer de retenir ses larmes, ou s'y abandonner ; à preuve aussi qu'on puisse interpréter les larmes d'autrui, et parfois mal les interpréter. À saint Augustin accouru avec ses frères au chevet de sa mère, celle-ci, Monique, « voyant notre consternation », écrit-il, leur dit : « Vous enterrez ici votre mère. » « Et moi », continue-t-il, « je me taisais, retenant mes larmes[3]. » Les larmes, plus que le rire[4] peut-être, nous réinscrivent dans notre humanité. On peut parfois préférer pleurer seul, parfois avec une personne précise, sans qu'on en sache toujours soi-même bien la raison. Quel rapport mystérieux existe-t-il entre *pleurer sur* et *pleurer avec* : n'est-ce pas précisément avec la personne disparue que l'on voudrait pouvoir pleurer ? *Et n'est-ce pas, au fond, précisément ce qui se passe ? N'est-ce pas là l'humble miracle des larmes, ce en quoi elles sont la consolation même*[5] *?*

On ne souhaite pas être consolé *par* ou *avec* n'importe qui, et *si c'est toujours au fond du défunt, et de lui seul, que l'on souhaiterait recevoir la consolation*, alors l'ami accepte de n'être là, pour un temps, qu'à la place d'un autre, désormais pour toujours absent. Il en va alors de la consolation comme du don : elle n'opère jamais à sens unique. Il faut bien qu'il y ait apparemment l'un qui « donne », et l'autre qui « reçoive ». Mais il est douteux que les choses se

1. G.F. Hegel, *Introduction à l'Esthétique*, p. 46.
2. St Augustin, *Les Confessions*, Livre IV, chapitre 4.
3. *Les Confessions*, Livre IX, chapitre 11.
4. En quoi Aristote (*Traité sur les parties des animaux*, X, 9), et après lui Rabelais (« Vrai est qu'ici peu de perfection vous apprendrez, sinon en cas de rire. Autre argument ne peut mon cœur élire, voyant le deuil qui vous mine et consomme ; Mieux est de ris que de larmes écrire, Pour ce que *rire est le propre de l'homme.* » Rabelais, Livre Premier, *La vie très horrifique du grand Gargantua*, envoi au lecteur) font consister *le propre de l'homme*.
5. N'est-ce pas là ce qui manque quand on a *le cœur à sec*, à force d'avoir déjà pleuré « toutes les larmes de son corps », telle la Fantine des *Misérables* de Victor Hugo.

passent jamais aussi simplement : celui qui *donne reçoit* toujours en même temps quelque chose de l'autre, ne serait-ce que le simple fait que l'autre accepte de recevoir le don, ou la consolation, de lui.

Qu'est-ce alors que consoler quelqu'un ? Est-ce l'aider à relativiser ou à minimiser sa perte ? *Non, c'est prendre la pleine mesure de la souffrance éprouvée par l'autre, et par là l'aider à en sonder lui-même la profondeur.* Tout comme dans l'expérience du pardon, nous ne parvenons à mesurer pleinement la gravité de l'offense qu'au moment où l'autre nous la *remet*, de même la consolation seule nous enseigne la profondeur de l'attachement qui nous liait à l'être disparu. Se consoler, ce n'est pas simplement oublier, tourner la page, laisser le temps faire lentement son œuvre. Certes *il y a un temps de la consolation*. Comme l'écrivait l'Ecclésiaste, « il y a un temps pour pleurer, et un temps pour s'éloigner des larmes, un temps pour se lamenter, et un temps pour rire[1]. » Mais *une chose est de dire qu'il faille du temps pour la consolation, que la consolation a, et a besoin, de son temps propre ; autre chose serait de dire que la consolation est l'œuvre propre du temps.* Le temps ne serait-il pas simplement ce qui nous est donné pour qu'un travail puisse se faire, travail sur nous-mêmes et sur nos relations aux autres[2] ?

Que signifierait alors le fait d'être *inconsolable* ? Si par la consolation, on entend l'« oubli qui sèche toutes les larmes », alors se consoler serait être infidèle à la mémoire de l'être aimé et disparu. Est inconsolable qui veut qu'on laisse la chambre du mort intacte, qu'on n'y déplace plus nul objet, que nul n'y pénètre plus. Qui veut qu'on arrête la pendule à l'heure de la mort, comme si le temps lui-même devait s'arrêter, *comme si le simple écoulement du temps valait déjà trahison*, et bientôt consolation. N'y a-t-il pas là une crispation sur le passé, un fétichisme de la mémoire, comme si l'on pressentait qu'on ne pourrait continuer à vivre sans devenir infidèle ? Celui ou celle qui s'interdirait désormais de vivre trahirait son peu de confiance dans sa capacité à poursuivre sa vie en demeurant dans la fidélité. Il faudrait alors que la vie et le temps s'arrêtent pouvoir rester fidèle à la mémoire du disparu. Or comme l'a compris Gabriel Marcel, il ne s'agit jamais de *rester* fidèle (que ce soit à un vivant ou à un mort), mais toujours seulement de *devenir* fidèle. La fidélité ne peut jamais être *donnée* à l'origine comme un capital que le temps ne pourrait qu'écorner : la fidélité se construit et s'invente au jour le jour, ou n'est pas. Consolation et fidélité peuvent-elles alors marcher d'un même pas au point de n'être plus qu'une seule et même chose ? Être fidèle, n'est-ce pas plutôt continuer de vivre comme si l'autre était toujours à nos côtés, *et alors il l'est véritablement en quelque manière* ? Être fidèle à l'autre, ce n'est pas cesser de vivre mais lui faire place dans notre vie. C'est prolonger à travers nos vies celles qui nous ont précédées et dont nous avons reçu les nôtres.

Qu'est-ce alors que la consolation ? N'est-ce qu'un pâle substitut au bonheur ? La consolation n'est-elle qu'une *compensation à la perte de la joie* ? « Bienheureux ceux qui pleurent, car ils seront consolés », dit le Christ dans le Sermon sur la Montagne. La béatitude n'est-elle qu'un lot de consolation pour les affligés et les malheureux de l'existence ? Ou bien au contraire n'en va-t-il pas de la consolation, selon une image proposée par le philosophe Kierkegaard,

1. L'Ecclésiaste, chap. 3, v. 4.
2. Sur le travail du deuil, voir S. Freud, « Deuil et Mélancolie », in *Métapsychologie*, « Idées » Gallimard.

« comme de notre œil qui ne supporte de voir l'éclat du soleil qu'à travers un verre teinté : peut-être le cœur humain ne peut-il supporter la joie de l'éternité qu'à travers l'opacité de sa découverte comme consolation[1]. » De son ami perdu, saint Augustin dit qu'*il lui fut arraché pour être préservé auprès de Dieu pour sa consolation*[2]. La consolation, à vues humaines, ne peut intervenir que dans un troisième temps : il y a eu d'abord la joie, puis la souffrance qu'a été la perte de ce qui causait la joie, puis, dans le meilleur des cas, la consolation qui vient surmonter cette souffrance. Mais comme l'écrit Kierkegaard : « De la consolation chrétienne, on ne peut jamais dire qu'elle vienne après coup : elle est la consolation de l'éternité, et ainsi elle est antérieure à toute joie temporelle ; dès qu'elle se présente, *elle possède l'avance de l'éternité* et engloutit en elle toute douleur ; car la douleur et la perte de la joie sont choses de l'instant ; et quand bien même cet instant durerait des années, il n'en est pas moins l'instant englouti dans l'éternité. *La consolation chrétienne n'est pas une compensation à la perte de la joie puisqu'elle est la joie elle-même*. En définitive, toute autre joie comparée à celle-là n'est que désolation[3]. »

Seiches sur le Loir, dimanche 4 octobre 1998.
J. B. de R.

Lectures conseillées

St Augustin, *Les Confessions* (GF), Livre IV, chap. 4-5. Livre IX, chap. 11-12.
Boèce, *Consolation de la philosophie* (Rivages Poche).
Maître Eckhart, « Le livre de la consolation » in Maître Eckhart, *Œuvres* (« Tel » Gallimard), p. 200-235.
S. Kierkegaard, *Les Œuvres de l'amour* (Éd. de l'Orante), t. 14.
J. Derrida, « Circonfession » in J. Derrida, *Les Contemporains* (Seuil), périodes 3-4, 7, 10-11.

1. S. Kierkegaard, *Les Œuvres de l'amour*, Éd. de l'Orante, t. 14, p. 61.
2. *Les Confessions*, Livre IV, chap. 4.
3. S. Kierkegaard, *Les Œuvres de l'amour*, Éd. de l'Orante, t. 14, p. 60-61.

Morale et politique

Le propos de ce sujet n'est pas d'ouvrir un descriptif des divers types de régimes, d'opposer la démocratie morale à des régimes non démocratiques jugés immoraux, ni d'établir un panorama de la corruption politique. Il s'agit bien plutôt de dialectiser les concepts en présence.

On ne parle pas exactement de morale supérieure à la politique dans l'Antiquité, mais plutôt de morale civique, celle du citoyen, défendue par Cicéron avec la figure du « *princeps* » et plus tard par Rousseau, dont l'idéal « romain » avait été formé par les lectures, dès sa jeunesse, comme il nous l'explique dans les *Confessions.* Dans cette perspective, la morale est celle des vertus politiques. La politique antique se pose comme science, c'est-à-dire un savoir, une connaissance des fins justes, ce qui l'oppose à la politique technocratique contemporaine, gestion *optimum* des moyens sans débats sur les fins[1]. L'harmonie en l'homme et dans la Cité doit être réalisée, à l'image du cosmos lui-même harmonieux. Homme et Cité sont eux-mêmes microcosmes au sein du monde fini. En vue de l'harmonie, il faut donc connaître les fins justes au double sens de la justice et de la justesse, selon le Bien commun aristotélicien, sans céder à l'opinion et à l'intérêt sensible pour Platon. La compétence sur les fins s'acquiert par la contemplation du Bien. Et, pour bien gouverner, il faut commencer par se gouverner soi-même (« Mieux vaut changer ses désirs que l'ordre du monde », dit une maxime classique) et par se garder des passions, selon la prudence aristotélicienne. À défaut de philosophes au pouvoir, des dirigeants philosophes pourraient pratiquer un pouvoir éclairé, fondé sur la réflexion sage et morale, le sens de la justice et des devoirs. Cet idéal a été illustré d'Érasme à Fénelon et des Lumières à la « République des professeurs » ; il impliquait sous l'Ancien Régime l'éducation politique des princes et plus tard, il impliquera la sensibilité du pouvoir aux valeurs.

La morale antique lit l'ordre harmonieux comme un bien, son absence comme un dérèglement, une erreur que l'on peut corriger par le jeu de la raison. (« Nul n'est méchant volontairement. » Platon). La perspective du bien et du mal, de la faute et du pardon est introduite par le christianisme, qui hérite de l'Antiquité l'idée stoïcienne du cosmos et celle de la dialectique ascendante platonicienne vers l'intelligible, mais qui est également en rupture, avec des éléments nouveaux : monothéisme universaliste, intériorisation du sentiment religieux, primauté de la personne et de la foi, et surtout distinction du spirituel et du temporel, donc des deux Cités, celle de Dieu et celle de César[2]. Même si les pouvoirs en Occident se définissent comme régents de l'institution ecclésiastique avec le constantinisme, le pouvoir spirituel affirme de son côté sa supériorité face à la faiblesse du pouvoir politique, jugé contingent par l'augustinisme, jusqu'au thomisme du XIIIe siècle qui revalorisera l'organisation politique comme réalité naturelle, en christianisant Aristote.

1. Voir l'exposé : « La polémique est-elle vaine ? »
2. Voir l'exposé : « Il faut rendre à César ce qui est à César et à Dieu ce qui est à Dieu. »

Dans le contexte médiéval, l'éthique devait régler les activités marchandes. Les affaires devaient rester morales, ordonnées au Bien commun (Marsile de Padoue, *Le Défenseur de la paix*, 1324). L'usure était réprouvée, le temps n'appartenant qu'à Dieu[1]. Avec la modernité, les valeurs spécifiques de la société marchande : profit et salut en ce monde vont s'imposer ; le libéralisme naissant va dissocier la pratique économique devenue autonome des impératifs moraux qui commandaient l'éthique marchande, qui rentreront en conflit de manière décisive avec le capitalisme « pur et dur » au XIXe siècle, d'où, en réaction, la doctrine sociale de l'Église.

Selon une morale optimiste, l'humanisme moderne met l'accent sur l'autonomie de l'homme ; la modernité politique, à partir du XVIe siècle, s'appuie sur les notions de société civile, de souveraineté, de loi naturelle. Même si elle ne se réfère plus à une transcendance surnaturelle comme fondement du politique, la philosophie libérale se recommande du droit naturel et de l'idéalisme moral. La défense des droits, dont on postule idéalement l'existence universelle, éternelle et abstraite, dans la *Déclaration d'Indépendance* américaine, justifie le pouvoir, investi d'une légitimité morale. Sans référence aux droits et usages concrets des peuples et des cultures, on pense que tout homme détient des droits individuels. Le messianisme, l'idéalisme américain se recommandent alors de la bonne volonté, des bons sentiments, s'opposent aux « pouvoirs dictatoriaux » qui transgressent le droit, entendent étendre le marché comme la démocratie juridique, en repoussant toujours de nouvelles « frontières ».

Dans cette perspective, la morale est une instance neutre, idéale, *antérieure et supérieure aux pouvoirs*. La justice est d'ordre naturel et un bonheur immédiat est possible, par la morale et la vertu, comme le montre J. Baudrillard dans *Amérique*. Mais peut-on vraiment croire à l'autonomie de la morale ?

Il faut d'abord insister sur ce qui distingue morale et politique. La morale définit des fins et des principes éternels, universels et abstraits, fait référence à la conscience, à l'individu et à l'Humanité. La politique requiert une compétence, des moyens et – sans oublier les fins – une perspective d'action et de transformation à plusieurs, au sein du réel historique et complexe, celui des peuples et des cultures. « Il faut penser en homme d'action et agir en homme de pensée[2] », et Marx indiquait qu'il ne suffisait pas d'interpréter le monde, encore fallait-il le transformer[3]. La politique est irréductible à une science des fins ; elle est aussi art de l'action aventureuse, contingente, aléatoire, comme le montre N. Machiavel[4]. Rien n'est jamais gagné, rien n'est jamais perdu et tout repose sur les seules forces, réelles mais faillibles, du dirigeant. La politique est donc imparfaite et C. Péguy, le poète de Chartres, écrivait : « tout commence en mystique et finit en politique ».

Pour autant, la morale ne l'emporte pas sur la politique : elle peut être intéressée, n'est pas neutre, n'est pas d'ordre naturel, au sens *où être moral ne va pas de soi.* Baudelaire remarquait que la nature est laide – il faut donc la

1. Voir l'exposé : « Le temps, c'est de l'argent. »
2. H. Bergson, *Écrits et paroles*.
3. K. Marx, *11e Thèse sur Feuerbach*.
4. Voir l'exposé : « Le pouvoir comme jeu ? »

métamorphoser en art – et immorale : c'est donc à l'éducation, à la philosophie, à la religion de corriger cela. (Cf. *Éloge du maquillage* ; *Curiosités esthétiques* ; *Le Peintre de la vie moderne*.) D'autre part, une position, une réprobation morales peuvent masquer une position politique. Le droit est une arme politique, contingente selon les intérêts. Pascal, Pareto et Marx ont, chacun à leur manière, montré la relativité du droit : artifice humain pour Pascal, arme des opposants pour Pareto, justice dite « de classe » pour Marx. Il faut relire la seconde partie « Critique du droit naturel » dans l'exposé « Les droits de l'homme : évidence ou problème ? » Enfin se pose la question de l'efficacité de la morale humanitaire contemporaine, lorsque le terrain politique est déserté. La morale est vaine sans le pouvoir. On ne peut donc réduire la politique à la morale, ni penser que la justice est d'ordre naturel[1].

G. G.

Lectures conseillées

N. Machiavel, *Le Prince.*
F. de Coulanges, *La Cité antique* (« Champs » Flammarion).
L. Strauss, *Droit naturel et histoire* (« Champs » Flammarion).
M. Weber, *Le savant et le politique* (10/18).
C. Delmas, *La Guerre révolutionnaire* (PUF).

1. Voir l'exposé : « La nature, référence politique ? »

Qu'est-ce qu'un cynique ?

Le cynique à la fois fascine et irrite, parce qu'il est celui qui toujours ose dire ce qui ne se dit pas, faire ce qui ne se fait pas. Pour le cynique, rien n'est sacré, rien n'est respectable, ou plutôt le cynique ne s'intéresse au sacré que pour le profaner. C'est déjà dire toute l'ambiguïté du cynisme, *qui ne serait rien sans les tabous et les conventions de la société qu'il prétend combattre.* « *Un cynique,* écrit Oscar Wilde, *est un homme qui connaît le prix de tout et la valeur de rien.* » Le cynisme réduit toute chose à n'être que ce qu'elle est, appelle les choses par leur nom, se rit des convenances et des conventions. Le cynique joue toujours le trouble fête, il est la mauvaise conscience de la société. N'est-ce là que pose et affectation, ou bien le cynique est-il, comme le fou au Moyen Âge, celui qui ose dire la vérité en face à une société qui ne vit que de ses mensonges et ses dissimulations ?

On connaît le mot de Platon sur Diogène, le plus célèbre des cyniques de l'Antiquité, disant de lui qu'il était : « un Socrate devenu fou ». Ce à quoi Diogène répliqua : « À quoi peut bien nous servir un homme (Platon) qui, pratiquant la philosophie depuis longtemps, n'a encore dérangé personne ? » Toute l'ambiguïté du cynisme tient dans cette réponse : car le cynique est-il quelqu'un qui, veillant jalousement sur une liberté farouche, se met de lui-même en marge de la société, voyant dans tout lien social ou familial une entrave à sa liberté individuelle ? Diogène est-il un philosophe *croyant pouvoir camper hors de la Caverne*, c'est-à-dire de la société ? Le cynique est-il un homme se « soustrayant à la complexité du réel[1] » pour cultiver son splendide isolement ? *Ou bien au contraire est-il un homme cherchant à provoquer une réaction de la part de la société*, lançant un défi aux conventions, *cultivant délibérément ses effets ?* À Antisthène, disciple de Socrate et premier cynique, qui portait ostensiblement un manteau troué, Socrate déclara un jour qu'*il « voyait sa vanité par le trou de son manteau.* » L'ambiguïté est bien là dès le départ, et Socrate n'est pas dupe de l'affectation de son disciple.

Le cynique, en se comportant et se traitant lui-même comme un « chien[2] », est-il quelqu'un qui se discrédite lui-même et qui discrédite la philosophie aux yeux de la société ? Les cyniques voient dans toute possession une dépendance, ils cherchent donc à réduire leurs besoins au strict minimum. Le cynisme constitue donc une contestation radicale de toute vie sociale, en ce qu'il manifeste par des actes qu'il est possible de se passer de tout ce que la société a à nous proposer, et même que la liberté n'est possible qu'à ce prix. À Alexandre le Grand qui lui proposait de lui demander ce qu'il voulait, Diogène répond simplement « Ôte-toi de mon soleil ! » L'insolence même de la réponse manifeste le fait que tout ce qu'Alexandre serait en mesure de lui proposer serait compté comme rien au regard du plaisir simple de sentir la caresse du

1. Hegel, *Leçons sur l'histoire de la philosophie*, Vrin, t. 2, « L'école cynique », p. 372.
2. On sait que le terme *cynique* vient du mot grec signifiant « chien ». Probablement un sobriquet au départ dont la foule affublait les disciples d'Antisthène et de Diogène en raison de leurs extravagances, ce terme fut ensuite revendiqué par l'école cynique.

soleil sur sa peau. *La société et le pouvoir ne peuvent que faire obstacle* et *s'interposer entre l'homme et la source véritable du bonheur* qui est à chercher dans la nature. Mais l'attitude de Diogène est aussi une leçon adressée aux autres philosophes : le rôle du philosophe n'est pas de devenir le précepteur de l'empereur, comme Aristote, ou le conseiller du Prince, comme l'a tenté Platon auprès de Denys de Syracuse ; il n'est pas plus de devenir lui-même Roi, selon le rêve platonicien du philosophe-roi qui soumettrait par en haut, par la Loi, la vie de la Cité à la raison. Il est plutôt de contester par en bas la société, en sapant de manière radicale toutes les conventions sur lesquelles repose l'ordre social.

Car un cynique, contrairement à un sophiste, n'admet pas la valeur des conventions. Diogène se qualifiait lui-même de « faux-monnayeur », en faisant allusion à un épisode de sa jeunesse où il aurait, à Sinope, falsifié de la monnaie. Car si le cynique est celui qui met en circulation de la fausse monnaie, c'est dans la mesure où il veut faire apparaître l'institution même de la monnaie comme la vraie falsification, nous amenant à évaluer un objet, une pièce, autrement que pour ce qu'elle vaut « naturellement », selon une valeur fixée par convention par la Cité. Toutes les croyances, toutes les coutumes, tous les mœurs sont de telles falsifications de l'homme véritable, et c'est pourquoi Diogène peut se promener sur la place du marché à Athènes, avec une lanterne allumée en plein jour, en proclamant calmement qu'*il cherche vainement un homme*. Au sophiste Protagoras proclamant triomphalement que « *l'homme est la mesure de toute chose* », Diogène répond sobrement que cela ne nous avance guère dans la mesure où cette mesure elle-même s'est perdue. Loin que ce soit la Cité qui permette l'épanouissement de l'homme[1], c'est elle qui le dénature au point qu'un comportement réduit à la seule nature puisse apparaître comme excentrique ou extravagant. Il serait donc injuste de ne voir dans le cynique qu'un simple original. Car le cynique constitue bien une authentique force de contestation de l'ordre social, analogue en cela au culte de Dionysos qui fait voler en éclats les limites sur lesquelles repose la Cité. Pascal nous dit qu'on ne s'imagine Platon et Aristote « qu'en robes de pédants[2] » : jamais on ne pourra se représenter Diogène en robe de pédant. Et quand Pascal écrit que « *se moquer de la philosophie, c'est vraiment philosopher* », à qui mieux qu'aux cyniques appliquer cette formule ? Aux Éléates venus démontrer à Diogène, avec force arguments, l'impossibilité du mouvement, Diogène dédaigne de répondre. Il se lève, fait trois pas, et les congédie d'un geste. Ce refus de s'engager dans la dispute philosophique a lui-même une portée philosophique. Il y a chez les cyniques *un refus de philosopher qui revêt une signification philosophique*.

Toutefois, si le refus de s'engager dans une discussion philosophique peut valoir comme rappel que ce qui compte par dessus tout est de vivre en philosophe, le cynique reste pris dans la contradiction qui tient à ce que ses gestes ne prennent leur valeur de scandale que par leur confrontation aux conventions qu'il récuse. On ne parvient jamais à véritablement savoir si le cynique est un homme libre drapé dans sa superbe indépendance ou un provocateur qui cherche en permanence à ménager ses effets. Peut-être les défis que le cynique lance à la société qu'il refuse sont-ils trop calculés et trop

1. Voir l'exposé : « Un homme sans Cité serait une bête ou un dieu ». *Le cynique veut être cette bête*, ce « *chien* », puisque tel est le prix à payer pour découvrir ce qu'est véritablement un homme.
2. *Pensées* (Br.), § 331.

conscients pour être véritablement révolutionnaires, et le cynique prête toujours à rire en même temps qu'il scandalise. Aux antipodes des poses cyniques, peut-être un personnage comme l'« idiot » de Dostoïevski est-il bien plus véritablement subversif en ce qu'il ne prend même pas conscience des règles implicites qu'il transgresse sans cesse, et peut-être ses actes sont-ils bien plus dérangeants que n'importe quelle provocation cynique précisément parce qu'il n'en mesure ni n'en calcule les effets.

J. B. de R.

Lectures conseillées

Diogène Laërce, *Vies et opinions des philosophes illustres*, VI.
L. Paquet, *Les Cyniques grecs : fragments et témoignages* (Livre de Poche).
J.-M. Le Sidaner, *Les Cyniques* (La Différence).
M-O. Goulet-Cazé, *L'Ascèse cynique* (Vrin, 1986).
Le Cynisme ancien et ses prolongements (PUF, 1993).
M. Onfray, *Cynismes : portrait du philosophe en chien* (Livre de Poche, 1990).

Un monde sans violence est-il souhaitable ?

Il convient tout d'abord de distinguer la violence et la force. Quand nous disons d'un vent ou d'une tempête qu'ils sont violents parce qu'ils abattent les arbres ou renversent les habitations, il s'agit d'une image. Nous prêtons à ces forces naturelles une intention de nuire, alors qu'elles sont l'exercice neutre d'une cause produisant des effets. De même, un enfant qui casse ses jouets par insouciance ou un homme qui en blesse un autre par maladresse n'exercent pas à proprement parler une violence dans la mesure où il n'y a pas eu de leur part une volonté de nuire ou de détruire l'objet qui a subi leur force. La violence suppose, en effet, l'intention de détruire, elle est le contraire du respect. La différence entre l'amant et le violeur, c'est que celui-là reste attentif à la personne de sa maîtresse en la séduisant, quand celui-ci ne voit qu'une proie à posséder en la réduisant et l'humiliant, même si, parfois, l'amant, sous l'empire ambigu du désir, peut glisser vers des formes larvées de violence. Supprimer la violence, ce serait donc réussir à mettre un terme à la situation où la force devient le signe dans lequel les victimes déchiffrent le triomphe de la malveillance et du mépris. Mais ce serait aussi mettre un terme à toute signification dans la mesure où un monde sans violence verrait le déploiement de rapports de forces simplement mécaniques, explicables par des causes.

Le monde de la violence, c'est l'absence de règles puisque la violence consiste justement à ne rien respecter. Le violent détruit les maisons, ravage les cultures, mutile ou tue les hommes et les animaux dans le but explicite de manifester que rien ne l'empêchera de nuire. Mais comme le remarquait Hobbes, ce déchaînement sauvage de la brutalité ne se résume jamais à la simple oppression du faible par le fort : la violence n'est pas la réalisation d'un rapport de force, elle vise à *signifier* au faible son infériorité. Les viols et pillages des populations civiles par une armée visent à terroriser un peuple pour qu'il prenne conscience de sa défaite, c'est-à-dire pour qu'il accepte d'être nié comme peuple indépendant et souverain. Le monde de la violence est donc un monde de signes à interpréter. L'interprétation n'est jamais définitive et appelle d'autres violences pour la confirmer. Hobbes a souligné l'origine parfois insignifiante de certains meurtres (un regard interprété comme du mépris, de la haine, de la moquerie) pour conclure que la source de toute violence c'est l'incertitude où l'on se trouve des intentions d'autrui. Si je ne sais à quoi m'en tenir, je peux toujours soupçonner une intention malveillante dans le moindre comportement et la prévenir en *signifiant* à l'autre mon pouvoir de nuisance, soit par un acte violent (un attentat, une agression), soit par l'exhibition de ma force, du nombre de mes alliés, du respect que j'inspire, etc. Aussi peut-on en déduire que si on faisait cesser l'incertitude en faisant accepter par tous des règles explicitement énoncées, passant de la sauvagerie à l'état de droit, on réussirait à mettre un terme à la violence puisque dès lors que la puissance de l'État garantit que les règles établies ne pourront être transgressées, nul n'a plus besoin de signifier aux autres son pouvoir de leur nuire pour retenir leur méchanceté. Seul l'État doit manifester, en distribuant des honneurs et des peines, son pouvoir afin de dispenser les individus de se livrer entre eux à des actes violents. Le monopole de la violence dont jouit alors l'État est d'une autre nature que celui des individus puisqu'il est soigneusement réglé par des actes de procédures dont le sens n'est lui non plus pas sujet à des interprétations. Vivre dans la misère d'un univers de violences, c'est, sans aucun doute, souhaiter que la puissance étatique fasse disparaître cette nécessité vitale de manifester aux autres sa nuisance pour éviter de subir la leur. L'inutilité de tels signes installe dans un monde reposant ou chacun peut vaquer à ses occupations sans craintes.

L'idéal, souvent célébré, d'un tel monde n'exclut pas que s'y déchaînent des forces. Ainsi, la guerre entre les États est-elle la plupart du temps le résultat de rapports de forces, par exemples économiques, qui se règlent par la confrontation des forces militaires. Mais pour se faire la guerre, il n'est pas nécessaire de se haïr. Même si elle l'accompagne souvent, la violence n'est pas nécessaire à la conduite d'une guerre où il faut surtout mettre les forces adverses en échec. Alain faisait remarquer que ceux qui voient dans la guerre l'expression d'une virilité qui veut s'affirmer au dépend d'autrui, oublient que la vie du soldat en campagne consiste à faire quotidiennement les tâches qu'on lui assigne, à exercer un métier. L'hostilité n'est pas l'inimitié. Mais cela nous conduit à constater que ce qu'on a obtenu, dans la suppression de la violence, ce n'est pas la fin des souffrances liées au fait de subir une force extérieure. Le plus bel exemple d'un monde sans violence est peut-être donné par Thucydide rapportant le discours des Athéniens lors de la conquête de Mélos : aux plaintes des Méliens, les Athéniens répondent qu'« une loi de nature fait que toujours si l'on est le plus fort, on commande (...), vous ou d'autres, placés à la tête de la même puissance que nous, feriez de même[1] ». Aucune haine, aucune intention malveillante ne s'affiche. La force ne signifie pas au vaincu qu'il est nié dans son existence ou sa dignité, elle s'applique, neutre et mécanique. Le vaincu peut, s'il en a le courage, essayer de résister, mais ce qui lui est refusé, c'est de se révolter. Dans ce monde privé de signes, les actes ne prennent aucune signification et il devient donc insignifiant de les dénoncer. Il y a un paradoxe de cette situation : à force de vouloir éliminer toute cause d'avilissement, de négation de soi, on en vient à refuser aux vaincus le droit de réclamer contre les souffrances qu'ils subissent. N'est-ce pas la forme la plus subtile et la plus terrifiante d'humiliation que de s'entendre signifier, comme les Méliens qu'on doit accepter sereinement l'asservissement ? Le paradoxe d'un monde sans violence, c'est donc qu'il aboutit à signifier aux vaincus qu'ils n'ont pas le droit de *vouloir* se révolter contre leurs vainqueurs puisqu'aucune intention malveillante ne les guide. Invoquer les lois de la guerre, de l'économie, de l'espace vital ou de l'intérêt, c'est nier les hommes d'une manière encore plus radicale que dans la haine ou le mépris.

Rousseau affirmait préférer les sociétés tribales, où « la terreur des vengeances » révèle la capacité humaine de révolte contre le mépris, aux États déshumanisés où l'on perd, dans le luxe et la sécurité, la notion même d'injure. L'utopie d'un monde sans violence procède de cette « funeste évolution » où l'on cherche moins à faire reculer la souffrance qu'à empêcher ceux qui

---

1. *Histoire de la guerre du Péloponnèse*, V, 105, 2.

souffrent de désigner la cause de leurs maux à travers une condamnation morale.

P. D.

Lectures conseillées

T. Hobbes, *Du citoyen*, chap. 1 et 2.
J.-J. Rousseau, *Discours sur l'origine de l'inégalité*, 1re partie.
Alain, *Mars ou la guerre jugée*.

16 • L'imaginaire – l'illusion

Quelle est la valeur du mythe en politique ?

Le mythe peut se définir comme un récit fabuleux d'origine populaire, représentant le passé, le présent ou nos fins, où un personnage modèle et symbolique incarne un caractère permanent de l'humanité, un rôle historique et politique, une grande idée, tels Bonaparte, Jeanne d'Arc, Charlemagne, Alexandre. Le mythe appartient à la culture, figure l'histoire en images – référence peut être faite aux images d'Épinal, à l'imagerie politique du XIXe siècle – sur le mode de l'évidence éternelle et universelle, plutôt hors de la raison critique et historique. Si le mythe ignore l'histoire et le réel, peut-il avoir une place en politique, et laquelle ?

Le mythe ne saurait être réduit à un ornement, un récit divertissant, un vestige folklorique du passé. Les Lumières au XVIIIe siècle, le rationalisme au XIXe siècle et l'utilitarisme contemporain semblent en avoir méconnu l'importance, pour l'âme et la mémoire des peuples. C'est une expression culturelle fondamentale qui apparaît de manière déterminante en littérature, avec l'épopée comme avec la tragédie : il suffit de penser au mythe du héros et du chevalier.

Le mythe n'est pas signe d'une infériorité d'esprit. Pour ceux qui soutiennent cette thèse, les mythes représenteraient *un état d'enfance de l'humanité*. On se recommanderait alors des « trois états » d'Auguste Comte. L'état positif, la victoire de la science et de la raison triomphante aurait « débarrassé » l'humanité des croyances et des mythes ; or, il existe une permanence d'une conscience religieuse et mythique. Mythes, religion, idéologie et utopie doivent être, à cet égard, rigoureusement distingués. En fait, la modernité, avec la science, la technique, la presse et, bien sûr, la politique comme l'économie, n'a pas « évacué » les mythes, elle les a réactivés ou en a créé de nouveaux : le savant fou, l'apprenti-sorcier, la technique devenue autonome – ce qui supposerait sa neutralité –, le chef, le sauveur, l'unité, le « grand soir » révolutionnaire, la grève générale, le complot, le « parti de l'étranger », les amis et les ennemis… la liste serait interminable. Au sujet de la presse produisant mythes et clichés, Marx écrivait dans une lettre à Kugelman : « *la Presse crée aujourd'hui en un jour plus de mythes que la religion en un siècle* ». La modernité réactualise d'anciens mythes : le marxisme en URSS a lui-même fait usage d'anciens mythes, tels le héros et la patrie, au service d'une idéologie pourtant à caractère rationaliste. La conscience mythique est donc essentielle en l'homme.

Pour autant, le mythe est-il légitime et quelle peut être sa place en politique ? Le mythe passe pour une illusion dénoncée par la raison : mythe et discours rationnel, le *logos* des Grecs, seraient frères ennemis. Il est une figure de l'imaginaire, preuve de la faiblesse de la raison en l'homme pour Pascal. L'homme serait asservi par les images, les spectacles, les représentations extérieures du pouvoir. *Moins l'autorité se justifierait par ses titres réels, plus ses signes extérieurs seraient éclatants.* La Boétie, dans son *Discours sur la servitude volontaire*, soutenait que le pouvoir asservit par le spectacle et les images. Du point de vue marxiste, les mythes et les croyances, par des infrastructures, soutiendraient l'idéologie dominante, mystificatrice et aliénante. Les mythes – et avec eux les rites – sont-ils alors seulement imaginaires ? Selon J.-P. Vernant, on ne peut réduire le mythe à une fabulation, ébauche maladroite du discours rationnel[1]. En effet, le mythe témoigne d'une volonté *explicative* par les origines, ou *annonciatrice* des lendemains, avec le mythe du progrès par exemple. Il apporte des réponses à des questions telles que : que puis-je savoir ? Que dois-je faire ? Que puis-je espérer ? Pour G. Dumézil, les mythes racontent et justifient les idées sur lesquelles repose l'organisation de la société qui les voit naître[2]. Dans *La Pensée sauvage*, Lévi-Strauss montre que les mythes ne tournent pas le dos au réel mais en constituent une appréhension sous forme sensible.

On peut dès lors préciser leur rôle dans l'espace social et politique, le mot politique pouvant lui-même faire référence à plusieurs domaines : situation de l'homme dans la cité, lien individu-société et ses diverses représentations, genèse et histoire de cette même cité, question des rapports savoir et pouvoir au sein de la société, distinction ami-ennemi, etc. Porteur de sens, le mythe est un jalon de la culture humaine, il peut qualifier, structurer le temps et l'espace constitutifs de la mémoire sociale et politique d'un peuple. Hauts faits, « lieux de mémoire », grandes figures, héros, défunts saints et martyrs, espaces et moments favorables ou défavorables, représentations de ce peuple élaboré de lui-même ou de tel autre peuple : ceci illustre le concept politique de champ et de territoire.

Ensuite, le récit mythique réitère un passé fondateur, assignant ainsi une cause au présent[3]. L'investissement mythique est alors considérable dans le discours politique, qui doit susciter ici une réflexion. Il en va ainsi des *paroles rituelles* dont le rôle est de figurer un intelligible historique, politique ou d'évoquer le surnaturel, l'absent ou l'inanimé, donc de donner vie par un discours magique. On peut s'adresser aux dieux et aux morts. On peut vouloir instaurer un nouvel ordre. Dans *Les Emblèmes de la Raison*, J. Starobinski a défini la valeur mythique des paroles du serment fondateur, qui créent la nouvelle souveraineté venue d'en-bas et universalisent les volontés particulières. La proclamation de valeurs éternelles est fondatrice, et cherche à rejoindre l'origine oubliée. Pour la Révolution, c'est le civisme romain et antique opposé aux artifices « parasitaires » et somptuaires de l'Ancien Régime. Le romantisme monarchiste et catholique de 1820 se recommande d'un Moyen Âge mythique et idéalisé. Pour en revenir au langage politique, la *Déclaration d'Indépendance* américaine (1776) proclame comme des évidences bibliques ce qui n'est qu'idéologie libérale du contrat, mais ces paroles sont propres à fonder le sentiment d'appartenance à une civilisation, au-delà du néant historique dont elle est issue, à défaut de constituer réellement un Peuple, du moins au sens historique et européen de ce terme.

Tout langage politique est donc fondation et construction d'un espace, parfois mythique, mais bien réel dans les consciences. *Penser la Révolution française*, de François Furet, montre comment *la Révolution est un discours en fait*

1. *Mythe et société en Grèce ancienne* (Maspéro) ; Vernant et Vidal-Naquet, *La Grèce ancienne*, t. 1 « Du mythe à la raison » (Seuil) ; P. Veyne, *Les Grecs ont-ils cru à leurs mythes ?* (Seuil)
2. *Mythe et épopée*, I (Gallimard).
3. C. Rosset, *L'anti-nature* (PUF).

imaginaire sur le « pouvoir du peuple » et sur ses « ennemis » : l'univers est investi de volontés subjectives, de traîtres en puissance, de boucs émissaires, de comploteurs invisibles. L'ennemi intérieur et extérieur, l'éternel complot contre-révolutionnaire sont nécessaires pour que le discours de la Terreur fonctionne. Le langage politique est un investissement idéologique, le sens des mots peut être connoté favorablement ou défavorablement. Ainsi en va-t-il du mot « fanatisme » pour Voltaire diabolisant ses ennemis et se recommandant d'une neutralité et d'une tolérance supérieures aux subjectivités « passionnées » ou « partisanes[1] ». Les systèmes totalitaires se sont réclamés du « Peuple » : *l'opposant doit y formuler ses « aveux » dans les termes mêmes dictés par le pouvoir*, pour perdre son extériorité, être réintégré dans le « Peuple », tomber sous le droit commun avec l'imputation de « crime d'État[2] ».

Le discours mythique dessine donc des figures à valeur fonctionnelle explicative, prophétique, positive ou négative : l'unité, le chef, le sauveur, le couple progrès/décadence, la modernité de la grande ville (Roger Caillois, *Le Mythe et l'homme*), l'âge d'or, l'état de nature qui dit l'universel et l'idéal en l'homme (Lévi-Strauss, *Tristes Tropiques*, chapitre 38), le Peuple, l'étranger, le complot, tous étudiés dans *Mythes et Mythologies politiques* de R. Girardet. C'est à partir de l'imaginaire, par exemple celui de la démocratie ou du pouvoir populaire de la Commune, que telle ou telle perspective sociale est constituée. C'est à partir de cet imaginaire, investi de plus de réalité que le réel, peu à peu constitué, que se posent les problèmes et les questions réelles[3]. Nous voici bien loin d'une inutile fabulation.

Par ailleurs, le mythe en politique possède un impact social déterminant : il contribue à la formation de *l'esprit d'une génération*[4], d'un groupe social ou national dont est créée l'unité par le consensus et la mémoire[5]. Ainsi le rôle de l'histoire enseignée à l'école primaire pour les Français de la IIIe République. Telle expérience historique, comme les guerres coloniales, tel climat social mythifié, comme les avant- ou après-guerres, telle figure emblématique fait sens pour la génération considérée, dont elle incarne les attentes et les passions. D'ailleurs, pour Edgar Morin, vivre c'est en même temps penser et réfléchir, désirer, craindre, espérer, rêver, être heureux et angoissé (*Le Paradigme perdu, La Nature humaine*). Le mythe et l'imaginaire révèlent les limites d'une anthropologie purement rationaliste et d'une politique seulement technocratique, qui croiraient pouvoir exclure rêves et passions. (Cf. C. de Gaulle, *Le Fil de l'épée*).

Donc le mythe satisfait un désir d'identité, il fonde et rassemble ; il est même mobilisateur (Georges Sorel, *Réflexions sur la violence*). Mais pour autant, sa place en politique est-elle efficace et légitime, s'il n'est qu'illusion sensible et non expression de cette pensée rationnelle dont se recommande la tradition philosophique platonicienne ?

Le mythe peut emporter l'adhésion, mais sans le risque et l'effort de l'autonomie critique de la pensée. Il est déconnecté souvent du réel, du

---

1. Cf. Voltaire, *Traité sur la tolérance* (GF).
2. C. Lefort, *Un homme en trop*. Cf. A. Koestler, *Le zéro et l'infini* et M. Merleau-Ponty, *Humanisme et terreur* (« Idées » Gallimard).
3. Cf. C. Castoriadis, *L'Institution imaginaire de la société* (Seuil).
4. Voir l'exposé : « L'esprit d'une génération ».
5. Cf. E. Renan, *Qu'est-ce qu'une nation ?* (Presses Pocket).

possible. Ainsi des représentations historiques et politiques mythiques appellent la critique en ce qu'elles révèlent et trahissent le décalage des mentalités, des représentations et du réel socio-historique : par exemple, le mythe romantique, lyrique et idéaliste du peuple comme force unitaire dans l'histoire et au moment de la Révolution française chez Hugo et Michelet. De même l'idée de la France sans référence et sans considération aux peuples qui la composent. De même l'universalisme colonial peu soucieux des identités culturelles des autres peuples. De même encore le mythe du « grand soir », expression d'un spontanéisme mythique dans *Germinal* de Zola. De même enfin, la mythification des forces sociales, du « complot aristocratique » aux « classes laborieuses et dangereuses » du XIXe siècle, également de forces intellectuelles, de pouvoirs culturels, des Jésuites à la franc-maçonnerie. On peut citer « les deux cents familles », « le mur d'argent », « le pays réel », etc.

À vouloir tout expliquer, ces lectures mythiques n'expliquent plus rien. Le mythe obscurcit le réel, occulte son évolution et sa complexité, tend à opacifier le discours politique, à le rigidifier et à frapper d'incapacité l'action politique. Par exemple, les formules idéalistes ou romantiques du « chef » et du « sauveur » tendent à dispenser de l'action collective organisée[1], de la réflexion rationnelle sur tous les aspects d'une situation historique, les forces et les faiblesses de chaque camp... Telles sont donc les limites de la légitimité du mythe en politique.

G. G.

Lectures conseillées

R. Caillois, *Le mythe et l'homme* (« Idées » Gallimard).
R. Girardet, *Mythes et mythologies politiques.*
E. Cassirer, *Le Mythe de l'État* (Gallimard).

1. Cf. S. Freud, « Psychologie collective et analyse du moi », in *Essais de psychanalyse* (PBP) ; « La foule est terrible lorsqu'elle est sans crainte. » (Spinoza, *Éthique*, 4e partie, Proposition LIV, scolie)

« L'imagination : d'autant plus fourbe qu'elle ne l'est pas toujours. » Blaise Pascal

Cette pensée de Pascal exprime toute la défiance éprouvée par le philosophe à l'égard de l'imagination : elle appartient aux *puissances trompeuses*, à ces puissances qui égarent l'homme loin de la droite raison, qui le font se perdre et devenir étranger à lui-même. Puissances trompeuses dont l'homme est porteur, qui sont constitutives de son être, et auxquelles pourtant Pascal semble attribuer comme une intention, et une intention mauvaise : « trompeur, fourbe », ces facultés font l'objet d'un jugement moral.

Mais l'imagination n'est pas seulement trompeuse, elle est *fourbe*, elle est retorse ; « d'autant plus fourbe qu'elle ne l'est pas toujours », précise Pascal. La pire tromperie consiste à ne pas tromper toujours, à mêler savamment le vrai et le faux de sorte qu'on ne puisse plus parvenir à les distinguer. L'imagination, comme le rêve, emprunte tous ses éléments à la réalité, mais elle les recompose librement, à sa fantaisie, d'où de saisissants *effets de vérité*, mais aussi un mélange inextricable de vérité et d'erreur. Il en va de l'imagination comme de cette histoire juive rapportée par Freud : Deux juifs se rencontrent dans un train. « Où vas-tu ? », demande l'un. « A Cracovie », répond l'autre. « Vois quel menteur tu fais ! », s'indigne le premier : « Tu dis que tu vas à Cracovie pour que je croie que tu vas à Lemberg. Mais je sais bien que tu vas réellement à Cracovie : pourquoi alors me mentir[1] ? » Mentant en disant la vérité, disant la vérité au moyen d'un mensonge, le second personnage ment tel un Crétois qui dirait vrai en disant que tous les Crétois sont menteurs. C'est ainsi que l'imagination nous trompe lors même qu'elle nous représente la vérité, comme un homme qui d'avoir trop souvent crié au loup, ne serait plus cru le jour où le loup se présente bel et bien. Ce n'est pas dans le contenu de ce qu'elle nous fait imaginer, mais dans sa nature même d'imagination d'où proviennent ces représentations, que réside sa « fourberie ». Si encore l'imagination nous trompait toujours, on pourrait s'y fier, comme à une boussole qui indiquerait invariablement le Sud au lieu du Nord[2]. *L'imagination, contrairement à la raison, est une faculté sur laquelle on ne peut fonder aucune règle.* D'où la difficulté pour le sage, ou si l'on préfère, pour le philosophe, d'adopter une attitude claire et définitive par rapport à elle : il doit d'autant plus s'en méfier qu'il sait qu'elle lui indique *parfois* la vérité. Le philosophe qui tremble sur la planche étroite jetée au-dessus du gouffre *pourrait* effectivement tomber. Il arrive que la réalité rejoigne nos fantasmes : il n'empêche qu'il s'agit bel et bien de fantasmes. Quand bien même notre imagination nous ferait nous représenter quelque chose de réel, reste que cette représentation ne serait toujours en nous qu'imaginaire. Il y a bien loin entre *imaginer quelque chose de vrai* et *le comprendre, c'est-à-dire le*

1. S. Freud, *Le mot d'esprit et ses rapports avec l'inconscient* (« Idées » Gallimard), p. 188-189.

2. « Les gens qui sont toujours fourbes ne le sont jamais », note la reine Christine de Suède (*Maxime* 42). Un homme qui mentirait toujours nous trouverait prévenus contre lui, et il suffirait pour connaître la vérité d'indexer son discours d'une négation. Le propre de la fourberie est de se dérober à toute règle, et donc de n'être fourbe que par calcul, et de façon suffisamment rare et imprévisible pour que sa fourberie ne puisse être neutralisée dans ses effets par notre prévention à son endroit.

saisir par la raison. La raison saisit le réel par où il est intelligible, compréhensible, c'est-à-dire articulable aux autres choses et à la totalité du réel. *L'imagination le saisit au contraire par où il est opaque*, inintelligible, et inaccessible à la raison.

Reste que l'imagination ne nous trompe *pas toujours*. C'est dire qu'une porte reste ouverte par où l'imagination pourrait nous indiquer la vérité, nous la faire pressentir, nous mettre sur la voie de la solution d'un problème. Par l'imagination, nous anticipons peut-être, parfois, des vérités auxquelles notre raison n'est pas encore parvenue. Pouvons-nous nous rendre maîtres, par notre raison, de sa « fourberie » ? Peut-il y avoir un usage rationnel de l'imagination ; la raison peut-elle fournir les règles qui lui manquent pour rendre cette faculté apte à servir, elle aussi, malgré tout, la recherche de la vérité ? Dans la mesure où l'imagination ne nous trompe pas *toujours*, elle n'est pas sans rapport avec la vérité, mais ce rapport n'est pas réglé, n'est pas déterminé. *L'imagination au service de la raison, la découverte scientifique réalise, peut-être, cet idéal*. La raison ferait alors fonctionner l'imagination contre elle-même, en la pliant à ses propres règles, elle qui n'est que par le refus de toute règle, et en la soumettant à l'épreuve de la réalité et au jugement de l'expérience, elle dont la nature n'est qu'esquive du réel. Reste qu'il est toujours périlleux de recourir à une faculté « fourbe », et que la pensée de Pascal est avant tout *une leçon de défiance* : on n'est peut-être jamais sûr de circonvenir entièrement sa « fourberie », et en tout cas il ne faut jamais croire l'avoir surmontée définitivement. *L'imagination est une puissance avec laquelle il nous faut apprendre à vivre* – la raison ne la fait pas se dissiper comme un mirage – dont il nous faut apprendre à nous défier, et, peut-être, à nous jouer. Toujours est-il que pour Pascal, même si l'imagination peut à la rigueur être mise au service de la raison, *elle lui reste à jamais extérieure*, étrangère, elle est *l'autre* de la raison, l'une et l'autre s'affrontant en l'homme pour contrôler sa pensée et sa conduite. C'est Kant qui, après Pascal, sautera le pas et osera *concevoir l'imagination au cœur de la raison elle-même*, et comme nécessaire à l'exercice même de la raison[1]. L'imagination est dès lors domestiquée, elle est *d'avance* intégrée à la raison comme l'une de ses facultés. Ainsi s'évanouit le conflit entre raison et imagination.

Une *autre* issue aurait été possible à ce conflit. Ou plutôt, il se serait agi de libérer l'imagination de son affrontement stérile à la raison. Pascal dit que la raison est fourbe, qu'elle est « maîtresse d'erreur et de fausseté », *parce qu'il présuppose que l'imagination prétend, et devrait, nous dire la vérité*, nous donner accès au réel : c'est lui qui l'installe d'emblée en rivale de la raison. *N'est-ce pas nous alors qui la faisons fourbe*, en lui assignant un rôle qui n'est pas le sien ? Mais qu'adviendrait-il si l'on venait à libérer l'imagination de cette tâche ? Détachée de sa confrontation à la raison, l'imagination est d'une part *une puissance créatrice*, source unique de l'art : loin de nous *renseigner* sur le réel, elle est *créatrice* de réalité. L'œuvre d'art est son fruit. D'autre part, c'est *une puissance libératrice*, qui nous permet de nous déprendre du présent pour inventer l'avenir, pour imaginer que ce qui n'étant pas, ou pas encore, *pourrait* être, et pourrait être le fruit de notre action. Comme le fait remarquer J.-P. Sartre, c'est

---

1. E. Kant, *Critique de la raison pure*, « Théorie transcendantale des éléments », 2e partie : « Logique transcendantale » ; Cf. M. Heidegger, *Kant et le problème de la métaphysique*, « Tel » Gallimard, 3e section.

par la grâce de notre imagination que nous ne subissons pas le présent comme notre horizon indépassable. *Si la raison est humilité face au réel qu'elle découvre mais n'invente pas, l'imagination, elle, est créatrice d'œuvres et source de toute action.*

J. B. de R.

Lectures conseillées

Christine de Suède, *Maximes* (Rivages Poche), p. 40, 42, 51.
E. Kant, *Prolégomènes à toute métaphysique future*, § 35.
J.-P. Sartre, *L'Imaginaire* (« Idées » Gallimard).
G. Bachelard, *L'eau et les rêves : Essai sur l'imagination de la matière* ; *L'Air et les songes : Essai sur l'imagination du mouvement* (José Corti).
H. Védrine, *Les Grandes Conceptions de l'imaginaire* (Livre de Poche).

17 • Le corps

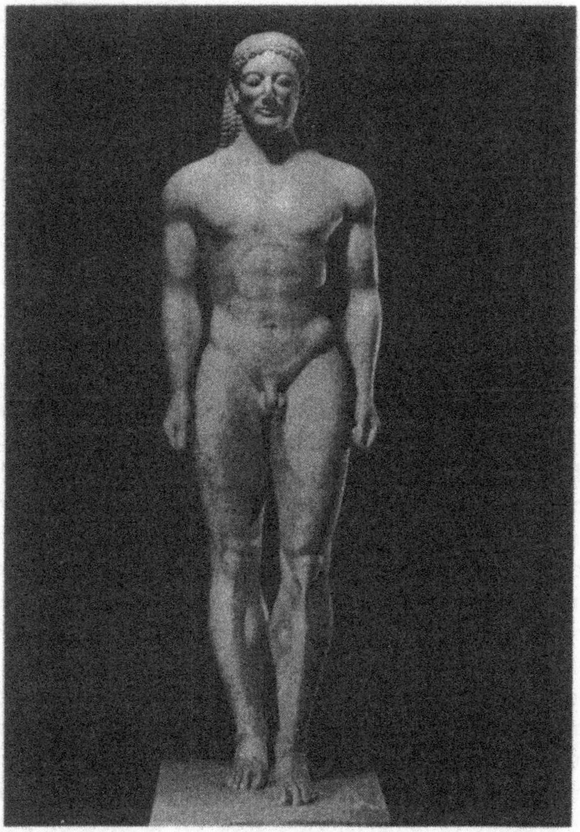

Le corps des dieux

Le sujet ne peut sembler paradoxal que dans le cadre du judéo-christianisme, où Dieu est déclaré d'emblée « pur Esprit ». Le divin semble alors par définition exclusif du corps. Mais la formulation du sujet nous situe dans le cadre du polythéisme : « *des dieux* ». Les dieux grecs, les dieux romains *ont un corps*. Quelles conséquences cela a-t-il d'une part sur la façon dont les hommes conçoivent les dieux, et, éventuellement, sur les relations qu'ils entretiennent avec eux ; et d'autre part sur le rapport des hommes à leur propre corps ?

Il est bien connu que dans le cadre du polythéisme, les dieux ont tantôt une forme animale (zoomorphisme ; par exemple la religion égyptienne), tantôt une forme humaine (anthropomorphisme ; par exemple la religion grecque). Hegel voit même dans le passage du zoomorphisme à l'anthropomorphisme un progrès de civilisation, une progression dans la conscience de soi des hommes : c'est désormais leur propre image que leur renvoient les dieux. Toutefois, les choses sont plus complexes puisque même les dieux grecs peuvent prendre une forme animale : Zeus par exemple peut apparaître tantôt sous la forme d'un simple mortel, tantôt sous celle d'un taureau, etc. selon les créatures qu'il tente de séduire. Mais cette métamorphose des dieux, cette capacité qui est la leur de renouveler indéfiniment l'apparence qu'ils prennent pour se manifester aux mortels, est à penser à partir d'un corps qui est fondamentalement le leur, leur *vrai* corps. Ces métamorphoses du divin ne doivent donc surtout pas être confondues avec l'idée chrétienne d'*incarnation*. Pour comprendre cette notion dans sa radicalité et son caractère scandaleux, il importe de garder en mémoire le fait que dans le christianisme tout comme dans le judaïsme, *Dieu est par essence pur esprit*. « La Parole a été faite chair », écrit saint Jean, Dieu s'est fait homme, il a assumé un corps humain dans sa finitude, sa capacité à souffrir, à endurer la faim, la fatigue, à mourir. Le corps des dieux grecs au contraire n'implique aucune finitude : il est un aspect de leur perfection, ou plutôt la manifestation même, aux yeux des mortels, de leur divinité. *Le corps des dieux, c'est la statuaire grecque et romaine*. La statue est le dieu en personne. Image idéale, parfaite, d'un corps humain qui ne vieillirait pas, ne se corromprait pas. Le masque de Dionysos, lors des dionysies, ne *représente* pas Dionysos ; il est la présence même du dieu : les récits antiques nous rapportent que Dionysos lui-même buvait, le premier, le vin nouvellement tiré. Sans doute nous faudrait-il réapprendre à voir les statues grecques en oubliant la tradition chrétienne de l'icône qui fait de la représentation sensible une simple image, le signe d'une réalité en elle-même invisible, impalpable et spirituelle. D'une façon qu'il nous est aujourd'hui difficile de penser, *les dieux grecs sont leur corps*.

Cette conception grecque à la fois culmine et se renverse dans le matérialisme des épicuriens. Les dieux sont quelque chose de corporel, comme toute réalité ils sont composés d'atomes. Mais puisqu'ils sont les dieux, leur corps doit être indestructible ; seuls ils ne sont pas voués à la corruption et à la mort. De leurs corps parfaits n'émane aucun « simulacre », sans quoi ils perdraient des atomes et finiraient par se dissoudre comme les êtres mortels.

C'est pourquoi nous ne pouvons ni les percevoir, ni nous en faire une représentation. Des dieux, nous pouvons seulement dire qu'ils existent, qu'ils vivent dans les intermondes et n'entretiennent aucune relation avec les hommes. Ils incarnent simplement le seul lieu où peuvent coexister les notions de *corps* et d'*immortalité*. On voit donc qu'il peut exister une critique de l'anthropomorphisme de l'intérieur même du polythéisme, tout comme il existera une critique de l'anthropomorphisme monothéiste (chez Spinoza ou Voltaire par exemple). Selon une phrase attribuée, peut-être à tort, par Hegel[1] à Xénophane, « *si les grenouilles avaient des dieux, ces dieux ressembleraient à des grenouilles* ». On voit aussi, par l'exemple d'Épicure, que la critique de l'anthropomorphisme ne porte pas nécessairement sur le fait d'attribuer aux dieux un corps.

Inversement, dans le judaïsme et le christianisme, peut-on dire que tout anthropomorphisme soit surmonté parce qu'on a proclamé Dieu pur Esprit ? Pas nécessairement, dans la mesure où l'on peut attribuer à cet Esprit des émotions et des sentiments proprement humains (la colère, la jalousie, voire la bonté, la fidélité, la compassion...) Spinoza, et après lui Feuerbach, l'ont amplement montré, le premier en tentant de purifier le concept de Dieu de tout apport anthropomorphique, le second en tentant de montrer, au contraire, que l'idée même de Dieu dérive entièrement de propriétés empruntées à l'humanité. Là non plus, la critique de l'anthropomorphisme ne porte donc pas sur le fait d'attribuer à Dieu un corps. Bien au contraire, c'est précisément parce que Dieu est pensé comme tout-puissant, infini, créateur de tout l'univers, que l'idée que Dieu puisse venir s'incarner en un homme, que « le Verbe se soit fait chair », *sans que rien soit enlevé à la condition finie et mortelle de l'homme*, constitue un véritable scandale, le « scandale de la Croix », dont parle saint Paul : « scandale pour les juifs, folie pour les grecs[2]. » Parce que Dieu est un pur esprit, le corps de Jésus est un corps de chair véritable, exposé à la souffrance, à la maladie et à la mort. Dieu assume un corps d'homme en lui laissant son statut de corps, lié à la finitude spatiale et temporelle, voué à la mort. *Le corps de Jésus n'est pas un corps divin.*

Le rapport de l'homme chrétien à son corps s'en trouve alors profondément modifié. Alors que pour les Grecs, selon le jeu de mots célèbre rapporté par Platon, « *le corps est le tombeau de l'âme* », *soma* (le corps) est *sèma* (tombeau), pour le chrétien, dans sa fragilité même « *le corps est le Temple du Saint-Esprit* », selon la phrase de saint Paul. « Vase d'argile », le corps humain peut accueillir l'Esprit même de Dieu. Alors que pour les Grecs, le corps est tout entier voué à la corruption, l'âme seule étant immortelle, le christianisme repose tout entier sur le dogme de la *résurrection des corps*. L'homme tout entier est mortel, rien en lui n'échappe à la mort que le Christ lui-même a subie, mais par cela même il est tout entier promis à la résurrection. L'homme ne revivrait pas si ne revivait pas, avec lui, *son* corps. L'âme n'a pas pour destin de voyager de corps en corps, comme dans le mythe de la métempsycose rapporté par Platon. Mais « si le corps est semé mortel », comme dit encore saint Paul, « il renaît glorieux ». Au corps souffrant du Christ succède le corps glorieux,

---

1. Cité in Hegel, *Esthétique II* (« Champs » Flammarion), p. 160.
2. Voir l'exposé : « Sagesse des fous, folie des sages ».

ressuscité. Mais c'est bien, malgré tout, du *même* corps qu'il s'agit : non pas métamorphose, destin protéiforme, mais transfiguration.

Ce sujet était l'occasion de prendre conscience du fait que la question du rapport de l'homme à son corps est au centre de toute problématique religieuse. À cette question, l'Antiquité « païenne » gréco-latine d'une part, le judéo-christianisme de l'autre apportent des réponses radicalement divergentes. Nulle part mieux que dans l'art n'éclate cette différence de rapport au corps.

J. B. de R.

Lectures conseillées

Saint Augustin, *La Cité de Dieu* (« Points » Seuil), 3 vol., Livres XIII, XXII.

W. Otto, *Les Dieux de la Grèce* (Payot, 1984), en particulier la préface de Marcel Détienne : « Au commencement était le corps des dieux ».

J. Seznec, *La Survivance des dieux antiques* (« Champs » Flammarion, 1993).

Le corps : morales et idéologies

Contemporaine de l'augustinisme, la tradition platonicienne dévalorise le sensible (Platon, *Phédon*) ; mais au XIIIe siècle, le thomisme attribue un caractère perfectible à l'homme au sein d'une hiérarchie et d'une communauté. Le XVe siècle, plutôt pessimiste, laisse la place à l'humanisme renaissant : si le Moyen Âge jugé à tort « obscurantiste » n'a pas systématiquement dévalorisé le corps, l'humanisme introduit le culte de l'homme et du corps avec le néo-paganisme épicurien. Âme et corps sont en connivence avec une nature spiritualisée : l'homme est un abrégé du Tout, l'un est microcosme, l'autre est macrocosme. Pour Rabelais et Marsile Ficin, selon cette idée platonicienne, l'homme participe mystiquement au Tout par l'activité unifiante de l'amour.

Corps et nature

La Renaissance célèbre la puissance humaine et la gloire des grands, triomphants de la mort, dressés sur les monuments funéraires, semblant vivre encore pour de nouveaux exploits. L'épicurisme exprime l'attachement aux plaisirs terrestres : la mort rend alors cruel l'abandon fatal de ce monde. Cette angoisse du renoncement au monde (Ronsard, *Derniers vers*) contraste avec la mort au contraire assumée au Moyen Âge. Partie intégrante du monde, l'homme doit suivre la Nature, règle de l'univers, force de génération et de vitalité. L'amour est un mouvement cosmique, un principe d'unité et d'harmonie. Rabelais évoque le corps humain dans ses heureuses dispositions fonctionnelles, comme la digestion, et ses géants sont symboliques de l'extension de la Nature, reprenant aussi des figures de la culture populaire traditionnelle. L'ivresse et le rire libérateur exprimant un instinct dionysiaque libèrent les passions : les pleurs atteignent aussi la démesure (*Pantagruel*, chap. III). Ainsi, pour E. Morin, l'anthropologie doit reconnaître « la fête, la danse, le rire, les convulsions, les larmes, le jouir, l'ivresse, l'extase ».

L'optimisme du premier humanisme s'efface lorsque s'essouffle l'idée de Nature et que les vérités traditionnelles paraissent confuses. Montaigne réexamine les morales antiques et reprend par épicurisme le stoïcisme : accepter la douleur et « apprivoiser la mort », naturelle et nécessaire. Il faut valoriser nos talents mais aussi admettre les effets de la maladie et de la vieillesse, renoncer à l'idée d'un esprit désincarné. Le rôle du corps, parcouru d'humeurs et de désirs, explique la difficulté de la connaissance de soi, de se raconter clairement. L'humanité est diversité, l'écriture de Montaigne est un peu pointilliste et sa réflexion toujours contingente : expression d'un moi difficile à appréhender. Cette modernité relativiste et sceptique est confirmée par la découverte de la diversité des usages physiques des autres cultures.

Normalisation et morales classiques

Le XVIIe siècle est une période d'ordre, de normalisation, de codes sociaux. « La moralisation bourgeoise et étatiste relègue la liberté aristocratique et la culture populaire. La prison pire que les galères, la séparation sociale des classes pire que celle des États, la cour des miracles plus civilisée que l'asile : les bandes de *condottieri* moins odieuses que les casernes et la discipline imposée aux soldats du XVIIIe siècle » (R. Aron).

Dans *Surveiller et punir*, Michel Foucault a réfléchi sur le corps, son dressage, son utilité et sa docilité, son intégration à des systèmes de contrôle efficaces comme instruments de pouvoir. La philosophie s'emploie à déspiritualiser la Nature et introduit une lecture cartésienne, mécaniste et matérialiste du corps-machine ; par ailleurs, le corps est soumis à de nouvelles règles dans la société : aux rapports féodaux de domination personnelle succèdent les systèmes de pouvoir fondés sur l'art de la surveillance, du contrôle, par le rang, le classement, le tableau : ainsi, à l'hôpital maritime et militaire, dans les manufactures, les collèges lieux de moralisation, la prison panoptique idéale où les reclus peuvent toujours être vus sans voir eux-mêmes : la crainte intériorisée et l'intégration des reclus sont plus efficaces qu'un déploiement coûteux de forces répressives et préfigurent les totalitarismes modernes.

Le XVIIe siècle est l'âge des arts et des règles, du mouvement ritualisé du corps dans l'espace social, lorsque s'affirment l'aristocratie de cour et le codage de positions mondaines. Posture officielle du monarque, port de la tête, danse, pas, apparaissent en peinture puis dans le roman au XVIIIe siècle. Dans *L'Homme de cour* (1647), Baltazar Gracian évoque la figure du courtisan, expression de l'artificialisme baroque. Déjà, du Bellay dans *Les Regrets* avait ridiculisé les corps mécaniques des courtisans esclaves des modes.

La soumission du corps aux règles, de la nature à l'artifice est illustrée aussi par Molière et La Bruyère, défenseurs de la morale de l'« honnête homme » sociable et cultivé. Avec les droits de l'amour, la critique de la médecine par Dom Juan, Molière, disciple de Gassendi, défend la liberté de la nature et La Bruyère dénonce l'allure des courtisans. Mais le corps doit obéir à un art de vivre, en composant avec des règles : les classiques, dont Molière, raillent la déviance et la marginalité, La Bruyère la grossièreté de Gnathon, la distraction de Ménalque. Les morales classiques jugent diversement le corps : le plaisir et le libertinage seront en faveur au XVIIIe siècle, avec la valorisation de l'intérêt et des passions. La morale cornélienne et cartésienne du « généreux », héritière du stoïcisme et d'un christianisme optimiste, fait l'apologie de la volonté, des passions bien réglées. Il doit exister des raisons de se passionner ; le devoir et l'honneur l'emportent sur le désir et le sentiment. Réactivant enfin la « théologie négative » et l'augustinisme politique, Pascal débusque les « puissances trompeuses » corruptrices de la raison par les sens. L'homme est faible et il faut prier Dieu « pour lui demander le bon usage des maladies ».

Le corps, métaphore du politique : de la monarchie à l'individualisme libéral

La France monarchique était considérée comme une société communautaire, de sociétés provinciales, locales, corporatives et universitaires. Établie selon les trois ordres : intellectuel, combattant, producteur, la structure était organique et la société définie comme un corps hiérarchisé et solidaire. Le chapitre « l'humanité se décline au pluriel » de *La Défaite de la pensée*, de Finkielkraut, illustre la mutation politique introduite par le libéralisme bourgeois dans cette nouvelle représentation : les individus, détachés de leur identité particulière et dotés de droits « naturels », comme le postule la Déclaration américaine des droits, contractent entre eux. Naturelle pour l'organicisme, la société devient une collection artificielle d'atomes sociaux, dans la perspective du juridisme abstrait, du rationalisme, de l'individualisme des Lumières.

Mais l'idéal civique de Rousseau, inspiré du modèle romain, entend fonder un corps social. Starobinski le montre avec le geste du serment révolutionnaire (*Les Emblèmes de la raison*). Au XIXe siècle, socialistes français puis nationalistes repenseront la société comme communauté, contre l'individualisme libéral. En économie au XVIIIe siècle, un modèle physique mécaniste et quantitativiste inspire l'économie classique et ses équilibres ; les physiocrates font allusion à la circulation du sang.

Le culte du corps à l'âge contemporain

Le romantisme resacralise la Nature où le corps retrouve ses sens et ses émotions : puritanisme alpestre de Rousseau, éveil des sens pour Chateaubriand en Amérique, eau vivifiante de la mer comme le montre Alain Corbin, dans *Le Territoire du vide, le désir du rivage* (Flammarion). Au XIXe siècle, l'hygiène sociale entend moraliser les classes populaires avec les bains-douches et l'anti-alcoolisme (Vigarello, *Le propre et le sale* et *Le Corps redressé*). Puis il apparaît toute une mode du corps et du sport : il est vrai que le confort intérieur bourgeois évoqué par Régine Pernoud (*Histoire de la bourgeoisie en France*) avait oublié la Nature réduite à un décor ou à un ornement. C'était l'expression de cette idéologie de l'aisance et du bonheur béat de Monsieur Prudhomme dans le poème de Verlaine. Diverses perspectives entendent « rebronzer » la jeunesse, selon l'expression de Jean-Pierre Rioux : gymnastique militarisée de la Revanche, olympisme aristocratique et anglophile, dénonciation de la sclérose et de l'oubli intellectualiste du corps par la génération des années trente ; ainsi, certains préfèrent « la France des campings à la France des bistrots ». C'est alors l'idéologie du plein air des années 30, la construction des stades, la réaction anti-urbaine et anti-bourgeoise des Wandervogel en faveur de la communauté populaire traditionnelle et Tarzan en Amérique. Telle politique du sport ou telle lecture du corps implique donc tel projet de société.

Comme avec l'empirisme au XVIIIe siècle et, au XIXe siècle, le matérialisme sous-jacent au naturalisme de Zola, le corps permet au XXe siècle une réflexion philosophique avec la modernité psychanalytique puis l'existentialisme sartrien. Dans *La Nausée*, la Nature et le corps « en trop » prennent leur revanche sur l'intellectualisme et la Raison classique. Écho littéraire de cette inquiétude moderne, le *Voyage au bout de la nuit* de Céline montre la débâcle et la dégradation des corps soumis à l'universelle déliquescence. L'homme n'est plus maître de son corps et les illusions dominantes de l'humanisme du XIXe siècle : autonomie de l'individu, Raison, mythe du Progrès, sont contestés. C'est enfin dans le champ de la sociologie que le corps appelle une réflexion sur ses techniques. Pour Lévi-Strauss et les sciences humaines, tout est culturel : oralité, cuisine, manières de table, habitudes du corps étudiées par Marcel Mauss (*Sociologie et anthropologie*), chirurgie du corps (M.A. Descamps, *L'Invention du corps*, PUF), attitudes populaires face à la douleur, la santé, la maladie, choix d'aliments mythiques « donnant du corps » cités par Barthes, dans *Mythologies*, choix des sports...

L'évolution du vêtement, du corset (Philippe Perrot, *Les dessus et les dessous de la bourgeoisie*) au jean (Paul Yonnet, *Jeux, modes et masses*) exprime le souci de telle ou telle ligne du corps.

Idéologiquement, des « *fifties* » aux années 90, se succèdent divers « looks » et morales, celui de la star américaine, puis de la culture libertaire du corps, de l'« ascétisme » écologiste, puis à partir des années 80, le culte du corps, de la forme, narcissique et hédoniste (Jean Chesneaux, *De la modernité* ; Alain Laurent, Gilles Lipovetsky, *L'Ère du vide*) de l'âge néo-individualiste exprimé dans les images publicitaires ou les sports de glisse.

G. G.

Lectures conseillées

G. Vigarello, *Le Corps redressé.*
A. Corbin, *Le miasme et la jonquille.*
P. Bourdieu, *La Distinction.*
Encyclopædia Universalis, article « Corps ».

Le masque

Artifice du théâtre italien (Goldoni, *Arlequin valet de deux maîtres*), inscrit dans une perspective de transgression et d'inversion, le masque est refus de la coïncidence avec soi-même. On revêt des apparences multiples, on adopte une autre personnalité, on utilise même le paraître pour mieux cacher son être et dissimuler ses desseins. Un masque peut cacher mille visages et un visage peut être caché par mille masques. On acquiert un double et c'est le masque qui fait sens plus que le corps puisque c'est le visage qui confère sa personnalité à l'être. C'est à travers le masque que l'homme masqué observe et que les autres tentent de l'identifier, mais l'observation est bien évidemment frustrée et perdue : plus je regarde, moins je vois. Le masque est l'inverse du nu où tout est vu ; divin pour les Grecs, le nu nous enivre et notre regard ne sait où se poser alors que le corps à demi dévêtu (ou couvert de vêtements mouillés) soulignant ou suggérant les formes, séduit, ainsi livré à l'imagination.

Peut-on dégager la société du paraître ?

Lié à l'hypocrisie, au paraître, le masque a suscité la réprobation ; le traître endosse le mauvais rôle, tant au Moyen Âge que plus tard, dans le mélodrame où il soulève l'indignation populaire ; Molière dénonce la fausse dévotion avec Tartuffe, Balzac peint les ambitions politiques mondaines ; d'autres, toujours au XIXe siècle, fustigent le puritanisme bourgeois ; enfin, des romans contemporains évoquent l'ingénue libertine, la fausse innocence.

Le masque est plus spécifiquement un élément majeur de l'âge et de l'esthétique baroque, caractérisés par le mouvement et l'artifice. Avec le fait nouveau de la cour au XVIe siècle, avec la nouvelle figure du poète courtisan, l'art de vivre devient l'art de jouer. Le carnaval aristocratique, les bals masqués, les mascarades, les aventures galantes, la diplomatie, le courrier secret, le duel, le théâtre, l'art, le vêtement, le miroir, le parfum, les décors des parcs et jardins, l'eau des canaux et fontaines contribuent à la culture de l'époque. L'inconstance et le paraître sont une vertu pour certains. L'homme de cour évoqué par Baltazar Gracian, le libertin sont des comédiens parfaits. Avec la modernité préclassique et le retrait des références à la nature et à la raison, depuis le relativisme sceptique de Montaigne, l'artifice et le conventionnel forment la seule « nature » possible, et il serait vain de mettre en cause le manque de naturel (Clément Rosset, *L'anti-nature*). Pour Don Juan, « tout le plaisir de l'amour est dans le changement » (Acte I, scène 2) ; l'amour est jeu, aventure, conquête – toujours aléatoire et différente de la quête initiatique. Le mouvement de la séduction importe plus que l'être séduit. Pascal disait que nous préférions « la chasse à la prise ». Désinvolte et déconcertant, vêtu de noir, ou d'habits rutilants, don Juan est l'homme aux multiples masques, où doivent se prendre ceux qu'il rencontre.

Mais les moralistes classiques dénoncent le paraître. Déjà, dans *Les Regrets*, du Bellay avait critiqué le poète courtisan ; au XVIIe siècle, le chevalier de Méré défend « l'honnêteté » mondaine, un compromis entre nature et artifice.

Molière comme La Bruyère soutient le naturel, sans donner raison toutefois à Alceste dans *Le Misanthrope*. Contre la mondanité assimilée à l'hypocrisie, Rousseau plaide, au siècle suivant, pour la sincérité et la transparence, et se fait l'avocat d'Alceste (*Lettre à d'Alembert sur les spectacles*).

Peut-on parler de dimension socio-politique du masque ?

Beaucoup ont observé la permanence du théâtre social. Pour Montaigne, nous jouons des rôles sociaux et mondains, des personnages (l'étymologie grecque désigne précisément le masque) dont nous devrions savoir nous libérer pour ménager notre liberté et notre bonheur intérieur. « Le jugement d'un Empereur doit être au-dessus de son empire » (*Essais*, III, I 10). Balzac a observé ce même théâtre social au XIXe siècle : monde des salons, de la coulisse, allées du pouvoir... Le titre général de son œuvre gigantesque, *La Comédie humaine*, révèle son attention aux physionomies, aux silhouettes des individualités qui peuplent son univers romanesque et qui sont animées d'une forte énergie intérieure. Vautrin masque ses projets, sa vraie personnalité, sous des dehors bonhommes. L'enjeu du masque devient politique. C'est à travers lui que l'on regarde ; celui qui le porte voit sans être vu, principe de toute « bonne » police. Dans *Surveiller et punir*, Foucault évoque cette nouvelle faculté du pouvoir moderne à travers l'exemple de la prison panoptique[1]. L'Empire voit la naissance de la police politique en France, chargée de la surveillance sociale et idéologique, et un peu plus tard, Balzac exprime dans Ferragus et l'*Histoire des Treize* sa fascination pour les sociétés secrètes. Chacun sait que le pouvoir ou le voleur masqués sont fascinants et méprisables à la fois. Mais la figure mythique du justicier masqué, hostile à l'oppression comme l'est Zorro, est sympathique. Dans une perspective politique différente, comme la fête, le masque est subversion, transgression, avant le retour à l'ordre initial établi.

Institution de pouvoir, le masque comporte enfin un enjeu anthropologique et métaphysique. Le masque nous attribue des postures fondamentales comme le montrent l'existence des masques antiques de théâtre, pour la tragédie comme pour la comédie. D'autre part, les animaux se dissimulent par intérêt, mais les hommes se masquent, se travestissent de manière gratuite et désintéressée, d'où la valeur éminente du jeu (que l'on croit réservé aux enfants) au-delà de la raison utilitaire. On peut enfin envisager le fantastique du masque, accès simulé au monde imaginaire ou surnaturel qu'il exprime. Méditant sur les masques africains, Malraux ne les définissait-il pas comme voies de passage vers le sacré ?

G. G.

Lectures conseillées

J. Rousset, *La Littérature de l'âge baroque en France*.
P. Bénichou, *Morales du grand siècle*.
R. Caillois, *Le mythe et l'homme ; Instincts et société*.
M. Petit, *À masque découvert : Regards sur l'art primitif de l'Himalaya* (Stock/Aldines).
W. Otto, *Dionysos, le mythe et le culte* (« Tel » Gallimard).
H. Arendt, *Essai sur la révolution* (« Tel » Gallimard), chap. 2.

1. Voir l'exposé : « Le pouvoir se réduit-il à un spectacle ? »

La nudité

La nudité désigne d'abord un état : celui de qui est nu. État initial, celui de la naissance, et celui auquel nous renvoient nos besoins primitifs, organiques. La nudité pourrait relever de ce qu'il y a d'animal voire de bestial en l'homme, quand le vêtement, même le plus frustre, nous inscrit dans une culture. Pourtant, qui dira d'un chat, d'un chien ou d'un cheval qu'ils sont *nus* ? Seul l'homme peut être nu parce que seul il peut être vêtu, et Desmond Morris ne désigne-t-il pas l'homme par la périphrase de « singe nu » ? Alors que l'animal est toujours revêtu de ses écailles, de son pelage, de son plumage, seul l'homme est nu, c'est-à-dire démuni de tout, seule espèce oubliée par Épiméthée distribuant les dons divins à toutes les autres espèces, selon le mythe de Prométhée rapporté par Platon. L'homme est nu en ce sens qu'il se sent exposé aux intempéries, aux dangers, aux regards. La nudité a à voir avec la peau, avec la surface du corps : de l'écorché exposé dans un cours d'anatomie, nul ne songera à dire qu'il est nu. La nudité a aussi à voir avec la sexualité : l'homme peut être nu parce qu'il est un être sexué. L'homme n'est pas nu tant que ses organes sexuels ne sont pas découverts, quand bien même tout le reste de son corps le serait. On ne peut donc parler de la nudité d'un paysage, ou d'un tableau, que par métaphore. L'homme seul peut être dit nu au sens propre du terme.

Cette nudité qui nous caractérise, ou du moins qui est l'une de nos possibilités, ne va pas sans un certain nombre d'ambiguïtés. Elle désigne primitivement le partage entre ce que nous sommes, strictement, et ce qui peut nous appartenir de façon transitoire. « Nu je suis sorti du sein de ma mère, et nu je retournerai dans le sein de la terre », s'écrie Job, ayant perdu tous ses biens. La nudité a donc un rapport à la fois avec la naissance et avec la mort, elle nous reconduit par là à ce que nous sommes indépendamment de tous les « vêtements » qui recouvrent et protègent notre vie sociale. Georges Duby, dans *Guillaume le Maréchal,* nous raconte la préparation à la mort d'un chevalier : celui-ci se dépouille littéralement de tous ses biens, de ses châteaux, de ses terres, mais aussi de ses vêtements qu'il fait distribuer à ses « gens ». Il doit se délester de tout ce qui le rattache à cette terre pour ne plus revêtir que l'habit du Temple qui symbolise son passage dans l'au-delà. Nudité du corps et de l'âme, par la succession et par la confession, l'âme se sépare de tout ce qui peut la retenir à cette Terre pour se présenter nue devant son Créateur.

La nudité peut être ainsi un symbole de la simplicité et de l'innocence – Adam et Ève sont nus dans le jardin d'Éden « et n'en éprouvent nulle honte », rapporte le récit de la *Genèse*. La nudité des ascètes symbolise leur éloignement de tous les vains artifices de la société et leur détermination à se rapprocher de Dieu, à qui l'on ne peut rien dissimuler. Les sages de l'Inde vont nus, et Rousseau célèbre en l'homme de bien « un athlète qui se plaît à combattre nu ». Le *gymnase*, étymologiquement le lieu de la *nudité*, est ainsi invoqué par Rousseau, dans une conception sans doute idéalisée de l'Antiquité, pour l'opposer aux artifices de la société de son temps, et avant tout au vêtement qui empêche que coïncident jamais l'être et le paraître. On paraît en société non pour manifester mais pour dissimuler ce que l'on est. Le vêtement qui masque le corps est ainsi une métaphore de la dissimulation, de la duplicité et de l'hypocrisie qui défigurent l'âme. L'idéal d'un corps nu qui ne laisserait pas la société interposer un vêtement entre lui et la nature, se double donc d'un idéal d'une impossible transparence de soi à soi, désespérément recherchée par Rousseau dans les *Rêveries du promeneur solitaire* et dans *Les Confessions*, ainsi que d'une transparence de soi à l'autre dans l'effusion de pensées et de sentiments communs.

Pourtant chacun sait bien que la nudité est loin d'être aussi simple, et peut revêtir des significations multiples. À l'opposé du dénuement comme valeur morale poursuivie par les ascètes et les moines ayant fait « vœu de pauvreté », la nudité signifie aussi concrètement la misère et l'abandon dans lesquels vivent des populations livrées à elles-mêmes. Dans les camps de concentration, dans les geôles des régimes dictatoriaux, la nudité est instrument d'humiliation et d'avilissement : réduire l'homme à lui-même, c'est le rabaisser en deçà de lui-même, c'est le déshumaniser[1]. La nudité seconde est alors perte ou dépouillement du vêtement, absence de ce qui humanisait le corps et lui conférait son individualité. Si la nudité peut être célébration du corps et de sa beauté, ainsi dans la statuaire grecque où, sous le nom de leurs divinités, les anciens n'adoraient en définitive rien d'autre que la perfection du corps humain, elle peut être aussi impossibilité de dissimuler la misère et la souffrance, promiscuité, perte de cet ultime espace privé que constitue mon corps et les vêtements dont je le revêts.

L'ambiguïté de la nudité pourrait ainsi n'être que l'envers de l'ambiguïté dont est investi le vêtement lui-même. Il peut signifier la honte et la dissimulation du corps, voire sa négation pure et simple – ainsi le vêtement imposé aux femmes par les Talibans n'est-il rien d'autre qu'une prison ambulante, à laquelle ne manquent même pas les « barreaux » à travers lesquels il leur faut entrevoir le monde, et le vêtement de l'époque victorienne et puritaine n'était rien d'autre qu'un symptôme de l'incapacité à accepter et à assumer son corps, avec son caractère charnel et vivant. Mais le vêtement peut être aussi le signe d'une appartenance à un groupe social ou ethnique, la revendication d'une identité collective ou une façon d'afficher certaines idées : il n'est pas indifférent de porter un *jean* ou un costume cravate, de s'habiller en beatnik, en punk, en skinhead ou en « yuppie ». Un vêtement peut aussi afficher une humeur ou un état d'âme, l'état d'esprit dans lequel on aborde une journée ou une soirée. Si comme l'écrivait Bergson, tout vêtement est en une certaine mesure un déguisement, tout vêtement, même le moins conformiste, est aussi en quelque manière un uniforme : signe d'une appartenance, ou au contraire du rejet de la société qui tenterait de vous intégrer. Une façon de s'habiller peut constituer en elle-même une provocation à l'égard d'un groupe social (une famille, un lieu de travail, une classe sociale), elle peut être la transgression de règles implicites à travers lesquelles le groupe se reconnaît et s'assure de sa cohésion.

À plus forte raison la nudité peut-elle avoir valeur de transgression. À la nudité innocente des ascètes s'oppose la nudité provocante des cyniques :

1. Voir P. Lévy, *Si c'est un homme*.

Diogène s'exhibant nu sur les places d'Athènes faisait scandale, tout comme dans les années soixante le geste de courir nu dans la rue ou sur un stade. Car la nudité change de sens selon les lieux et les moments. La nudité chez le médecin, au hammam, sur la plage, dans l'intimité amoureuse, ou sur la scène d'un spectacle à Pigalle n'ont pas même signification. La nudité peut être innocence ou indécence, le vêtement peut être pudeur ou pudibonderie. Le vêtement peut masquer le corps – tel celui des religieuses en cornettes du siècle passé – ou au contraire le rehausser et mettre en valeur sa beauté : corsets qui affinent la taille, dessous-chics, soutien-gorge mettant en valeur la poitrine, robes et bijoux sont autant d'instruments de la séduction. Sans le vêtement, la nudité elle-même serait plate et monotone, quotidienne, banale, laissant bien peu de place au désir et au fantasme. Si Freud a raison de dire que nulle société ne saurait survivre sans le vêtement, parce que toute élaboration culturelle suppose qu'une part de la *libido* soit soustraite à une satisfaction directement sexuelle pour être orientée vers d'autres buts par la sublimation, il importerait encore plus de dire que nulle sexualité *humaine*, c'est-à-dire mettant en jeu le rapport de séduction et l'alternance du désir et de sa satisfaction, ne saurait survivre au vêtement. Il n'y a pas d'érotisme qui ne joue du rapport voilement/dévoilement, et donc qui ne présuppose le vêtement. Rousseau le confesse ingénument, dans son apologie des « sauvages » : « L'imagination, qui fait tant de ravages parmi nous, ne parle point à des cœurs sauvages ; chacun attend paisiblement l'impulsion de la nature, s'y livre sans choix, avec plus de plaisir que de fureur, et le besoin satisfait, tout le désir est éteint[1]. »

Nous voici donc bien loin de la nudité comme simplicité primitive, adéquation de soi à soi et immersion directe du corps dans la nature. Loin que la nudité nous fasse régresser vers un état de nature au demeurant purement fictif, elle ne prend son sens que par rapport à la société dans laquelle elle s'inscrit. Dans telle tribu, un homme vêtu d'un simple étui pénien, une femme vêtue d'un simple pagne peuvent paraître parfaitement pudiques, c'est-à-dire que leur façon d'exposer leur corps au regard social n'a nullement valeur de transgression. On se doute qu'il en irait tout autrement dans une rue de Paris ou de Londres. Tout vêtement est signe d'appartenance à un groupe, ou d'une tentative de prendre ses distances par rapport à ce groupe, c'est-à-dire d'en transgresser les règles implicites. En ce sens, *rien n'est moins naturel que le naturisme* : il s'accompagne d'une idéologie, d'un militantisme, a ses revues, ses héros et ses lieux de prédilection. La nudité est peut-être pour l'homme le moins naturel des vêtements, et être nu, c'est peut-être tout simplement ce privilège qu'a l'homme sur l'animal de pouvoir changer de peau à sa guise. La nudité, c'est le fantasme de l'immédiateté : immédiateté du rapport de soi à soi, de soi aux autres, de la transparence des âmes accompagnée de la promiscuité des corps. La réalisation de ce fantasme serait la mort du fantasme lui-même, la fermeture de l'espace où peut jouer le désir, espace de l'imagination brutalement rabattu sur un réel réputé n'être à chaque instant que ce qu'il est.

J. B. de R.

1. J.-J. Rousseau, *Discours sur l'origine de l'inégalité*, GF, p. 200.

Lectures conseillées

J.-J. Rousseau *Discours sur les sciences et les arts* (GF).
S. Freud, *Malaise dans la civilisation* (PUF).
H. Marcuse, *Éros et civilisation* (Points Seuil).
M. Ribon, *L'art et la nature* (Hatier).
« Parure, pudeur, étiquette » in revue *Communications*, n°46, 1987 (Le Seuil).

Bibliographie

Chaque exposé étant suivi d'indications de lecture, ne figurent dans cette bibliographie que les ouvrages généralistes permettant à l'étudiant de parfaire sa culture.

- Arendt H., *Condition de l'homme moderne* (Agora).
  La Crise de la culture (Gallimard).
- Aron R., *Les Grandes Étapes de la pensée sociologique* (« Tel » Gallimard).
- Baudrillard J., *Le Complot de l'art.*
  Illusion, désillusion esthétiques (Sens et Tonka).
- Bénac H., *Guide des études littéraires* (Hachette).
- Delbary F., *La Psychanalyse : une anthologie*, t. 1 : Les concepts fondamentaux ; t. 2 : L'expérience psychanalytique (Agora Pocket).
- Domenach J.-M., *Approches de la modernité* (Ellipses).
- Durand G., *Les Structures anthropologiques de l'imaginaire* (Dunod).
- Eliade M., *Traité de l'histoire des religions* (Payot).
  Aspects du mythe (Gallimard).
- Elias N., *La Civilisation des mœurs* (Presses Pocket).
- Graves R., *Les Mythes grecs* (Fayard).
- L'Yvonnet F., *La Grande Mutation : Enquête sur la fin d'un millénaire* (Albin Michel).
- Laupies F., *Premières Leçons de philosophie* (PUF).
- Maury E., *Les Grands Livres de notre temps* (STH).
- Morfaux L.M., *Vocabulaire de la philosophie et des sciences humaines* (A. Colin).
- Poulet G., *Études sur le temps humain*, t. 1 à 4 (Agora Pocket).
- Roman J., *Chronique des idées contemporaines* (Bréal).
- Russ J., *Théories du pouvoir* (Livre de Poche).
  La Pensée éthique contemporaine (PUF).
- Touchard J., *Histoire des idées politiques* (PUF).
- Trotignon P., *Les Philosophes français d'aujourd'hui* (PUF).
- Vergely B., *La Philosophie* (Larousse).

Ouvrages collectifs

- Bourdin, Guislain, Jacopin, Nicolle, Winter, *Cent Fiches de culture générale* (Bréal).
  Cent Textes de culture générale (Bréal).
- Montoussé M., Renouard G., *Cent Fiches pour comprendre la sociologie* (Bréal).
- Montoussé M., *Cent Fiches de lecture* (Bréal).
- Cropsey J. et Strauss L., *Histoire de la philosophie politique* (PUF).
- Serres M. (coord.), *Éléments d'histoire des sciences* (Bordas).
- *Encyclopédie des symboles* (Livre de poche, coll. « Encyclopédies d'aujourd'hui »).
- *Encyclopédie Encarta* sur CD-Rom.
- Médina, Morali, Sénik, *La philosophie comme débat entre les textes* (Magnard).
- Bourdin, Guislain, Jacopin (coord.), *Le Pouvoir* ; *Le Temps* ; *Le Bonheur* ; *La Sensibilité* (Bréal).
- Delacampagne C. et Maggiori R. (coord.), *Philosopher*, t. 1 et 2 (Presses Pocket).

Index des notions

Index des auteurs

Table des matières

Table des illustrations

Cet ouvrage a été imprimé par CPI Firmin Didot à Mesnil-sur-l'Estrée en décembre 2014
Dépôt légal : mars 2002 - N° d'impression : 125580 - Imprimé en France